权威·前沿·原创

皮书系列为
"十二五""十三五""十四五"时期国家重点出版物出版专项规划项目

BLUE BOOK

智库成果出版与传播平台

人权蓝皮书
BLUE BOOK OF CHINA'S HUMAN RIGHTS

中国人权事业发展报告 No.13（2023）
ANNUAL REPORT ON CHINA'S HUMAN RIGHTS No. 13(2023)

中国人权研究会 / 组织编写
主　编 / 李君如
副主编 / 常　健

社会科学文献出版社
SOCIAL SCIENCES ACADEMIC PRESS (CHINA)

图书在版编目(CIP)数据

中国人权事业发展报告. NO. 13，2023 / 李君如主编；常健副主编. --北京：社会科学文献出版社，2023.10

（人权蓝皮书）

ISBN 978-7-5228-2422-2

Ⅰ.①中… Ⅱ.①李…②常… Ⅲ.①人权-研究报告-中国-2023 Ⅳ.①D621.5

中国国家版本馆 CIP 数据核字（2023）第 165147 号

人权蓝皮书
中国人权事业发展报告 No.13（2023）

组织编写 / 中国人权研究会
主　　编 / 李君如
副 主 编 / 常　健

出 版 人 / 冀祥德
组稿编辑 / 刘晓军
责任编辑 / 易　卉
文稿编辑 / 郭锡超
责任印制 / 王京美

出　　版	社会科学文献出版社·集刊分社（010）59367161 地址：北京市北三环中路甲 29 号院华龙大厦　邮编：100029 网址：www.ssap.com.cn
发　　行	社会科学文献出版社（010）59367028
印　　装	三河市东方印刷有限公司
规　　格	开　本：787mm×1092mm　1/16 印　张：25　字　数：374 千字
版　　次	2023 年 10 月第 1 版　2023 年 10 月第 1 次印刷
书　　号	ISBN 978-7-5228-2422-2
定　　价	198.00 元

读者服务电话：4008918866

▲ 版权所有 翻印必究

编委会

主　　　编　李君如

副 主 编　常　健

专家组成员（按姓名拼音排序）

　　　　　　班文战　常　健　李君如　李云龙　陆海娜

　　　　　　罗艳华　钱锦宇　唐颖侠　张万洪　张晓玲

　　　　　　张永和　周　伟

人权蓝皮书工作室：南开大学人权研究中心

主要编撰者简介

李君如 男，研究员，博士生导师，中国人权研究会第四届理事会副会长，中共中央党校原副校长，第十届全国政协委员、第十一届全国政协常委，国务院政府特殊津贴享受者。曾发表《中国在人权事业上的历史性进步》《人权实现及其评估方法研究》《社会建设与人权事业》《"十二五"规划与中国人权事业发展》《中国的文化变革与人权事业的进步》《中国梦，中国人民的人权梦》《在全面推进法治中全面保障人权》等学术论文，曾获联合国艾滋病规划署颁发的"艾滋病防治特殊贡献奖"。

常 健 男，博士，南开大学周恩来政府管理学院教授、博士生导师，中国人权研究会常务理事，南开大学人权研究中心（国家人权教育与培训基地）主任，国务院政府特殊津贴享受者。曾出版《人权的理想·悖论·现实》《当代中国权利规范的转型》《效率、公平、稳定与政府责任》《中国公共冲突化解的机制、策略和方法》《社会治理创新与诚信社会建设》《中国人权保障政策研究》《公共领域冲突管理体制研究》等学术专著，主编《当代中国人权保障》《人权知识公民读本》。在专业学术期刊发表学术论文150余篇，在《人民日报》《光明日报》发表学术和评论文章20余篇。

摘 要

这是有关中国人权事业发展的第13本蓝皮书，重点分析2022年中国人权事业的最新进展。

总报告聚焦于中国式现代化背景下中国人权事业的高质量发展，分析了其追求目标和实践路径。

在"生存权与发展权"栏目中，两篇报告分别涉及巩固拓展脱贫攻坚成果与提升人权保障水平、践行新发展理念的公园城市示范区建设的人权意义。

在"经济、社会和文化权利"栏目中，两篇报告分别涉及食物权视角下的中国粮食和重要农产品安全、"双碳"目标下应对气候变化的环境权保障新进展。

在"公民权利和政治权利"栏目中，三篇报告分别涉及全过程人民民主建设的基层实践、平安中国建设与人身和财产安全权保障、检察机关公益诉讼的人权司法保障新进展。

在"特定群体权利"栏目中，三篇报告分别涉及中国妇女人身权利保障、儿童友好城市与儿童权利保障、社会养老服务保障的新进展。

在"数字化与人权保障"栏目中，两篇报告分别涉及数字政府建设与民主参与权利保障、数字时代农民文化权利的新发展。

在"人权立法与国际合作"栏目中，两篇报告分别分析了2022年国家人权立法情况和中国的国际人权合作与交流情况。

在调研报告和个案研究部分，一篇关于在海外投资中促进性别平等的研究报告专门对中国纺织服装行业的实践经验进行调查分析。

附录包括2022年中国人权大事记和2022年制定、修订、修正或废止的与人权直接相关的法律和行政法规（数据库）。

关键词： 人权　人权保障　中国人权事业发展

目 录

Ⅰ 总报告

B.1 中国式现代化背景下中国人权事业的高质量发展
　　　　　　　　　　　　　　　　　　　　李君如　常　健 / 001

Ⅱ 专题报告

（一）生存权与发展权

B.2 巩固拓展脱贫攻坚成果与提升人权保障水平……………李云龙 / 030

B.3 践行新发展理念的公园城市示范区建设的人权意义
　　　　——以四川省成都市为例………………张立哲　鲍　钰 / 049

（二）经济、社会和文化权利

B.4 食物权视角下的中国粮食和重要农产品安全……………蒋　盼 / 068

B.5 "双碳"目标下环境权保障新进展………………………唐颖侠 / 088

（三）公民权利和政治权利

B.6 全过程人民民主建设的基层实践
　　　　——以上海社区治理为案例………………王龙飞　薛泽林 / 112

B.7　2022年平安中国建设与人身和财产安全权保障
　　……………………………………………… 化国宇　包佳涵 / 129
B.8　检察机关公益诉讼的人权司法保障新进展…… 周　伟　杨若栏 / 149

（四）特定群体权利

B.9　中国妇女人身权利保障的新发展………………………… 张晓玲 / 167
B.10　儿童权利保障视角下中国儿童友好城市建设的新进展
　　………………………………………………… 赵树坤　茹倍宁 / 190
B.11　中国社会养老服务保障的新进展与挑战 …… 邓　晋　袁　林 / 214

（五）数字化与人权保障

B.12　数字政府建设与民主参与权利保障 ………………… 刘　明 / 242
B.13　数字时代农民文化权利的新发展 …………………… 赵明霞 / 255

（六）人权立法与国际合作

B.14　2022年国家人权立法分析报告 ……………………… 班文战 / 271
B.15　2022年中国的国际人权合作与交流 ………………… 罗艳华 / 286

Ⅲ　调研报告和个案研究

B.16　在海外投资中促进性别平等：中国纺织服装行业的实践经验
　　………………………………………………………… 梁晓晖 / 319

附录一　中国人权大事记·2022 ………………………… 高　明 / 339
附录二　2022年制定、修订、修正或废止的与人权直接相关的法律
　　　　和行政法规（数据库）………………………… 班文战 / 367

Abstract ……………………………………………………………… / 368
Contents ……………………………………………………………… / 370

总报告
General Report

B.1
中国式现代化背景下中国人权事业的高质量发展

李君如 常健*

摘　要： 习近平总书记在主持十九届中央政治局第三十七次集体学习时，就坚定不移走中国人权发展道路、更好推动我国人权事业发展发表了重要讲话。党的二十大报告强调，坚持走中国人权发展道路，积极参与全球人权治理，推动人权事业全面发展。这一系列重要讲话和论述，为中国人权事业的发展指明了方向。这要求，在推进中国式现代化的总体背景下，通过加强党对人权事业的领导、走适合中国国情的人权发展道路、在马克思主义指导下创新人权理论、持续改革不利于人权实现的体制机制、全面推进人权法治化、积极开展国际人权斗争，促进中国人权事业高质量全面发展。

---

* 李君如，中国人权研究会第四届理事会副会长，中共中央党校原副校长，研究员，博士生导师；常健，中国人权研究会常务理事，南开大学人权研究中心（国家人权教育与培训基地）主任，南开大学周恩来政府管理学院教授、博士生导师。

关键词： 党的二十大　中国式现代化　高质量发展　中国人权事业

2022年，是中国人权事业发展的重要一年。2022年2月25日下午，十九届中央政治局就中国人权发展道路进行第三十七次集体学习。中共中央总书记习近平在主持学习时强调，尊重和保障人权是中国共产党人的不懈追求，党的百年奋斗史，贯穿着党团结带领人民为争取人权、尊重人权、保障人权、发展人权而进行的不懈努力，我国开启了全面建设社会主义现代化国家、向第二个百年奋斗目标进军的新征程，要深刻认识做好人权工作的重要性和紧迫性，坚定不移走中国人权发展道路，更加重视尊重和保障人权，更好推动我国人权事业发展。① 2022年10月16日，中国共产党第二十次全国代表大会在北京人民大会堂开幕，习近平总书记代表第十九届中央委员会向大会作了题为《高举中国特色社会主义伟大旗帜　为全面建设社会主义现代化国家而团结奋斗》的报告，在充分肯定过去10年"人权得到更好保障"的同时，要求"坚持走中国人权发展道路，积极参与全球人权治理，推动人权事业全面发展"。② 认真贯彻落实党的二十大精神，就是要在推进中国式现代化的整体进程中，促进人权事业的高质量全面发展。2022年5月25日，习近平主席在北京以视频方式会见联合国人权事务高级专员时，结合中国历史和文化，深入阐述了事关中国人权事业发展的重大问题，表明了中国党和政府致力于全方位维护和保障人权的原则立场。③ 2022年11月14日，习近平主席在印度尼西亚巴厘岛会晤美国总统拜登时，也阐述了中国对自由、民主、人权的基本观点，指出自由、民主、人权是人类的共同追

---

① 《习近平在中共中央政治局第三十七次集体学习时强调　坚定不移走中国人权发展道路　更好推动我国人权事业发展》，《人民日报》2022年2月27日，第1版。
② 习近平：《高举中国特色社会主义伟大旗帜　为全面建设社会主义现代化国家而团结奋斗——在中国共产党第二十次全国代表大会上的报告》，《人民日报》2022年10月26日，第1版。
③ 《习近平会见联合国人权事务高级专员巴切莱特》，《光明日报》2022年5月26日，第1版。

求,也是中国共产党的一贯追求。美国有美国式民主,中国有中国式民主,都符合各自的国情。①

一 中国式现代化背景下的人权发展道路

党的二十大报告将中国共产党现阶段的中心任务确定为"团结带领全国各族人民全面建成社会主义现代化强国、实现第二个百年奋斗目标,以中国式现代化全面推进中华民族伟大复兴",并将"中国式现代化"作为"十八大以来在理论和实践上的创新和突破"。党的二十大报告指出,中国式现代化"是中国共产党领导的社会主义现代化,既有各国现代化的共同特征,更有基于自己国情的中国特色",它是人口规模巨大的现代化,全体人民共同富裕的现代化,物质文明和精神文明相协调的现代化,人与自然和谐共生的现代化,走和平发展道路的现代化。强调"中国式现代化的本质要求是:坚持中国共产党领导,坚持中国特色社会主义,实现高质量发展,发展全过程人民民主,丰富人民精神世界,实现全体人民共同富裕,促进人与自然和谐共生,推动构建人类命运共同体,创造人类文明新形态"。② 中国人权事业发展是中国式现代化的重要组成部分。中国式现代化的这些特征及其本质要求,对中国人权事业的当前和未来发展提出了相应的要求。

(一)人口规模巨大的现代化与人权事业发展的稳中求进

中国式现代化,是人口规模巨大的现代化。党的二十大报告指出,"我国十四亿多人口整体迈进现代化社会,规模超过现有发达国家人口的

---

① 《习近平同美国总统拜登在巴厘岛举行会晤》,2022 年 11 月 14 日,中国政府网,http://www.gov.cn/xinwen/2022-11/14/content_ 5726985.htm。
② 习近平:《高举中国特色社会主义伟大旗帜 为全面建设社会主义现代化国家而团结奋斗——在中国共产党第二十次全国代表大会上的报告》,《人民日报》2022 年 10 月 26 日,第 1 版。

总和,艰巨性和复杂性前所未有"。因此,要始终从国情出发,"既不好高骛远,也不因循守旧,保持历史耐心,坚持稳中求进、循序渐进、持续推进"。①

作为中国式现代化组成部分的中国人权事业,事关十四亿多人口的人权保障,同样具有前所未有的艰巨性和复杂性。中国是最大的发展中国家。根据国际货币基金组织(IMF)2022年4月发布的数据,中国2021年的国内生产总值为174580亿美元,高居世界第二位。但除以14.1260亿人口,中国人均国内生产总值仅为12359美元,居世界第60位。② 根据国家统计局发布的数据,2021年,中国人均国民总收入(GNI)达11890美元,较2012年增长1倍。在世界银行公布的人均GNI排名中,我国2021年人均GNI较2012年提升了44位,从第112位上升到第68位。③ 比较来看,2021年中国高收入组人均收入为85836元,而美国全体居民人均收入为56065美元,按照6.5:1的汇率计算,为364423元,相当于中国高收入组人均收入的4.2倍。④ 可见,尽管中国经济近几十年来高速发展,但从人均收入来看,中国仍然是发展中国家,居民收入水平还有很大的提升空间。

因此,推进中国人权事业发展,一方面必须继续努力,在经济上保持持续发展的势头,为人权保障奠定坚实的物质基础。另一方面,中国人权的保障水平受到经济发展水平的制约和限制,既不能因循守旧,也不能好高骛远;需要继续保持历史耐心,不可操之过急;要坚持稳中求进、循序渐进、

---

① 习近平:《高举中国特色社会主义伟大旗帜 为全面建设社会主义现代化国家而团结奋斗——在中国共产党第二十次全国代表大会上的报告》,《人民日报》2022年10月26日,第1版。
② 《2021年世界各国人均GDP出炉,中国排名第60》,2022年4月21日,网易新闻,https://m.163.com/dy/article/H5FFQDFL0543ONLC.html。
③ 国家统计局:《综合实力大幅跃升 国际影响力显著增强——党的十八大以来经济社会发展成就系列报告之十三》,2022年9月30日,国家统计局网站,http://www.stats.gov.cn/xxgk/jd/sjjd2020/202209/t20220930_1888887.html。
④ 《中国居民收入的五档划分,从数据看差距》,2023年2月19日,澎湃新闻,https://www.thepaper.cn/newsDetail_forward_21957936。

持续推进。

中国已经制定并实施了四期国家人权行动计划,是世界上唯一持续制定和实施四期国家人权行动计划的主要大国,标志着中国正在有计划、持续稳步地推进中国人权事业发展。中国国家人权行动计划的基本原则之一是"务实推进",要求"把人权的普遍原则与中国实际相结合"。① 习近平总书记在中央政治局第三十七次集体学习时要求"各级党委(党组)要担负起推动我国人权事业发展的历史责任,加强组织领导,主动担当作为,切实把国家人权行动计划落实好"。②

(二)全体人民共同富裕的现代化与低收入群体权利保障

中国式现代化是全体人民共同富裕的现代化。党的二十大报告指出:"共同富裕是中国特色社会主义的本质要求,也是一个长期的历史过程。"这就要求中国在发展中要"坚持把实现人民对美好生活的向往作为现代化建设的出发点和落脚点,着力维护和促进社会公平正义,着力促进全体人民共同富裕,坚决防止两极分化"。③

根据国家统计局发布的《中华人民共和国 2022 年国民经济和社会发展统计公报》,2022 年全年全国居民人均可支配收入 36883 元,全国居民人均可支配收入中位数 31370 元。按常住地分,城镇居民人均可支配收入 49283 元,比上年增长 3.9%,扣除价格因素,实际增长 1.9%。城镇居民人均可支配收入中位数 45123 元,比上年增长 3.7%。农村居民人均可支配收入 20133 元,比上年增长 6.3%,扣除价格因素,实际增长 4.2%。农村居民人均可支配收入中位数 17734 元,比上年增长 4.9%。城乡居民人均可支配收

---

① 中华人民共和国国务院新闻办公室:《国家人权行动计划(2021—2025 年)》,人民出版社,2021,第 3 页。
② 习近平:《坚定不移走中国人权发展道路 更好推动我国人权事业发展》,《求是》2022 年第 12 期。
③ 习近平:《高举中国特色社会主义伟大旗帜 为全面建设社会主义现代化国家而团结奋斗——在中国共产党第二十次全国代表大会上的报告》,《人民日报》2022 年 10 月 26 日,第 1 版。

入比值为2.45，比上年缩小0.05。按全国居民五等份收入分组，低收入组人均可支配收入8601元，中间偏下收入组人均可支配收入19303元，中间收入组人均可支配收入30598元，中间偏上收入组人均可支配收入47397元，高收入组人均可支配收入90116元。①

面对仍然较大的人均收入差距和城乡居民收入差距，中国人权事业发展需要进一步保障低收入人口的权利，保障城乡居民平等享有各项人权。党的二十大报告提出，要"坚持按劳分配为主体、多种分配方式并存，构建初次分配、再分配、第三次分配协调配套的制度体系。努力提高居民收入在国民收入分配中的比重，提高劳动报酬在初次分配中的比重。坚持多劳多得，鼓励勤劳致富，促进机会公平，增加低收入者收入，扩大中等收入群体。完善按要素分配政策制度，探索多种渠道增加中低收入群众要素收入，多渠道增加城乡居民财产性收入。加大税收、社会保障、转移支付等的调节力度。完善个人所得税制度，规范收入分配秩序，规范财富积累机制，保护合法收入，调节过高收入，取缔非法收入"。②

（三）物质文明和精神文明相协调的现代化与人权事业的全面发展

中国式现代化是物质文明和精神文明相协调的现代化。党的二十大报告指出："物质富足、精神富有是社会主义现代化的根本要求。物质贫困不是社会主义，精神贫乏也不是社会主义。"③ 因此，在现代化建设中，不仅要促进物质的全面丰富，夯实人民幸福生活的物质条件，而且要促进人的全面发展。

---

① 国家统计局：《中华人民共和国2022年国民经济和社会发展统计公报》，2023年2月28日，国家统计局网站，http://www.stats.gov.cn/tjsj/zxfb/202302/t20230227_1918980.html。

② 习近平：《高举中国特色社会主义伟大旗帜 为全面建设社会主义现代化国家而团结奋斗——在中国共产党第二十次全国代表大会上的报告》，《人民日报》2022年10月26日，第1版。

③ 习近平：《高举中国特色社会主义伟大旗帜 为全面建设社会主义现代化国家而团结奋斗——在中国共产党第二十次全国代表大会上的报告》，《人民日报》2022年10月26日，第1版。

促进人民幸福和人的全面发展,不仅是中国式现代化所追求的目标,而且也是中国人权事业发展的最终目的所在。

关于人民幸福与人权保障之间的关系,习近平主席在 2018 年 12 月致信纪念《世界人权宣言》发表 70 周年座谈会时明确提出,"人民幸福生活是最大的人权"。[1] 国务院新闻办公室 2019 年发布的《为人民谋幸福:新中国人权事业发展 70 年》白皮书再次强调"人民幸福生活是最大的人权",并将"人民的获得感、幸福感、安全感是检验人权实现的重要标准"作为"以人民为中心的人权理念"的重要内容。[2] 2021 年发布的《中国共产党尊重和保障人权的伟大实践》白皮书,进一步将"坚持人民幸福生活是最大的人权,坚持促进人的全面发展,不断增强人民群众的获得感、幸福感、安全感"[3] 作为"中国特色社会主义人权发展道路"的基本内容。中国政府制定的第四期国家人权行动计划在指导思想中提出,要"坚持人民幸福生活是最大的人权","不断增强人民对于人权保障的获得感、幸福感、安全感"。[4]

促进人的全面发展,是中国人权事业发展的总目标和价值追求。国务院新闻办公室 2019 年发布的《为人民谋幸福:新中国人权事业发展 70 年》白皮书将"促进人的自由全面发展是人权的最高价值追求"作为"以人民为中心的人权理念"的重要内容。[5] 中国政府制定的第三期和第四期国家人

---

[1] 《习近平致信纪念〈世界人权宣言〉发表 70 周年座谈会强调 坚持走符合国情的人权发展道路 促进人的全面发展》,《人权》2019 年第 1 期。
[2] 中华人民共和国国务院新闻办公室:《为人民谋幸福:新中国人权事业发展 70 年》,人民出版社,2019,第 1、12 页。
[3] 中华人民共和国国务院新闻办公室:《中国共产党尊重和保障人权的伟大实践》,人民出版社,2021,第 2 页。
[4] 中华人民共和国国务院新闻办公室:《国家人权行动计划(2021—2025 年)》,人民出版社,2021,第 2 页。
[5] 中华人民共和国国务院新闻办公室:《为人民谋幸福:新中国人权事业发展 70 年》,人民出版社,2019,第 13 页。

权行动计划,都将"促进人的全面发展"作为人权事业发展的出发点和落脚点。①第四期国家人权行动计划还进一步"将促进全体人民的自由全面共同发展作为人权事业发展的总目标"。②

促进人的全面发展,需要全面尊重和保障各项人权。习近平总书记在中央政治局第三十七次集体学习谈到"促进人权事业全面发展"时指出,要"顺应人民对高品质美好生活的期待,不断满足人民日益增长的多方面的权利需求,统筹推进经济发展、民主法治、思想文化、公平正义、社会治理、环境保护等建设,全面做好就业、收入分配、教育、社保、医疗、住房、养老、扶幼等各方面工作,在物质文明、政治文明、精神文明、社会文明、生态文明协调发展中全方位提升各项人权保障水平"。③

(四)人与自然和谐共生的现代化与环境权利保障的重要地位

中国式现代化是人与自然和谐共生的现代化。党的二十大报告指出,要"坚持可持续发展","像保护眼睛一样保护自然和生态环境,坚定不移走生产发展、生活富裕、生态良好的文明发展道路,实现中华民族永续发展"。④

人与自然和谐共生,从人权角度来说,要求人权事业发展在保障和促进发展权的同时,加强对环境权利的保障,促进人权享有的代际公平。第四期国家人权行动计划的目标之一,就是"坚持绿水青山就是金山银山理念,坚持尊重自然、顺应自然、保护自然,促进人与自然和谐共生,推进生态文明建设,建设美丽中国,为全人类和子孙后代共享发展创造可持续条件"。⑤第

---

① 中华人民共和国国务院新闻办公室:《国家人权行动计划(2016—2020年)》,人民出版社,2016,第2页;中华人民共和国国务院新闻办公室:《国家人权行动计划(2021—2025年)》,人民出版社,2021,第2页。
② 中华人民共和国国务院新闻办公室:《国家人权行动计划(2021—2025年)》,人民出版社,2021,第2页。
③ 习近平:《坚定不移走中国人权发展道路 更好推动我国人权事业发展》,《求是》2022年第12期。
④ 习近平:《高举中国特色社会主义伟大旗帜 为全面建设社会主义现代化国家而团结奋斗——在中国共产党第二十次全国代表大会上的报告》,《人民日报》2022年10月26日,第1版。
⑤ 中华人民共和国国务院新闻办公室:《国家人权行动计划(2021—2025年)》,人民出版社,2021,第2页。

四期国家人权行动计划将"环境权利"作为独立专章加以论述,内容不仅涉及污染防治、国土空间生态保护修复、应对气候变化等实体性权利的要求,还增加了对生态环境信息公开、环境决策公众参与、环境公益诉讼和生态环境损害赔偿等程序性权利的保障内容。

根据国家统计局发布的《中华人民共和国2022年国民经济和社会发展统计公报》,2022年绿色转型发展迈出新步伐。全年水电、核电、风电、太阳能发电等清洁能源发电量29599亿千瓦时;在监测的339个地级及以上城市中,全年空气质量达标的城市占62.8%,未达标的城市占37.2%;细颗粒物($PM_{2.5}$)年平均浓度29微克每立方米;3641个国家地表水考核断面中,全年水质优良(Ⅰ~Ⅲ类)断面比例为87.9%,Ⅳ类断面比例为9.7%,Ⅴ类断面比例为1.7%,劣Ⅴ类断面比例为0.7%。[1]

(五)走和平发展道路的现代化与维护和平发展权利

中国式现代化是走和平发展道路的现代化。党的二十大报告指出"我国不走一些国家通过战争、殖民、掠夺等方式实现现代化的老路",要"坚定站在历史正确的一边、站在人类文明进步的一边,高举和平、发展、合作、共赢旗帜,在坚定维护世界和平与发展中谋求自身发展,又以自身发展更好维护世界和平与发展"。

走和平发展道路的现代化,要求与各国携手合作,维护全人类的生存权、发展权、和平权、环境权,促进全球人权治理沿着公平公正合理包容的方向发展,共同构建人类命运共同体。习近平总书记在中央政治局第三十七次集体学习时指出:"我们要弘扬全人类共同价值,坚持平等互信、包容互鉴、合作共赢、共同发展的理念,推动全球人权治理朝着更加公平、公正、合理、包容的方向发展。要积极参与联合国人权事务,广泛同各国特别是发展中国家开展国际人权交流合作,发挥建设性作用。"[2]

---

[1] 国家统计局:《中华人民共和国2022年国民经济和社会发展统计公报》,2023年2月28日,国家统计局网站,http://www.stats.gov.cn/tjsj/zxfb/202302/t20230227_1918980.html。

[2] 习近平:《坚定不移走中国人权发展道路 更好推动我国人权事业发展》,《求是》2022年第12期。

二　中国式现代化背景下人权事业的高质量全面发展

党的二十大报告突出强调"高质量发展",指出"高质量发展是全面建设社会主义现代化国家的首要任务",要"坚持以推动高质量发展为主题"。①

高质量发展,一方面需要以人权的高质量保障为导向和约束,另一方面也要求促进人权保障水平的全面高质量提升。国家主席习近平在会见联合国人权事务高级专员时指出:"人权内涵是全面的、丰富的,必须综合施策,系统推进。……要努力实现更高质量、更有效率、更加公平、更可持续、更为安全的发展,为人权事业发展提供坚强保障。"②

在党的二十大报告中,涉及人权高质量发展的要求和措施可以概括为以下五个方面。

(一)高质量保障经济和社会权利,实现全体人民共同富裕

习近平总书记在谈到人权事业发展要坚持以生存权、发展权为首要的基本人权时指出,"生存是享有一切人权的基础",要"着力解决人民最关心最直接最现实的利益问题,着力解决发展不平衡不充分问题,努力实现更高质量、更有效率、更加公平、更可持续、更为安全的发展,在发展中使广大人民的获得感、幸福感、安全感更加充实、更有保障、更可持续"。③

党的二十大报告提出,要使人民生活更加幸福美好,人民精神文化生活更加丰富,人的全面发展、全体人民共同富裕取得更为明显的实质性进展。

---

① 习近平:《高举中国特色社会主义伟大旗帜　为全面建设社会主义现代化国家而团结奋斗——在中国共产党第二十次全国代表大会上的报告》,《人民日报》2022年10月26日,第1版。
② 《习近平会见联合国人权事务高级专员巴切莱特》,《光明日报》2022年5月26日,第1版。
③ 习近平:《坚定不移走中国人权发展道路　更好推动中国人权事业发展》,《求是》2022年第12期。

为此，报告提出了一系列保障经济和社会权利的目标和措施。①

第一，提升基本公共服务均等化水平，保障人民基本生活水准权利。党的二十大报告提出，要实现基本公共服务均等化，农村基本具备现代生活条件。采取的措施包括：巩固拓展脱贫攻坚成果，增强脱贫地区和脱贫群众内生发展动力；发展乡村特色产业，拓宽农民增收致富渠道；全方位夯实粮食安全根基，牢牢守住十八亿亩耕地红线，逐步把永久基本农田全部建成高标准农田，深入实施种业振兴行动，强化农业科技和装备支撑，健全种粮农民收益保障机制和主产区利益补偿机制；坚持房子是用来住的、不是用来炒的定位，加快建立多主体供给、多渠道保障、租购并举的住房制度；坚持在发展中保障和改善民生，健全基本公共服务体系，提高公共服务水平，增强均衡性和可及性，扎实推进共同富裕。

第二，完善分配制度，保障经济平等权利。党的二十大报告提出，要使"居民人均可支配收入再上新台阶，中等收入群体比重明显提高"，并将五年目标设定为"居民收入增长和经济增长基本同步，劳动报酬提高与劳动生产率提高基本同步"。② 具体措施包括：坚持按劳分配为主体、多种分配方式并存，构建初次分配、再分配、第三次分配协调配套的制度体系。努力提高居民收入在国民收入分配中的比重，提高劳动报酬在初次分配中的比重。坚持多劳多得，鼓励勤劳致富，促进机会公平，增加低收入者收入，扩大中等收入群体。完善按要素分配政策制度，探索多种渠道增加中低收入群众要素收入，多渠道增加城乡居民财产性收入。加大对税收、社会保障、转移支付等的调节力度。完善个人所得税制度，规范收入分配秩序，规范财富积累机制，保护合法收入，调节过高收入，取缔非法收入。

第三，实施就业优先战略，提升工作权利保障水平。就业是最基本的民

---

① 习近平：《高举中国特色社会主义伟大旗帜　为全面建设社会主义现代化国家而团结奋斗——在中国共产党第二十次全国代表大会上的报告》，《人民日报》2022年10月26日，第1版。

② 习近平：《高举中国特色社会主义伟大旗帜　为全面建设社会主义现代化国家而团结奋斗——在中国共产党第二十次全国代表大会上的报告》，《人民日报》2022年10月26日，第1版。

生，党的二十大报告要求强化就业优先政策，健全就业促进机制，促进高质量充分就业。具体措施包括：健全就业公共服务体系，完善重点群体就业支持体系，加强困难群体就业兜底帮扶。统筹城乡就业政策体系，破除妨碍劳动力、人才流动的体制和政策弊端，消除影响平等就业的不合理限制和就业歧视，使人人都有通过勤奋劳动实现自身发展的机会。健全终身职业技能培训制度，推动解决结构性就业矛盾。完善促进创业带动就业的保障制度，支持和规范发展新就业形态。健全劳动法律法规，完善劳动关系协商协调机制，完善劳动者权益保障制度，加强灵活就业和新就业形态劳动者权益保障。

第四，健全多层次社会保障体系，提高社会保障权利的保障水平。社会保障体系是人民生活的安全网和社会运行的稳定器，党的二十大报告提出，要健全覆盖全民、统筹城乡、公平统一、安全规范、可持续的多层次社会保障体系。具体措施包括：完善基本养老保险全国统筹制度，发展多层次、多支柱养老保险体系。实施渐进式延迟法定退休年龄。扩大社会保险覆盖面，健全基本养老、基本医疗保险筹资和待遇调整机制，推动基本医疗保险、失业保险、工伤保险省级统筹。促进多层次医疗保障有序衔接，完善大病保险和医疗救助制度，落实异地就医结算，建立长期护理保险制度，积极发展商业医疗保险。加快完善全国统一的社会保险公共服务平台。健全社保基金保值增值和安全监管体系。健全分层分类的社会救助体系。坚持男女平等基本国策，保障妇女儿童合法权益。完善残疾人社会保障制度和关爱服务体系，促进残疾人事业全面发展。

第五，推进健康中国建设，提升健康权保障水平。人民健康是民族昌盛和国家强盛的重要标志，党的二十大报告提出，要把保障人民健康放在优先发展的战略位置，完善人民健康促进政策。具体措施包括：优化人口发展战略，建立生育支持政策体系，降低生育、养育、教育成本。实施积极应对人口老龄化国家战略，发展养老事业和养老产业，优化孤寡老人服务，推动实现全体老年人享有基本养老服务。深化医药卫生体制改革，促进医保、医疗、医药协同发展和治理。促进优质医疗资源扩容和区域均衡布局，坚持预防为主，加强重大慢性病健康管理，提高基层防病治病和健康管理能力。深化以公益性为导向的公立医院改革，规范民营医院发展。发展壮大医疗卫生队伍，把工作重点放在农村和社区。重视心理健康和精神卫生。促进中医药传承创新发展。创新医防协同、医防融合机制，健全公共卫生体系，提高重大疫情早发现能力，加强重大疫情防控救治体系和应急能力建设，有效遏制重大传染性疾病传播。深入开展健康中国行动和爱国卫生运动，倡导文明健康生活方式。

第六，办好人民满意的教育，提升受教育权保障水平。党的二十大报告提出，要"加快建设高质量教育体系，发展素质教育，促进教育公平"。[①]采取的措施包括：加快义务教育优质均衡发展和城乡一体化，优化区域教育资源配置；强化学前教育、特殊教育普惠发展；坚持高中阶段学校多样化发展；完善覆盖全学段学生资助体系；深入实施人才强国战略，坚持尊重劳动、尊重知识、尊重人才、尊重创造，培养造就大批德才兼备的高素质人才。

（二）高质量保障政治权利，健全全过程人民民主制度体系

党的二十大报告指出："人民民主是社会主义的生命，是全面建设社会主义现代化国家的应有之义。全过程人民民主是社会主义民主政治的本质属性，是最广泛、最真实、最管用的民主。""要健全人民当家作主制度体系，扩大人民有序政治参与，保证人民依法实行民主选举、民主协商、民主决策、民主管理、民主监督。"[②]

党的二十大报告将未来五年目标设定为"全过程人民民主制度化、规范化、程序化水平进一步提高"。[③] 具体措施如下。

[①] 习近平：《高举中国特色社会主义伟大旗帜　为全面建设社会主义现代化国家而团结奋斗——在中国共产党第二十次全国代表大会上的报告》，《人民日报》2022年10月26日，第1版。

[②] 习近平：《高举中国特色社会主义伟大旗帜　为全面建设社会主义现代化国家而团结奋斗——在中国共产党第二十次全国代表大会上的报告》，《人民日报》2022年10月26日，第1版。

[③] 习近平：《高举中国特色社会主义伟大旗帜　为全面建设社会主义现代化国家而团结奋斗——在中国共产党第二十次全国代表大会上的报告》，《人民日报》2022年10月26日，第1版。

第一，拓展民主渠道，丰富民主形式，确保人民依法通过各种途径和形式管理国家事务，管理经济和文化事业，管理社会事务。党的二十大报告特别指出，要支持和保证人民通过人民代表大会行使国家权力，保证各级人大都由民主选举产生、对人民负责、受人民监督。支持和保证人大及其常委会依法行使立法权、监督权、决定权、任免权，健全人大对行政机关、监察机关、审判机关、检察机关监督制度，维护国家法治统一、尊严、权威。加强人大代表工作能力建设，密切人大代表同人民群众的联系。健全吸纳民意、汇集民智工作机制，建设好基层立法联系点。深化工会、共青团、妇联等群团组织改革和建设，有效发挥桥梁纽带作用。

第二，全面发展协商民主。党的二十大报告提出，要完善协商民主体系，统筹推进政党协商、人大协商、政府协商、政协协商、人民团体协商、基层协商以及社会组织协商，健全各种制度化协商平台，推进协商民主广泛多层制度化发展。坚持和完善中国共产党领导的多党合作和政治协商制度，坚持党的领导、统一战线、协商民主有机结合，坚持发扬民主和增进团结相互贯通、建言资政和凝聚共识双向发力，发挥人民政协作为专门协商机构作用，加强制度化、规范化、程序化等功能建设，提高深度协商互动、意见充分表达、广泛凝聚共识水平，完善人民政协民主监督和委员联系界别群众制度机制。

第三，积极发展基层民主。党的二十大报告提出，要健全基层党组织领导的基层群众自治机制，加强基层组织建设，完善基层直接民主制度体系和工作体系，增强城乡社区群众自我管理、自我服务、自我教育、自我监督的实效。完善办事公开制度，拓宽基层各类群体有序参与基层治理渠道，保障人民依法管理基层公共事务和公益事业。全心全意依靠工人阶级，健全以职工代表大会为基本形式的企事业单位民主管理制度，维护职工合法权益。

（三）高质量保障公民权利，促进人的自由全面发展

党的二十大报告在论述推进中国式现代化的过程中，也对公民自由权利提出了更高的保障要求和一系列具体的保障举措。

在构建高水平社会主义市场经济体制过程中，要求"依法保护民营企

业产权和企业家权益","完善产权保护、市场准入、公平竞争、社会信用等市场经济基础制度","加强反垄断和反不正当竞争"。

在全面推进乡村振兴过程中,要求"深化农村土地制度改革,赋予农民更加充分的财产权益。保障进城落户农民合法土地权益,鼓励依法自愿有偿转让。完善农业支持保护制度,健全农村金融服务体系"。

在促进区域协调发展过程中,要求"推进以人为核心的新型城镇化,加快农业转移人口市民化","坚持人民城市人民建、人民城市为人民","打造宜居、韧性、智慧城市"。

在加快实施创新驱动发展战略过程中,要求"突出原创,鼓励自由探索。提升科技投入效能,深化财政科技经费分配使用机制改革,激发创新活力"。

在深入实施人才强国战略过程中,要求"坚持尊重劳动、尊重知识、尊重人才、尊重创造,实施更加积极、更加开放、更加有效的人才政策"。

在完善社会治理体系过程中,要求"健全共建共治共享的社会治理制度","完善正确处理新形势下人民内部矛盾机制,加强和改进人民信访工作,畅通和规范群众诉求表达、利益协调、权益保障通道,完善网格化管理、精细化服务、信息化支撑的基层治理平台,健全城乡社区治理体系,及时把矛盾纠纷化解在基层、化解在萌芽状态"。

在平安中国建设过程中,要求"提高公共安全治理水平。坚持安全第一、预防为主,建立大安全大应急框架,完善公共安全体系,推动公共安全治理模式向事前预防转型。推进安全生产风险专项整治,加强重点行业、重点领域安全监管。提高防灾减灾救灾和重大突发公共事件处置保障能力,加强国家区域应急力量建设。强化食品药品安全监管,健全生物安全监管预警防控体系。加强个人信息保护"。

在推进高水平对外开放过程中,要求"合理缩减外资准入负面清单,依法保护外商投资权益,营造市场化、法治化、国际化一流营商环境"。[①]

[①] 习近平:《高举中国特色社会主义伟大旗帜　为全面建设社会主义现代化国家而团结奋斗——在中国共产党第二十次全国代表大会上的报告》,《人民日报》2022年10月26日,第1版。

（四）高质量保障环境权利，促进人与自然和谐共生

党的二十大报告提出，要"广泛形成绿色生产生活方式，碳排放达峰后稳中有降，生态环境根本好转，美丽中国目标基本实现"。总体战略是"推进美丽中国建设，坚持山水林田湖草沙一体化保护和系统治理，统筹产业结构调整、污染治理、生态保护、应对气候变化，协同推进降碳、减污、扩绿、增长，推进生态优先、节约集约、绿色低碳发展"。[①] 具体措施如下。

第一，加快发展方式绿色转型。加快推动产业结构、能源结构、交通运输结构等调整优化。实施全面节约战略，推进各类资源节约集约利用，加快构建废弃物循环利用体系。完善支持绿色发展的财税、金融、投资、价格政策和标准体系，发展绿色低碳产业，健全资源环境要素市场化配置体系，加快节能降碳先进技术研发和推广应用，倡导绿色消费，推动形成绿色低碳的生产方式和生活方式。

第二，深入推进环境污染防治。坚持精准治污、科学治污、依法治污，持续深入打好蓝天、碧水、净土保卫战。加强污染物协同控制，基本消除重污染天气。统筹水资源、水环境、水生态治理，推动重要江河湖库生态保护治理，基本消除城市黑臭水体。加强土壤污染源头防控，开展新污染物治理。提升环境基础设施建设水平，推进城乡人居环境整治。全面实行排污许可制，健全现代环境治理体系。严密防控环境风险。深入推进中央生态环境保护督察。

第三，提升生态系统多样性、稳定性、持续性。以国家重点生态功能区、生态保护红线、自然保护地等为重点，加快实施重要生态系统保护和修复重大工程。推进以国家公园为主体的自然保护地体系建设。实施生物多样性保护重大工程。科学开展大规模国土绿化行动。深化集体林权制度改革。

---

① 习近平：《高举中国特色社会主义伟大旗帜 为全面建设社会主义现代化国家而团结奋斗——在中国共产党第二十次全国代表大会上的报告》，《人民日报》2022年10月26日，第1版。

推行草原森林河流湖泊湿地休养生息，实施好长江十年禁渔，健全耕地休耕轮作制度。建立生态产品价值实现机制，完善生态保护补偿制度。加强生物安全管理，防治外来物种侵害。

第四，积极稳妥推进碳达峰碳中和。立足我国能源资源禀赋，坚持先立后破，有计划分步骤实施碳达峰行动。完善能源消耗总量和强度调控，重点控制化石能源消费，逐步转向碳排放总量和强度"双控"制度。推动能源清洁低碳高效利用，推进工业、建筑、交通等领域清洁低碳转型。深入推进能源革命，加强煤炭清洁高效利用，加大油气资源勘探开发和增储上产力度，加快规划建设新型能源体系，统筹水电开发和生态保护，积极安全有序发展核电，加强能源产供储销体系建设，确保能源安全。完善碳排放统计核算制度，健全碳排放权市场交易制度。提升生态系统碳汇能力。积极参与应对气候变化全球治理。

（五）积极参与全球人权治理，推动构建人类命运共同体

习近平总书记在谈到要坚持积极参与全球人权治理时指出："发展人权是全人类共同的事业。人权保障没有最好，只有更好。各国都有权利自主选择人权发展道路，不同文明、不同国家应该相互尊重、相互包容、相互交流、相互借鉴。我们弘扬全人类共同价值，践行真正多边主义，积极参与包括人权在内的全球治理体系改革和建设，推动构建人类命运共同体。"①

党的二十大报告将"中国国际地位和影响进一步提高，在全球治理中发挥更大作用"作为五年目标之一，并特别强调要"促进世界和平与发展，推动构建人类命运共同体"。

报告要求，要"坚定维护以联合国为核心的国际体系、以国际法为基础的国际秩序、以联合国宪章宗旨和原则为基础的国际关系基本准则，反对一切形式的单边主义，反对搞针对特定国家的阵营化和排他性小

---

① 习近平：《坚定不移走中国人权发展道路　更好推动中国人权事业发展》，《求是》2022 年第 12 期。

圈子"。

报告呼吁"世界各国弘扬和平、发展、公平、正义、民主、自由的全人类共同价值，促进各国人民相知相亲，尊重世界文明多样性，以文明交流超越文明隔阂、文明互鉴超越文明冲突、文明共存超越文明优越，共同应对各种全球性挑战"。

报告指出，"中国积极参与全球治理体系改革和建设，践行共商共建共享的全球治理观，坚持真正的多边主义，推进国际关系民主化，推动全球治理朝着更加公正合理的方向发展"。

报告强调，"构建人类命运共同体是世界各国人民前途所在"，"中国提出了全球发展倡议、全球安全倡议，愿同国际社会一道努力落实。中国坚持对话协商，推动建设一个持久和平的世界；坚持共建共享，推动建设一个普遍安全的世界；坚持合作共赢，推动建设一个共同繁荣的世界；坚持交流互鉴，推动建设一个开放包容的世界；坚持绿色低碳，推动建设一个清洁美丽的世界"。[①]

三 中国人权事业高质量全面发展的实现路径

实现人权事业的高质量全面发展，需要根据中国的国情，采取切实有效的实现路径。根据党的二十大精神，未来中国人权事业发展要坚持党对人权事业的领导，走符合中国国情的人权发展道路，促进马克思主义指导下的人权理论创新，持续改革阻碍人权发展的不合理制度，全面推进人权法治化，积极开展国际人权斗争。

（一）坚持党对人权事业的领导

党的二十大报告强调"坚持和加强党的全面领导"，要求"坚决维护党

[①] 习近平：《高举中国特色社会主义伟大旗帜　为全面建设社会主义现代化国家而团结奋斗——在中国共产党第二十次全国代表大会上的报告》，《人民日报》2022年10月26日，第1版。

中央权威和集中统一领导，把党的领导落实到党和国家事业各领域各方面各环节，使党始终成为风雨来袭时全体人民最可靠的主心骨，确保我国社会主义现代化建设正确方向，确保拥有团结奋斗的强大政治凝聚力、发展自信心，集聚起万众一心、共克时艰的磅礴力量"。[1]

中国人权事业发展同样需要坚持和加强党的领导。习近平总书记在十九届中央政治局第三十七次集体学习时，专门谈到人权事业发展要坚持中国共产党领导，他指出："中国共产党领导和我国社会主义制度，决定了我国人权事业的社会主义性质，决定了我们能够保证人民当家作主，坚持平等共享人权，坚持以系统性思维谋划人权建设，推进各类人权全面发展，不断实现好、维护好、发展好最广大人民根本利益。"同时，习近平总书记要求"各级党委（党组）要担负起推动我国人权事业发展的历史责任，加强组织领导，主动担当作为，切实把国家人权行动计划落实好。各级干部特别是领导干部要自觉学习马克思主义人权观、当代中国人权观，提高认识，增强自信，主动做好尊重和保障人权各项工作。各地区各部门各行业要增强尊重和保障人权意识，形成推动我国人权事业发展的合力"。[2]

（二）走适合中国国情的人权发展道路

党的二十大报告强调"坚持中国特色社会主义道路"，指出"中国式现代化，是中国共产党领导的社会主义现代化，既有各国现代化的共同特征，更有基于自己国情的中国特色"，"中国的问题必须从中国基本国情出发，由中国人自己来解答"，要"始终从国情出发想问题、作决策、办事情"。[3]

---

[1] 习近平：《高举中国特色社会主义伟大旗帜　为全面建设社会主义现代化国家而团结奋斗——在中国共产党第二十次全国代表大会上的报告》，《人民日报》2022年10月26日，第1版。

[2] 习近平：《坚定不移走中国人权发展道路　更好推动我国人权事业发展》，《求是》2022年第12期。

[3] 习近平：《高举中国特色社会主义伟大旗帜　为全面建设社会主义现代化国家而团结奋斗——在中国共产党第二十次全国代表大会上的报告》，《人民日报》2022年10月26日，第1版。

中国人权事业发展同样要走适合中国国情的发展道路。习近平总书记在十九届中央政治局第三十七次集体学习时，专门谈到人权事业发展要坚持从中国实际出发，他指出："各国人权发展道路必须根据各自国情和本国人民愿望来决定。我们把人权普遍性原则同中国实际结合起来，从我国国情和人民要求出发推动人权事业发展，确保人民依法享有广泛充分、真实具体、有效管用的人权。"习近平总书记从六个方面概括了中国人权发展道路的科学内涵，即坚持中国共产党领导，坚持尊重人民主体地位，坚持从我国实际出发，坚持以生存权、发展权为首要的基本人权，坚持依法保障人权，坚持积极参与全球人权治理。他强调指出："以上6条，既是中国人权发展的主要特征，又是我们在推进中国人权事业实践中取得的宝贵经验，要结合新的实践不断坚持好、发展好。"①

在会见联合国人权事务高级专员时，习近平主席谈到要"尊重各国人权发展道路"，他指出："人权是历史的、具体的、现实的，各国国情不同，历史文化、社会制度、经济社会发展水平存在差异，必须也只能从本国实际和人民需求出发，探索适合自己的人权发展道路。脱离实际、全盘照搬别国制度模式，不仅会水土不服，而且会带来灾难性后果，最终受害的还是广大人民群众。这方面的例子很多，要引以为戒。"②

（三）在马克思主义指导下创新人权理论

党的二十大强调要"推进实践基础上的理论创新"，要求"深入实施马克思主义理论研究和建设工程，加快构建中国特色哲学社会科学学科体系、学术体系、话语体系，培育壮大哲学社会科学人才队伍"。③ 中国人权事业

---

① 习近平：《坚定不移走中国人权发展道路　更好推动我国人权事业发展》，《求是》2022年第12期。
② 《习近平会见联合国人权事务高级专员巴切莱特》，《光明日报》2022年5月26日，第1版。
③ 习近平：《高举中国特色社会主义伟大旗帜　为全面建设社会主义现代化国家而团结奋斗——在中国共产党第二十次全国代表大会上的报告》，《人民日报》2022年10月26日，第1版。

发展同样需要理论创新。习近平总书记在十九届中央政治局第三十七次集体学习时同样强调："要依托我国人权事业发展的生动实践，提炼原创性概念，发展我国人权学科体系、学术体系、话语体系。要加强人权智库和人权研究基地建设，着力培养一批理论扎实、学术精湛、熟悉国际规则、会讲中国人权故事的高端人权专家。"①

党的二十大报告对马克思主义理论创新提出了"七个坚持"，其对中国人权理论的创新同样具有指导意义。

第一，中国人权理论创新必须坚持马克思主义基本原理同中国具体实际相结合、同中华优秀传统文化相结合。党的二十大报告指出："坚持和发展马克思主义，必须同中国具体实际相结合。""不断回答中国之问、世界之问、人民之问、时代之问，作出符合中国实际和时代要求的正确回答。"与此同时，"坚持和发展马克思主义，必须同中华优秀传统文化相结合。只有植根本国、本民族历史文化沃土，马克思主义真理之树才能根深叶茂"。党的二十大报告分析了中华优秀传统文化中蕴含的天下为公、民为邦本、为政以德、革故鼎新、任人唯贤、天人合一、自强不息、厚德载物、讲信修睦、亲仁善邻等思想，同科学社会主义价值观主张具有高度契合性。要求"坚持古为今用、推陈出新，把马克思主义思想精髓同中华优秀传统文化精华贯通起来"。② 习近平总书记在十九届中央政治局第三十七次集体学习时同样强调："中华文化历来强调对人的尊重和关怀，孔子的'古之为政，爱人为大'，孟子的'为天下得人者谓之仁'，荀子的人'最为天下贵'，墨子的'兼相爱'，都强调人的自身价值。古人还说：'万物之中，以人为贵。''济大事者，必以人为本。''理天下者，以人为本。'"③

---

① 习近平：《坚定不移走中国人权发展道路　更好推动我国人权事业发展》，《求是》2022年第12期。

② 习近平：《高举中国特色社会主义伟大旗帜　为全面建设社会主义现代化国家而团结奋斗——在中国共产党第二十次全国代表大会上的报告》，《人民日报》2022年10月26日，第1版。

③ 习近平：《坚定不移走中国人权发展道路　更好推动我国人权事业发展》，《求是》2022年第12期。

第二，中国人权理论创新必须坚持人民至上。党的二十大报告指出："一切脱离人民的理论都是苍白无力的，一切不为人民造福的理论都是没有生命力的。我们要站稳人民立场、把握人民愿望、尊重人民创造、集中人民智慧，形成为人民所喜爱、所认同、所拥有的理论，使之成为指导人民认识世界和改造世界的强大思想武器。"① 习近平总书记在十九届中央政治局第三十七次集体学习时，同样强调中国人权事业发展要坚持人民主体地位，他指出："人民性是中国人权发展道路最显著的特征。人权不是一部分人或少数人享有的特权，而是广大人民群众享有的普惠性人权。我们保障人民民主权利，充分激发广大人民群众积极性、主动性、创造性，让人民成为人权事业发展的主要参与者、促进者、受益者，切实推动人的全面发展、全体人民共同富裕取得更为明显的实质性进展。"② 在会见联合国人权事务高级专员时，习近平主席再次谈到"坚持以人民为中心"的人权理念，指出："要把人民利益作为出发点和落脚点，不断解决好人民最关心最直接最现实的利益问题，努力让人民过上幸福生活，这才是最大的人权。一国人权状况好不好，关键看本国人民利益是否得到维护，人民的获得感、幸福感、安全感是否得到增强，这是检验一国人权状况的最重要标准。要让人民真正当家作主，成为人权事业发展的主要参与者、促进者、受益者。"③

第三，中国人权理论创新必须坚持自信自立。党的二十大报告指出："马克思主义的中国篇章是中国共产党人依靠自身力量实践出来的，贯穿其中的一个基本点就是中国的问题必须从中国基本国情出发，由中国人自己来解答。""以更加积极的历史担当和创造精神为发展马克思主义作出新的贡

---

① 习近平：《高举中国特色社会主义伟大旗帜　为全面建设社会主义现代化国家而团结奋斗——在中国共产党第二十次全国代表大会上的报告》，《人民日报》2022年10月26日，第1版。
② 习近平：《坚定不移走中国人权发展道路　更好推动我国人权事业发展》，《求是》2022年第12期。
③ 《习近平会见联合国人权事务高级专员巴切莱特》，《光明日报》2022年5月26日，第1版。

献,既不能刻舟求剑、封闭僵化,也不能照抄照搬、食洋不化。"①

第四,中国人权理论创新必须坚持守正创新。党的二十大报告指出:"我们从事的是前无古人的伟大事业,守正才能不迷失方向、不犯颠覆性错误,创新才能把握时代、引领时代。我们要以科学的态度对待科学、以真理的精神追求真理","紧跟时代步伐,顺应实践发展,以满腔热忱对待一切新生事物,不断拓展认识的广度和深度,敢于说前人没有说过的新话,敢于干前人没有干过的事情,以新的理论指导新的实践"。② 在致《世界人权宣言》发表70周年座谈会的贺信中,习近平主席要求"我国人权研究工作者要与时俱进、守正创新,为丰富人类文明多样性、推进世界人权事业发展作出更大贡献"。③

第五,中国人权理论创新必须坚持问题导向。党的二十大报告指出:"问题是时代的声音,回答并指导解决问题是理论的根本任务。今天我们所面临问题的复杂程度、解决问题的艰巨程度明显加大,给理论创新提出了全新要求。我们要增强问题意识,聚焦实践遇到的新问题、改革发展稳定存在的深层次问题、人民群众急难愁盼问题、国际变局中的重大问题、党的建设面临的突出问题,不断提出真正解决问题的新理念新思路新办法。"④

第六,中国人权理论创新必须坚持系统观念。党的二十大报告指出:"我国是一个发展中大国,仍处于社会主义初级阶段,正在经历广泛而深刻的社会变革,推进改革发展、调整利益关系往往牵一发而动全身。我们要善

---

① 习近平:《高举中国特色社会主义伟大旗帜　为全面建设社会主义现代化国家而团结奋斗——在中国共产党第二十次全国代表大会上的报告》,《人民日报》2022年10月26日,第1版。

② 习近平:《高举中国特色社会主义伟大旗帜　为全面建设社会主义现代化国家而团结奋斗——在中国共产党第二十次全国代表大会上的报告》,《人民日报》2022年10月26日,第1版。

③ 《习近平致信纪念〈世界人权宣言〉发表70周年座谈会强调　坚持走符合国情的人权发展道路　促进人的全面发展》,《人权》2019年第1期。

④ 习近平:《高举中国特色社会主义伟大旗帜　为全面建设社会主义现代化国家而团结奋斗——在中国共产党第二十次全国代表大会上的报告》,《人民日报》2022年10月26日,第1版。

于通过历史看现实、透过现象看本质，把握好全局和局部、当前和长远、宏观和微观、主要矛盾和次要矛盾、特殊和一般的关系，不断提高战略思维、历史思维、辩证思维、系统思维、创新思维、法治思维、底线思维能力，为前瞻性思考、全局性谋划、整体性推进党和国家各项事业提供科学思想方法。"①

第七，中国人权理论创新必须坚持胸怀天下。党的二十大报告指出："我们要拓展世界眼光，深刻洞察人类发展进步潮流，积极回应各国人民普遍关切，为解决人类面临的共同问题作出贡献，以海纳百川的宽阔胸襟借鉴吸收人类一切优秀文明成果，推动建设更加美好的世界。"②

在人权理论创新的基础上，要广泛开展人权培训和知识普及，弘扬正确的人权观。习近平总书记在十九届中央政治局第三十七次集体学习时指出："要通过多种形式、多种渠道、多种场合广泛开展人权宣传和知识普及，在全社会营造尊重和保障人权的良好氛围。要在全体人民特别是广大青少年中开展人权知识教育，把马克思主义人权观、当代中国人权观教育纳入国民教育体系。要加强对公职人员特别是基层公务人员，如公安、法院、检察、民政、社保、卫健、税务、市场监管等部门人员的人权知识培训。要发挥群团组织优势，促进妇女儿童、老年人、残疾人等特定群体权益更有保障。"③

（四）持续改革不利于人权实现的体制机制

党的二十大报告要求"坚持深化改革开放"，"深入推进改革创新，坚定不移扩大开放，着力破解深层次体制机制障碍，不断彰显中国特色社会主

---

① 习近平：《高举中国特色社会主义伟大旗帜　为全面建设社会主义现代化国家而团结奋斗——在中国共产党第二十次全国代表大会上的报告》，《人民日报》2022年10月26日，第1版。
② 习近平：《高举中国特色社会主义伟大旗帜　为全面建设社会主义现代化国家而团结奋斗——在中国共产党第二十次全国代表大会上的报告》，《人民日报》2022年10月26日，第1版。
③ 习近平：《坚定不移走中国人权发展道路　更好推动我国人权事业发展》，《求是》2022年第12期。

义制度优势，不断增强社会主义现代化建设的动力和活力，把我国制度优势更好转化为国家治理效能"。[1] 党的二十届二中全会公报指出："要坚定不移深化改革开放，紧紧围绕全面建设社会主义现代化国家的目标，推出一批战略性、创造性、引领性改革举措，加强改革系统集成、协同高效，在重要领域和关键环节取得新突破。"[2]

党的二十大报告中提出的一系列改革措施，涉及许多与人权保障相关的内容。

在优化民营企业发展环境方面，党的二十大报告要求依法保护民营企业产权和企业家权益，完善产权保护、市场准入、公平竞争、社会信用等市场经济基础制度，加强反垄断和反不正当竞争，破除地方保护和行政性垄断。

在深化农村土地制度改革方面，党的二十大报告要求"赋予农民更加充分的财产权益。保障进城落户农民合法土地权益，鼓励依法自愿有偿转让。完善农业支持保护制度，健全农村金融服务体系"。

在深化教育领域综合改革方面，党的二十大报告要求完善学校管理和教育评价体系，健全学校家庭社会育人机制，培养高素质教师队伍，推进教育数字化，建设全民终身学习的学习型社会、学习型大国。

在深化科技体制改革方面，党的二十大报告要求"深化科技评价改革，加大多元化科技投入，加强知识产权法治保障，形成支持全面创新的基础制度"。

在深化事业单位改革方面，党的二十大报告要求"深化行政执法体制改革，全面推进严格规范公正文明执法，加大关系群众切身利益的重点领域执法力度，完善行政执法程序，健全行政裁量基准。强化行政执法监督机制和能力建设，严格落实行政执法责任制和责任追究制度。完善基层综合执法

---

[1] 习近平：《高举中国特色社会主义伟大旗帜　为全面建设社会主义现代化国家而团结奋斗——在中国共产党第二十次全国代表大会上的报告》，《人民日报》2022年10月26日，第1版。
[2] 《中国共产党第二十届中央委员会第二次全体会议公报》，2023年2月28日，中国政府网，http：//www.gov.cn/xinwen/2023-02/28/content_ 5743717.htm。

体制机制"。

在深化司法体制综合配套改革方面,党的二十大报告要求全面准确落实司法责任制,加快建设公正高效权威的社会主义司法制度,努力让人民群众在每一个司法案件中感受到公平正义。完善公益诉讼制度。

在深化医药卫生体制改革方面,党的二十大报告要求"促进医保、医疗、医药协同发展和治理。促进优质医疗资源扩容和区域均衡布局,坚持预防为主,加强重大慢性病健康管理,提高基层防病治病和健康管理能力。深化以公益性为导向的公立医院改革,规范民营医院发展"。[①]

(五)全面推进人权法治化

习近平总书记在十九届中央政治局第三十七次集体学习时强调,人权事业发展要坚持依法保障人权,他指出:"法治是人权最有效的保障。我们坚持法律面前人人平等,把尊重和保障人权贯穿立法、执法、司法、守法各个环节,加快完善体现权利公平、机会公平、规则公平的法律制度,保障公民人身权、财产权、人格权,保障公民参与民主选举、民主协商、民主决策、民主管理、民主监督等基本政治权利,保障公民经济、文化、社会、环境等各方面权利,不断提升人权法治化保障水平。"[②]

党的二十大报告强调坚持全面依法治国。报告指出:"我们要坚持走中国特色社会主义法治道路,建设中国特色社会主义法治体系、建设社会主义法治国家,围绕保障和促进社会公平正义,坚持依法治国、依法执政、依法行政共同推进,坚持法治国家、法治政府、法治社会一体建设,全面推进科学立法、严格执法、公正司法、全民守法,全面推进国家各方面工作法治化。"报告要求"推进科学立法、民主立法、依法立法";"坚持科学决策、

[①] 习近平:《高举中国特色社会主义伟大旗帜 为全面建设社会主义现代化国家而团结奋斗——在中国共产党第二十次全国代表大会上的报告》,《人民日报》2022年10月26日,第1版。

[②] 习近平:《坚定不移走中国人权发展道路 更好推动我国人权事业发展》,《求是》2022年第12期。

民主决策、依法决策";"全面推进严格规范公正文明执法,加大关系群众切身利益的重点领域执法力度,完善行政执法程序,健全行政裁量基准。强化行政执法监督机制和能力建设,严格落实行政执法责任制和责任追究制度。完善基层综合执法体制机制";"强化对司法活动的制约监督,促进司法公正。加强检察机关法律监督工作。完善公益诉讼制度";"引导全体人民做社会主义法治的忠实崇尚者、自觉遵守者、坚定捍卫者","发挥领导干部示范带头作用,努力使尊法学法守法用法在全社会蔚然成风"。①

习近平总书记在十九届中央政治局第三十七次集体学习时强调要"加强人权法治保障",他指出:"当前,我国人权法治保障还存在不少短板。要深化法治领域改革,健全人权法治保障机制,实现尊重和保障人权在立法、执法、司法、守法全链条、全过程、全方位覆盖,让人民群众在每一项法律制度、每一个执法决定、每一宗司法案件中都感受到公平正义。要系统研究谋划和解决法治领域人民群众反映强烈的突出问题,依法公正对待人民群众的诉求,坚决杜绝因司法不公而造成伤害人民群众感情、损害人民群众权益的事情发生。对一切侵犯群众合法权利的行为,对一切在侵犯群众权益问题上漠然置之、不闻不问的现象,都必须依纪依法严肃查处、坚决追责。"②

(六)积极开展国际人权斗争

党的二十大报告强调要坚持发展斗争精神。报告指出:"当前,世界之变、时代之变、历史之变正以前所未有的方式展开。一方面,和平、发展、合作、共赢的历史潮流不可阻挡,人心所向、大势所趋决定了人类前途终归光明。另一方面,恃强凌弱、巧取豪夺、零和博弈等霸权霸道霸凌行径危害

---

① 习近平:《高举中国特色社会主义伟大旗帜 为全面建设社会主义现代化国家而团结奋斗——在中国共产党第二十次全国代表大会上的报告》,《人民日报》2022年10月26日,第1版。
② 习近平:《坚定不移走中国人权发展道路 更好推动我国人权事业发展》,《求是》2022年第12期。

深重,和平赤字、发展赤字、安全赤字、治理赤字加重,人类社会面临前所未有的挑战。世界又一次站在历史的十字路口,何去何从取决于各国人民的抉择。"要"增强全党全国各族人民的志气、骨气、底气,不信邪、不怕鬼、不怕压,知难而进、迎难而上,统筹发展和安全,全力战胜前进道路上各种困难和挑战,依靠顽强斗争打开事业发展新天地"。①

习近平总书记在十九届中央政治局第三十七次集体学习时,强调要"积极开展国际人权斗争",他指出:"人权是历史的、具体的、现实的,不能脱离不同国家的社会政治条件和历史文化传统空谈人权。评价一个国家是否有人权,不能以别的国家的标准来衡量,更不能搞双重标准,甚至把人权当作干涉别国内政的政治工具。要把握战略主动。要着力讲好中国人权故事,运用形象化、具体化的表达方式,增强当代中国人权观的吸引力、感染力、影响力。要最大限度凝聚国际人权共识,占据人权道义制高点。要指导海外中国企业增强人权意识和自信,有效应对一些西方国家策划的人权滥诉。"他特别强调:"民主不是装饰品,不是用来做摆设的。人权也不是装饰品,也不是用来做摆设的。近年来,一些西方国家陷入政党恶斗、政府失信、社会失序、疫情失控的困境,政治极化、贫富分化、族群对立不断加剧,种族主义、民粹主义、排外主义大行其道,人权问题日益凸显。但是,他们还打着所谓'普世人权'、'人权高于主权'等旗号,在世界上强行推广西方民主人权观念和制度,利用人权问题大肆干涉他国内政,结果导致一些国家战乱频发、社会长期动荡、人民流离失所。"②

习近平主席在印度尼西亚巴厘岛会晤美国总统拜登时,明确指出:"自由、民主、人权是人类的共同追求,也是中国共产党的一贯追求。美国有美国式民主,中国有中国式民主,都符合各自的国情。中国全过程人民民主基

---

① 习近平:《高举中国特色社会主义伟大旗帜 为全面建设社会主义现代化国家而团结奋斗——在中国共产党第二十次全国代表大会上的报告》,《人民日报》2022年10月26日,第1版。

② 习近平:《坚定不移走中国人权发展道路 更好推动我国人权事业发展》,《求是》2022年第12期。

于中国国情和历史文化,体现人民意愿,我们同样感到自豪。任何国家的民主制度都不可能至善至美,都需要不断发展完善。"① 在会见联合国人权事务高级专员时,习近平主席也说过:"在人权问题上不存在十全十美的'理想国',不需要对别国颐指气使的'教师爷',更不能把人权问题政治化、工具化,搞双重标准,以人权为借口干涉别国内政。要恪守联合国宪章宗旨和原则,弘扬全人类共同价值,推动全球人权治理朝着更加公平公正合理包容的方向发展。"②

综上所述,党的二十大报告和习近平总书记在十九届中央政治局第三十七次集体学习时发表的讲话等,为中国人权事业的未来发展指明了方向。相信在以习近平同志为核心的新一届党中央坚强领导下,在全国人民的共同努力下,中国人权事业将乘风破浪,行稳致远。

---

① 《习近平同美国总统拜登在巴厘岛举行会晤》,2022年11月14日,中国政府网,http://www.gov.cn/xinwen/2022-11/14/content_ 5726985.htm。
② 《习近平会见联合国人权事务高级专员巴切莱特》,《光明日报》2022年5月26日,第1版。

专题报告
Special Reports

· （一）生存权与发展权 ·

B.2
巩固拓展脱贫攻坚成果与提升人权保障水平

李云龙*

摘　要： 在打赢脱贫攻坚战和全面消除绝对贫困后，如何保持脱贫攻坚成果，防止出现大规模返贫和新的贫困现象，成为中国人权发展的新课题。中国共产党和中国政府致力于建立健全防止返贫监测和帮扶机制，促进脱贫地区产业发展和帮扶脱贫人口就业，大力帮扶重点贫困县和易地扶贫搬迁安置区，推动脱贫人口增加收入，改善生活条件，守住不发生规模性返贫的底线，有效巩固拓展脱贫攻坚成果，提升人权保障水平。

关键词： 脱贫攻坚　人权保障　防止返贫监测

---

* 李云龙，中共中央党校（国家行政学院）教授。

巩固拓展脱贫攻坚成果与提升人权保障水平

党的十八大以来，中国共产党和中国政府带领全国人民，坚持精准扶贫、尽锐出战，打赢了脱贫攻坚战。尽管受到新冠肺炎疫情的冲击，我国到2020年底仍然实现了832个贫困县全部摘帽和农村贫困人口全部脱贫，历史性地解决了中国的绝对贫困问题，实现了中国人权保障事业的巨大飞跃。此后，如何在疫情持续和世界经济下行的情况下保持脱贫攻坚成果，防止大规模返贫和新的贫困现象的产生，成为中国人权保障的新课题。

一 在有效衔接乡村振兴中巩固拓展脱贫攻坚成果

2020年12月，在脱贫攻坚任务完成之际，中共中央政治局常务委员会在听取脱贫攻坚总结评估汇报后指出，巩固拓展脱贫攻坚成果依然是艰巨任务，要保持帮扶政策总体稳定。[①] 随后，中共中央、国务院发布《关于实现巩固拓展脱贫攻坚成果同乡村振兴有效衔接的意见》，决定脱贫攻坚任务完成以后，设立5年过渡期，继续支持脱贫地区巩固拓展脱贫攻坚成果，建立健全巩固和拓展脱贫攻坚成果的长效机制，全面推进乡村振兴。该文件确定，在5年过渡期内，将保持脱贫攻坚政策的连续性，保持主要帮扶政策的基本稳定，继续实行现行兜底救助类政策，优化产业和就业等发展类政策，落实好教育、医疗、住房和饮水等普惠性政策，并向脱贫人口适度倾斜；进一步完善防止返贫动态监测机制和帮扶机制，重点监测边缘易致贫户、脱贫不稳定户以及因病因灾因意外事故等造成的基本生活严重困难户，掌握他们的"两不愁三保障"情况、收入支出状况及饮水安全状况，及时发现返贫致贫人口，进行帮扶；做好对易地扶贫搬迁群众的后续扶持工作，确保搬迁群众能够稳得住、有就业，并且逐步致富；继续支持脱贫地区改善基础设施，提升公共服务水平，推动乡村特色产业发展，促进脱贫人口稳定就业；

[①] 《中共中央政治局常务委员会召开会议 听取脱贫攻坚总结评估汇报 中共中央总书记习近平主持会议》，《人民日报》2020年12月4日，第1版。

继续全额资助农村特困人员、定额资助低保对象参加城乡居民基本医疗保险，为返贫致贫人口等困难群体代缴部分或全部城乡居民养老保险费用；保障丧失劳动能力人口的基本生活。①

2022年是巩固拓展脱贫攻坚成果同乡村振兴有效衔接深化之年。党中央高度重视脱贫地区的发展问题。习近平总书记在党的二十大报告中明确指出，要"巩固拓展脱贫攻坚成果，增强脱贫地区和脱贫群众内生发展动力"。② 2022年1月，中共中央、国务院制定《关于做好2022年全面推进乡村振兴重点工作的意见》，要求完善防止返贫监测和帮扶机制，精准确定监测对象，及时进行帮扶，坚决守住不发生规模性返贫的底线；巩固提升脱贫地区特色产业，保持光伏扶贫工程成效，稳定脱贫劳动力就业规模，促进脱贫人口持续增收；加大对乡村振兴重点帮扶县的支持力度，进一步完善易地扶贫搬迁集中安置区的配套设施和公共服务，加大力度培育安置区产业，开展专项行动帮扶搬迁群众就业；保持对脱贫地区帮扶政策的总体稳定，细化落实过渡期帮扶政策，推动帮扶脱贫地区的各项政策落地见效。③

中央各部门集中资源，聚合力量，切实巩固拓展脱贫攻坚成果。中共中央办公厅、国务院办公厅印发《乡村振兴责任制实施办法》，把巩固拓展脱贫攻坚成果作为中央和国家机关有关部门及地方党委和政府的责任之一，纳入乡村振兴战略实绩考核，根据考核结果进行奖惩。④ 财政部等六部门印发《关于加强中央财政衔接推进乡村振兴补助资金使用管理的指导意见》，明确提出中央巩固脱贫攻坚与衔接乡村振兴资金原有资金渠道不变，管理办法

---

① 《中共中央国务院关于实现巩固拓展脱贫攻坚成果同乡村振兴有效衔接的意见》，《人民日报》2021年3月23日，第1版。
② 习近平：《高举中国特色社会主义伟大旗帜　为全面建设社会主义现代化国家而团结奋斗——在中国共产党第二十次全国代表大会上的报告》，《人民日报》2022年10月26日，第1版。
③ 《中共中央　国务院关于做好2022年全面推进乡村振兴重点工作的意见》，2022年2月22日，中国政府网，http://www.gov.cn/zhengce/2022-02/22/content_5675035.htm。
④ 《中共中央办公厅　国务院办公厅印发〈乡村振兴责任制实施办法〉》，2022年12月14日，中国政府网，http://www.gov.cn/xinwen/2022-12/14/content_5731828.htm。

不变，分配方式总体稳定，进一步加大对重点帮扶县的倾斜支持力度，优先支持脱贫户和监测对象增收。[1] 农业农村部印发《关于落实党中央国务院2022年全面推进乡村振兴重点工作部署的实施意见》，要求健全完善监测帮扶机制、培育脱贫地区特色产业、促进脱贫人口稳岗就业、做好重点帮扶和协作帮扶，持续巩固拓展脱贫攻坚成果，防止发生规模性返贫现象。[2] 国家乡村振兴局制定印发《应对新冠肺炎疫情影响持续巩固拓展脱贫攻坚成果的若干措施》，从五个方面提出24项具体措施，强化防止返贫监测帮扶，强化稳岗就业、产业帮扶，强化社会帮扶和驻村帮扶，守住不发生规模性返贫的底线。[3] 自然资源部办公厅印发《关于过渡期内支持巩固拓展脱贫攻坚成果同乡村振兴有效衔接的通知》，决定对国家乡村振兴重点帮扶县、原"三区三州"及其他深度贫困县所在省份，优先开展建设用地计划指标增减挂钩节余指标跨省域调剂，对其他脱贫地区继续实施省域内交易政策；每年为每个脱贫县安排新增600亩建设用地计划指标，专项用于巩固拓展脱贫攻坚成果及乡村振兴的用地需要。[4] 人力资源和社会保障部等三部门印发《关于进一步推进东西部人社协作的通知》，要求健全东西部劳务协作机制，把西部地区脱贫求职者与东部地区岗位需求对接起来；促进就业帮扶车间稳固发展，积极推动帮扶车间发展成为吸纳就业的产业；大力实施以工代赈，为当地脱贫人口和防止返贫监测对象等群体提供规模性务工岗位。[5] 国家医保局等五部门联合发

---

[1] 《财政部 农业农村部 国家乡村振兴局 国家发展改革委 国家民委 国家林草局关于加强中央财政衔接推进乡村振兴补助资金使用管理的指导意见》，2022年3月22日，中国政府网，http://www.gov.cn/zhengce/zhengceku/2022-03/22/content_5680413.htm。

[2] 《农业农村部关于落实党中央国务院2022年全面推进乡村振兴重点工作部署的实施意见》，2022年3月1日，中国政府网，http://www.gov.cn/zhengce/zhengceku/2022-03/01/content_5676262.htm。

[3] 《应对新冠肺炎疫情影响持续巩固拓展脱贫攻坚成果的若干措施》，2022年6月1日，云南网，http://ynfprx.yunnan.cn/system/2022/06/01/032114409.shtml。

[4] 《自然资源部办公厅关于过渡期内支持巩固拓展脱贫攻坚成果同乡村振兴有效衔接的通知》，2022年11月5日，中国政府网，http://www.gov.cn/zhengce/zhengceku/2022-11/05/content_5724948.htm。

[5] 《人力资源社会保障部办公厅 国家发展改革委办公厅 国家乡村振兴局综合司关于进一步推进东西部人社协作的通知》，2022年12月1日，人力资源和社会保障部网站，http://www.mohrss.gov.cn/wap/zc/zcwj/202212/t20221201_491048.html。

布《关于坚决守牢防止规模性返贫底线 健全完善防范化解因病返贫致贫长效机制的通知》，要求脱贫人口医保参保率不低于99%，规定对因病纳入防止返贫监测范围的困难群众提供定额资助，对因疫因病无力缴纳医保费的边缘人群提供临时性资助，对脱贫人口中高额费用负担患者进行精准综合帮扶。①

脱贫攻坚成果得到扎实巩固和拓展。2022年，中央财政衔接推进乡村振兴补助资金进一步增加到1650亿元，东部省份向脱贫地区提供220多亿元财政援助资金，选派1.4万名挂职干部和专业技术人才支持脱贫地区工作。② 在中央各部门和全国各地的努力下，脱贫地区没有发生规模性返贫现象，脱贫群众教育、医疗、住房和饮水安全的保障水平持续巩固提升。2022年，脱贫地区农民人均可支配收入15111元，同比增长7.5%。脱贫人口人均纯收入14342元，同比增长14.3%。③ 脱贫人口生活持续改善。

二 建立健全防止返贫监测和帮扶机制

2020年3月，国务院扶贫开发领导小组印发《关于建立防止返贫监测和帮扶机制的指导意见》，要求全面建立防止返贫的监测和帮扶机制，对有返贫风险的脱贫人口进行监测。④ 2021年5月，中央农村工作领导小组印发《关于健全防止返贫动态监测和帮扶机制的意见》，要求进一步完善防止返贫动态监测和帮扶机制，对边缘易致贫户、脱贫不稳定户和其他严重困难家庭进行监测，主要监测他们的"两不愁三保障"状况、收入支出及饮水安

---

① 《国家医保局办公室 民政部办公厅 财政部办公厅 国家卫生健康委办公厅 国家乡村振兴局综合司关于坚决守牢防止规模性返贫底线 健全完善防范化解因病返贫致贫长效机制的通知》，2023年1月5日，中国政府网，http：//www.gov.cn/zhengce/zhengceku/2023-01/05/content_ 5735094.htm。

② 《乡村振兴取得阶段性重大成就 让老乡们生活越来越红火》，《人民日报》2022年10月30日，第2版。

③ 《国新办举行"权威部门话开局"系列主题新闻发布会介绍2023年全面推进乡村振兴重点工作》，2023年2月14日，国务院新闻办公室网站，http：//www.scio.gov.cn/xwfbh/xwbfbh/wqfbh/49421/49562/wz49564/Document/1736381/1736381.htm。

④ 《国务院扶贫开发领导小组关于建立防止返贫监测和帮扶机制的指导意见》，2020年3月26日，国家乡村振兴局网站，http：//www.nrra.gov.cn/art/2020/3/26/art_ 46_ 185453.html。

全状况等，重点关注那些有大病重病患者等特殊群体的家庭。同时，这个文件还对监测方式、监测程序、帮扶政策等做出明确规定。①

从脱贫攻坚最后一年开始，国务院扶贫办开始指导脱贫地区建立防止返贫监测和帮扶机制，目前已全面建立。按照这个监测机制，纳入监测范围的主要是人均可支配收入在国家扶贫标准1.5倍以下的家庭，以及因病、因残、因灾等支出剧增、收入大减的家庭。监测对象的数量一般占建档立卡人口的5%左右，深度贫困地区可以放宽一些，但原则上不超过10%。② 防止返贫监测和帮扶机制采取多种监测方式，主要有农户自主申报、部门筛查预警以及基层干部排查等，各种监测方式协同进行，相互补充。③ 在接到风险预警信息后，首先由乡镇组织村"两委"成员、第一书记、驻村工作队、包村干部等入户核查，采集基本信息，获得农户承诺授权，确定疑似风险户。其次，县级乡村振兴部门对拟纳入监测对象的基础信息进行比对，并将比对结果反馈给乡村。乡村根据入户核查、信息比对情况，召开村民会议、村民代表会议或村"两委"扩大会议，围绕拟纳入监测对象家庭状况、风险困难情况、落实针对性帮扶措施等，开展综合研判和民主评议，并进行公示。最后由县级乡村振兴部门确定监测对象，录入全国防返贫监测信息系统（前身为全国扶贫开发信息系统）。监测对象确定后，村级组织根据返贫致贫风险，制订精准帮扶计划，并向乡、县申报，然后按照"缺什么补什么"的原则，落实具体帮扶措施，包括针对性的产业帮扶、就业帮扶和社会保障兜底帮扶等。监测对象返贫风险消除后，经过村级入户核实、民主评议和公示，最后由县级部门批准退出。④

---

① 《中央农村工作领导小组关于健全防止返贫动态监测和帮扶机制的意见》，2021年8月4日，国家乡村振兴局网站，http://www.nrra.gov.cn/art/2021/8/4/art_46_191281.html。
② 《国务院扶贫开发领导小组关于建立防止返贫监测和帮扶机制的指导意见》，2020年3月26日，国家乡村振兴局网站，http://www.nrra.gov.cn/art/2020/3/26/art_46_185453.html。
③ 《中央农村工作领导小组关于健全防止返贫动态监测和帮扶机制的意见》，2021年8月4日，国家乡村振兴局网站，http://www.nrra.gov.cn/art/2021/8/4/art_46_191281.html。
④ 《巩固拓展脱贫攻坚成果同乡村振兴有效衔接应知应会》，2022年11月17日，白水县广播电视台，https://view.inews.qq.com/a/20221117A06QCI00。

脱贫攻坚任务完成后，在中央有关部门的统一安排下，各地陆续建立起防止返贫动态监测和帮扶机制，并投入运行。通过全面排查，发现和识别出526万名存在返贫风险的脱贫人员，作为防止返贫致贫的监测对象，纳入全国防返贫监测信息系统进行管理。① 一旦发现监测对象出现返贫风险，基层政府和村委会立即进行干预，根据返贫致贫原因，进行针对性帮扶，动态清零，解除预警。防止返贫动态监测和帮扶机制有效实现了不发生规模性返贫的目标。到2021年9月，近70%的监测对象已经消除返贫风险。②

为了及时发现返贫致贫风险，各地在全国防返贫监测信息系统基础上，还开发出补充性的防返贫监测大数据系统，增强防止返贫监测的时效性和针对性。宁夏依托原扶贫开发信息系统，采集49项指标信息，监测分析返贫致贫风险人口数量、分布和风险构成、帮扶成效等。乡村振兴局同人力资源和社会保障、公安等15个部门建立数据共享机制，直接获取13项指标信息，通过数据比对分析后纳入全国防返贫监测信息系统，及时发出返贫预警。帮扶干部、乡村干部、网格员利用宁夏防返贫监测手机App进一步补充完善"两不愁三保障"和饮水安全等36项信息。全国防返贫监测信息系统通过数据比对分析，自动对监测对象发出预警，标注风险隐患标签，实现早发现、早干预、早帮扶。③ 2022年4月25日，武汉市防返贫监测预警信息平台系统上线运行。该系统与教育、公安、人社、卫健、民政、医保、住建、信访、应急管理、水务、农业农村、残联等15个部门实现数据共享，并与市、区、街、村四级网络及市妇联、武汉城市留言板、市长热线等单位和平台联网，常态化进行防止返贫致贫数据信息比对，实时监测和预警。这个系统一经使用，就发挥了重要作用。2022年7月，武汉市蔡甸区侏儒山街村民方某因心血管疾病住院治疗，

---

① 黄承伟：《巩固拓展脱贫攻坚成果 接续推进乡村全面振兴》，《农民日报》2022年2月26日，第3版。
② 《国新办举行2022年全面推进乡村振兴重点工作发布会》，2022年2月23日，国务院新闻办公室网站，http://www.scio.gov.cn/xwfbh/xwbfbh/wqfbh/47673/47901/wz47903/Document/1720560/1720560.htm。
③ 《宁夏织密防止返贫动态监测网》，2022年7月7日，宁夏回族自治区乡村振兴局网站，http://xczxj.nx.gov.cn/xwzx/gzdt/202207/t20220707_3602227.html。

高达16万元的医疗费用使方某一家陷入困境。就在方某一家一筹莫展之际，武汉市防返贫监测预警信息平台系统监测到医保部门信息，触发预警。预警信息显示，根据武汉市7月份农村居民医保结算数据，2022年，方某医疗总费用为25万余元，个人支付16万元，自费部分过高，超过全市"城乡居民医保普通参保人员（农户）医疗费用"预警标准。市乡村振兴局立即将预警信息转发到蔡甸区乡村振兴局，村里迅速安排工作人员上门核查。经核实，方某确实患病就医，花费巨大，且家庭年收入仅9万余元，无法承担后续医疗费用和家庭开销，存在致贫风险。经过村民大会研判，方某为突发严重困难户，应纳入防返贫监测预警信息平台系统。市、区乡村振兴局与民政、医保等部门联合行动，帮助方某将后续治疗费用纳入大额医疗支出项目，按比例报销，并对前期医疗费用进行救助。在政府的帮助下，方某消除致贫风险。[1]

2022年，国家乡村振兴局研究制定《健全防止返贫动态监测和帮扶机制工作指南》，进一步规范防止返贫监测和帮扶政策、标准和流程，将识别认定时间缩短至原则上不超过15天，对所有农户进行常态化监测，在全国范围内开展防止返贫集中排查，将有返贫致贫风险的农户及时纳入监测对象。截至2022年7月，监测对象中有65%已消除返贫风险，其余人员也都落实了帮扶措施，一段时间之后就可以消除风险。[2]

三　帮扶脱贫地区产业发展和促进脱贫人口就业

产业发展是脱贫的根本之策，同样是巩固拓展脱贫攻坚成果的根本之策。中国政府高度重视脱贫地区产业发展，通过各种途径培育壮大脱贫地区有优势的特色产业，让脱贫人口稳定增加收入。2021年4月，农业农村部等10部门印发《关于推动脱贫地区特色产业可持续发展的指导意见》，要

---

[1] 《精准防范！"大数据实时防返贫"系统及时帮扶突发重病人员》，2022年10月13日，长江网武汉频道，http://news.cjn.cn/whpd/yw_19947/202210/t4295497.htm。
[2] 《牢牢守住不发生规模性返贫底线》，2022年7月11日，央视网，https://news.cctv.com/2022/07/11/ARTIOSpUIVXsOyhJhc1t2nU3220711.shtml。

求稳定和加强产业扶持政策，中央财政衔接推进乡村振兴补助资金将重点用于支持脱贫地区特色优势产业，所占资金比例将逐年提高；农业生产发展资金等中央财政转移支付将继续倾斜支持脱贫地区产业发展，对口支援、定点帮扶、东西部协作等资金重点将用于产业发展；脱贫县财政涉农整合资金和其他各级各类财政资金支持产业发展；鼓励和引导金融机构为脱贫地区新型农业经营主体发展产业提供信贷支持；实施特色种养业提升行动；建立脱贫地区特色产业发展项目库。[1] 国家发展改革委等部门制定规划，切实支持革命老区特色产业发展。[2] 国家发展改革委推动20个革命老区重点城市与20个东部城市建立对口合作关系，支持革命老区重点城市承接东部城市产业转移，建设特色产业园区，鼓励东部国家级开发区与老区各类园区合作，共建产业园区，引导东部城市社会资本到老区投资兴业。[3] 国家乡村振兴局和中国科协合作，为每个脱贫县配备一个产业顾问组。产业顾问组由中国科协从全国学会等有关单位中遴选10名左右科技工作者，与脱贫县建立对接关系，根据脱贫县产业发展现状和需求情况，提供科技服务。组长由国家级专家担任。[4] 国家乡村振兴局决定于2022年11月至2023年2月开展"消费帮扶助农增收集中行动"，组织中央定点帮扶单位、东部省市、电商平台企业等相关方面力量帮助脱贫地区拓宽农产品销售渠道，解决农产品滞销卖难问题。[5]

全国脱贫地区产业发展稳步推进。县级巩固拓展脱贫攻坚成果和乡村振兴项目库不断完善，截至2022年5月，入库储备项目达到57万个，资金规模超过9800亿元。2022年，国家继续加大对脱贫地区的财政支持和金融帮

---

[1] 《关于推动脱贫地区特色产业可持续发展的指导意见》，2021年4月9日，国家乡村振兴局网站，http://www.nrra.gov.cn/art/2021/4/9/art_46_188324.html。
[2] 《"十四五"支持革命老区巩固拓展脱贫攻坚成果衔接推进乡村振兴实施方案》，2021年12月3日，国家乡村振兴局网站，http://www.nrra.gov.cn/art/2021/12/3/art_46_192863.html。
[3] 《国家发改委印发〈革命老区重点城市对口合作工作方案〉》，2022年6月7日，人民网，http://finance.people.com.cn/n1/2022/0607/c1004-32440308.html。
[4] 《组建产业顾问组支持脱贫县产业发展专项工作方案》，2022年9月30日，国家乡村振兴局网站，http://www.nrra.gov.cn/art/2022/9/30/art_50_196923.html。
[5] 《国家乡村振兴局组织开展"消费帮扶助农增收集中行动" 解决农产品滞销卖难问题》，2022年12月1日，国家乡村振兴局网站，http://www.nrra.gov.cn/art/2022/12/1/art_624_197847.html。

扶力度，促进脱贫地区产业发展，带动脱贫户持续增收。2022年第一季度，金融机构向脱贫人口发放贷款190.8亿元，同比增长106%，贷款户数达到43.5万户，贷款余额为1698.7亿元。① 中央财政衔接推进乡村振兴补助资金用于支持帮扶产业发展的部分占到55%以上，比2021年提高5个百分点。全国832个脱贫县都培育出了2~3个特色优势主导产业。东西部地区产业协作蓬勃发展，东部地区产业加快向脱贫地区梯度转移。截至2022年11月底，东部省份共引导2633家企业到协作地区投资，实际到位投资1354.2亿元，共建产业园区701个。2022年，东西部协作地区和中央定点帮扶单位采购和帮助销售1115.6亿元脱贫地区农产品，比2021年增加419.4亿元。②

贵州省加大财政支持，积极推动脱贫地区产业发展，按照"一县一业"布局，形成集中连片的规模化种植基地。2022年，全省向66个脱贫县投放41.64亿元资金，发展79个特色产业项目，吸引191.39亿元社会资本。金融机构设立农产品加工原料贷款，2022年累计发放343笔贷款，金额达到12.9亿元。2022年，贵州有34个脱贫县的蔬菜种植规模达到20万亩，25个脱贫县的茶园规模达到10万亩，19个脱贫县的中药材种植规模达到10万亩，形成148个水果"万亩片"和"千亩村"，115家年产千万棒以上的食用菌企业，11个存栏百万羽蛋禽养殖场。贵州组织科研机构、高等院校的专家团队，向脱贫地区提供技术服务，培育高素质农民1.7万人，开办1.1万期"全员劳动力"培训班，覆盖48.3万脱贫人口。③

电子商务助力脱贫地区特色优势产业发展。财政部、农业农村部、国家乡村振兴局和中华全国供销合作总社四部门指导建设的832电商平台，是专门销售脱贫地区农副产品的公益帮扶网络平台，2020年1月开始上线运行。截至2022年12月中旬，该平台累计完成销售326亿元脱贫地区农副产品，帮

---

① 《国家乡村振兴局最新发布！》，2022年5月2日，中国乡村振兴百家号，https://baijiahao.baidu.com/s?id=1731717365475708890&wfr=spider&for=pc。
② 《东部助力脱贫地区巩固脱贫攻坚成果》，《中国经济时报》2022年12月30日，第3版。
③ 《贵州全力推动脱贫地区特色产业发展》，2022年12月28日，多彩贵州网，http://news.gog.cn/system/2022/12/28/018289890.shtml。

助832个脱贫县近300万农户巩固和拓展脱贫成果。2022年底，中华全国供销合作总社主办"2022脱贫地区农副产品产销对接会暨'832平台'年货节"，帮助来自832个脱贫县的2500个品类、31万款农副产品上线销售。①

就业是脱贫的基本途径。脱贫靠就业，巩固脱贫攻坚成果也要靠就业。2022年，全国各地认真落实人力资源和社会保障部等部门印发的《关于切实加强就业帮扶巩固拓展脱贫攻坚成果助力乡村振兴的指导意见》，帮助未就业脱贫人员实现就业，帮助已就业脱贫人员稳定就业，保持脱贫人口的就业规模总体稳定。2022年3月，人力资源和社会保障部等部门印发《关于做好2022年脱贫人口稳岗就业工作的通知》，要求通过深化东西部劳务协作、加强省内劳务协作、促进就地就近就业等途径，帮助脱贫人口稳岗就业，实现全国脱贫人口务工规模不低于3000万人的目标。② 2022年11月，人力资源和社会保障部等部门印发《关于进一步支持农民工就业创业的实施意见》，要求实施防止返贫就业攻坚行动，做好就业失业监测，将脱贫人口作为就业优先保障对象，引导企业优先留用脱贫人口，充分利用就业帮扶车间、以工代赈工程项目、乡村公益性岗位等，帮助返乡脱贫人口就业；国家就业帮扶政策向国家乡村振兴重点帮扶县和易地搬迁大型安置区倾斜，确保这些地区脱贫人口的就业规模保持稳定。③ 2022年11月，人力资源和社会保障部办公厅等发出《关于进一步推进东西部人社协作的通知》，要求健全东西部劳务协作机制，创新协作方式，把就业帮扶车间稳定在3万个以上，吸纳40万以上脱贫人口就业。④

2022年1月，国家乡村振兴局同人力资源和社会保障部召开全国脱贫

---

① 《"832平台"推出"832优选"专区推广脱贫地区优势农副产品》，2022年12月30日，新华网百家号，https://baijiahao.baidu.com/s?id=1753635119908348762&wfr=spider&for=pc。
② 《关于做好2022年脱贫人口稳岗就业工作的通知》，2022年3月25日，中国政府网，http://www.gov.cn/zhengce/zhengceku/2022-03/25/content_5681278.htm。
③ 《关于进一步支持农民工就业创业的实施意见》，2022年11月18日，中国政府网，http://www.gov.cn/zhengce/zhengceku/2022-11/18/content_5727760.htm。
④ 《人力资源社会保障部办公厅 国家发展改革委办公厅 国家乡村振兴局综合司关于进一步推进东西部人社协作的通知》，人社厅函〔2022〕173号。

人口稳岗就业工作视频会，要求深化省际和省内劳务协作，着力发展大量吸纳脱贫人口就业的特色产业和帮扶车间，开发面向脱贫人员的以工代赈和乡村公益岗位，确保全国脱贫人口就业规模超过3000万人。① 2022年7月，国家乡村振兴局召开全国易地扶贫搬迁后续扶持暨促进就业帮扶车间发展工作会议，要求多措并举推动就业帮扶车间发展，确保完成稳定就业帮扶车间数量的年度目标。② 国家有关部门更改中央衔接资金使用规定，允许用该项资金支付乡村公益性岗位补助、跨省就业交通补助和帮扶车间吸纳脱贫人口就业奖补，支持脱贫人口就业。各地政府对因疫停工、滞留和暂时失业的脱贫人员，逐一调查统计，提供新的就业岗位。脱贫地区发挥就业帮扶车间和乡村公益性岗位的作用，帮助返乡回流脱贫人员和不能外出的脱贫劳动力就地就近就业。2022年，全国脱贫劳动力务工人数达到3277.9万人，比2021年底增加了132.9万人，超额完成年度目标任务。③

2022年上半年，在疫情冲击下，全国部分就业帮扶车间订单减少，经营困难，影响到脱贫人口稳定就业。人力资源和社会保障部同国家乡村振兴局等部门及时提出延续涉及就业帮扶车间的奖补政策，指导各地向就业帮扶车间提供一次性财政奖补、就业补贴、用水用电补贴，减免土地厂房租金，加大金融和资金支持力度。在各方面共同努力下，全国就业帮扶车间数量不降反升，吸纳脱贫人口就业数量逐步回稳向好。截至2022年6月底，中西部22个省（区、市）有3.4万个就业帮扶车间维持运转，吸纳44.7万脱贫人口就业，均超过上年水平。④

---

① 《国家乡村振兴局　人力资源社会保障部召开全国脱贫人口稳岗就业工作视频会》，2022年1月20日，中国政府网，http：//www.gov.cn/xinwen/2022-01/20/content_5669473.htm。
② 《国家乡村振兴局召开全国易地扶贫搬迁后续扶持暨促进就业帮扶车间发展工作会议》，2022年7月12日，国家乡村振兴局网站，http：//www.nrra.gov.cn/art/2022/7/12/art_624_195840.html。
③ 《国新办举行"权威部门话开局"系列主题新闻发布会介绍2023年全面推进乡村振兴重点工作》，2023年2月14日，国务院新闻办公室网站，http：//www.scio.gov.cn/xwfbh/xwbfbh/wqfbh/49421/49562/wz49564/Document/1736381/1736381.htm。
④ 《国家乡村振兴局：全国就业帮扶车间运行情况回稳向好》，2022年8月20日，央视网，https：//news.cctv.com/2022/08/20/ARTIfNeaJzmBR5JsCWSN90jO220820.shtml。

四 帮扶重点贫困县和易地扶贫搬迁安置区

脱贫攻坚任务完成后，832个贫困县全部摘帽，消除了区域性整体贫困。但是，原深度贫困县自然条件差、经济社会发展水平较低，脱贫人口规模大、自我发展能力较弱，巩固拓展脱贫攻坚成果面临不少困难。为了守住不发生规模性返贫的底线，国家决定在西部10个省（区、市）脱贫摘帽县中选择一批脱贫摘帽时间晚、返贫风险大、低收入人口在农业人口中占比高、人均地区生产总值和农民人均可支配收入低的原深度贫困县，作为国家乡村振兴重点帮扶县，进行集中支持。[①] 2021年8月，中央农村工作领导小组办公室、国家乡村振兴局发布文件，确定内蒙古、广西、重庆、四川、贵州、云南、陕西、甘肃、青海、宁夏的160个县为国家乡村振兴重点帮扶县。[②] 政府调动大量资源，采取各种措施，全方位支持重点帮扶县发展。2022年，国家对重点帮扶县支持力度进一步加大。国家乡村振兴局制定《国家乡村振兴重点帮扶县巩固拓展脱贫攻坚成果同乡村振兴有效衔接实施方案》，指导西部有关10省（区、市）及160个重点帮扶县，编制省和县两级实施方案，推动谋划重点帮扶县急需的发展项目。[③] 2022年9月，国家乡村振兴局召开国家乡村振兴重点帮扶县重点工作推进视频会议，部署落实推进重点帮扶县的发展工作。2022年，在国家乡村振兴局组织下，东部133个经济较发达县（市、区）同160个国家乡村振兴重点帮扶县建立结对帮扶关系，全面进行对口帮扶。国家在财政上倾斜支持重点帮扶县，同时加大

[①] 《中共中央办公厅 国务院办公厅〈关于确定国家乡村振兴重点帮扶县的意见〉》，2022年10月28日，安徽省乡村振兴局网站，https://xczxj.ah.gov.cn/ztzl/zt/ggtztpgjcgtxczxyxxjzchj/gjzc/8739426.html。

[②] 《中央农村工作领导小组办公室 国家乡村振兴局关于公布国家乡村振兴重点帮扶县名单的通知》，2021年8月27日，国家乡村振兴局网站，http://www.nrra.gov.cn/art/2021/8/27/art_50_191458.html。

[③] 《国家乡村振兴局：今年全国没有发生规模性返贫》，2022年12月25日，新华网，http://www.xinhuanet.com/2022-12/25/c_1129231472.htm。

对重点帮扶县的智力支持。中央组织部等为每个重点帮扶县选派科技特派团，派遣农业产业等科技人才组团帮扶。国家乡村振兴局同全国工商联联合开展"万企兴万村"行动倾斜支持重点帮扶县的专项工作，动员引导民营企业对接重点帮扶县，帮助发展产业，促进就业创业，开展消费帮扶。① 各地认真落实人力资源和社会保障部同国家乡村振兴局印发的《关于加强国家乡村振兴重点帮扶县人力资源社会保障帮扶工作的意见》，强化就业帮扶，保持重点帮扶县脱贫人口就业规模总体稳定；强化技能帮扶，实施国家乡村振兴重点帮扶地区职业技能提升工程；落实社保帮扶政策，巩固拓展基本养老保险应保尽保成果。② 农业农村部印发《2022—2023年国家乡村振兴重点帮扶县"农村青年主播"培育工作方案》，要求通过线上线下培训和快手平台流量扶持方式，为每个重点帮扶县培育不超过3名农村青年主播，增强重点帮扶县自身发展能力和"造血"功能，带动脱贫人口持续增收。③ 2022年，中国农业发展银行开展服务重点帮扶县十大专项行动，包括融智服务专项行动、信贷支持专项行动、招商引资专项行动、协同帮扶专项行动、就业帮扶专项行动等。2022年前4个月，中国农业发展银行向160个重点帮扶县发放204.94亿元贷款，同比增加28.9%。④ 2022年，中央财政衔接推进乡村振兴补助资金投入重点帮扶县172亿元，比2021年增加15.2亿元，县均2.8亿元。截至2022年底，全国工商联已动员3677家民营企业与重点帮扶县建立对接关系，累计已到位资金3447亿元，实施帮扶项目3549个。⑤

广西把支持重点帮扶县工作放在突出位置，安排自治区领导定点联系重

---

① 《"万企兴万村"行动倾斜支持国家乡村振兴重点帮扶县专项工作方案》，2022年12月14日，国家乡村振兴局网站，http://www.nrra.gov.cn/art/2021/12/14/art_46_193028.html。
② 《关于加强国家乡村振兴重点帮扶县人力资源社会保障帮扶工作的意见》，2022年11月26日，中国政府网，http://www.gov.cn/zhengce/zhengceku/2021-12/07/content_5659162.htm。
③ 《2022—2023年国家乡村振兴重点帮扶县"农村青年主播"培育工作方案》，2022年11月9日，国家乡村振兴局网站，http://www.nrra.gov.cn/art/2022/11/9/art_46_197496.html。
④ 《农发行"十大专项行动"支持160个国家乡村振兴重点帮扶县》，2022年5月25日，中国经济观察网，http://www.eo-china.com.cn/news/202205/36977.html。
⑤ 《东部助力脱贫地区巩固脱贫攻坚成果》，《中国经济时报》2022年12月30日，第3版。

点帮扶县,集中资源和力量支持重点帮扶县发展,重点在财政、金融、产业、土地、就业、人才等方面提供倾斜支持,共向44个国家和省级重点县选派驻村第一书记3867人、工作队员7495人。广西强化持续增收支持,扩大就业创业渠道。截至2022年8月底,44个重点县脱贫人口务工规模达到182.66万人,同比增加4.55万人,其中有19.16万人是通过乡村公益性岗位安置的。①广西在资金分配中优先支持重点县,2022年向44个重点帮扶县提供财政衔接资金117.22亿元,实施1.1万个"补短板促发展"项目。截至2022年11月底,20个国家级重点帮扶县各项贷款余额为1878.16亿元,同比增长15.75%。②

易地扶贫搬迁安置区后续扶持持续加强。脱贫攻坚期间,国家兴建了3.5万个集中安置区,帮助居住在生态环境恶劣地区的贫困人口完成自愿易地搬迁,从根本上改变了960多万搬迁群众的生产生活条件。2019年以后,随着易地扶贫搬迁建设任务陆续完成,工作重心逐步转向后续扶持。国家发展改革委等部门印发了《关于进一步加大易地扶贫搬迁后续扶持工作力度的指导意见》和《2020年易地扶贫搬迁后续扶持若干政策措施》,围绕完善安置区配套基础设施和公共服务设施、加强安置区产业培育和就业帮扶等,提出25项具体的举措。2022年,中国政府进一步加大搬迁群众产业帮扶和就业帮扶力度,完善易地搬迁安置区配套公共服务设施,促进社会融入,巩固易地搬迁脱贫成果,防止出现规模性返贫现象,实现搬迁群众稳得住、有就业、逐步能致富目标。4月,国家发展改革委联合国家乡村振兴局组织召开全国巩固易地搬迁脱贫成果工作视频推进会暨部际沟通协调会议,要求把巩固易地搬迁脱贫成果摆在突出重要位置,把搬迁安置点作为工作重点,进一步推动各类政策资金和帮扶资源协同发挥作用;把稳就业作为易地扶贫搬迁后续扶持工作的第一要务,多渠道促进搬迁群众稳定就业;进一步促进易地扶贫搬迁安置区后续产业发展,鼓励引

---

① 《广西大力推进乡村振兴重点帮扶县发展》,《人民日报》2022年9月14日,第17版。
② 《铆足干劲促振兴》,《广西日报》2023年1月3日,第1版。

导东部企业到安置区投资兴业。① 国家乡村振兴局等部门组织开展 2022 年易地扶贫搬迁安置点乡村治理专项行动，夯实易地扶贫搬迁安置点乡村治理工作基础，促进搬迁群众稳得住、能融入、有活力。② 7月，国家乡村振兴局召开全国易地扶贫搬迁后续扶持暨促进就业帮扶车间发展工作会议，要求进一步加强对搬迁群众的防返贫监测，及时将有返贫风险的搬迁群众纳入监测对象，实施精准帮扶；进一步加强对搬迁群众的就业帮扶，拓展就地就近就业渠道；进一步加强对搬迁群众的后续扶持工作，确保搬迁群众稳得住、融得进和能致富。③

各地加大对易地扶贫搬迁的后续扶持力度。山西先后制定《关于做好易地扶贫搬迁后续扶持工作巩固拓展脱贫攻坚成果的实施意见》《做好易地扶贫搬迁集中安置社区治理工作的实施意见》等政策文件，大力发展产业，多渠道促进就业。山西优先将安置区 1090 个发展项目纳入衔接乡村振兴项目库进行扶持，在 800 人以上的安置区配套建设 430 个产业园区，在 800 人以下的安置区建设配套 519 个车间工坊，其中 50%以上的就业岗位优先安排搬迁劳动力。④ 广西组织区内发达地区与大型易地扶贫搬迁安置区签订劳务协议，动员区内大中型企业定向吸纳脱贫劳动力就业，区内县外搬迁劳动力务工规模达到 5.9 万人。政府支持易地扶贫搬迁安置区的配套产业园区、就业帮扶车间、创业园等就业载体。这些企业每吸纳一个脱贫人口就业一年，就可获得 2000 元带动就业补贴。2022 年，广西易地扶贫搬迁安置区内的 418 家就业帮扶车间共吸纳 8522 名脱贫群众就业，38 个省级农民工创业园

---

① 《全国巩固易地搬迁脱贫成果工作视频推进会暨部际沟通协调会议在京召开》，2022 年 4 月 28 日，国家乡村振兴局网站，http://www.nrra.gov.cn/art/2022/4/28/art_624_195010.html。
② 《国家三部委联合组织开展 2022 年易地扶贫搬迁安置点乡村治理专项行动》，2022 年 4 月 2 日，国家乡村振兴局网站，http://www.nrra.gov.cn/art/2022/4/2/art_624_194731.html。
③ 《国家乡村振兴局召开全国易地扶贫搬迁后续扶持暨促进就业帮扶车间发展工作会议》，2022 年 7 月 12 日，国家乡村振兴局网站，http://www.nrra.gov.cn/art/2022/7/12/art_624_195840.html。
④ 《接续好政策 稳住好日子——我省易地搬迁后续扶持成效显著》，《山西日报》2022 年 11 月 30 日，第 1 版。

有1145家入驻企业，吸纳4.6万人就业。利用财政资金和帮扶资金开发公益性岗位，在易地扶贫搬迁集中安置区开发一批防返贫监测网格员、治安巡逻员、环卫维持员等乡村建设公益性岗位，1.1万名搬迁群众实现公益性岗位就业。全区29所技工院校与22个大型易地扶贫搬迁安置区结成对子，帮助搬迁劳动力提高职业技能，使搬迁劳动力中的技能型劳动力达到1.4万人。2022年，广西共举办218场易地扶贫搬迁安置区专场招聘会，提供67.9万个就业岗位。截至2022年11月底，在广西34.6万名易地搬迁劳动力中，共有31.1万人务工就业，有劳动能力并有就业意愿的搬迁户家庭中至少有1人实现就业。①

五 巩固脱贫攻坚成果面临的挑战

脱贫攻坚任务完成后，中国政府采取积极措施，有效防止脱贫群众返贫，阻止新的贫困现象产生，取得显著成效。两年来，中国政府加强返贫监控，及时消除个体返贫现象，守住了不发生规模性返贫的底线。但是，在国际经济下行的情况下，巩固脱贫攻坚成果仍然面临挑战。

第一，部分脱贫群众经济基础还相当脆弱，收入仍然不高，抗风险能力较差。由于自然条件、地区经济发展水平和个人身体状况的制约，部分脱贫人口就业不稳定，收入水平不高。尽管这部分脱贫人口在各方面帮扶和支持下，勉强实现了脱贫，但并没有超出贫困线很多。一旦发生天灾人祸、重大疾病等意外事故，收入大幅减少或支出突然增加，有可能再度陷入贫困。因此，千方百计稳定脱贫人口就业、提高脱贫人口就业质量，就成为促进脱贫人口增收的重要方法。同时，对于那些通过社会保障实现脱贫的群众，如残疾人、孤寡老人和长期患病者等，要加大社会保障力度，贯彻落实国家有关政策，及时提供帮助。

第二，部分脱贫地区产业发展缺乏可持续性。巩固脱贫攻坚成果，必须

---

① 《广西31.1万易地搬迁群众实现务工就业》，《广西日报》2022年12月19日，第6版。

推动产业不断发展。产业是就业的基础,也是地方财政的来源。只有关键产业兴旺发达,才能从根本上解决贫困问题。在脱贫攻坚期间,脱贫地区均在不同程度上发展了特色产业,成为脱贫的重要支撑。但是,由于脱贫地区许多产业是在帮扶政策支持下发展起来的,部分企业对特殊政策有较强的依赖性,市场化程度不高,很难通过市场竞争做大做强。一旦优惠政策中止,输血中断,这些企业就面临生存问题。同时,脱贫地区部分产业还存在同质化现象,低水平重复、产能过剩问题严重。在脱贫攻坚期间,各级政府为了尽快实现脱贫,大量上马了种养殖业项目和农产品初加工项目,其中有不少跟风项目和特色不明显项目,市场前景并不看好,吸纳脱贫人口就业的能力受到限制。为了促进脱贫地区产业持续健康发展,巩固拓展脱贫攻坚成果,需要进一步推动脱贫地区产业提档升级,实现高质量发展。政府要增加财政和金融支持,推动脱贫产业挖掘和寻找本地特色和优势,加速科技成果转化,走创新驱动发展道路。

第三,易地搬迁安置区就业水平总体不高。搬迁群众的承包地位于迁出区,分散贫瘠,缺乏水利、道路等产业配套设施,不利于耕种。这正是要实施易地扶贫搬迁的原因。而且,安置区普遍离迁出区较远,往返成本过高,大多数搬迁群众都无法继续在承包地上进行生产。因此,安置区的搬迁群众只能在非农岗位就业。其中许多人就业渠道狭窄,主要在本地打零工,工作不稳定,收入总体偏低。解决这些问题的关键是发展产业。易地搬迁安置区应因地制宜,发展产业。大型易地搬迁安置区尤其要引进相当数量有一定规模的企业,帮助搬迁群众在家门口实现较高质量的就业。

第四,部分脱贫地区内生发展动力不足。脱贫攻坚取得胜利,贫困人口全部脱贫,主要得益于国家的帮扶政策。各级政府在资金、项目、组织、培训、医疗、社会保障等方面的巨量投入,使贫困地区快速摆脱贫困。但是,这也在无形中强化了脱贫乡村对上级政府和外部资源的依赖,影响了脱贫地区的自主发展能力。有些贫困地区和贫困家庭只有持续获得国家和社会的帮扶,才能把脱贫攻坚成果保持下去,一旦停止"输血",就可能返贫。因此,巩固和拓展脱贫攻坚成果的关键,就是增强脱贫地区和脱贫群众的内生发展动力。各级政府除了提供各种物质帮扶外，还要花更大的力气帮助脱贫地区建立健全适合经济社会发展需要的社会治理制度，大力培育适应市场竞争的各类产业和经济主体，引进和培养在当地继续发展的人才，不断增强"造血"功能，推动脱贫地区可持续发展。

B.3
践行新发展理念的公园城市示范区建设的人权意义

——以四川省成都市为例

张立哲 鲍钰*

摘 要： 成都公园城市示范区建设，以创新、协调、绿色、开放、共享的新发展理念为指引，探索了城市与自然和谐共生实践、城市人民高品质生活方式、城市经济高质量发展模式、超大特大城市转型发展路径。通过结合地方实际，将人权理念融入示范区绿色、宜居、共享等政策规范、法律规范和发展规划中，提升了经济、文化、环境和社会权利的保障水平。

关键词： 新发展理念 公园城市示范区 人权

成都公园城市示范区是中国新型城市发展项目，旨在将创新、协调、绿色、开放、共享的新发展理念融入城市建设中，进行社会主义现代化城市建设新方向、新模式、新路径的探索，形成可复制可推广的典型经验和制度成果。2018年以来，成都作为创建国家生态文明建设示范区的重点单位，致力于探索城市与自然和谐共生实践、城市人民高品质生活方式、城市经济高质量发展模式、超大特大城市转型发展路径，并将新发展理念与地方实际相

---

* 张立哲，法学博士，中共四川省委党校社会文化教研部副主任、教授、硕士生导师，研究方向为宪法和行政法、国家治理；鲍钰，中共四川省委党校马克思主义学院在读硕士研究生，研究方向为马克思主义中国化。

结合，实现了新型城市发展的多元化、具体化、规范化。

公园城市作为未来城市发展的一种高级形态，是习近平生态文明思想的生动实践，是党和国家在新发展理念下城市发展的新目标。在公园城市示范区建设中，新发展理念贯穿始终，体现了对人权的尊重和保障。一是通过创新发展推动科技创新和产业进步保障经济权利的实现：以创新为第一动力推动科技创新能力和产业发展能级提升，绿色产业比重提高，西部金融中心功能彰显，国际门户枢纽、国际消费中心等城市功能增强，保障居民享有平等参与、充分表达、自主创新、自由竞争等发展机会和条件，提升物质文化水平和社会文明程度。二是通过共享发展实现共建共治共享的社会治理保障社会权利的实现：以共享为根本目的，坚持党的领导、人民当家作主、依法治国有机统一，推进社会治理创新，实现城市治理体系和治理能力现代化，构建共建共治共享的社会治理格局，保障居民享有依法管理国家事务、管理经济文化事业、管理社会事务的权利，提升人民参与意识和能力。三是通过绿色发展构建生态优先的发展模式保障生态文明权利的实现：以绿色为基本特征，把良好生态环境作为最普惠的民生福祉，将好山好水好风光融入城市，坚持生态优先、绿色发展，以水而定、量水而行，深入推进生态环境保护等行动，挖掘释放生态产品价值，推动生态优势转化为发展优势，使城市在大自然中有机生长，率先塑造城园相融、蓝绿交织的优美格局，保障人民享有清洁空气、安全饮用水、优美自然景观等生态资源和环境服务，提升人民健康水平和幸福感。四是通过协调发展保护传承历史文化遗产保障文化权利的实现：成都公园城市示范区建设以世界文化名城和历史文化名城为目标，加强历史文化遗产保护利用和传承创新，打造具有鲜明地域特色和时代风貌的文化品牌，保障人民享有获取文化信息、参与文化活动、表达文化诉求等文化权益，提升人民精神文明素质和文化自信心。五是通过共享发展缩小城乡区域差距保障社会权利的实现：成都公园城市示范区建设以共享为内在要求，推进教育、医疗、养老、住房等领域改革，提高公共服务水平和质量，缩小城乡区域差距，促进社会公平正义，保障居民享有平等使用公共资源、享受公共服务、参与社会发展的权利。因此,"践行新发展理念的公园城市"实质指向了人权的实现,蕴含着发展性、公共性指向和增进人民福祉的理论特点。公园城市示范区建设中包含的经济建设、政治建设、文化建设、社会建设和生态文明建设等要素,反映了生态文明建设与经济社会发展相互促进,提供优质均衡的公共服务等超大特大城市转型发展路径。

一 公园城市示范区建设制度规范与人权保障

近年来,国家出台了一系列政策法规,为成都市域内外合作互补提供制度建设渠道,推动了成都公园城市示范区共同体宏观中观目标落地,建构了成都公园城市示范区人权保障的制度体系,并通过政策规范、法律规范、发展规划等文本确认。

(一)政策规范

区域发展政策是国家进行宏观调控的重要手段。针对政策主导、制定法相对滞后的区域经济治理制度现状,明确区域经济政策的效力,对丰富和完善我国区域经济治理规则体系具有重要价值。区域发展政策的制定主体包括各级党委和政府,其行为方式则主要通过行政规范性文件和党内规范性文件得以表达。这些政策本身包括了生态、文化、民生内容,通过司法政策或解释的转介、借助特定解释方法,作为司法裁判、政策宣传、抽象行政行为实施等通道广泛渗透于发展权保障中。例如,2022年,为落实公园城市示范区主体功能推进生态文明建设,国家多部委联合印发《成都建设践行新发展理念的公园城市示范区总体方案》,明确从国家层面支持成都开展公园城市示范区建设各项工作。再如,为了解决公园城市示范区建设的组织管理动员机制,《国务院关于同意成都建设践行新发展理念的公园城市示范区的批复》提出公园城市示范建设方案由"国家发展改革委、自然资源部、住房城乡建设部会同四川省人民政府制定并组织实施"等。成都公园城市示范区建设相关政策规范见表1。

表 1　成都公园城市示范区建设政策规范统计

政策规范名称	颁布/制定/批复时间	颁布/制定/批复主体	成都公园城市示范区建设中经济、政治、文化、社会和生态文明发展的表述
《成都市人民政府关于推进竹产业高质量发展建设公园城市美丽竹林风景线的实施意见》	2020 年	成都市人民政府	生态文明发展方面：以建设美丽宜居公园城市为主线保护与提升竹林盘（川西坝子特有民居）。经济、文化发展方面：挖掘与创新竹文化、打造与创建竹品牌，促进农商文旅体融合发展
《关于支持成都建设践行新发展理念的公园城市示范区的意见》	2020 年	中共四川省委、四川省人民政府	经济、社会发展方面：探索城市可持续发展新形态，全面提升区域经济带动能力、宜居品质吸引能力，支持加快建设新发展理念的公园城市的先行示范区
《住房和城乡建设部对十三届全国人大四次会议第 7536 号建议的答复》	2021 年	住房和城乡建设部	综合发展方面：探索形成公园城市指标评价体系，探索公园城市建设标准，提升公园城市体系规划建设和管理水平，指导编制相关规划
《关于开展 2021 年城市体检工作的通知》	2021 年	住房和城乡建设部	综合发展方面：形成由生态宜居、健康舒适等 8 个方面构建的城市体检指标体系，选取"城市生态廊道达标率""公园绿地服务半径覆盖率"等与公园城市建设相关的指标，为制定公园城市建设工作计划提供依据
《关于印发成都建设践行新发展理念的公园城市示范区总体方案的通知》	2022 年	国家发展改革委、自然资源部、住房和城乡建设部	经济、社会与生态文明发展方面：完整、准确、全面贯彻新发展理念，加快构建新发展格局，坚持以人民为中心，统筹发展和安全……推动生态文明与经济社会发展相适应。塑造公园城市优美形态……增进公园城市民生福祉，着力营造宜业优良环境……着力健全现代治理体系……打造山水人城和谐相融的公园城市
《国务院关于同意成都建设践行新发展理念的公园城市示范区的批复》	2022 年	国务院	生态文明发展方面：着力厚植绿色生态本底，塑造公园城市优美形态。社会发展方面：着力创造宜居美好生活，增进公园城市民生福祉。经济发展方面：着力营造宜业优良环境，激发公园城市经济活力。政治发展方面：着力健全现代治理体系，增强公园城市治理效能

资料来源：笔者根据相关政策规范整理。

（二）法律规范

2015年《立法法》修订，明确规定设区的市可以在"城乡建设与管理""环境保护""历史文化保护"范围内制定地方性法规。2018年《宪法》明确了设区的市的人民代表大会及其常务委员会可以在不抵触宪法、法律、行政法规的前提下，制定地方性法规。因此将"以保障和改善民生为重点""发展生态事业""保证人民平等参与、平等发展权利"等体现的应然层面的宪法权利结合成都公园城市示范区建设予以具体化，将作为普遍性权利的发展权融入地方性法规立法，成为公园城市示范区建设地方立法的重要特点。公园城市示范区理念提出以来，基于《中华人民共和国国民经济和社会发展第十四个五年规划和2035年远景目标纲要》《成渝地区双城经济圈建设规划纲要》，作为公园城市示范区建设的主要立法主体的成都市人大常委会在2018~2021年出台/修订了9部和公园城市示范区建设相关的地方性立法（见表2）。

表2 成都公园城市示范区建设法律规范统计

法律规范名称	颁布/制定/修订时间	颁布/制定/修订主体	成都公园城市示范区建设中经济、政治、文化、社会和生态文明发展的表述
《成都市城市景观风貌保护条例》	2018年	成都市人民代表大会常务委员会	经济、社会、文化和生态文明发展方面：加强城市空间立体性、平面协调性、风貌整体性、文脉延续性的规划和管控
《成都市城乡规划条例》	2018年	成都市人民代表大会常务委员会	社会、文化发展方面：坚持传承与创新并重，注重延续传统文化和历史遗存，坚持运用公园城市理念和街区美学设计创新城市价值
《成都市都江堰灌区保护条例》	2018年	成都市人民代表大会常务委员会	经济、生态文明发展方面：加强本市都江堰灌区保护，促进都江堰灌区经济与社会绿色、生态、可持续发展
《〈中华人民共和国河道管理条例〉实施办法》	2021年	成都市人民代表大会常务委员会	社会、文化发展方面：公园城市等主管部门按照各自职责，保障防洪安全与抗旱需要，改善河道生态环境，发挥江河湖泊的综合效益

续表

法律规范名称	颁布/制定/修订时间	颁布/制定/修订主体	成都公园城市示范区建设中经济、政治、文化、社会和生态文明发展的表述
《成都市城市公共汽车客运管理条例》	2021年	成都市人民代表大会常务委员会	社会发展方面：提高服务质量，保障运营安全。公园城市等部门按照各自职责，按照市人民政府确定的职责权限和管理范围协同负责城市公共汽车客运管理工作
《成都市美丽宜居公园城市建设条例》	2021年	成都市人民代表大会常务委员会	综合发展方面：通过生态本底、空间格局、以人为本、绿色发展、低碳生活、可持续发展、监督检查等九个方面的规范构建规划引领、政府引导、市场配置、多方参与的公园城市示范区建设工作体系
《成都市大气污染防治条例》	2021年	成都市人民代表大会常务委员会	经济、社会和生态文明发展方面：为保护和改善环境保障公众健康，推进生态文明建设，促进经济社会可持续发展，公园城市等部门对大气污染防治实施监督管理
《成都市地下空间开发利用管理条例》	2021年	成都市人民代表大会常务委员会	经济、生态文明发展方面：保障相关权利人合法权益，促进资源集约利用，公园城市等部门按照各自职责做好环境保护、园林绿化、耕地保护、生态环境保护的义务，监督管理职责
《成都市古树名木保护管理规定（修订）》	2021年	成都市人民代表大会常务委员会	经济、生态文明发展方面：为加强古树名木保护，建设美丽宜居公园城市，促进生态文明建设和经济社会协调发展

资料来源：笔者根据相关法律规范整理。

（三）发展规划

在体现公共性的前提下，除法律规范外，作为特殊的区域发展政策的发展规划是公园城市示范区制度保障的重要内容。公园城市示范区主要通过规划成型的共同体区域才具备发展权的主体资格。区域性规划的落地主要以集体认同的方式，通过已有的支配性制度指导集体行动者的组织化与制度化，在合理诉求的相互满足中形成合法性认同以及凭借国家权力对集体经济社会地位划定实现规划性认同。2020年以来，中央和地方相继出台了多部关于公园城市示范区建设区域规划、区域指导的意见、决定（见表3），指导中央、四川省、重庆市组建跨部门、跨区域性组织，开展系列集体行动，在目标一体化中促成公园城市示范区建设，保障区域发展权的实现。例如，《成都建设践行新发展理念的公园城市示范区行动计划（2021—2025年）》发布，对成都公园城市示范区建设作出具体行动部署，紧扣发展权的实质要素，从生态、生活、生产、治理维度提出27项重点任务、69项具体举措，细化了《成都建设践行新发展理念的公园城市示范区总体方案》中公园形态与城市空间融合、城市绿化覆盖率、市政公用设施安全性提升、基本公共服务均等化水平提高、居民收入增长和经济增长基本同步等发展性指标。

表3 成都公园城市示范区建设发展规划统计

序号	规划名称	颁布/制定时间	颁布/制定主体	成都公园城市示范区建设中经济、政治、文化、社会和生态文明发展的表述
1	《市级国土空间总体规划编制指南（试行）》	2020年	住房和城乡建设部	生态文明发展方面：构建重要生态屏障、廊道和网络，形成连续、完整、系统的生态保护格局和开敞空间网络体系，维护生态安全和生物多样性，并提出相应的规划指标
2	《中华人民共和国国民经济和社会发展第十四个五年规划和2035年远景目标纲要》	2021年	全国人民代表大会	综合发展方面：顺应城市发展新理念新趋势，开展城市现代化试点示范，建设宜居、创新、智慧、绿色、人文、韧性城市
3	《成都建设践行新发展理念的公园城市示范区行动计划（2021—2025年）》	2022年	中共成都市委、成都市人民政府	综合发展方面：建设创新、开放、绿色、宜居、共享、智慧、善治、安全城市，打造山水人城和谐相融的公园城市，提升现代化国际都市功能能级，发挥极核主干作用，为加快形成带动全国高质量发展的重要增长极和新的动力源提供坚实支撑
4	《巴蜀文化旅游走廊建设规划》	2022年	文化和旅游部、国家发展改革委、重庆市人民政府、四川省人民政府	经济、文化和生态文明发展方面：推动成都以建成践行新发展理念的公园城市示范区为统领，聚焦发展天府文化，优化城旅一体的景观体系，建成山水人城和谐相融的公园城市

续表

序号	规划名称	颁布/制定时间	颁布/制定主体	成都公园城市示范区建设中经济、政治、文化、社会和生态文明发展的表述
5	《成渝地区双城经济圈建设规划纲要》	2022年	中共中央、国务院	经济、政治、社会与生态文明发展方面：厚植高品质宜居优势，提升国际国内高端要素运筹能力，构建支撑高质量发展的现代产业体系、创新体系、城市治理体系

资料来源：笔者根据相关文件整理。

通过对以上规范性文件的梳理分析可以发现，公园城市示范区建设与人权保障是特殊和一般的关系，公园城市示范区建设的制度规范体现了人权保障实施的创新性、自主性以及地方性。总体来看，现有关于公园城市示范区建设规范文本中人权实现的规范模式主要有以下几种。一是在规范文本中确认人权是公民的基本权利。例如，"十四五"规划中提出的人民平等参与、平等发展权利得到充分保障，推进新型城市建设，开展城市现代化试点示范，市民平等参与、平等发展权利得到充分保障等内容。二是在规范文本中确认特殊群体的人权。例如，成都市实施"幸福美好生活十大工程"在公园城市有机更新、公园城市品质社区创建方面提出，提升残疾人关爱服务水平，切实保障妇女、未成年人、残疾人等群体发展权利和机会，强化特殊群体发展关爱服务，开展特殊困难群体巡访关爱行动，加强对残疾人托养工作的指导，做好成都市残疾人集中托养中心入住、运维相关工作。三是通过专项立法或者规划的专门部分体现人权保护内容，包括生态文明、文化、教育等权利条款。例如，《成都市城乡规划条例》运用公园城市理念和街区美学设计创新城市价值，对公共空间、公共交通和公共配套方面权利保护的专项规划；《成都建设践行新发展理念的公园城市示范区总体方案》关于绿色生态、公共服务普惠、发展优势产业、充分保障就业等方面的内容。

二 公园城市示范区建设保障人权的实践经验

公园城市示范区建设就是要追求创新、协调、绿色、共享的整体和谐发展，推动和保障人权的实现。成都从公园城市的首提地到建设践行新发展理念的公园城市示范区，不断探索未来城市发展新路径，坚持将新发展理念融入公园城市实体探索，在保障人权方面积累了有效经验。

（一）强化创新发展提升经济权利保障水平

新发展理念强调创新驱动和协调共享。在成都公园城市示范区的建设中，通过创新驱动发展，提高经济发展质量，增强人民群众在经济发展中的权益保障，包括就业权、合理收入分配等，使人民群众共享经济发展成果。

首先，公园城市示范区通过创新驱动实现了产业生态发展。在经济发展上，成都构建了城市产业生态圈，以"产业生态化"为引导，建设绿色产业体系，改善城市投资环境，通过创造优质人居空间吸引高端企业入驻，注重城市产业结构及生产生活方式绿色转型。依托公园城市资源禀赋发展绿色生态产业，构建绿色低碳循环发展的经济体系，将绿色转型与经济发展有机结合，构建绿色经济新体系，引领绿色低碳、节约高效的生产生活方式。[1] 成都开展"低碳示范"专项行动，打造绿色低碳示范园区，探索出具有成都特色的"近零碳"建设路径；构建以"碳惠天府"为品牌的碳普惠机制，系统构建多维激励模式，引导形成绿色低碳的生产生活方式，通过碳减排量交易激励碳减排行为，使碳减排项目产生的环境效益带来经济效益；核算龙泉市城市森林公园等特定地域单元的生态产品价值，将生态优势转化为发展优势，形成长期有效的价值链，提高生态产品品质与附加值。

---

[1] 彭楠淋等：《新时代公园城市理念特征与实现路径探索》，《城市发展研究》2022年第5期。

其次，公园城市示范区通过创新驱动推动多元复合的场景营造。在经济发展上，成都依托生态本底和资源禀赋培育不同类型的消费场景，在拉动消费的同时形成标签化的公园城市气质和生活氛围。成都根据不同区域的主导功能、空间区位以及独特的空间特征，将公园场景划分为6大类15小类（见表4），打造出"公园+网红IP""公园+热点话题"等场景，在激活城市绿色空间美学价值的同时实现经济价值，让市民在场景中进行娱乐、休闲和体验，培养消费新动能。成都市依托公园、绿道等绿色开放空间进行业态融合和场景营造，建立起个体与公园城市的有效连接，吸引各类人才聚集公园城市，营造生态体验、体育运动等多业态游憩空间，[1]增强了公园城市示范区的竞争力。构建休闲旅游场景，发展森林游憩、研学旅行、生态体验、户外探险、家庭露营、精品民宿、微度假等场景，实现自然资源与身心体验互动参与。构建美食消费场景，发展国际美食、绿色餐饮、美食品鉴、美食节会，营造主题鲜明、独具特色的美食消费场景，打造具有辨识度的全球绿道美食群落，推动世界多元文化艺术与天府特色文化融合。

表4 成都公园场景营造模式划分

公园场景大类划分	公园场景小类划分	公园场景大类划分	公园场景小类划分
山水生态公园场景	自然保护型 风景游憩型	城市街区公园场景	公共服务型 综合休闲型 社区休闲型
乡村郊游公园场景	休息农林型 自然郊野型	人文成都公园场景	文化创意型 文旅商业型 文化遗址型
天府绿道公园场景	城市绿道型 乡村绿道型 风景绿道型	产业社区公园场景	金融商务型 高教科创型

资料来源：笔者自制。

---

[1] 陈明坤等：《成都公园城市三年创新探索与风景园林重点实践》，《中国园林》2021年第8期。

最后,公园城市示范区通过创新驱动对标了高质量发展的要求。创新公园城市内涵式发展方式,努力打造创新高地,通过培育具有竞争力的优势产业激发公园城市经济活力,本质上就是高质量发展的要求。公园城市示范区建设增强了产业链建构力、高端要素运筹力,在关注生态环境保护的基础上,追求经济效益和生态效益均衡发展。公园城市示范区以链长制为牵引,在精准施策下构建符合产业发展规律的生态圈,以20个重点产业链为主线,使产业集聚势能持续增强。成都市GDP从2018年的1.57万亿元快速增长到2022年的2.08万亿元,年均增长率达7.3%,成为全国第七个GDP超2万亿元的城市,持续推动经济高质量发展(见图1)。近年来,成都市加快构建优质高效的服务业新体系,打造西部地区最具活力的新兴增长极和全国高质量发展示范区,在医药健康和航天航空产业方面确定四个重点产业链。在"建圈强链"的带动下,成都精准规划、明确分工不同区域产业发展,形成一批专业性强、发展特色鲜明的重点产业集群,激发了各类市场主体创新创造活力,发挥出科创平台强链聚链功能,加快健全绿色低碳循环发展的经济体系,持续增强区域经济的可持续发展能力。

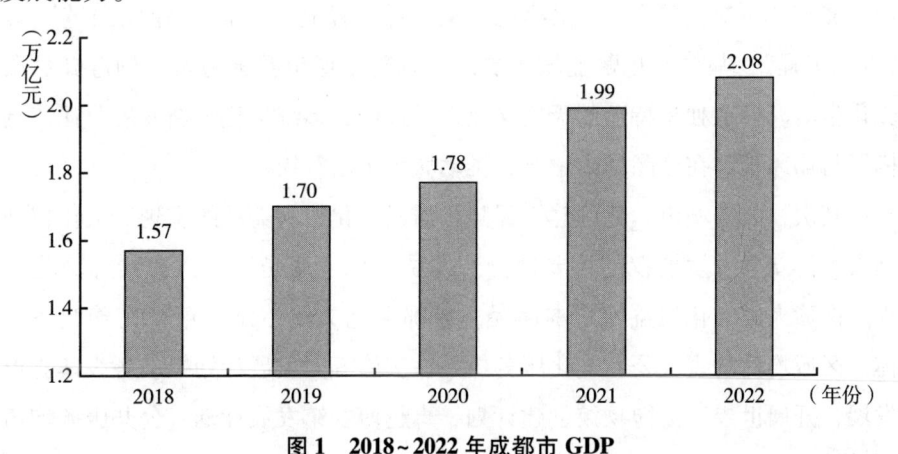

图1　2018~2022年成都市GDP

资料来源:成都市统计局、国家统计局成都调查队《2022年成都市国民经济和社会发展统计公报》,《成都日报》2023年3月25日,第4版。

（二）促进协调发展提升文化权利保障水平

公园城市示范区建设通过强化文化内涵和公共服务体系，促进协调发展，提升文化权利保障水平，将文化元素融入城市更新和发展，注重传统文化创新发展，实现优质文化生活与天府文化的有机融合。通过深化文化体制改革、完善公共文化服务体系，打造特色文化地标，保障居民文化权利需求的实现；通过推动天府文化国际传播，提升区域文化影响，强化传统文化的国际表达。同时借助国际权威旅游组织和交流活动，实现文化权利主体间的协同影响，满足人们对文化生活的共同需求。

首先，抽象文化权利的公共属性通过公园城市示范区这一具象化共同体表达。公园城市示范区通过文化建设使其具备通识性外延，凭借话语指向的稳定性巩固了发展权共同的实质指向和目标制度。文化是公园城市示范区建设的内驱力，多类型多形态叠加融合的文化场域和符号，构成了公园城市示范区独特的文化气场和标识。成都坚持以建设践行新发展理念的公园城市示范区为统领，以建设巴蜀文旅走廊极核城市、全省文旅经济发展核心区为目标，推进历史文化资源的原动力挖掘与创造性转化，深入实施城市文脉传承、文艺"再攀高峰"、文化惠民、文旅品牌塑造、文旅"建圈强链"等"五大工程"，坚持文化赋能城市更新，以凝聚城市精神力量、创造高品质文化生活、打造独具特色的天府文化，促进优秀传统文化创新发展，让诗意栖居与蜀风雅韵在公园城市融合，推动城市更新升级。

其次，公园城市示范区建设保障了居民文化权利需求的实现。文化权利是人民群众享有发展权的重要部分，发展文化事业是满足人民精神文化需求、保障人民文化权益的基本途径。成都深化文化体制改革，完善城乡一体、区域均衡的现代公共文化服务体系。实施五大发展计划推动各级博物馆发展，开展世界一流博物馆创建计划、卓越博物馆发展计划、公共服务均衡覆盖计划等；打造天府文化公园、天府艺术中心等特色文化地标，建成成都自然博物馆、成都高新中演大剧院等，促进公园城市各个区域的文化繁荣；传承公园城市文脉，推进非遗系统保护、传承发展，建立成都市非物质文化遗产数据库，推进历史名人文化研究活化。加强公共文化数字化建设，推进公共文化设施补短板提品质，构建"15分钟公共文化服务圈"。注重增强为人民群众提供均等化、优质化、特色化的文化产品和服务的供给能力，成都连续14年位居"中国最具幸福感城市"榜首。

最后，公园城市示范区建设促进了文化权利的共同发展。公园城市示范区打造了"三城三都"品牌体系，进一步推动天府文化国际传播，提升区域文化影响力。培育了体现成都特色的"三城三都"品牌识别体系，形成具有成都当地特色的各类文化，例如以大熊猫为载体向世界传递天府文化，包容各种生活方式、以慢节奏著名的休闲文化，借助古蜀文明提升古都城市国际影响力的古蜀文化等。示范区建设依托大运会、世运会等国际赛事，强化了传统文化的国际表达。借助世界旅游与旅行理事会、世界旅游联盟、联合国世界旅游组织等国际权威旅游组织，开展了"世界文化之城论坛·天府论坛""天府文化走进联合国"等国际文旅交流活动，提升文化权利主体间的协同影响力，把中国同世界各国人民对文化生活的共同需求结合起来。

（三）落实绿色发展提升环境权利保障水平

在成都公园城市示范区建设中，落实绿色发展理念，强调保障人民享有美好生活环境的权利。以生态价值为导向，通过推动新时代城市绿色转型和现代化建设，实现城市功能与绿色发展的统一，形成"绿色+"新发展框架。以"两山""两水"生态骨架为基础，打造可持续发展的生态环境，实现发展与环境的权利兼顾。同时，通过高质量推进大熊猫国家公园建设、生态修复和野生动植物保护等项目，提升濒危野生动植物保护能力，为城市居民创造和谐共生的美丽家园，满足多层次、多元化的需求。

首先，公园城市示范区建设以生态价值为目标导向。在新时代生态文明建设的背景下，公园城市示范区建设首先要考虑的就是生态价值，要促进生态优势进一步转化为发展优势。成都在公园城市示范区建设过程中充分将习近平生态文明思想用于推动新时代城市绿色转型和现代化建设之中，牢固树立"绿水青山就是金山银山"理念，为从根本上科学认识和践行习近平生态文明思想提供了实践范式。

其次，公园城市示范区建设实现了城市功能与绿色发展的统一。公园城市建设是中国城市绿色发展的新机遇。公园城市示范区建设是传统城市功能的拓展延续，集中统筹生产、生活、生态三大空间，形成"绿色+"新发展框架，①将城市建设成人与自然和谐共生的美丽家园。成都依托"两山""两水"生态骨架，开展"五绿润城""天府蓝网"行动，②成立全国首个公园城市建设管理局。成都自2021年开展"金角银边"场景营造工作以来，充分利用桥下空间、屋顶空间等七类剩余空间进行打造，截至2023年3月，已累计完成示范点位建设403个，形成一系列典型场景，形成可复制可推广的城市剩余空间打造"成都经验"。将公园城市建设与自然生态环境有效联结，将城市风貌与公园形态交织相融，把好山好水好风光融入城市，为城市的生存和发展提供可持续的生态系统服务，满足了居民多层次、多元化的需求。

最后，公园城市示范区建设打造了可持续发展的生态环境。可持续发展就是发展与环境的权利兼顾，也只有兼顾好发展与环境才能实现可持续发展。公园城市示范区建设坚定不移贯彻新发展理念，走生态优先、绿色发展之路，深化山水林田湖草一体化保护和系统治理。集中攻克生态环境突出问题，改善城市空气质量，2022年成都空气质量优良天数达300天（见图2），"窗含西岭千秋雪"景观常现，蓝天成为公园城市的美丽背景。高质量推进大熊猫国家公园建设，加强植被退化区和矿山的生态修复，系统修复大熊猫栖息地。同时制订陆生野生动植物保护行动计划，启动"熊猫家园""天府动物园"等项目，组建西部动植物研究中心、生物多样性研究和监测中心，持续推进大熊猫等珍稀野生动物种群复壮，提升濒危野生动植物保护能力。

---

① 赵建军、赵若玺、李晓凤：《公园城市的理念解读与实践创新》，《中国人民大学学报》2019年第5期。
② 施小琳：《牢记嘱托　踔厉奋发　全面建设践行新发展理念的公园城市示范区》，《成都日报》2022年5月9日，第1版。

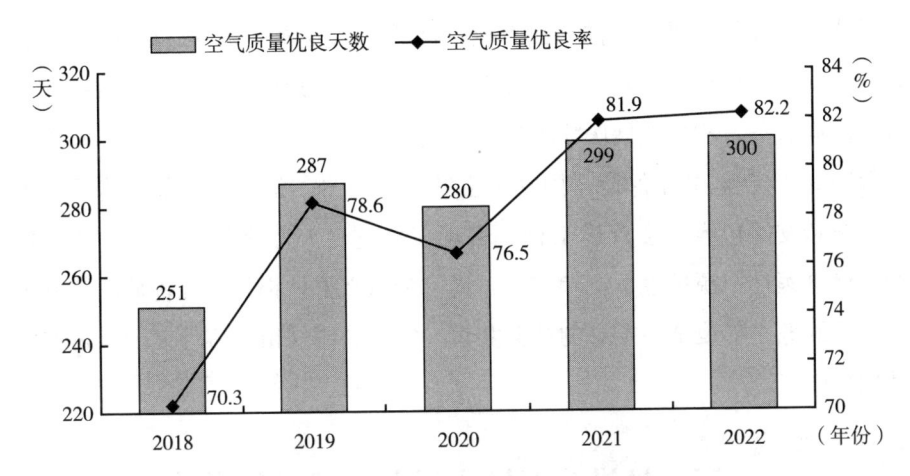

图 2 2018~2022 年成都空气质量优良天数及优良率

资料来源：根据 2018~2022 年《成都日报》公开信息整理。

（四）实现共享发展提升社会权利保障水平

公园城市示范区坚持共享发展，把发展成果不断转化为生活品质，保障公平享有发展成果。为社会谋求幸福和安全保障，使人过上有尊严的生活，是人权理念和制度的根本宗旨。共享发展作为党的执政理念，承载着中国共产党"为中国人民谋幸福、为中华民族谋复兴"的初心和使命，是公园城市示范区建设的根本归宿。成都通过优化生态环境，优化资源，带动了城市的均衡发展，通过政府、社会、老百姓共谋共建共治，实现公共资源、公共服务、公共福利全民均衡共享。[①] 同时，公园城市示范区建设健全了基本公共服务标准并进行年度动态更新，强调以人民为中心的普惠公平，扩大普惠性非基本公共服务供给，打造高品质、多样化生活性服务业，实现公平、均等、高效的基本公共服务供给，使乡镇居民、城市居民生活环境同步得到改善。截至 2022 年底，成都市共有各种社区服务设施 3856 处，社区服务中心258 个。此外，示范区建设增强了养老托育服务能力，不断提升服务水平，

---

① 王香春、王瑞琦、蔡文婷：《公园城市建设探讨》，《城市发展研究》2020 年第 9 期。

提供优质医疗教育服务，推动义务教育优质均衡发展，完善住房保障体系，着力解决新市民住房问题。成都市不断加大优质医疗资源供给，推进多元化城市健康服务，积极拓展医疗项目，开设特色专科，开展医养结合、临终关怀等服务，连续28年保持"国家卫生城市"称号。最后，示范区建设还推进了全龄友好包容社会营建工程，实现多样化、人性化公共服务和产品供给，促进医疗资源扩容下沉和均衡布局，为重点群体提供更加优质的公共卫生医疗服务，形成全龄友好的社会共识，实现公园城市包容性发展、可持续性发展。

三 推进公园城市示范区建设促进人权保障的对策建议

推进公园城市示范区建设促进人权保障，要从经济、文化、环境、社会等多个维度出发，提出具有针对性和可操作性的对策建议。从经济权利角度，要以创新理念拓展公园城市示范区经济增长路径；从文化权利角度，要以协调理念完善公园城市示范区文化管理机制；从环境权利角度，要以绿色理念完善公园城市示范区生态网络体系；从社会权利角度，要以共享理念完善公园城市示范区民生服务体系。具体而言，主要包括以下四个方面。

（一）以创新理念促进经济权利发展：拓展公园城市示范区经济增长路径

创新发展意味着要摒弃传统发展模式，寻求新的发展路径。经济增长是发展的最重要内容，也是实现生存权和发展权的最基本手段和主要途径。成都公园城市示范区的建设将提升城市经济发展质量，为居民提供更多就业机会和创新创业平台，保障人民群众的经济权益。通过新型产业、技术创新等方式，实现人民在经济发展中共享成果，将进一步体现对经济发展权利的保障。示范区的意义在于发挥示范引领作用，拓展公园城市示范区经济增长路径，提升城市发展能级。一是要进一步发展具有竞争力的城市优势产业。产业是城市经济发展的根基与脉搏。持续推进产业布局优化和结构调整，整合优化现有产业，科学布局新引进项目，引导各类产业在老城、新城、卫星城合理分布、有序发展。加快促进制造业向智能化、高端化、生态化转型升级，进一步推动产业提升竞争力和综合影响力。以成渝双城经济圈建设为契机，推动共建西部金融中心，进一步提升城市商业繁荣度，增强国际影响力，打造国际中心消费城市，更好地服务于"一带一路"倡议。二是要进一步推动生产方式向绿色低碳转型。加快推动制造业和服务业相结合，鼓励和支持产业升级转型向网络化、数字化、智能化方向发展。围绕实现碳达峰、碳中和目标，积极引领能源、技术和产业低碳革命，推动资源集约循环利用，加速引导能源消费转型升级，引导企业自觉推动绿色发展、低碳发展、循环发展。三是进一步坚持创新驱动，鼓励产业创新。以西部（成都）科学城为依托，进一步发挥"产学研"在产业创新过程中的作用，推动研究成果落地转化，促进创新创业向纵深发展。要建立一支规模宏大、结构合理、素质优良的创新人才队伍支撑公园城市示范区建设，既包括"创新大咖"和"能工巧匠"，又包括塔尖耸立、塔基厚实的才智梯队。

（二）以协调理念促进文化权利发展：完善公园城市示范区文化管理机制

协调理念要求在城市发展中协调好经济、社会、环境和文化等多方面的关系，实现城市的和谐发展。为推动公园城市文化发展，需要建立适用的新机制，包括加强制度创新和相关体制机制的建设，明确居民参与城市文化建设的主体地位，吸纳民众需求，形成特色文化，以提升公园城市文化建设的生命力，运用数字技术创新，促进传统文化的创新发展，形成数字文化集群生态。文化是城市活的灵魂。城市的文化发展赋予城市发展活力，保障公民自由参与、促进文化发展和享受文化发展所获利益。促进公园城市文化发展，有利于推动和加快城市物质文明、精神文明、政治文明、生态文明的建设步伐，提高市民综合素质。制度创新与相关体制机制的建设是打造公园城市的重要保障，在公园城市的文化建设过程当中，应当加强构建

适用于公园城市的新机制。公园城市示范区建设要进一步坚定文化自信，建立健全文化管理机制。明确居民是城市文化建设的主体，让居民参与到城市文化建设的组织、决策、控制、管理等各环节中来，及时吸纳民众需求、了解市民诉求，使公园城市文化建设更具特色，更能满足居民物质和精神需要，从而使公园城市文化建设更具生命力。公园城市示范区建设要进一步采用数字文化赋能方式，创新文化建设机制。推动数字文化的赋能，充分运用数字技术进行创新创造，赋能传统文化推陈出新，形成具有公园城市特色的文化场景；推动数字文化事件的体验赋能，打造一批现象级数字文创IP，努力成为有利于数字文创发展的城市，打造新时代文化高地；推动数字文化集群生态赋能，围绕"文创+在线新经济"产业主线，打造发展数字文创的生态环境和动力引擎。

（三）以绿色理念促进环境权利发展：完善公园城市示范区生态网络体系

绿色理念贯穿公园城市示范区建设的始终，生态优先、绿色发展，是推动公园城市高质量发展、全面建设社会主义现代化国家的实践路径。建设好公园城市，要将绿色思想根植于公园城市示范区生态网络体系。一是要进一步保护并提升自然生态系统的功能。严格保护城市原有的生态格局，依托城市地缘优势，提升城市调节气候、净化空气、调节水文等生态功能，充分发挥"两山""两水"生态骨架作用，确保其生态功能的完好性。在此基础上，进一步加强对山水林田湖草等自然资源和生物物种资源的保护，做好对原有生态格局生态功能的修复、保护和加强工作，推动生态修复自然化、科学化。二是要进一步科学开展城市生态环境评估。客观地了解和评估公园城市生态环境质量的变化，识别出生态环境问题亟须解决的区域，分级分类做好保护工作。针对受损的生态空间，要结合实际情况制定科学、有效的生态修复方案，从生物、物理、生态等多维度入手，切实做好对已受到破坏的山体、水体等生态要素的修复工作，解决好城镇化进程中土地等各类资源不可增长的矛盾。三是要进一步构建联通城市内外的生态网络体系。充分整合城市内外绿色资源，合理布局公园城市绿地，强化交通绿脉与城市公园的板块连接，结合公园城市更新增补公园绿地提升均衡性，将城市内部绿地建设与外围资源串联融合，形成立体的生态网络体系。[①] 城园相融，促进城市在大自然中有机生长，建设水清、天蓝、土净、无废的绿色都市。

（四）以共享理念促进社会权利发展：完善公园城市示范区民生服务体系

共享理念强调以人民为中心，倡导社会资源的共享和公平分配，强调注重民生福祉、推动社会进步发展、回归"人的城市"，在完善公园城市示范区的民生服务体系方面具有重要作用。完善公园城市示范区的民生服务体系是将这一理念转化为实际行动的重要载体。首先，公园城市示范区建设要进一步健全城市功能要素，提升公共服务能力。做好城区配套平衡和运行管理的规划布局，构建好如公园一般的居住环境。要优化城市布局，考虑不同年龄段居民的需求，持续优化配置教育、养老、医疗、商业、休闲娱乐等基本生活服务设施，形成让居民满意、生活方便的新型城市圈。其次，公园城市示范区建设要进一步推进城市有机更新和老旧小区改造。结合公园城市肌理整体推进老城区成片更新，既要高标准建设更新，又要高标准常态化管理。最后，公园城市示范区建设要增强养老托育服务能力，建设全龄友好型社会。从街道、社区入手，发挥民政在街道中的平台牵头作用，鼓励社会力量参与到养老服务中，让养老服务总量增长且便于老年人选择，并且将养老服务与科技创新、信息技术紧密结合，实现养老资源精准配置。严格落实城镇小区配套园政策，扩大幼儿托位供给，完善托育服务体系，建立健全配套园建设管理长效机制，做好民办幼儿园普惠性服务的扶持工作，增强居民幸福感。

[①] 《中共中央 国务院关于进一步加强城市规划建设管理工作的若干意见》，中发〔2016〕6号。

·（二）经济、社会和文化权利·

B.4
食物权视角下的中国粮食和重要农产品安全

蒋 盼[*]

摘　要： 粮食安全治理是中国共产党领导中国政府保障国家粮食安全、维护公民食物权的重要内容，其目的是为公众提供健康、营养和适足的食物。面对百年变局叠加世纪疫情、地缘冲突、气候变化等多重因素传导的粮食安全风险，中国通过深入实施国家粮食安全战略，制定多项粮食安全保障政策，加强法治保障等重要举措实现了耕地面积扩大、粮食产量增收、粮食分配更加公平等粮食安全治理实效，切实维护了公民的食物权。但在成效显现的同时，粮食和重要农产品安全保障工作依然面临不少风险与挑战。中国粮食和重要农产品安全保障战略的持续推进，需要加大耕地资源保护力度，提高粮食种植者的积极性，培育公众保障粮食安全的主体意识，积极参与世界粮食安全治理。

关键词： 粮食安全　食物权　粮食生产　法治保障

粮食和重要农产品安全（以下简称"粮食安全"）事关人民食物权保障。新冠肺炎疫情叠加地缘冲突、气候变化等因素，使全球粮食安全问题凸

---

[*] 蒋盼，四川大学灾后重建与管理学院宪法学与行政法学专业博士研究生，四川大学人权法律研究中心研究助理。

显，重要农产品价格处于高位运行，不少国家采取限制农产品出口等措施来保障本国粮食和重要农产品安全。中国是人口大国、粮食生产大国，也是粮食进口大国和消费大国，国际粮食形势动荡不稳势必会对中国粮食安全产生不利影响。①

食物权作为一项最基本的人权最早由《世界人权宣言》提出，并由国际人权公约和多国宪法、法律进一步确定。②《世界人权宣言》第25条规定："人人有权享受为维持他人和家属的健康和福利所需的生活水准，包括食物、衣着、住房、医疗和必要的社会服务。"③《经济、社会及文化权利国际公约》第11条规定："本公约缔约国承认人人有权为他自己和家庭获得相当的生活水准，包括足够的食物、衣着和住房，并能不断改进生活条件。"1974年通过的《消灭饥饿和营养不良世界宣言》，认为粮食安全的保障不仅需要各国积极承担消除饥饿的责任，而且需要国际社会向不能满足粮食需求的国家提供粮食援助，并促进各国之间公平有效的粮食分配。1996年的世界粮食安全会议重申了人人有获得安全且有营养的食物的权利，并在《世界粮食安全罗马宣言》中对"粮食安全"进行了界定：只有当所有人在任何时候都能够在物质上和经济上获得足够、安全和富有营养的粮食来满足其积极和健康生活的膳食需要及食物喜好时，才实现了粮食安全。④ 显然，粮食安全的概念不仅向食物权靠拢，并几乎涵盖了食物权的全部内容。至此，粮食安全保障的内涵与食物权保护的内涵紧密联系了起来。

中国已形成一系列推进粮食安全治理、保障食物权的制度规范。⑤ "夯实粮食安全基础"和"实施食物安全战略"还被写入中国《国家人权行动

---

① 王晓君、何龙娟、王国刚：《全球粮食不安全形势下保障中国粮食安全的逻辑思维与战略取向》，《改革》2022年第12期。
② 林沈节：《食物权及其解释》，《太平洋学报》2009年第9期。
③ 张帅：《联合国全球粮食安全治理理念探析》，《国际展望》2023年第1期。
④ 孙娟娟、杨娇：《适足食物权及其相关概念的法制化发展》，《人权》2017年第3期。
⑤ 宁立标：《论食物权的宪法保障——以宪法文本为分析对象》，《河北法学》2011年第7期。

计划（2021—2025年）》，充分体现了中国共产党和中国政府尊重和保障食物权的政治意愿。① 在党和国家持续推进粮食安全治理进程中，食物权保障集中表现为公民享有获得健康、营养、安全、适足的食物的权利，免受饥饿的权利，平等享受国家农业基础设施、物资或食物分配的权利以及获取粮食安全信息的权利等。国家有义务限制和防止可能会影响公民粮食安全、食物供应与分配的风险和活动，有义务提供保障公民食物权的基本食物资源，推动粮食安全保障的教育和宣传，尊重和保护任何个体或群体平等地获得、享受食物的权利并不得歧视等。预防粮食安全危机、使贫困人口免受饥饿并获取适足食物，统筹农业基础设施及服务，促进粮食生产、供应与合理分配，加强粮食安全保障的教育和宣传，尊重和保护公民的食物权等，都与食物权保障密切相关。

2022年，中国采取各种措施进一步保障粮食安全，取得了一系列具体进展。

一 中国粮食安全治理的主要措施

2022年10月16日，党的二十大报告提出要"全方位夯实粮食安全根基"。2022年12月23日，习近平总书记在中央农村工作会议上强调，"保障粮食和重要农产品稳定安全供给始终是建设农业强国的头等大事"。党和政府对粮食安全作出一系列部署，充分显示了中国共产党充分保障14亿中国人民食物权的政治意愿。②

（一）深入实施国家粮食安全战略的路线图

百年变局叠加世纪疫情、地缘冲突、气候变化等多重因素，导致全球粮

---

① 李君如:《开创中国人权事业新时代新局面的动员令》，《人权》2022年第2期。
② 常健:《人权事业发展的理论探索——学习习近平关于尊重和保障人权论述的体会》，《人权研究》2022年第1期。

食安全形势异常严峻，并对中国粮食安全产生传导效应，带来了不少风险和挑战。① 各级政府和公众对保障中国粮食安全的紧迫性和重要性的认识不断深化。在此背景下，中国的粮食安全战略及其实施路线也逐步明确。

在中央层面上，以习近平同志为核心的党中央提出的全方位夯实粮食安全根基、树立大食物观等论述为国家粮食安全保障和食物权保障提供了根本遵循（见表1），展示了中国共产党对包括食物权在内的中国人权事业进步的高度重视。② 目前，粮食安全保障已经打破了原有的单一的粮食生产供应模式，更加注重耕地保护、粮食生产、粮食分配、科技创新、法治保障、国际合作等全方位治理。据此，党中央、国务院对国家粮食安全战略实施作出全面而系统的部署。2022年2月22日，中共中央、国务院印发《关于做好2022年全面推进乡村振兴重点工作的意见》，从粮食生产、重要农产品供给、耕地保护、种源技术、农机装备、农业灾害防范等方面推进粮食安全保障。2022年5月6日，中共中央办公厅、国务院办公厅印发《关于推进以县城为重要载体的城镇化建设的意见》，明确要求统筹发展和安全，严格落实耕地和永久基本农田、生态保护红线、城镇开发边界。2022年5月23日，中共中央办公厅、国务院办公厅印发《乡村建设行动实施方案》，明确要求促进农业生产，加强耕地保护。2022年11月28日，中共中央办公厅、国务院办公厅印发《乡村振兴责任制实施办法》，从部门责任、地方责任、社会动员、考核监督、奖惩等方面为乡村振兴和粮食安全保障拟定了具体的路线图，并明确了实施依据和考核标准。2022年12月14日，中共中央、国务院印发《扩大内需战略规划纲要（2022—2035年）》，以专章的形式对保障粮食安全作了规定，要求推进粮食稳产稳增、健全粮食产购储加销体系、加强种子安全保障。通过国家层面的粮食安全保障的顶层设计，持续提升食物权保障能力，确保人民群众食物权得到切实有效的维护。

---

① 王晓君、何龙娟、王国刚：《全球粮食不安全形势下保障中国粮食安全的逻辑思维与战略取向》，《改革》2022年第12期。
② 唐颖侠：《新中国人权发展道路的历史条件与经验总结》，《人权》2019年第3期。

表1 2022年习近平总书记有关粮食安全保障的讲话节选

日期	会议或活动	内容
3月6日	在看望参加政协会议的农业界社会福利和社会保障界委员时的讲话	要未雨绸缪，始终绷紧粮食安全这根弦，始终坚持以我为主、立足国内、确保产能、适度进口、科技支撑
4月10日	在海南考察时的讲话	要围绕保障粮食安全和重要农产品供给集中攻关，实现种业科技自立自强、种源自主可控，用中国种子保障中国粮食安全
10月16日	党的二十大报告	全方位夯实粮食安全根基，全面落实粮食安全党政同责，牢牢守住十八亿亩耕地红线
12月15日	中央经济工作会议	要大力提升粮食、能源资源安全保障能力，特别是要把粮食饭碗牢牢端在自己手上
12月23日	中央农村工作会议	保障粮食和重要农产品稳定安全供给始终是建设农业强国的头等大事

资料来源：《习近平在看望参加政协会议的农业界社会福利和社会保障界委员时强调 把提高农业综合生产能力放在更加突出的位置 在推动社会保障事业高质量发展上持续用力》，《人民日报》2022年3月7日，第1版；《习近平在海南考察时强调 解放思想开拓创新团结奋斗攻坚克难 加快建设具有世界影响力的中国特色自由贸易港》，《人民日报》2022年4月14日，第1版；《高举中国特色社会主义伟大旗帜 为全面建设社会主义现代化国家而团结奋斗——在中国共产党第二十次全国代表大会上的报告》，《人民日报》2022年10月26日，第1版；习近平：《当前经济工作的几个重大问题》，《求是》2023年第4期；习近平：《加快建设农业强国 推进农业农村现代化》，《求是》2023年第6期。

在地方层面，各地政府贯彻落实党中央和国务院的要求、指示和精神，高度重视粮食安全保障工作，将粮食生产、耕地保护、粮食收购、粮食储备、农业补贴、农业保险、科技助农等作为保障本地粮食安全的重要举措。2022年以来，广西、青海、海南、吉林、辽宁、陕西、湖北、广东、重庆、天津、新疆、内蒙古、四川、湖南、河南等多地认真落实党中央、国务院决策部署，加快制定保障粮食安全的政策文件（见表2），有计划、有步骤地确保粮食生产供给充足，加大耕地保护和高标准农田建设力度，调整和优化农业补贴政策，强化现代农业科技支撑，提升农业服务保险能力，优化农业布局和农产品结构，提升粮食收储调控能力，不断提高粮食安全保障水平，为食物权保障提供良好的政策环境。

表2 2022年部分省（区、市）有关保障粮食安全的政策文件

通过时间	文件名称
1月28日	《广西壮族自治区农业农村厅 广西壮族自治区发展和改革委员会 广西壮族自治区财政厅关于印发广西粮食生产激励办法（试行）的通知》
2月10日	《青海省人民政府办公厅关于切实做好春季农牧业生产的通知（2022）》
4月20日	《海南省人民政府办公厅关于印发进一步加强耕地保护工作的若干措施的通知》
4月29日	《吉林省人民政府办公厅关于夺取全年农业丰收的若干意见》
4月29日	《陕西省人民政府办公厅关于进一步抓好春季农业生产的通知》
5月19日	《湖北省农业农村厅 湖北省财政厅关于印发〈湖北省高标准农田建设评价激励实施细则〉的通知》
5月23日	《广东省自然资源厅 广东省农业农村厅 广东省林业局关于严格耕地用途管制有关问题的通知》
6月30日	《浙江省人民政府办公厅关于推进农业标准地改革的指导意见》
6月30日	《辽宁省人民政府办公厅关于印发辽宁省粮食收购管理办法的通知》
9月1日	《天津市财政局、天津市农业农村委员会关于印发〈天津市再次落实2022年实际种粮农民一次性补贴政策实施方案〉的通知》
9月9日	《重庆市粮食局关于印发〈重庆市地方政府储备粮质量安全管理办法〉的通知》
9月21日	《吉林省人民政府办公厅关于开展盐碱地等耕地后备资源综合利用的指导意见》
9月26日	《内蒙古自治区人民政府办公厅关于加强高标准农田建设十一条政策措施的通知》
10月8日	《新疆维吾尔自治区党委办公厅 新疆维吾尔自治区人民政府办公厅印发〈关于进一步深化农垦改革推进国有农牧场高质量发展的实施方案〉》
11月4日	《四川省财政厅关于印发〈四川省农业保险保费补贴资金管理办法〉的通知》
12月28日	《河南省人民政府关于加快建设"中原农谷"种业基地的意见》
12月29日	《湖南省人民政府办公厅关于印发〈湖南省耕地地力保护补贴政策实施方案〉的通知》
12月31日	《浙江省人民政府办公厅关于加快建设农业科技创新高地推动科技惠农富民的实施意见》

资料来源：笔者根据各地政府官方网站政策文件库整理，http://www.gov.cn/home/2023-03/29/content_5748954.htm。

（二）多项政策驱动，推进粮食安全保障

政策驱动是国家粮食安全保障战略实施的重要环节。2022年以来，国务院总结出很多粮食安全保障经验，并发布了多份政策性文件，在全国加强粮食安全治理，确保人民群众的食物权得到有效保障。

1. 严守耕地红线，提升耕地质量

粮食生产根本在耕地，耕地是粮食生产的基础，加强耕地资源的保护和合理利用是深入实施"藏粮于地"战略的必然要求。国家统一部署全面夯实粮食安全根基，各地严格落实粮食安全党政同责，严格控制耕地用途，通过退林还耕、高标准农田建设等措施扩大耕地面积，确保食物权的保障有充分的耕地资源支持。

2022年，国务院多部门发布有关耕地保护、利用和监督的文件，旨在严守耕地红线，从严管控各项建设占用耕地，特别是黑土地等优质耕地，提升耕地质量。2022年6月13日，农业农村部发布《关于做好2022年退化耕地治理工作的通知》，强调开展退化耕地治理是保障国家粮食安全的重要举措，要求各地要提升耕地地力，推进耕地可持续利用，夯实国家粮食安全基础。2022年7月6日，农业农村部发布《关于做好2022年国家黑土地保护工程相关工作的通知》，要求建立国家黑土地保护工程部际协调机制，明确有关部门职责分工，加强保护工作监督指导。2022年7月28日，自然资源部发布《关于进一步加强黑土耕地保护的通知》，强调黑土耕地在保障国家粮食安全上具有重要地位，要求高度重视黑土耕地保护。2022年12月28日，自然资源部修订《落实国务院大督查土地利用计划指标奖励实施办法》，明确要求落实耕地保护责任，严格管制耕地用途（见表3）。目前，自然资源部、农业农村部针对各自领域、职权范围内的耕地保护事项加强治理，很多地方的耕地面积正在增加，耕地"非粮化"现象减少，耕地质量得到改善和提高，粮食安全和食物权保障得到了党和国家有力的政策支持。

表3 2022年国务院有关部门涉耕地治理工作文件（部分）

发布时间	发布单位	相关文件	主要内容
6月13日	农业农村部	《关于做好2022年退化耕地治理工作的通知》	开展退化耕地治理是保障国家粮食安全的重要举措,要求各地提升耕地地力,推进耕地可持续利用,夯实国家粮食安全基础
7月6日	农业农村部	《关于做好2022年国家黑土地保护工程相关工作的通知》	建立国家黑土地保护工程部际协调机制,明确有关部门职责分工,加强保护工作监督指导

续表

发布时间	发布单位	相关文件	主要内容
7月28日	自然资源部	《关于进一步加强黑土耕地保护的通知》	组织开展黑土耕地调查。强化国土空间规划对黑土耕地的特殊管控
12月18日	自然资源部	《落实国务院大督查土地利用计划指标奖励实施办法》	落实耕地保护责任,严格管制耕地用途

资料来源:《农业农村部办公厅关于做好2022年退化耕地治理工作的通知》,2022年6月13日,农业农村部官网,http://www.ntjss.moa.gov.cn/tzgg/202206/t20220622_6403043.htm;《农业农村部办公厅关于做好2022年国家黑土地保护工程相关工作的通知》,2022年7月6日,农业农村部官网,http://www.ntjss.moa.gov.cn/tzgg/202207/t20220718_6404936.htm;《自然资源办公厅关于进一步加强黑土耕地保护的通知》,2022年7月28日,自然资源部官网,http://gi.mnr.gov.cn/202208/t20220801_2743042.html;《自然资源部办公厅关于印发〈落实国务院大督查土地利用计划指标奖励实施办法(2023年修订)〉的通知》,2022年12月28日,自然资源部官网,http://www.gov.cn/zhengce/zhengceku/2023-01/05/content_5735115.htm。

截至2022年底,全国粮食播种面积17.75亿亩,比2021年增加1052万亩,增长0.6%,其中,豆类播种面积大幅增加,全国豆类播种面积1.78亿亩,比上年增加2635.8万亩,增长17.4%。小麦播种面积3.53亿亩,比上年减少72.9万亩,下降0.2%,基本稳定(见图1)。

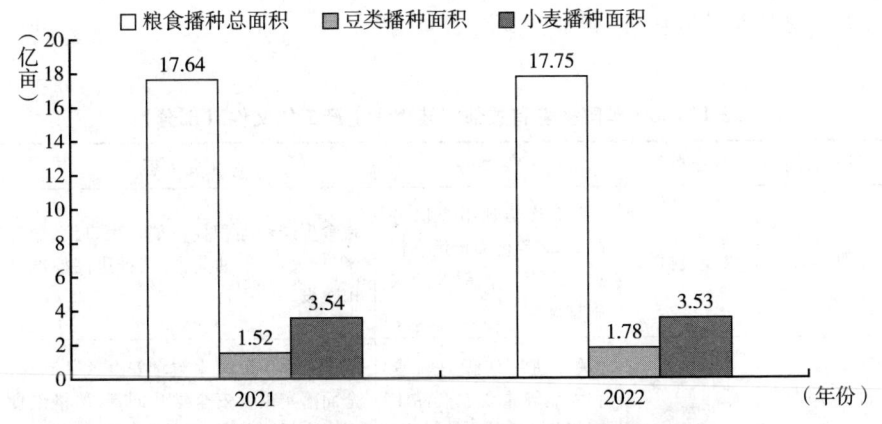

图1 2021年和2022年全国豆类和小麦播种面积

资料来源:《国家统计局关于2022年粮食产量数据的公告》,2022年12月12日,国家统计局官网,http://www.stats.gov.cn/sj/zxfb/202302/t20230203_1901673.html;《国家统计局农村司司长王贵荣解读粮食生产情况》,2022年12月12日,国家统计局官网,http://www.stats.gov.cn/sj/sjjd/202302/t20230202_1896723.html。

2. 提升粮食生产能力，保障重要农产品有效供给

粮食生产能力是保障国家粮食安全的基础。习近平总书记指出，"确保粮食安全的弦要始终绷得很紧很紧，宁可多生产、多储备一些，多了的压力和少了的压力不可同日而语。粮食生产年年要抓紧"。[①] 2022 年，国家多个部委针对粮食生产、重要农产品保障以及种粮收益提高等方面发布多份政策文件，为维护粮食安全和保障食物权提供充分支持。

2022 年 1 月 14 日，农业农村部发布《关于落实党中央国务院 2022 年全面推进乡村振兴重点工作部署的实施意见》，要求粮食生产稳面积提产能。2022 年 3 月 10 日，国家发展改革委印发《关于进一步做好粮食和大豆等重要农产品生产相关工作的通知》，要求各地稳定粮食播种面积和产量、扩大大豆和油料生产等。2022 年 3 月 30 日，中国人民银行印发《关于做好 2022 年金融支持全面推进乡村振兴重点工作的意见》，明确要求各银行业金融机构主动对接粮食生产融资需求，强化粮食安全金融保障。2022 年 9 月 15 日，农业农村部办公厅发布《关于加快推进种业基地现代化建设的指导意见》，要求完善农作物种业基地布局，实现重要农产品种源自主、可控、安全（见表4）。通过多项粮食安全保障政策支持，扩大粮食生产和供给，切实实现对人民群众食物权的保障。

表4　2022 年国务院有关部门涉粮食生产工作文件（部分）

发布时间	发布单位	相关文件	主要内容
1月14日	农业农村部	《关于落实党中央国务院 2022 年全面推进乡村振兴重点工作部署的实施意见》	粮食生产稳面积提产能。稳口粮、稳玉米，扩大豆、扩油菜，持续推进高标准农田建设
3月10日	国家发展改革委	《关于进一步做好粮食和大豆等重要农产品生产相关工作的通知》	牢牢守住保障国家粮食安全这一底线，全面落实粮食安全党政同责，严格粮食安全责任制考核，稳定粮食播种面积

[①] 习近平：《坚持把解决好"三农"问题作为全党工作重中之重，举全党全社会之力推动乡村振兴》，《求是》2022 年第 7 期。

续表

发布时间	发布单位	相关文件	主要内容
3月30日	中国人民银行	《关于做好2022年金融支持全面推进乡村振兴重点工作的意见》	各银行业金融机构要围绕高标准农田建设、春耕备耕、粮食流通收储加工等全产业链,主动对接融资需求,强化粮食安全金融保障
9月15日	农业农村部办公厅	《关于加快推进种业基地现代化建设的指导意见》	完善农作物种业基地布局。建设现代化农作物制种基地。强化监测储备,提高应急供种保障水平

资料来源:《农业农村部关于落实党中央国务院2022年全面推进乡村振兴重点工作部署的实施意见》,2022年1月14日,农业农村部官网,http://www.moa.gov.cn/nybgb/2022/202203/202204/t20220401_6395154.htm;《国家发展改革委关于进一步做好粮食和大豆等重要农产品生产相关工作的通知》,2022年3月10日,国家发展改革委官网,https://www.ndrc.gov.cn/xxgk/zcfb/tz/202203/t20220318_1319507.html;《中国人民银行关于做好2022年金融支持全面推进乡村振兴重点工作的意见》,2022年3月30日,中国人民银行官网,http://www.pbc.gov.cn/goutongjiaoliu/113456/113469/4519524/index.html;《农业农村部办公厅关于加快推进种业基地现代化建设的指导意见》,2022年9月16日,农业农村部官网,http://www.moa.gov.cn/govpublic/nybzzj1/202209/t20220920_6409869.htm。

2022年,全国粮食总产量13730.6亿斤,比2021年增加73.6亿斤,增长0.5%。其中,谷物产量12664.9亿斤,比2021年增加9.7亿斤,增长0.1%,占粮食总产量的92%以上。豆类增产明显,2022年全国豆类产量470.2亿斤,比上年增加77.1亿斤,增长19.6%(见图2)。实现了粮食供应基本自给,确保了口粮绝对安全,[①]为保障国家粮食安全、维护公民食物权奠定了坚实的物质基础。

3. 加强国家对粮食生产分配的管理和调控,保护并调动粮食种植积极性

通过编制规划、纲要等方式加强国家对粮食生产与分配的宏观调控。2022年以来,《"十四五"推进农业农村现代化规划》《扩大内需战略规划纲要(2022—2035年)》《"十四五"现代物流发展规划》《全国湿地保护规划(2022—2030年)》《"十四五"应急物资保障规划》《全国地质灾害

---

① 陈澈:《推动粮食产业高质量发展 满足人民美好生活需要》,《中国粮食经济》2021年第11期。

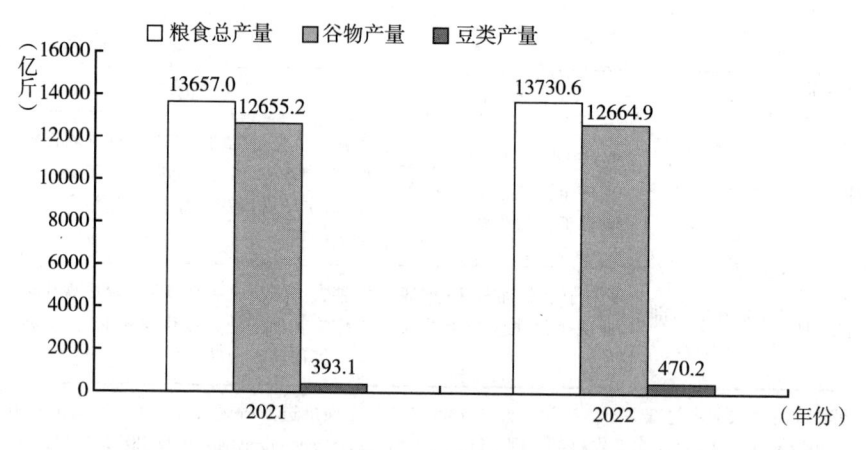

图 2　2021 年和 2022 年全国谷物和豆类产量

资料来源：《国家统计局关于 2022 年粮食产量数据的公告》，2022 年 12 月 12 日，国家统计局官网，http：//www.stats.gov.cn/sj/zxfb/202302/t20230203_1901673.html；《国家统计局农村司司长王贵荣解读粮食生产情况》，2022 年 12 月 12 日，国家统计局官网，http：//www.stats.gov.cn/sj/sjjd/202302/t20230202_1896723.html。

防治"十四五"规划》《气象高质量发展纲要（2022—2035 年）》《"十四五"生态保护监管规划》《"十四五"全国农业农村信息化发展规划》《"十四五"全国农产品质量安全提升规划》等一系列发展规划，从不同层面制定目标、明确措施，引领农业现代化、粮食生产、农产品质量、粮食应急分配等发展方向，多维度维护国家粮食安全。

完善粮食收入分配机制，提高农民种粮积极性。为促进农民就业增收，防止出现"谷贱伤农"和"卖粮难"，国家持续完善粮食收入分配机制，不断推进粮食分配公平，在特定时段、按照特定价格、针对特定区域的特定粮食品种，先后实施了最低收购价收购、国家临时收储等政策性收购，提高粮食种植者收入。同时，根据市场形势发展变化，按照分品种施策、渐进式推进的原则，积极稳妥推进粮食价格形成机制改革，逐步调整完善粮食价格形成机制和农业支持保护政策，通过实施耕地地力保护补贴和农机具购置补贴等措施，加强对农民的粮食补贴分配，保障种粮基本收益，保护农民种粮积极性。2022 年起逐步完善了稻谷和小麦最低收购价格政策，进一步降低了政策性收购比例，实现了以市场化收购为主。例如，2022 年 2 月 17 日，国家发展改革委等部门发布《关于公布 2022 年稻谷最低收购价格的通知》，要求各地继续在稻谷主产区实行最低收购价政策，引导农民合理种植。这些举措有力提升了粮食种植者的积极性，促进了粮食收入分配的公平，有效保障了人民群众的食物权。

（三）加强法治保障，持续推进粮食安全治理和食物权保障

法治是国家治理和人权保障的重要支撑。[①] 粮食安全治理和食物权保障的重点是通过加快推进粮食安全保障立法修法，完善粮食安全保障法律体系，提高粮食安全治理的规范性，强化法治思维和法治手段，推动国家粮食安全保障治理体系和治理能力现代化。[②] 现阶段，中国已经建立起以《宪法》为核心，《农业法》《土地管理法》《种子法》《黑土地保护法》《黄河保护法》《农产品质量安全法》《反食品浪费法》《乡村振兴促进法》《国家安全法》等法律有机衔接、相互补充的严密的维护粮食安全与保障食物权的法律体系（见表5）。

表5 涉粮食安全保障的规定条款一览（列举）

法律	条款
《宪法》	第 10、14、26、33 条
《农业法》	第 31、32、33、34、35、36 条
《土地管理法》	第 30、31、32、33、37、38、40 条
《种子法》	第 1 条
《黑土地保护法》	第 1 条
《黄河保护法》	第 88 条
《农产品质量安全法》	第 1、2 条
《反食品浪费法》	第 1、20 条
《乡村振兴促进法》	第 3、8 条
《国家安全法》	第 22 条

资料来源：国家法律法规数据库，https://flk.npc.gov.cn/。

---

① 李君如：《在全面推进法治中全面保障人权》，《人权》2015 年第 1 期。
② 刘慧：《用法律维护粮食安全》，《经济日报》2021 年 1 月 14 日，第 5 版。

近年来，面对新冠肺炎疫情、地缘冲突、气候变化等多重因素导致的粮食安全风险隐患，国家坚持依法推进粮食安全治理，确保公民食物权得到有效保障。[①] 在国家层面，2021年12月24日，《种子法》修正通过，该法规范了种子生产经营和管理行为，加强了种源科技研究，维护了国家种源安全和粮食安全。2022年6月24日通过《黑土地保护法》，为保护黑土地资源、提升耕地质量、保障国家粮食安全提供了充分的法律依据。2022年9月2日，《农产品质量安全法》修订通过，该法对粮食的收购、储存、运输环节作了明确规定，使粮食管理有法可依。2022年10月30日，《黄河保护法》通过，自此，黄河流域生态环境保护、水土保持和农业生产布局有了专门的法律支持。此外，国务院2022年度立法工作计划明确将《粮食安全保障法（草案）》提请全国人大常委会审议，未来，粮食安全保障法的落地将为国家粮食安全治理和公民食物权的保障提供更加直接的、充分的法律支持。

在地方层面，地方立法主体通过加强立法修法，完善粮食安全法律法规保障体系，为人民群众的食物权益提供持续有力的法治保障。2022年，全国已有24项涉及粮食安全保障的地方性法规和9项地方政府规章（见表6）。并且，各地正在因地制宜地完善粮食生产、种业研发、耕地保护等方面的法规和规章，加强对国家粮食安全和公民食物权的法律保障。此外，2022年，还有多个城市正在按照立法计划，持续推进粮食安全保障和食物权维护的地方立法。

表6　2022年部分省市有关粮食安全保障和食物权维护的地方立法

类别	通过时间	文件名称
地方性法规	1月10日	《北京市种子条例》
	1月27日	《新疆维吾尔自治区乡村振兴促进条例》
	3月24日	《广西壮族自治区乡村振兴促进条例》
	3月31日	《四川省现代农业园区条例》
	4月21日	《西安市反餐饮浪费条例》

[①] 胡冰川：《当前全球粮食安全局势与中国治理对策分析》，《国家治理》2022年第10期。

续表

类别	通过时间	文件名称
地方性法规	5月12日	《长春市反餐饮浪费条例》
	6月1日	《广东省乡村振兴促进条例》
	6月6日	《西藏自治区乡村振兴促进条例》
	7月22日	《重庆市乡村振兴促进条例》
	7月28日	《山东省反食品浪费规定》
	7月29日	《安徽省粮食作物生长期保护规定》
	8月27日	《上海市乡村振兴促进条例》
	9月28日	《河北省乡村振兴促进条例》
	9月29日	《安徽省实施〈中华人民共和国乡村振兴促进法〉办法》
	10月10日	《新疆维吾尔自治区粮食安全保障条例》
	10月14日	《贵州省乡村振兴促进条例》
	10月28日	《厦门经济特区粮食安全保障规定》
	11月23日	《湖南省乡村振兴条例》
	11月25日	《江苏省乡村振兴促进条例》
	11月25日	《甘肃省乡村振兴促进条例》
	11月30日	《吉林省黑土地保护条例》
	12月1日	《贵州省农作物保护条例》
	12月22日	《德州市反餐饮浪费条例》
	12月26日	《黑龙江省土地管理条例》
地方政府规章	1月4日	《湖南省地方储备粮管理办法》
	2月22日	《重庆市地方粮食储备管理办法》
	4月25日	《山东省地方储备粮管理办法》
	4月25日	《山东省粮食收购管理办法》
	6月23日	《西藏自治区储备粮管理办法》
	8月18日	《河北省粮食流通管理规定》
	9月3日	《苏州市政府储备粮管理办法》
	9月22日	《福建省地方政府储备粮安全管理办法》
	12月19日	《湖南省实施〈粮食流通管理条例〉办法》

资料来源：国家法律法规数据库，https://flk.npc.gov.cn/。

二 中国粮食安全治理和食物权保障面临的潜在挑战

虽然中国在粮食安全治理和公民食物权保障中采取的各类措施取得了一定的成就，粮食安全形势持续向好，公民食物权得到了较好的保障，但中国的粮食安全治理和食物权保障工作仍然面临不少风险和挑战。

（一）耕地资源"非粮化""非农化"形势严峻

耕地资源是影响粮食生产和供给的根基，虽然党和政府出台了一系列支持耕地保护的规范性文件，通过高标准农田建设等各类措施增强了粮食生产能力，但整体而言，耕地对粮食安全的保障能力趋于下降。[1] 耕地数量受到挤压。[2] 近年来虽然通过加大耕地违法行为执法力度等耕地管理措施严格限制侵占土地行为，但耕地后备资源的不足仍然制约着耕地面积的增加，加之受工业化发展、基础设施建设与土壤污染等因素影响，耕地"非粮化""非农化"加剧，据统计，相较于第二次全国国土调查20.3亿亩的耕地面积，第三次全国国土调查的中国耕地总面积减少了1.13亿亩。[3]

（二）粮食生产成本高且粮食种植者种粮积极性不足

近年来，国家采取了一系列措施提高粮食种植者收益，但是粮食生产的农资成本、人工成本等持续上涨，成为影响粮食安全的重要因素。2021年全国每亩稻谷总成本为1281.25元，每亩小麦总成本为1040.88元，每亩玉米总成本为1148.82元，每亩大豆总成本为780.76元，[4] 这些粮食的生产成

---

[1] 吴琼林、郭晓鸣、虞洪：《中国粮食安全面临的中长期挑战及应对策略》，《农村经济》2022年第10期。
[2] 郑庆宇、尚旭东、王煜：《耕地保护何以难：目标、实践及对策——来自西部粮食主产区的观察》，《经济学家》2023年第4期。
[3] 国家统计局编《中国统计年鉴2022》，中国统计出版社，2022，第249页。
[4] 国家发展和改革委员会价格司、价格成本调查中心编《全国农产品成本收益资料汇编2022》，中国统计出版社，2022，第6、21、24、27页。

本相较于10年前增加了不少，较高的粮食生产成本在一定程度上挤压了粮食种植者的利润空间，降低了粮食种植者的风险承受能力。同时，粮食销售价格的上涨幅度大幅低于粮食生产成本的上涨幅度，导致粮食种植者种粮收益低，粮食种植者种粮积极性不足。虽然粮食种植者可以依靠政府补贴降低生产成本，但政府补贴有限，粮食种植者难以依靠种植粮食实现致富，农村劳动力持续流失，小麦、玉米、稻谷等口粮趋于减少，对粮食安全和食物权保障形成不利影响。

（三）粮食安全的公众认知与社会参与度有待提升

中国粮食安全治理力度不断加大，但粮食安全基础仍不牢靠，究其原因，不仅与粮食安全保障的强制性程度有关，更与社会对粮食安全的认知和参与度密切相关。一是目前中国粮食安全保障工作主要依靠行政推进，缺乏社会的关注与支持。社会公众认为粮食安全保障是政府的责任，欠缺对粮食节约和粮食安全保障的认知和意识。二是从粮食安全保障的实践来看，多数人认为粮食安全保障仅与粮食种植有关，缺乏对与粮食安全保障有关的耕地保护、种子科研、市场发展、粮食节约等方面的认识，影响粮食安全保障的效果。三是食物权保障缺乏社会的整体参与。目前，食物权保障工作主要由政府推进，但公民既是权利享有的主体，又是义务履行的主体，浪费粮食、耕地资源受污染等现象还比较突出，因此，反食品浪费、节约粮食、爱护耕地资源环境等需要全社会的共同参与。

（四）部分粮食品种严重依赖进口

近年来，中国粮食进口量较大而出口量极少。① 据统计，2022年中国累计进口粮食14687万吨，累计出口粮食322万吨，② 进出口逆差为14365万

---

① 李天祥、许银珊、钟钰：《中国粮食进口过度集中的风险化解及策略研究》，《经济学家》2022年第8期。
② 中华人民共和国海关总署：《2022年1月至12月进口主要商品量值表》，《统计月报》2023年1月18日。

吨，粮食进口量约占全年粮食总产量（68653万吨）的21.4%。在进口规模方面，大豆、小麦、玉米等主要粮食品种都不同程度地依赖国外进口来满足国内市场需求，尤其是中国大豆消费需求很大，大豆对国际市场较为依赖，小麦、玉米等粮食也需向国际市场进口以满足国内多样化的消费需求。据统计，在2022年，85%以上的进口大豆来自美国、巴西，90%以上的进口小麦和玉米来自澳大利亚、美国、加拿大等国。① 不难发现，中国粮食进口国来源主要为美国、加拿大、澳大利亚、巴西等国，进口来源单一，一旦粮食进口受阻，引起粮食供给不足以及粮食价格上涨，显然不利于国家粮食安全保障的长远发展以及中国公民食物权的保障。②

三 推进中国粮食安全治理和保障食物权的建议

保障粮食和重要农产品安全是解决14亿中国人民吃饭问题的需要，是保护公民食物权的重要内容，绝不能"走马观花"，应当是长期的、可持续的。基于当前中国粮食安全保障和食物权维护工作面临的潜在挑战，特提出以下四点建议。

（一）加大耕地资源保护力度

耕地是粮食生产的基础，加大耕地资源保护力度是粮食安全保障的重要支撑。第一，加大耕地保护执法力度，对违法违规占用耕地等"非粮化""非农化"的行为予以监督和处罚，必要时以直接立案、联合立案等方式进行查处督促纠正。严格管控耕地用途，对从事非农非粮建设或转为建设用地的耕地要严格限制。划定耕地种植用途和优先顺序，明确耕地主要用于小麦、水稻、玉米、大豆等粮食作物和油、蔬菜等重要农产品种植。第二，提高耕地质量，对高标准农田建设要提质增效，加强对旱涝、盐碱土地的地力

---

① 中华人民共和国海关总署：《2022年自部分国家（地区）进口商品类金额表》，《统计月报》2023年1月18日。
② 卫志民、翟柏棱：《中国粮食安全治理研究》，《理论视野》2021年第5期。

治理，提高耕地质量。加强对黑土地的保护，对黑土地的用途实施严格监管。加强对重污染化肥、农药的限制的监督，推广绿色耕作生产方式，减少耕地污染和环境破坏。第三，增加可利用耕地面积。实施耕地保护工程，对符合条件的山地、林地、滩地等适度有序开发为耕地，对一些闲置地、废弃地等土地，符合开发条件的，应当在生态环境保护的基础上发展设施农业。第四，提高耕地利用效率，鼓励农村土地经营权流转，推动农村土地规模化、产业化、机械化经营，扩大粮食产量和农产品供给。[1]

（二）提高粮食种植者的种粮积极性

粮食是一种特殊的商品，社会效益高但经济效益较低。为了获取更多的经济效益，近年来，一些农民选择进城务工或种植经济作物来代替粮食生产，从而使粮食种植面积和粮食产量都相应减少，耕地撂荒、非粮的现象十分突出，对国家粮食安全和食物权保障产生不利影响。对食物权的保障需要国家尊重、保障和履行食物权的义务。[2] 因此，实现种粮农民增收，提高粮食种植者种粮积极性是国家维护粮食安全和保障食物权的一个重要课题。第一，要严格实施粮食最低收购价制度，积极落实粮食补贴、耕地地力保护补贴、农机具购置补贴，完善粮食政策性保险，加强政府对粮食种植者的支持和保护，降低粮食种植的成本，不断提高粮食种植者的收入，使粮食收入分配更加公平。[3] 第二，支持种粮大户、合作社等新型农业经营主体通过土地规模化经营，促进粮食生产的规模化、集约化，提高粮食生产效率，同时，鼓励涉农企业、农业技术协会、农业院校等向粮食种植者提供专业化、社会化服务，降低粮食生产成本，增加粮食盈利空间。第三，健全提高粮食种植者种粮积极性的粮食安全法律规则体系，为粮食种植者提供充分的法律支

---

[1] 韩杨：《中国耕地保护利用政策演进、愿景目标与实现路径》，《管理世界》2022年第11期。
[2] 罗鑫：《食物权的宪法化和法律保护》，《理论与改革》2015年第1期。
[3] 周静：《我国粮食补贴：政策演进、体系构成及优化路径》，《西北农林科技大学学报》（社会科学版）2020年第6期。

持。制定专门的"粮食补贴法",将粮食最低收购价政策、口粮补贴、耕地地力保护补贴、农机具购置补贴、粮食政策性保险等一系列助农兴粮的政策上升为法律,建立和完善粮食补贴机制,确保食物权得到法律的支持和保障。第四,为粮食种植者提供司法救济渠道。"无救济则无权利",如果粮食种植者及其耕地受到耕地"非粮化""非农化"的影响,那么粮食种植者可以请求司法机关来维护其权利,获得赔偿、补偿或者保证此类侵害不再发生。

(三)培育公众保障粮食安全的主体意识

保障粮食安全不能完全依靠行政手段来强制推进。从法律和政策的制定到执行,都需要公众的积极配合与参与。因此,培育公众保障粮食安全的主体意识,扭转公众餐饮浪费的习惯,是保障粮食安全的关键。保障粮食安全的主体意识包括节约粮食、反对浪费的意识和权利义务相统一的意识。粮食安全主体意识的提高主要通过两条途径。一是通过广泛的宣传教育,普及粮食安全保障的知识和规范要求,培育公众节约粮食和反对浪费的饮食习惯,通过电影、电视、网络、报纸、书籍、宣传栏等多种途径普及宣传粮食安全保障的知识,提高公众对于杜绝食物浪费的认识。还可以通过正反两方面的案例宣传,增强公众对国家粮食安全保障法律法规的认同感,从而自觉学习粮食安全保障知识。二是要求公民要树立食物权保护意识,同时,还要树立义务意识,自觉履行反对食物浪费、节约粮食的义务。质言之,一方面,公民享有食物权,任何组织、单位和个人都不得剥夺公民的食物权,国家要采取一切必要措施向公民提供健康、营养的食物,使公民免受饥饿;另一方面,公民必须珍惜粮食,不得随意浪费粮食,自觉履行节约粮食的义务。

(四)积极参与世界粮食安全治理

扩大全球粮食安全合作并在世界粮食贸易合作中扮演重要角色是中国粮食安全治理的现实需要。第一,积极参与世界粮食贸易,不断推动全球粮食贸易伙伴多元化,通过建立多元化的贸易关系缓解中国粮食进口的单一化,规避国家粮食进口贸易的潜在风险。① 第二，积极参与联合国粮农组织、世界粮食计划署等涉粮组织的倡议和活动，主动参与国际粮食贸易规则制定，共同推动粮食农药含量、运输、检疫措施等国际标准制定，② 加强区域粮食贸易合作，积极推动亚洲、非洲、欧洲等地区粮食安全合作，推动各国在粮食安全治理方面达成共识。第三，扩大粮食海外投资，通过并购合营、委托代理等方式建立海外粮食生产基地，增加国内粮食进口来源渠道，缓解国内的耕地资源约束和粮食品种制约问题，提升海外粮食生产、加工和运输能力，有效实现粮食安全保障，更好地保护公民食物权。

---

① 李先德、孙致陆、赵玉菡：《全球粮食安全及其治理：发展进程、现实挑战和转型策略》，《中国农村经济》2022年第6期。
② 刘慧：《节粮减损促进世界粮食安全》，《农机科技推广》2021年第9期。

B.5
"双碳"目标下环境权保障新进展

唐颖侠*

摘　要： 党的二十大报告提出，要"积极稳妥推进碳达峰碳中和"，"立足我国能源资源禀赋，坚持先立后破，有计划分步骤实施碳达峰行动"。为落实"双碳"目标，2022年政府在应对气候变化的减排、适应、市场和金融等行业领域，密集地采取了一系列积极举措，各地陆续制定实施落实"双碳"目标的地方性政策，大力推动环境权保障取得新进展。同时，在"双碳"目标的具体实施方面，仍存在中央立法不足、司法保障欠缺、地方行政机制刻板、缺乏权利视角的问题，建议在实施应对气候变化、落实"双碳"目标的政策中全面纳入人权视角。

关键词： "双碳"目标　气候变化　环境权

气候变化是全人类面临的共同挑战，事关人类可持续发展。中国一贯高度重视应对气候变化工作，坚定走绿色发展之路，推动构建人类命运共同体。近年来，在习近平新时代中国特色社会主义思想特别是习近平生态文明思想指导下，中国完整、准确、全面贯彻新发展理念，构建新发展格局，推动高质量发展，将应对气候变化置于国家治理更加突出的位置，实施积极应对气候变化的国家战略，"碳达峰碳中和"（以下简称"双碳"）目标被纳入生态文明建设的整体布局，贯穿经济社会发展的各方面，将减

---

* 唐颖侠，南开大学人权研究中心（国家人权教育与培训基地）副主任，南开大学法学院副教授。

污降碳协同增效作为经济社会发展全面绿色转型的总抓手，助推应对气候变化工作取得新进展。①

2020年9月22日，国家主席习近平在第七十五届联合国大会一般性辩论上的讲话中提出："中国将提高国家自主贡献力度，采取更加有力的政策和措施，二氧化碳排放力争于2030年前达到峰值，努力争取2060年前实现碳中和。"② 这为生态文明建设和环境权保障提供了阶段性、可预期的量化指标。必须指出，中国的"双碳"目标不仅与《巴黎协定》的目标要求相一致，而且体现了最有诚意的气候雄心和减排力度。目前世界上主要发达经济体均已实现碳达峰，而且是随着经济发展阶段的演进和高碳产业的转移实现"自然达峰"。英、法、德以及欧盟早在20世纪70年代就已实现碳达峰，美国和日本分别于2007年、2013年实现碳达峰。③ 相比之下，中国面临的减排压力是前所未有的。一方面，我们不能忽视温室气体排放的历史责任，同时还要认清人口规模、经济发展阶段等基本国情现实。作为制造业大国的中国，不仅人均碳排放不及美国一半，而且人均历史累计排放量也仅有美国的1/8。另一方面，作为最大的发展中国家，我国的工业化、城镇化还在深入推进，发展经济和改善民生的任务还很重，能源消费仍将保持刚性增长。④ 中国的碳达峰行动，需要完成全球最大降幅的碳排放强度，实现"双碳"目标意味着中国将要付出史无前例和艰苦卓绝的努力。"双碳"目标的宣示，充分展现了中国应对气候变化的雄心和诚意。

---

① 《中国应对气候变化的政策与行动2022年度报告》，生态环境部网站，https://www.mee.gov.cn/ywgz/ydqhbh/syqhbh/202210/W020221027551216559294.pdf。
② 习近平：《在第七十五届联合国大会一般性辩论上的讲话》，中国政府网，http://www.gov.cn/gongbao/content/2020/content_5549875.htm。
③ 《2030年前碳达峰的总体部署——就〈2030年前碳达峰行动方案〉专访国家发展改革委负责人》，中国政府网，https://www.gov.cn/zhengce/2021-10/27/content_5645109.htm。
④ 《2030年前碳达峰的总体部署——就〈2030年前碳达峰行动方案〉专访国家发展改革委负责人》，中国政府网，https://www.gov.cn/zhengce/2021-10/27/content_5645109.htm。

一 落实"双碳"目标助力环境权保障

(一)国家层面落实"双碳"目标的政策法规

2021年9月22日发布的《中共中央 国务院关于完整准确全面贯彻新发展理念做好碳达峰碳中和工作的意见》中,明确了实现"双碳"目标要坚持"全国统筹、节约优先、双轮驱动、内外畅通、防范风险"的工作原则,提出了阶段性目标和具体措施。2021年10月26日,国务院印发《2030年前碳达峰行动方案》,这是"双碳""1+N"政策体系中"N"的首要文件,专门对实现2030年前碳达峰目标进行了总体部署并提出"碳达峰十大行动",将对未来计划出台的其他多项"N"系列政策起到统领作用。2021年10月28日,中国向《联合国气候变化框架公约》秘书处正式提交《中国落实国家自主贡献成效和新目标新举措》和《中国本世纪中叶长期温室气体低排放发展战略》。[①] 为落实"双碳"目标,2022年中国政府在应对气候变化的减排、适应、市场和金融等行业领域,密集地采取了一系列积极举措,大力推动环境权保障取得新进展。

第一,在节能减排方面,2022年6月10日,生态环境部牵头制定并发布了《减污降碳协同增效实施方案》(环综合〔2022〕42号),开启气候与环境协同减排、融合治理的路径。该方案锚定美丽中国建设和"双碳"目标,科学把握污染防治和气候治理的整体性,以结构调整、布局优化为关键,以优化治理路径为重点,以政策协同、机制创新为手段,完善法规标准,强化科技支撑,全面提高环境治理综合效能,实现环境效益、气候效益、经济效益多赢。该方案聚焦6个主要方面提出重要任务举措。一是加强源头防控,包括强化生态环境分区管控,加强生态环境准入管

---

① 柳华文:《"双碳"目标及其实施的国际法解读》,《北京大学学报》(哲学社会科学版)2022年第2期,第20页。

理，推动能源绿色低碳转型，加快形成绿色生活方式等内容。二是突出重点领域，围绕工业、交通运输、城乡建设、农业、生态建设等领域推动减污降碳协同增效。三是优化环境治理，推进大气、水、土壤、固体废物污染防治与温室气体协同控制。四是开展模式创新，在区域、城市、产业园区、企业层面组织实施减污降碳协同创新试点。五是强化支撑保障，重点加强技术研发应用，完善法规标准，加强协同管理，强化经济政策，提升基础能力。六是加强组织实施，包括加强组织领导、宣传教育、国际合作、考核督察等。①

第二，在适应方面，2022年6月，生态环境部等17部门联合发布《国家适应气候变化战略2035》。该战略统筹考虑气候风险与适应、重点领域和区域格局、自然生态和经济社会等不同维度，明确了未来适应气候变化工作的重点任务和保障措施，为提升气候韧性、有效防范气候变化不利影响和风险提供了重要指导。其中，将"加强气候变化监测预警和风险管理"单设一章并摆在突出位置，体现了对气候变化观测监测预警、影响和风险评估、应急防灾减灾等工作的重视程度。将重点领域划分为自然生态和经济社会两个维度，并增加城乡人居环境及金融、能源、旅游、交通等敏感的二、三产业作为适应气候变化重点领域，有利于进一步提高各领域适应能力。将适应气候变化与国土空间规划相结合，并按照全面覆盖、重点突出的原则，提出全国八大区域和五个重大战略区域适应气候变化任务，构建了多层次适应气候变化区域格局。②

第三，通过市场机制实现"双碳"目标。2022年3月25日，中共中央、国务院发布《关于加快建设全国统一大市场的意见》，提出结合实现"双碳"目标任务，建设全国统一的能源市场，依托公共资源交易平台，建设全国统一的碳排放权交易市场，并提出实行统一规范的行业标准、交

---

① 《减污降碳协同增效实施方案》，生态环境部网站，https://www.mee.gov.cn/ywdt/xwfb/202206/t20220617_985943.shtml。
② 《坚定不移实施积极应对气候变化国家战略　主动做好适应气候变化工作》，生态环境部网站，https://www.mee.gov.cn/zcwj/zcjd/202206/t20220613_985406.shtml。

易监管机制。① 首先，建设全国统一的能源市场。在有效保障能源安全供应的前提下，结合实现"双碳"目标任务，有序推进全国能源市场建设。在统筹规划、优化布局基础上，健全油气期货产品体系，规范油气交易中心建设，优化交易场所、交割库等重点基础设施布局。推动油气管网设施互联互通并向各类市场主体公平开放。稳妥推进天然气市场化改革，加快建立统一的天然气能量计量计价体系。健全多层次统一电力市场体系，研究推动适时组建全国电力交易中心。进一步发挥全国煤炭交易中心作用，推动完善全国统一的煤炭交易市场。② 其次，培育发展全国统一的生态环境市场。依托公共资源交易平台，建设全国统一的碳排放权、用水权交易市场，实行统一规范的行业标准、交易监管机制。推进排污权、用能权市场化交易，探索建立初始分配、有偿使用、市场交易、纠纷解决、配套服务等制度。推动绿色产品认证与标识体系建设，促进绿色生产和绿色消费。③ 截至 2022 年底，全国碳排放配额累计成交量 2.3 亿吨、累计成交额 104.75 亿元，助推企业低成本减排作用初步显现。④

第四，在海外投资领域积极落实"双碳"目标。2022 年 3 月 28 日，国家发展改革委、外交部、生态环境部、商务部联合印发了《关于推进共建"一带一路"绿色发展的意见》。首先，该意见围绕推进绿色发展重点领域合作、推进境外项目绿色发展、完善绿色发展支撑保障体系 3 个板块，提出 15 项具体任务，内容覆盖绿色基础设施互联互通、绿色能源、绿色交通、绿色产业、绿色贸易、绿色金融、绿色科技、绿色标准、应对气候变化等重点领域。⑤ 其

---

① 《中共中央 国务院关于加快建设全国统一大市场的意见》，中国政府网，http://www.gov.cn/zhengce/2022-04/10/content_5684385.htm。
② 《中共中央 国务院关于加快建设全国统一大市场的意见》，中国政府网，http://www.gov.cn/zhengce/2022-04/10/content_5684385.htm。
③ 《中共中央 国务院关于加快建设全国统一大市场的意见》，中国政府网，http://www.gov.cn/zhengce/2022-04/10/content_5684385.htm。
④ 《国务院关于 2022 年度环境状况和环境保护目标完成情况的报告》，中国人大网，http://www.npc.gov.cn/npc/c30834/202304/918973cf8f964da7a84a751215960305.shtml。
⑤ 《国家发展改革委等部门关于推进共建"一带一路"绿色发展的意见》，中国政府网，http://www.gov.cn/zhengce/zhengceku/2022-03/29/content_5682210.htm。

次，该意见提出，积极参与国际绿色标准制定，加强与共建"一带一路"国家绿色标准对接。推动各方全面履行《联合国气候变化框架公约》及《巴黎协定》，积极寻求与共建"一带一路"国家应对气候变化"最大公约数"，推动建立公平合理、合作共赢的全球气候治理体系。① 最后，该意见明确，全面停止新建境外煤电项目，稳慎推进在建境外煤电项目。推动建成境外煤电项目绿色低碳发展，鼓励相关企业加强煤炭清洁高效利用，采用高效脱硫、脱硝、除尘以及二氧化碳捕集利用与封存等先进技术，升级节能环保设施，向国际社会鲜明地展示了中国应对气候变化全球挑战的坚定决心。②

（二）落实"双碳"目标的行业政策

1. 金融部门发布绿色金融指引

2022年6月1日，银保监会发布了《银行业保险业绿色金融指引》，要求银行保险机构从战略高度推进绿色金融发展，加大对绿色、低碳、循环经济的支持。指引明确指出，银保机构要"加大对绿色、低碳、循环经济的支持，防范环境、社会和治理风险，提升自身的环境、社会和治理表现"，这确立了银保机构分别从金融支持、风险防范、自身管理三方面落实绿色金融战略的重要路线。③ 首先，"金融支持"是指持续贯彻对绿色领域的支持要求。近年来我国绿色信贷规模持续增长，中国人民银行会同有关部门着力推动绿色金融发展，截至2022年底，金融机构绿色贷款和绿色债券余额同比分别增长38.5%和38.3%。④ 其次，"风险防范"是指"防范环境、社会和治理风险"，风险防范是将绿色金融中蕴含着的风险管理理念向各类金融

---

① 张继栋：《让绿色成为推进共建"一带一路"高质量发展更加鲜明的底色》，国家发展和改革委员会网站，https://www.ndrc.gov.cn/xxgk/jd/jd/202203/t20220324_1320196.html。
② 陆娅楠：《推进共建"一带一路"绿色发展》，人民网，http://finance.people.com.cn/n1/2022/0401/c1004-32389364.html。
③ 《〈银行业保险业绿色金融指引〉解读》，中央财经大学绿色金融国际研究院网站，https://iigf.cufe.edu.cn/info/1012/5395.htm。
④ 《国务院关于2022年度环境状况和环境保护目标完成情况的报告》，中国人大网，http://www.npc.gov.cn/npc/c30834/202304/918973cf8f964da7a84a751215960305.shtml。

投资中传导的重要表现，体现了从先期正向的"投向绿色领域"向负向的"绿色风险管理"拓展，其不限于对绿色投资的深化，更多强调防范金融各类投融资中潜在的环境、社会、治理风险，是绿色金融理念的进一步深化。最后，"自身管理"是指从金融机构自身绿色表现切入，以实现运营的碳中和为最终目标。环境、社会和治理（ESG）作为国际通行的投融资理念，是绿色金融管理的一个重要支柱，银行保险机构应将环境、社会、治理要求纳入管理流程和全面风险管理体系，强化环境、社会、治理信息披露和与利益相关者的交流互动，[1] 完善相关政策制度和流程管理，实现绿色低碳发展。

2. 交通部门推进绿色交通运输方式

2022年6月24日，交通运输部、国家铁路局、中国民用航空局、国家邮政局四部门发布贯彻落实《中共中央 国务院关于完整准确全面贯彻新发展理念做好碳达峰碳中和工作的意见》的实施意见。[2] 该意见要求，以交通运输全面绿色低碳转型为引领，以提升交通运输装备能效利用水平为基础，以优化交通运输用能结构、提高交通运输组织效率为关键，加快形成绿色低碳交通运输方式，加快推进低碳交通运输体系建设，让交通更加环保、出行更加低碳，助力如期实现"双碳"目标，推动交通运输高质量发展。[3]

3. 科技创新助力"双碳"目标实现

2022年6月24日，科技部、国家发展改革委、工业和信息化部、生态环境部、住房和城乡建设部、交通运输部、中国科学院、中国工程院、国家能源局九部门共同研究制定了《科技支撑碳达峰碳中和实施方案（2022—2030年）》。[4] 该实施方案对标《中共中央 国务院关于完整准确全面贯彻新发

---

[1] 《中国银保监会关于印发银行业保险业绿色金融指引的通知》，中国政府网，https://www.gov.cn/zhengce/zhengceku/2022-06/03/content_5693849.htm。

[2] 《交通运输部等四部门：推进以低碳为特征的绿色交通基础设施建设》，央广网，https://news.cnr.cn/dj/20221024/t20221024_526041307.shtml。

[3] 《四部门：加快推进交通运输绿色低碳转型 加快碳达峰碳中和进程》，人民网，http://finance.people.com.cn/n1/2022/0627/c1004-32457474.html。

[4] 《科技部等九部门关于印发〈科技支撑碳达峰碳中和实施方案（2022—2030年）〉的通知》，中国政府网，http://www.gov.cn/zhengce/zhengceku/2022-08/18/content_5705865.htm。

展理念做好碳达峰碳中和工作的意见》和《2030年前碳达峰行动方案》有关部署,针对我国各重点行业碳排放基数和到2060年的减排需求预测,系统提出科技支撑"双碳"的创新方向,统筹低碳科技示范和基地建设、人才培养、低碳科技企业培育和国际合作等措施,推动科技成果产出及示范应用,为实现"双碳"目标提供科技支撑。

4.市场监管部门制定"双碳"标准体系

作为"双碳""1+N"政策体系的重要组成部分,国家市场监管总局联合相关部门印发了《建立健全碳达峰碳中和标准计量体系实施方案》,[①] 提出了构建"双碳"标准体系的工作要求,以"双碳"工作对标准的全方位需求为导向,为构建全覆盖、多维度、多层次的"双碳"标准体系提供了"路线图"。该方案充分考虑相关政策、技术和市场化机制的标准需求,提出了包含基础共性、碳减排、碳清除、碳市场四个子体系的"双碳"标准体系框架,实现标准对"双碳"工作重点领域全面覆盖。标准体系支撑能源、工业、城乡建设、交通、农业、林草、金融、商务、公共机构等重点行业和部门推进工作,构建了多维立体的标准体系架构。标准体系兼顾地区、园区、企业、产品等不同层次标准化对象的特点,协同布局政府颁布标准与市场自主制定标准,实现各层次各类型标准的协调配合。标准体系是科技创新、产业发展、国防建设、民生保障的重要基础,是构建一体化国家战略体系的有力保障,为助力实现"双碳"目标提供重要工作支撑。

(三)落实"双碳"目标的地方性政策

《中共中央 国务院关于完整准确全面贯彻新发展理念做好碳达峰碳中和工作的意见》规定,"到2025年单位国内生产总值能源消耗比2020年下降13.5%,单位国内生产总值二氧化碳排放比2020年下降18%","到2030年单位国内生产总值二氧化碳排放比2005年下降65%以上,二氧化碳排放量达到峰值并实现稳

[①] 《关于印发建立健全碳达峰碳中和标准计量体系实施方案的通知》(国市监计量发〔2022〕92号),2022年10月18日,中国政府网,https://www.gov.cn/zhengce/zhengceku/2022-11/01/content_ 5723071.htm。

中有降"、"到2060年碳中和目标顺利实现"等一系列宏伟目标。为实现上述目标，国家确立了"中央统筹、省负总责、市县抓落实"的工作机制，中央政府负责制定全国目标，并将其分解到各个省份，并对各省份开展相应的监督和考核工作；省级政府承担属地责任，再将省级目标进一步分解到下辖的各地级市，并对各市进行监督和考核；依次类推，市级政府将目标再分解到所属的各县和区。地方各级人民政府均对本行政区域节能减排工作负总责，需要把相关指标完成情况纳入各地经济社会发展综合评价体系，作为政府领导干部综合考核评价和企业负责人业绩考核的重要内容，实行问责制和"一票否决"制，从而形成"一级抓一级、层层抓落实"的"双碳"政策实施机制。①

各地陆续制定实施落实地方性"双碳"目标的政策和法规260余项，31个省（区、市）除新疆、西藏外共有29个制定了直接落实"双碳"目标的政策法规（见表1）。

表1 各省（区、市）政策法规

省（区、市）	出台时间	政策法规名称
吉林省	2021-12-17	《中共吉林省委 吉林省人民政府关于完整准确全面贯彻新发展理念做好碳达峰碳中和工作的实施意见》
河北省	2022-01-06	《关于完整准确全面贯彻新发展理念做好碳达峰碳中和工作的实施意见》
宁夏回族自治区	2022-01-10	《关于完整准确全面贯彻新发展理念做好碳达峰碳中和工作的实施意见》
广西壮族自治区	2022-01-30	《广西壮族自治区碳达峰实施方案》
河南省	2022-02-06	《河南省碳达峰实施方案》
黑龙江省	2022-02-22	《中共黑龙江省委 黑龙江省人民政府关于完整准确全面贯彻新发展理念推进碳达峰碳中和工作的实施意见》
四川省	2022-03-14	《中共四川省委 四川省人民政府关于完整准确全面贯彻新发展理念 做好碳达峰碳中和工作的实施意见》
湖北省	2022-03-22	《中共湖北省委 湖北省人民政府关于完整准确全面贯彻新发展理念推进碳达峰碳中和工作的实施意见》

---

① 宣晓伟：《"指标层层分解"的双碳政策实施机制亟待完善》，澎湃新闻，https：//www.thepaper.cn/newsDetail_forward_20446855。

续表

省（区、市）	出台时间	政策法规名称
湖南省	2022-03-22	《中共湖南省委　湖南省人民政府关于完整准确全面贯彻新发展理念　做好碳达峰碳中和工作的实施意见》
浙江省	2022-03-28	《浙江省委省政府关于完整准确全面贯彻新发展理念做好碳达峰碳中和工作的实施意见》
江西省	2022-04-06	《关于完整准确全面贯彻新发展理念做好碳达峰碳中和工作的实施意见》
青海省	2022-06-09	《中共青海省委　青海省人民政府贯彻落实关于完整准确全面贯彻新发展理念做好碳达峰碳中和工作的意见》
内蒙古自治区	2022-07-01	《关于完整准确全面贯彻新发展理念做好碳达峰碳中和工作的实施意见》
甘肃省	2022-07-21	《关于完整准确全面贯彻新发展理念做好碳达峰碳中和工作的实施意见》
广东省	2022-07-25	《中共广东省委　广东省人民政府关于完整准确全面贯彻新发展理念推进碳达峰碳中和工作的实施意见》
上海市	2022-07-28	《上海市碳达峰实施方案》
重庆市	2022-07-29	《中共重庆市委　重庆市人民政府关于完整准确全面贯彻新发展理念做好碳达峰碳中和工作的实施意见》
福建省	2022-08-21	《关于完整准确全面贯彻新发展理念认真做好碳达峰碳中和工作的实施意见》
海南省	2022-08-22	《海南省碳达峰实施方案》
陕西省	2022-08-25	《中共陕西省委　陕西省人民政府关于完整准确全面贯彻新发展理念做好碳达峰碳中和工作的意见》
天津市	2022-09-14	《天津市碳达峰实施方案》
辽宁省	2022-09-29	《辽宁省碳达峰实施方案》
江苏省	2022-10-03	《碳达峰实施方案》
北京市	2022-11-30	《北京市碳达峰实施方案》
贵州省	2022-11-30	《贵州省碳达峰实施方案》
安徽省	2022-12-07	《中共安徽省委　安徽省人民政府关于完整准确全面贯彻新发展理念做好碳达峰碳中和工作的实施意见》
云南省	2022-12-14	《中共云南省委　云南省人民政府关于完整准确全面贯彻新发展理念做好碳达峰碳中和工作的实施意见》
山东省	2022-12-23	《贯彻落实〈中共中央、国务院关于完整准确全面贯彻新发展理念做好碳达峰碳中和工作的意见〉的若干措施》
山西省	2023-01-16	《中共山西省委　山西省人民政府关于完整准确全面贯彻新发展理念切实做好碳达峰碳中和工作的实施意见》

资料来源：笔者据各省（区、市）相关政策法规文件整理。

各地方性"双碳"政策的结构大体相似，但在单位地区生产总值二氧化碳排放比、单位生产总值能源消耗比、2025年和2030年非化石能源消费比、森林蓄积量和覆盖率、风电和太阳能发电总装机容量等具体指标的设计方面则各有不同。从图1至图6中可以看出各地方指标之间的差异。

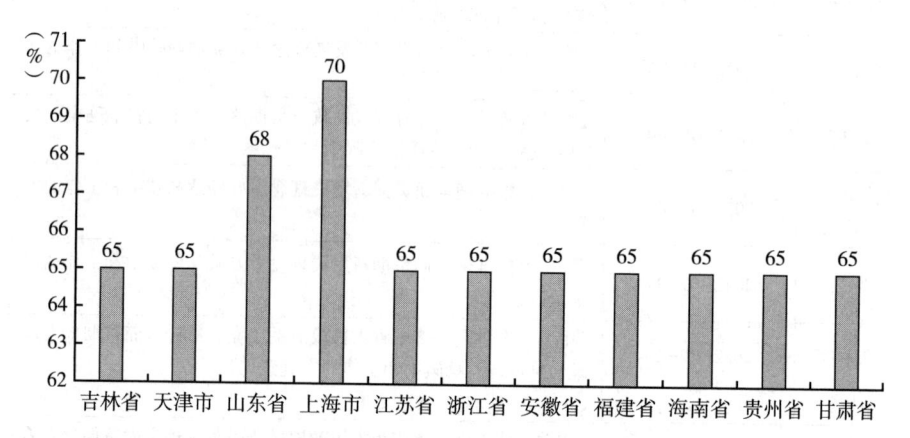

图1 2030年部分省（市）单位地区生产总值二氧化碳排放相较2005年的降幅指标

资料来源：笔者根据表1中政策法规文件提供的数据自制。

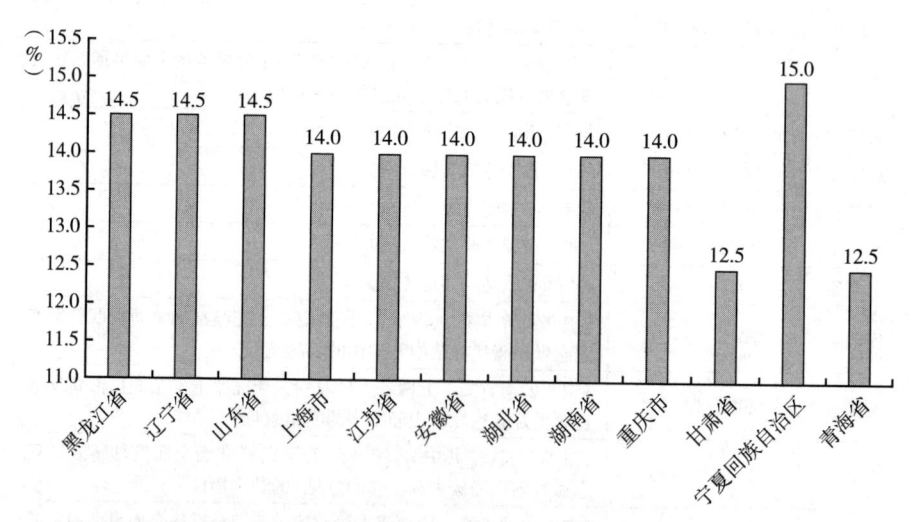

图2 2025年部分省（区、市）单位生产总值能源消耗相较2020年的降幅指标

资料来源：笔者根据表1中政策法规文件提供的数据自制。

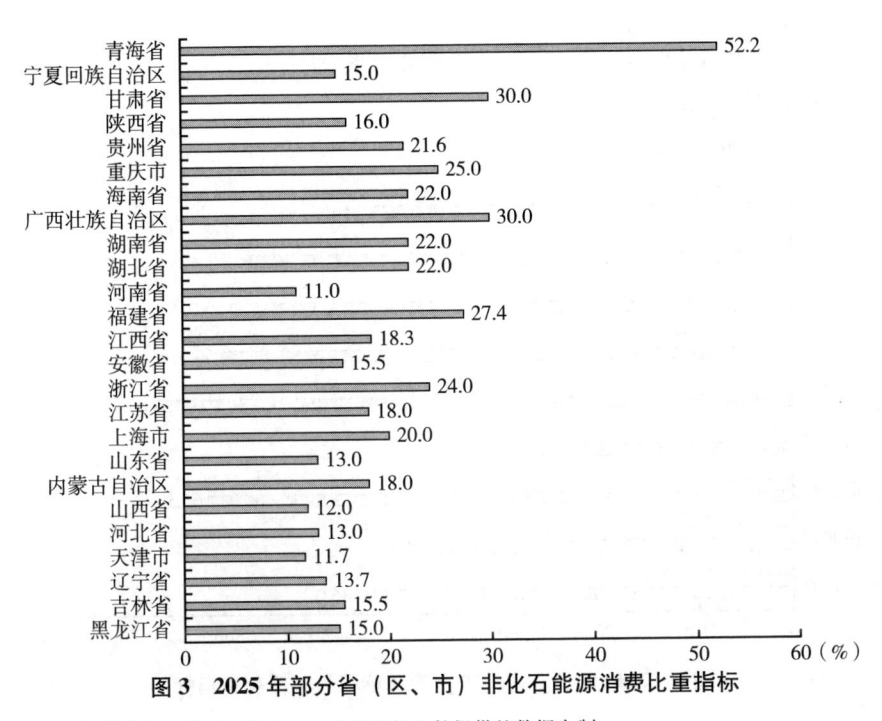

图3　2025年部分省（区、市）非化石能源消费比重指标

省（区、市）	比重（%）
青海省	52.2
宁夏回族自治区	15.0
甘肃省	30.0
陕西省	16.0
贵州省	21.6
重庆市	25.0
海南省	22.0
广西壮族自治区	30.0
湖南省	22.0
湖北省	22.0
河南省	11.0
福建省	27.4
江西省	18.3
安徽省	15.5
浙江省	24.0
江苏省	18.0
上海市	20.0
山东省	13.0
内蒙古自治区	18.0
山西省	12.0
河北省	13.0
天津市	11.7
辽宁省	13.7
吉林省	15.5
黑龙江省	15.0

资料来源：笔者根据表1中政策法规文件提供的数据自制。

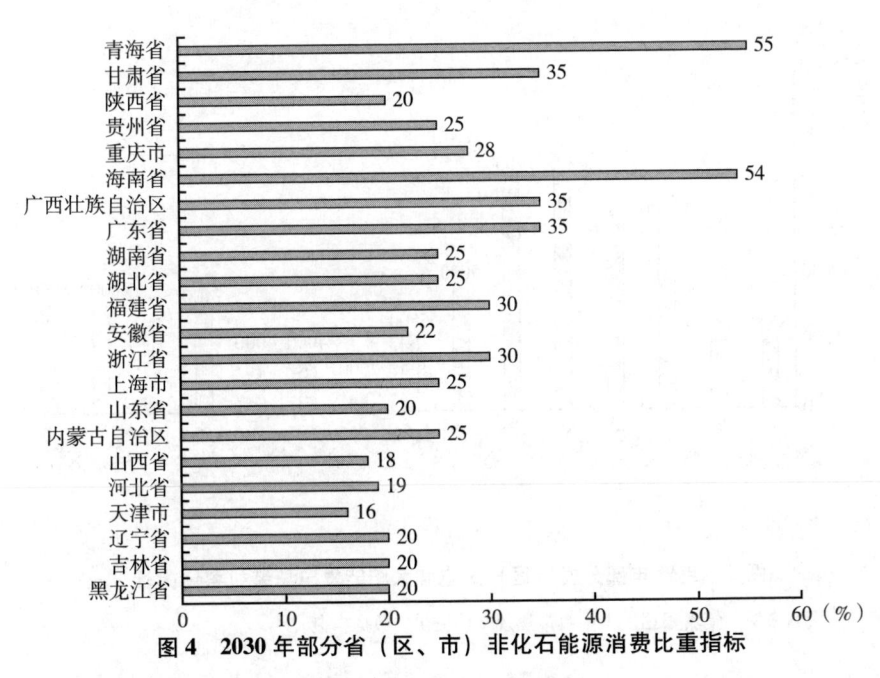

图4　2030年部分省（区、市）非化石能源消费比重指标

省（区、市）	比重（%）
青海省	55
甘肃省	35
陕西省	20
贵州省	25
重庆市	28
海南省	54
广西壮族自治区	35
广东省	35
湖南省	25
湖北省	25
福建省	30
安徽省	22
浙江省	30
上海市	25
山东省	20
内蒙古自治区	25
山西省	18
河北省	19
天津市	16
辽宁省	20
吉林省	20
黑龙江省	20

资料来源：笔者根据表1中政策法规文件提供的数据自制。

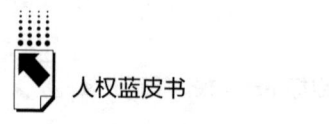

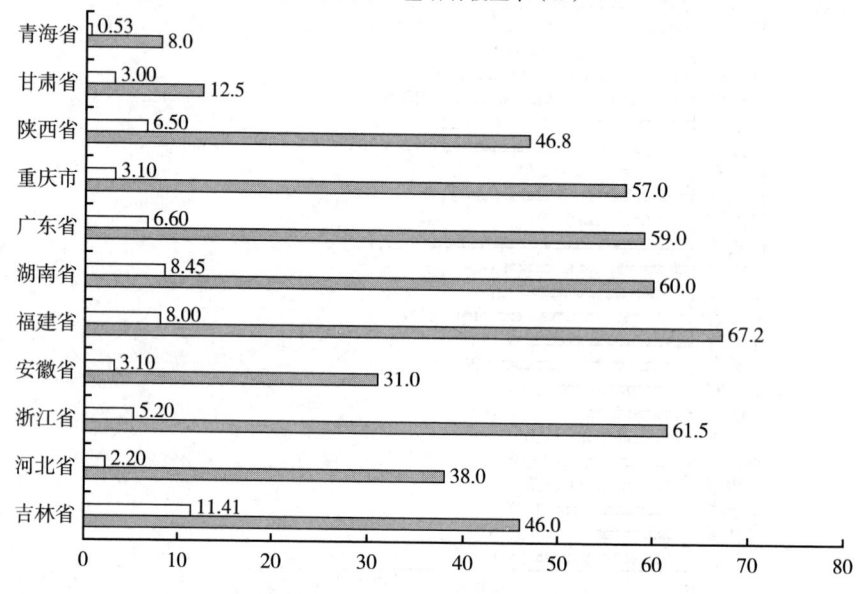

图5 2030年部分省（市）森林蓄积量和覆盖率指标

资料来源：笔者根据表1中政策法规文件提供的数据自制。

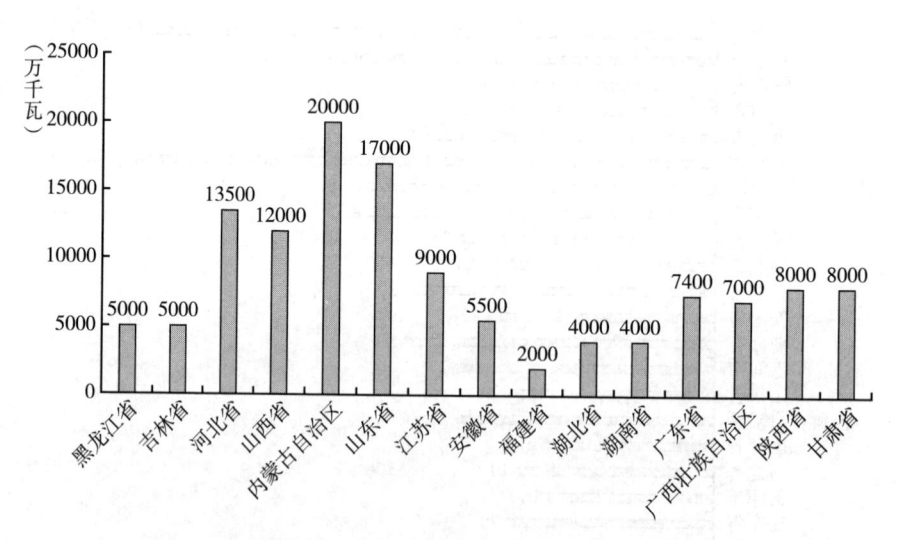

图6 2030年部分省（区）风电和太阳能发电总装机容量指标

资料来源：笔者根据表1中政策法规文件提供的数据自制。

二 "双碳"目标下环境权保障面临的障碍

(一)"双碳"立法的顶层设计不足

在中央立法层面，我国还未针对"双碳"进行专门立法，没有制定关于"双碳"战略实施的全国性法律。我国现有的与实现"双碳"目标相关的立法涉及污染防治法、能源法、资源法、科技法等多个领域，立法存在繁复性、矛盾性和动荡性的特点，受制于各领域的立法目的，这些领域各自为政，均缺乏对"双碳"目标的统筹考虑，且在内容上彼此割裂，未能在降碳方面确立有效的规则对接机制和制度协调机制，尤其在缺少中央立法统筹引领、总体规划的情况下，我国"双碳"相关立法乃至气候变化立法碎片化现象严重，法律适用存在大量冲突问题。[①]

(二)应对气候变化的司法保障欠缺

1. 国家层面缺乏直接面向"双碳"任务的司法适用规范

首先，目前国家尚无应对气候变化的专门立法，因此也没有司法适用的直接依据。其次，与气候变化相关的法律[②]在应对气候变化方面的规定均过于原则、笼统，可操作性弱，难以适用于司法实践。最后，最高人民法院关于生态文明建设与绿色发展理念的司法回应性文件[③]内容比较抽象，缺乏具

---

① 李猛:《"双碳"目标背景下完善我国碳中和立法的理论基础与实现路径》,《社会科学研究》2021年第6期。
② 如《循环经济促进法》《清洁生产促进法》涉及产业减排方面，《节约能源法》《可再生能源法》涉及能源低碳发展方面，《森林法》《草原法》等涉及增加碳汇方面。
③ 2016年最高人民法院发布《关于充分发挥审判职能作用为推进生态文明建设与绿色发展提供司法服务和保障的意见》,提出积极探索碳排放等气候变化案件的司法应对举措。最高人民法院出台《环境资源案件类型与统计规范(试行)》(法〔2021〕9号),将环境资源类案件划分为五大类型,其中,专门就气候变化应对类案件的裁判规则适用作出规定,并强调此类案件不能简单套用侵权理论,而要探索针对性的特殊裁判规则。最高人民法院于2021年10月发布的《关于新时代加强和创新环境资源审判工作为建设人与自然和谐共生的现代化提供司法服务和保障的意见》,从准确把握涉碳权利的经济、公共和生态属性,妥当处理相关民事纠纷,依法处理涉碳公益诉讼等方面提出助力实现"双碳"目标的司法应对措施。

体的可操作性内容，无法为地方司法提供有效的借鉴。[1]

2. 司法实践中气候诉讼进展缓慢

目前仅有的几例与气候变化相关的案件，均被法院以主体不适格为由驳回，未进入实质审判阶段。早在2011年，被称为中国碳减排行业第一案或气候变化诉讼第一案的北京市朝阳法院受理的上海某环保有限公司起诉北京某认证有限公司"碳减排"认证纠纷，最终被法院以诉讼主体有误为由驳回。判决既暴露出我国在碳市场规则方面的立法阙如，也反映了气候变化司法的不足。2014年2月，石家庄市某市民针对我国华北地区严重的雾霾天气，以石家庄市环保局为被告提起行政诉讼，要求环保局依法履行治理职责并附带提出1万元的行政赔偿请求，但立案未果，无疾而终。[2] 近年来，最高人民法院多次强调强化气候变化司法应对举措，这在具体的诉讼活动中有所彰显。例如，2017年甘肃省兰州市中院受理的北京市朝阳区某环保组织诉某电力公司"弃风弃光"环境民事公益诉讼案件中，该环保组织以电力公司未全额收购电网覆盖范围内风电和光伏发电，致使风电和光伏发电被燃煤发电取代，继而造成环境污染为由要求法院作出裁判，但是一审法院以主体不适格为由驳回起诉，自然之友上诉至甘肃省高院，省高院作出撤销一审裁定，指令甘肃矿区人民法院审理的裁定。[3]

3. 气候变化行政诉讼的受案范围与起诉主体资格受限

首先，我国行政诉讼的受案范围仅限于具体行政行为，"对于公民因违法行政行为或行政不作为而受到气候变化（环境权）损害能否提起行政诉讼，还存在制度障碍"。[4] 其次，行政诉讼原告应为受具体行政行为影响而

---

[1] 邓禾、李旭东：《论实现碳达峰、碳中和的司法保障》，《中国矿业大学学报》（社会科学版）2022年第5期，第40~41页。
[2] 周珂：《适度能动司法 推进双碳达标——基于实然与应然研究》，《政法论丛》2021年第4期。
[3] 甘肃省高级人民法院（2018）甘民终679号民事裁定书。
[4] 谭冰霖：《我国气候变化行政诉讼制度之构建——通过司法的气候治理》，《东岳论丛》2017年第4期。

遭受实际权益损害的主体,但是我国立法在气候变化问题上并未赋予公民、法人或其他组织实体权利,且因气候变化的不确定性与广泛性,行政行为对私主体的权益损害缺乏合理的因果关系判断标准,因此我国目前的普通行政诉讼制度还不适用于气候变化问题。[①]

(三)地方落实"双碳"目标的行政机制刻板

中国"双碳"领域所采取的指标层层分解、压力逐级传导的目标责任考核方式,有效地将节能降碳的压力分解到各级政府,对推进中国"双碳"工作发挥了非常重要的作用,但也存在管理缺乏弹性、差别化措施少等一系列问题。[②] 已有行政主导政策机制的核心问题在于层层分解的计划指标与市场经济发展的要求背道而驰,虽然计划指标的调整和完善可以在一定程度上弥补已有的缺陷,但无法真正解决问题,从根本上也难以调动各个主体的减排积极性,越来越不适应积极稳妥推进"双碳"工作的新形势和新要求。

1. 指标分解合理性不足

尽管各级政府在分解"能耗双控"和碳强度指标时,综合考虑了下辖各地区的发展阶段、资源禀赋、战略定位、产业结构和布局、能源消费现状等多种因素,并往往采取分类考核的方式,但中国幅员辽阔、各地差异巨大,甚至在一县之内也存在迥然相异的状况,指标分解总是会有不同程度的"一刀切"问题,无法真正做到因地制宜。更重要的是,在"双碳"目标提出后,指标层层分解的合理性就更成问题。从"全国一盘棋"的角度看,国家在2030年前实现碳达峰并不意味着每个省、每个市甚至每个县都要在2030年前实现碳达峰;对于一些资源丰富的特殊地区而言,其推迟达峰甚至不达峰对全国目标的完成反而是更为合适的。换言之,全国"双碳"目

[①] 邓禾、李旭东:《论实现碳达峰、碳中和的司法保障》,《中国矿业大学学报》(社会科学版)2022年第5期,第42页。
[②] 赵小凡、李惠民、马欣:《"十二五"以来中国应对气候变化的行政手段评估》,《中国人口·资源与环境》2020年第4期。

标的实现并不必然要求每个地区均要实现"双碳"目标，即使到了全国实现"双碳"的时间点，某些特殊地方的碳排放甚至可能还是要增加的。① 因此，通过层层分解、级级落实来确定各个地方"碳双控"目标和责任的做法就会存在很大问题。② 对此，习近平总书记曾在中央经济工作会议上明确指出："各地区各有关部门要统筹做好'双控'、'双碳'工作，防止简单层层分解。要确保能源供应，实现多目标平衡，多渠道增加能源供应，大企业特别是国有企业要带头保供稳价，决不允许再次发生大面积'拉闸限电'这类重大事件。"③

2. 指标层层分解的计划方式难以适应市场经济的要求

中央根据国家五年规划确定各省五年的总体目标，各省又据此确定每年的年度目标。在进度考核日趋严格的环境下，有些基层政府会制定季度甚至月度的考核目标，再把压力转移至辖区内的重点企业。然而企业生产必须遵循市场规律，跟着瞬息万变的市场形势走，短期内各项指标表现（如能源消费总量、能耗强度等）变化幅度较大，很难达到行政计划所要求的持续稳定下降的趋势。在极端情况下，就容易出现"拉闸限电"、限产停产等不合理现象。尽管中央目前已采取了考核周期延长等完善措施，但各级政府仍面临指标考核的压力，"行政指标的计划性"与"企业经营的市场性"之间依旧有着无法化解的矛盾。④ 习近平总书记曾在中央经济工作会议上明确指出："近来在实际工作中出现一些问题，有的搞'碳冲锋'，有的搞'一刀切'、运动式'减碳'，甚至出现'拉闸限电'现象，这些都不符合党中央要求。"⑤

---

① 宣晓伟：《"能耗双控"到"碳双控"：挑战与对策》，《城市与环境研究》2022年第3期，第49页。
② 宣晓伟：《"指标层层分解"的双碳政策实施机制亟待完善》，澎湃新闻，https://www.thepaper.cn/newsDetail_forward_20446855。
③ 习近平：《正确认识和把握我国发展重大理论和实践问题》，《求是》2022年第10期。
④ 宣晓伟：《"能耗双控"到"碳双控"：挑战与对策》，《城市与环境研究》2022年第3期，第47~48页。
⑤ 习近平：《正确认识和把握我国发展重大理论和实践问题》，《求是》2022年第10期。

3. 压力传递机制难以有效调动地方低碳发展的主动性和积极性

尽管目标责任制和淘汰落后产能的行政手段有助于实现应对气候变化的减排目标,然而这种自上而下的压力传递机制难以真正内化为地方政府和企业开展节能降碳工作的自发性力量。此外,由于节能降碳目标的层层分解,县级及以下政府承担了与其行政管理权限并不匹配的责任。在压力体制下,过剩产能的市场退出障碍和地方政府、企业产能扩张的冲动依然存在。[①] 一些地区"口号式减碳"的现象较为普遍,因为真正采取实质性减碳举措就会对地方的招商引资和产业发展造成负面影响。基层政府拥有的行政资源和力量最为薄弱,甚至可能出现它所面对的重点企业(如一些国有企业)的行政级别比它还高,从而形成越往下,地方政府压力越大,但能力越不够、积极性也越差的局面。[②] 对此,习近平总书记在十九届中央政治局第三十六次集体学习时的讲话强调,要加强党对"双碳"工作的领导,加强统筹协调,严格监督考核,推动形成工作合力。要实行党政同责,压实各方责任,将"双碳"工作相关指标纳入各地区经济社会发展综合评价体系,增加考核权重,加强指标约束。各级领导干部要加强对"双碳"基础知识、实现路径和工作要求的学习,做到真学、真懂、真会、真用。要把"双碳"工作作为干部教育培训体系重要内容,增强各级领导干部推动绿色低碳发展的本领。[③]

(四)"双碳"法律和政策缺乏权利视角

目前已有的"双碳"法律和政策普遍采用技术导向的方法,无论是概念框架还是指标设计,无论是应对气候变化的减缓、适应,还是资金、技术

---

① 赵小凡、李惠民、马欣:《"十二五"以来中国应对气候变化的行政手段评估》,《中国人口·资源与环境》2020年第4期,第9页。

② 宣晓伟:《"指标层层分解"的双碳政策实施机制亟待完善》,澎湃新闻,https://www.thepaper.cn/newsDetail_forward_20446855。

③ 《习近平在中共中央政治局第三十六次集体学习时强调 深入分析推进碳达峰碳中和工作面临的形势任务 扎扎实实把党中央决策部署落到实处》,央广网,http://news.cnr.cn/native/gd/20220125/t20220125_525725762.shtml。

要素，均立足并局限于气候变化科学和低碳技术的维度，缺乏权利视角和人的维度的考量。然而，气候变化的负面影响并不是均衡分布的，尤其是已经在社会中处于不利地位的气候脆弱群体，如妇女、儿童、老年人、残障人、少数民族等。如果在制定和适用"双碳"法律政策的过程中没有明确的权利视角和方法，这些脆弱群体将面临不成比例的气候损害，由此引发对气候公正的质疑。国外近年来出现的大量由儿童、妇女和土著人等特定群体提起的气候变化诉讼即为明证。此外，企业的气候变化责任不明确，也会影响"双碳"目标的实现。

三 完善"双碳"目标保障环境权的建议

气候变化问题的复杂性，气候危害的渐近性，因果关系的复杂性，科学溯源的困难性，以及气候责任承担的累积性等因素，决定了应对气候变化的"双碳"目标的实现路径是系统性和多元化的。

（一）科学布局、整体系统推进"双碳"立法

"双碳"目标的顺利实现需要回归法治，在整体系统观的理论视野下，完善"双碳"目标的法治保障。

首先，加紧制定中央一级应对气候变化的"双碳"立法。英国、德国、法国、加拿大、墨西哥等约20个国家和地区已制定应对气候变化法或低碳发展促进法，既规范了本土气候变化应对工作，也转化了《联合国气候变化框架公约》及相关协定的要求，同时还促进了应对气候变化工作的规范化，得到国际社会的充分肯定。[①] 我国的应对气候变化法已具备立法的基础。早在2009年8月，全国人大常委会《关于积极应对气候变化的决议》就提出"要把加强应对气候变化的相关立法作为形成和完善中国特色社会

---

① 常纪文、田丹宇：《应对气候变化法的立法探究》，《中国环境管理》2021年第2期，第17页。

主义法律体系的一项重要任务，纳入立法工作议程"。2015年，中共中央、国务院《关于加快推进生态文明建设的意见》要求研究制定应对气候变化等方面的法律法规。2016年，应对气候变化法被列入《国务院2016年立法工作计划》。近年来，应对气候变化和落实"双碳"目标的地方性法规陆续出台，也为中央级全国立法提供了有益的参考经验。

其次，减缓与适应并举。应对气候变化的不同路径之间还有必要形成协同配合、良性互动的关系。具体而言，在应对气候变化的内部关系上，包括减缓与适应协同、减排与增汇协同。在应对气候变化与其他环境保护领域的外部关系上，则包括减污降碳协同、适应与修复协同。[1] 在减缓方面，需将碳减排和碳汇建设纳入各级政府的规划和财政支持，基于"双碳"愿景明确碳排放总量与强度控制目标及碳汇增加目标，强化工业、建筑、交通、能源等重点行业的节能减排，优化能源结构和利用方式，加强基础设施建设、技术研发和示范推广，吸引市场多元化投资，引导全社会形成低碳生活方式。在适应方面，需依法开展工业与农业、城镇与农村适应气候变化的工作，明确灾害应急法律职责。目前开展上述工作的法律依据不足，亟须制定应对气候变化法予以全面支持。

最后，为实现气候变化法律体系内部的协同，需要促进直接规制气候变化的中心法律和与气候变化有关的外围法律的有机衔接。主要包括《煤炭法》《电力法》《可再生能源法》《节约能源法》等能源法律，《循环经济促进法》《清洁生产促进法》等产业法律，《森林法》《草原法》《海洋环境保护法》等与碳汇相关的法律以及《气象法》等与适应相关的法律。除气候变化法律体系内部的协同之外，还应促进气候变化法律体系与外部法律的协调。其一，气候变化法律体系的运作，可配合利用其他法律的制度原理。这既包括气候变化法律与环境影响评价法、行政许可法、环境保护税法等其他环境法协同，也包括与民法、商法等传统法律协同。碳排放权是否可以抵押

---

[1] 秦天宝：《整体系统观下实现碳达峰碳中和目标的法治保障》，《法律科学（西北政法大学学报）》2022年第2期，第103页。

或质押登记涉及民商法的内容，即为其典型写照。其二，气候变化法律体系的运作可吸收借鉴其他环境法的体系化经验。

（二）"适度能动司法"理念促进气候诉讼

第一，涉碳诉讼的推进。以气候变化案件为例，如果按照传统的环境污染案件审理，可能出现诉讼主体不适格、诉由没有针对性、法律责任无从适用等问题，最后会落入司法无法介入的困境。因此必须以适度能动司法为保障，借鉴环境司法专门化建设经验，积极探索涉碳案件的司法专门化，如完善应对气候变化的民事与行政公益诉讼制度、建立涉碳案件的集中管辖制度等。

第二，个案纠纷的化解。发挥司法能动性，要积极受理各类涉碳纠纷，重视涉碳案件的司法创新。个案纠纷以司法公正为原则，但国家政策目标也应纳入法官自由裁量范畴，确保个案处理的政治、法律、社会效果的统一。

第三，最高人民法院的司法指导。"我国能动司法实施的效果，很大程度上将决定于最高人民法院对下级法院的指导机制能否有效和恰当建立。"[①]因此，最高人民法院应尽快建立面向"双碳"目标的有效司法指导机制，具体而言，包括发布涉碳案件司法解释，对具有代表性的涉碳案件进行审理并形成指导案例等各类面向"双碳"目标的司法指导文件，开展面向全国的促进"双碳"目标司法保障的工作会议等。

第四，探索软法与司法的有效衔接。软法虽欠缺法律强制约束力，但软法对其调整对象具有事实上的约束力，是在一个社会中发挥实际约束作用的法类型。我国应对气候变化与碳排放交易纠纷的硬法规制明显不足，但国家不断出台相关应对气候变化的政策性指导意见，金融行业也在探索制定包括碳排放交易在内的各类绿色金融行业标准。发挥司法能动作用，可以从司法领域探索软法规制与硬法规制的协同，在现有的社会治理与市场纠纷解决机制基础上构建软法与司法的有效衔接机制。[②]

---

① 顾培东：《能动司法若干问题研究》，《中国法学》2010年第4期。
② 秦天宝：《整体系统观下实现碳达峰碳中和目标的法治保障》，《法律科学（西北政法大学学报）》2022年第2期，第108~109页。

（三）理顺中央和地方在"双碳"领域的权责关系

《中共中央关于坚持和完善中国特色社会主义制度　推进国家治理体系和治理能力现代化若干重大问题的决定》要求，一方面"加强中央宏观事务管理，维护国家法制统一、政令统一、市场统一"，另一方面"赋予地方更多自主权，支持地方创造性开展工作"。

1. 有效发挥中央管大事的作用，充分利用碳市场手段管住重点行业和企业

2021年7月，中国建立了全国碳排放权交易市场，纳入发电行业重点企业2162家，其碳排放量占全国的40%以上。未来全国碳市场将纳入石化、化工、建材、钢铁、有色金属、造纸、电力、航空行业，这八大行业的重点企业共8500多家，碳排放量占全国的比重超过70%。中央完全可利用碳市场手段直接管理这8000多家重点企业的排放，牢牢把握住"双碳"领域工作的控制权和主动权。换言之，如果能及时有效地扩大现有全国碳市场的覆盖范围，纳入主要的耗能行业和企业，那么中国碳排放总量的绝大部分就被中央直接管住了，也决定了全国"双碳"工作的大局，如果再辅以其他举措，就能保证全国"双碳"目标的如期实现。①

2. 赋予地方管小事的自主权，利用自愿性碳市场和碳税等手段有效激发地方在"双碳"领域的积极性

一旦中央管住全国70%以上的碳排放，剩下不到30%的碳排放涉及数量众多的中小企业、社会团体和家庭个人，则主要依靠地方政府来负责管理。要使地方在"双碳"领域主动作为，就应让各地在低碳发展上能够得到实实在在的收益。要更多赋予地方在"双碳"领域的自主权，鼓励各地根据自身条件采取相应措施，如开设地方自愿性碳交易市场、开征地方碳税、设立碳预算账户等，将全国碳市场未覆盖到的企业、社会团队和广大民众纳入地方性的"双碳"政策中，充分调动地方辖区内各个主体的减碳主动性。

---

① 宣晓伟：《"指标层层分解"的双碳政策实施机制亟待完善》，澎湃新闻，https://www.thepaper.cn/newsDetail_forward_20446855。

3. 及时明确碳市场在"双碳"工作中的核心地位，以及碳市场发展的路线图和时间表

首先，根据上述中央和地方在"双碳"领域的权责划分，确立全国性碳市场作为中央管大事的主要手段，明确碳达峰工作中碳市场的总量控制所占据的份额、扮演的角色。其次，要分别确定八个重点行业在全国碳达峰工作中的地位和作用，以及各个行业的碳排放达峰的峰值和时间节点。最后，根据全国碳达峰工作的需要和国内外形势的变化，尽早公布各重点行业和相关企业纳入全国碳市场的时间表和路线图，并确定各行业的排放总量限额，以合理引导市场预期，使相关的行业和企业及时做好准备。

4. 调整完善"双碳"领域的政策实施机制，目标责任制逐步由约束为主转变为激励为主

"十四五"期间，进一步优化已有"能耗双控"和"碳双控"的目标分解考核机制，延长考核周期、增强考核弹性，明确区分"地区考核"和"行业考核"，将纳入全国碳市场的行业逐步从地方考核指标中剔除。"十五五"时期，将"双碳"领域的地区指标由强制性改为指导性。中央政府对指标表现较好的地区进行奖励和实施政策优惠，以有效调动各地低碳发展的积极性。

（四）基于人权方法的"双碳"目标

首先，在落实"双碳"目标的各项政策法规中纳入基于人权的气候变化应对方法。《巴黎协定》在序言中强调，各国在采取气候行动时，必须尊重、促进以及考虑其人权义务。气候变化造成的负面影响会根据最终发生的气候变化的程度而成倍增加。因此，气候变化需要全球采取基于权利的应对措施。在制定"双碳"政策和方案时，应以实现人权作为主要目标。明确"权利享有人"及其权利，并明确相应的"义务承担者"及其义务，以便加强权利享有人提出要求的能力和义务承担者履行义务的能力。尤其是充分考虑到气候脆弱群体的特殊利益，努力实现代际公平、性别平等和气候正义。

其次，防止碳交易对人权造成伤害。在碳市场背景下实施的项目也可能会对人权和环境构成真正的威胁，《京都议定书》下的清洁发展机制（CDM）就是证明。例如，CDM注册的巴罗布兰科（Barro Blanco）大坝淹没了巴拿马的土著居民土地并迫使社区居民流离失所，土著居民在事先不知情的情况下流离失所，土地和文化遗产地被淹，该地生物多样性遭到破坏。同样，智利奥拓麦珀（Alto Maipo）水电项目也导致了许多侵犯人权的行为，包括侵犯水权、食物权、生命权和健康权、适足住房权和健康环境权等。[1] 因此，在构建碳市场交易规则时应考虑以下因素：（1）强有力的基于人权的社会和环境保障措施；（2）获取信息和有意义的公众参与；（3）独立、公平、可利用、合法、基于权利和透明的申诉机制，允许社区在该机制下的项目遭到损害时寻求补救措施。强化企业在"双碳"目标下的气候责任。

积极应对气候变化是中国实现可持续发展的内在要求，也是推动构建人类命运共同体的责任担当。中国将应对气候变化作为国家战略，融入生态文明建设整体布局和经济社会发展全局，把系统观念贯穿"双碳"工作全过程，加强顶层设计。中国提出的"双碳"目标及其进展，是对全球气候治理的新的重大贡献，彰显了中国的责任担当。

---

[1] https：//www.ciel.org/wp-content/uploads/2019/09/BriefingNote_ RightsInArticle6.pdf.

· (三) 公民权利和政治权利 ·

B.6
全过程人民民主建设的基层实践

——以上海社区治理为案例

王龙飞 薛泽林[*]

摘　要： 全过程人民民主理论超越了西方选举民主的框架，精准回应了新时代国家治理现代化的新命题，为我国的民主建设开拓了广阔的空间。上海作为全过程人民民主的首提地，在社区治理、街镇议事、政府决策和人大立法等各层级进行制度设计，通过搭建体系化的参与机制和技术赋能等举措，实现基层治理中民主的全方位、全覆盖和全链条，并通过直接民主提升人民的民主感知和治理效能。

关键词： 全过程人民民主　新时代　社区治理　基层民主

党的二十大报告中将发展全过程人民民主确定为中国式现代化的一项本质要求，将积极发展基层民主作为全过程人民民主实践的一个重要方向。全过程人民民主在基层的实践，不仅为我国人民当家作主的权利提供了多样化的实现形式，也对推进我国基层治理体系和治理能力现代化的进程影响深远。

---

[*] 王龙飞，博士，上海社会科学院政治与公共管理研究所助理研究员，主要研究方向为县域治理、人大制度；薛泽林，博士，上海社会科学院政治与公共管理研究所副研究员，主要研究方向为城市精细化治理、城市治理数字化转型。

一 全过程人民民主在基层社区治理中的生动实践

作为世界观察中国的一个"窗口",2019年以来,上海全市上下始终牢记习近平总书记的嘱托,在加快建设具有世界影响力的社会主义现代化国际大都市过程中,以强烈的使命感和责任感,将全过程人民民主融入城市发展全过程,融入人民城市建设各方面,努力打造全过程人民民主最佳实践地,在基层治理创新的探索中,演绎了一幅幅人民当家作主的生动画面。

(一)基层立法联系点让民意得以充分表达

上海市虹桥街道基层立法联系点(以下简称"虹桥联系点")是全国人大常委会法工委设立的首批基层立法联系点之一。2019年11月2日,习近平总书记在此考察时首次提出"人民民主是一种全过程的民主"的重要论述。为深入贯彻落实"全过程人民民主"重要论述,虹桥联系点形成了"民意广覆盖,流程全链条,信息全方位,联动聚合力,征询促法治,宣传接地气"的"虹桥六法"。[①]

1. 民意广覆盖,真心诚意采心声

有针对性地向尽可能多的群体就相关法律草案内容征询意见。以2022年征询意见的《反电信网络诈骗法(草案)》为例,鉴于电信网络诈骗运作模式专业化、犯罪工具高科技化和作案手段智能化等特点,在征询意见过程中,虹桥联系点除了向社区居民、专家学者、辖区派出所民警、受害者等人群征询立法意见外,还拓展了意见征询群体的范围。通过青浦监狱的工作协助,首次向在押的电信网络诈骗犯进行意见征询。请诈骗犯现身说法,讲述其规避法律的做法,通过运用逆向思维,教育公众避免受骗,并对法律条文提出意见和建议。此外,立法意见征询工作还重点关注独居老人、高龄老

---

① 陈宇博:《"虹桥经验":基层立法联系点六大工作法》,2022年7月22日,光明网,https://m.gmw.cn/baijia/2022-07-23/35903825.html。

人、残疾人等特定群体，让不同群体都感受到了法治和民主的温度。

2. 流程全链条，精心谋划定方案

在工作程序上按照立法前、中、后的顺序，确保公民能够参与到法律草案的立项、起草、调研、审议、评估、宣传、实施等全过程、各环节。一是在立法规划和立法工作计划草案征询意见阶段，抓好立法民意征询的"前道工序"，组织征求对全国人大常委会立法规划、年度立法工作计划草案的意见和建议，有序高效开展立法项目意见征询。二是在立法意见征询前，精心设计意见征询方案，着重关注征询对象的广泛性、征询内容的针对性、征询形式的多样性。三是在立法意见征询中，关注意见来源的多元化，发挥信息采集点功能，广泛征集基层群众和单位意见建议，充分反映地区特点和基层特色。四是在立法意见征询后，推动"立法回头看"，积极展开立法后评估，及时了解法律实施情况，总结立法经验和立法意见征询工作经验；同时做好在居民区和相关单位的法律宣传工作。

3. 信息全方位，不拘一格开言路

在居委会、合作单位等处设立信息采集点，拓宽社会各方有序参与立法意见征询的渠道。例如，虹桥联系点将隶属上海市妇联的上海市法规政策性别平等咨询评估委员会列为信息采集点之一。该采集点将性别评估工作作为参与全过程人民民主实践的重要工作安排，针对社会关注的热点、全国人大常委会关注的议题，开展调研论证、意见收集、分析评价，运用重点评估、过程评估、效果评估、自主评估等方式，对列入立法计划的、正在制定及正在实施的法律及规范性文件，进行调研论证、分析评估，确保法律、法规和政策体现性别平等，为上海乃至全国推进性别平等贡献智慧和力量。

4. 联动聚合力，延伸触角出实招

统筹用好所在区域内的法律资源和社会资源，提高立法意见征询工作的针对性、广泛性和有效性。为有效探索基层立法联系点开展工作新形式和业务联动新机制，虹桥联系点积极"走出去、沉下去"，延伸触角、广泛联系，统筹整合区域资源，促进优势互补，对于意见征询工作在"拓展广度、挖掘深度、提升高度、夯实厚度"方面作出了深度探索。例如，2022年1

月,在《公司法(修订草案)》法律意见征询过程中,虹桥联系点走进海通证券基层立法联系点,邀请外资、内资、台资、港资一同参与民主立法、体验开门立法,实现"四商"互动,听取了企业群体和公司法专家很多高质量的意见和建议。实践表明,联动取得了很好的效果,优化了基层立法联系点的工作方式,形成了意见征询合力,能够进一步推进立法工作向基层延伸。

5. 征询促法治,一体推进求实效

充分发挥立法意见征询的功能增量,以立法意见征询作为抓手,致力于尊法、学法、守法、普法、用法一体化推进。如在2022年的《体育法(修订草案)》意见征询过程中,虹桥联系点向华东政法大学附属中学的部分学生直播了有法学专家、实务部门工作人员和奥运冠亚军等参加的意见征询座谈会。这次直播活动通过让学生学习专业人士对法律条文提出修改意见的视角及方式、聆听奥运冠军和亚军讲述与法律条文有关的故事,使其更深入地了解立法工作、理解法律精神。这次征询座谈会将立法意见征询打造为学生参与法治实践的有益活动,让学生由被动的普法对象转化为主动的立法参与者,引导学生对法律知识的学习由被动接受转化为主动获取,为青少年学生呈现了一堂精彩、生动的立法实践课程。

6. 宣传接地气,讲述民主好故事

基层立法联系点已成为宣传展示中国之路、中国之治、中国之理的重要话题,是宣传展示全过程人民民主新的增长点和重要窗口。例如,关于修改《人口与计划生育法》的决定公布后,参与立法意见征询座谈会的一位居民很快发现有一条文字修改的建议被采纳。紧随其后,有人表示,这是"重视民意"。再如,来自丹麦的李先生,1993年他来上海,恰逢《公司法》颁布。近30年来,作为一名在中国创业的外国人,他见证了《公司法》的不断修改和完善。2022年,他亲身参与《公司法(修订草案)》法律意见征询,感到非常激动,认为这是中国民主全过程、全覆盖的一种表现:"我在上海生活了近30年,能请一些外国人来参与全过程的民主立法,我觉得非常好,非常有意义。"

（二）人民建议征集凸显人民当家作主

开展人民建议征集，是深化全过程人民民主的重要举措。近年来，在各方面的关心支持下，上海市人民建议征集工作在服务科学决策、推动政策完善、助力城市更新、增强自治活力等方面，加快创新实践，结出累累硕果。

1. 从"好建议"到"好政策"

人民建议征集是汲取民意、汇集民智的重要渠道。以黄浦区为例，在人民建议征集中，一旦发现政策制定及执行过程中的问题或短板，黄浦区第一时间"拾遗补缺"，推动公共部门更好服务广大市民群众。例如，打浦桥街道信访干部陈越在基层信访接待过程中发现，大病保险和医疗救助分属医保、民政两个系统，居民要分别跑两个部门才能完成医疗费用报销。为此，他通过区人民建议征集办提交了《关于推动市民医疗救助和大病保险"一站式"报销的建议》。这份建议引起了市医保部门的高度重视，有助于完善业务办理流程，大大方便群众办事。

来自基层的建议，往往事关群众切身利益。市民冯女士在日常生活中发现，医院等公共场所"第三卫生间"的缺失，给不少市民群众带来不便（如儿子陪伴母亲、女儿陪伴父亲就医）。为此，她提交了在公共场所设置"家庭卫生间"的建议。2022年9月，地方性法规《上海市市容环境卫生管理条例》吸收了关于在公共场所设立"第三卫生间"的建议，黄浦区首次实现人民建议征集在政策层面的"成果转化"。黄浦区将基层治理融入人民建议征集工作。如老西门街道鼓励市民群众通过人民建议征集渠道，围绕龙门邨小区的更新改造项目积极建言献策；淮海中路街道开展了"我为淡水路街区发展献一计"主题活动，听取群众为提升美丽家园品质的建议心声。此外，区人民建议征集办会同区房管局、团区委、区委政法委等部门，围绕既有多层住宅加装电梯、黄浦青年发展、平安黄浦建设等开展征集活动，取得了较好成效。有了这些好建议，黄浦区相关部门在后续工作开展中，持续推动这些建议"落地"解决，把"群众呼声"

变为"幸福掌声"。①

2. "众人的事情众人商量"

江苏路街道深耕人民建议征集工作，探索并逐步优化"提议定办评"协商五步法，形成了群众提需求建议、街道搭协调平台、部门促问题解决的工作链，推动实现共建共治共享。全覆盖、标准化建设家门口、楼门口、园门口人民建议征集联系点，形成"1中心+4网格+13居民区+X楼宇园区"矩阵，实现人民建议征集"零距离"，越来越多的居民走出家门、融入社区，积极为社区发展贡献力量，群众的"好声音""金点子"转化为城市治理的"金钥匙"、惠及民生的"金果子"。②

为了进一步完善辖区人民建议征集工作网络，江苏路街道将人民建议征集的触角延伸到"家门口""楼门口""园门口"，着力实现人民建议征集全覆盖、全时域。街道在社区事务受理服务中心、社区文化中心、街区市民中心3个公共服务中心基础上，将"人民建议征集点"全覆盖设进辖区内13个居民区，并逐步探索在华敏翰尊国际大厦、嘉春园区等经济载体中开展人民建议的征集，形成"3+13+N"的线下征集网点布局。江苏路街道在畅通"上海人民建议征集信箱"等平台的基础上，还充分利用官方微信、微博、网站等线上互动平台，以及民情箱开放建议征集功能方便市民随时随地提出推动本社建设和发展的"金点子"。

近年来，江苏路街道不断建立健全人民建议征集与专业领域互通对接的机制，除了线上平台，街道还充分发挥党代表、人大代表、政协委员、行业协会、社会组织负责人等专业人士的资源优势，依托街道"民情会诊室"等平台，梳理问题，提高人民建议的专业性和可行性。在街道司法信访综合服务窗口，每周二、四都有专业律师接待窗口，时有居民在咨询法律方面问

---

① 《黄浦人民建议征集驶入"快车道"》，2023年2月17日，上海市黄浦区人民政府网站，https://www.shhuangpu.gov.cn/xw/001001/20230217/dc0a4b64-a38f-4625-b1ed-df11315ee17f.html。

② 《共话新发展："众人的事情众人商量"，江苏路街道持续深化"全过程人民民主"》，2022年11月8日，上海市长宁区政府网站，https://www.shcn.gov.cn/col7587/20221108/1225259.html。

题的同时，反馈一些社情民意。负责接待的工作人员都会和市民分析情况，把相关问题再反馈到街道或相关部门。①

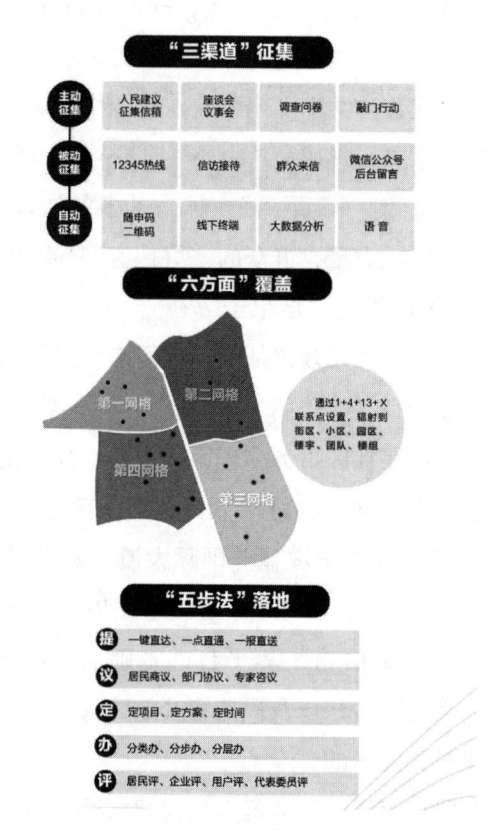

图1 上海市长宁区江苏路街道人民建议征集办理365工作机制

资料来源：《共话新发展："众人的事情众人商量"，江苏路街道持续深化"全过程人民民主"》，2022年11月8日，上海市长宁区政府网站，https://www.shcn.gov.cn/col7587/20221108/1225259.html。

3. "全过程人民民主生机勃勃"

由点到线，由线到面。从2020年成立上海市人民建议征集办公室，到

---

① 《上海长宁：江苏路街道通过二维码征集居民"金点子"》，2021年4月7日，上海市精神文明建设委员会办公室网站，http://www.shwmsj.gov.cn/znq/2021/04/07/24191040-9385-49aa-957c-2d1792b9e68c.shtml。

2022年底全市16个区都有了人民建议征集办，上海密织线上线下、多元立体的征集网络，推动征集渠道进社区、进企业、进高校、进机关，征集体系融入全市215个街镇、6400多个村居"家门口"服务体系。截至2023年4月，上海全市各级各部门通过人民建议征集渠道共收到群众建议18.7万件；为主动征集相关人民建议，上海市、区征集办联合70余家职能部门，开展专题活动150余次，收到建议超过3万条。一大批人民群众的"金点子"转化为城市治理的"金钥匙"，结出便民利民的"金果子"。

"信访是送上门来的群众工作，要通过信访渠道摸清群众愿望和诉求，找到工作差距和不足，举一反三，加以改进，更好为群众服务。"为贯彻落实习近平总书记这一重要指示，上海通过人民建议征集把"诉求"变为"建议"，各级党委和政府能够更加及时、更加深入地了解群众所思、所想、所盼，化"被动"为"主动"，将信访矛盾化解在源头。上海市信访办张副主任说："为民办事从'自己说好'到'大家叫好'，人民建议征集的过程成为精准对接需求、寻求理解认同的过程。"人民建议征集制度有力保障了人民群众对城市发展和治理的知情权、参与权、表达权和监督权。

上海的国际化程度高，人民建议征集制度也成为外籍居民观察、感受中国式民主的窗口。来自土耳其的罗先生在过去20多年里提出大小建议近100个，还在2021年底成为上海市优秀人民建议获奖者，被人们亲切地称为"洋啄木鸟"。评判一种民主形式好不好，实践最有说服力，人民最有发言权。《中国的民主》白皮书显示，近年来，中国人民对中国政府的满意度每年都保持在90%以上，这是中国民主具有强大生命力最真实的反映。[①]

（三）党的领导让基层民主行稳致远

党组织领导下的基层群众自治机制是全过程人民民主在制度程序完

[①] 《努力打造全过程人民民主最佳实践地——上海市将全过程人民民主贯穿人民城市建设纪实》，《人民日报》2023年4月9日，第1版。

整性上的体现，是全过程人民民主的规则基础和制度保障。民主是要用来解决人民需要解决的问题的。近年来，上海在基层民主实践中坚持制度体系和工作体系两手抓，演绎了全过程人民民主在基层最广泛、最生动的实践。

1. 坚持党的领导，密切联系群众

民心是最大的政治。带领人民创造幸福生活，是我们党始终不渝的奋斗目标。中国的民主把党的主张、国家意志、人民意愿紧密融合在一起，使得党、国家和人民成为目标相同、利益一致、相互交融、同心同向的整体，产生巨大耦合力，促进人民生活质量和水平不断提高。超大城市的民生难题如何破解？上海市委和市政府把最难啃的"硬骨头"——旧区改造作为头号民心工程，"决不让老百姓拎着马桶进入现代化"。

黄浦区外滩街道宝兴居民区党总支徐书记说："党始终是我们的主心骨，党建引领让人民当家作主融入旧改征收全过程。"区里以党建联席会议方式，组建专项小组破解征收过程中的热点难点问题，基层以临时党支部的方式将居民区党员骨干和征收事务所党员"拧成一股绳"，先后召开51场居民座谈会和听证会，多方面、分专题最大范围地征求居民对征收方案的意见和建议，使补偿方案最大限度贴近群众实际需求。

在广泛听取群众意见建议的基础上，宝兴里1136证居民仅用172天就完成了"100%自主签约、100%自主搬迁"，创造了上海大体量旧改项目的新纪录，实现了"当年启动、当年收尾、当年交地"和"零强迁、零上访"——这是倾听民声、尊重民意、顺应民心，践行全过程人民民主的结果。基层党组织创造的旧改群众工作"宝兴十法"，即一线工作法、精准排摸法、党员带动法、危中寻机法、平等交流法、循序渐进法、钉钉子法、换位思考法、组合拳法、经常联系法，很快在全市推广开。

黄浦区蓬莱路地块是旧改最后啃下的"硬骨头"之一，参与其中的基层干部对此深有体会地说，推进旧改的过程，就是一个倾听群众意见建议、不断完善政策措施、践行全过程人民民主的过程。2022年6月中旬，蓬莱路地块旧改二轮签约，首日签约率就达到了97.68%。签约生效后，居民开始陆续搬离,这片曾经的"城市洼地"即将发生变化——黄浦区对整个老城厢及周边制定了城市更新规划。未来,历史街巷会在此串联起商业、文化、旅游等多种功能。①

2. 发展基层民主,激发治理活力

习近平总书记强调,民主不是装饰品,不是用来做摆设的,而是要用来解决人民需要解决的问题的。在上海,火热的基层生活,诞生了一个个充满烟火气的民主形式,人们围绕涉及自身利益的实际问题,发表意见和建议,进行广泛协商,利益得到协调,矛盾有效化解,促进了基层稳定和谐,为发展全过程人民民主不断注入新的动力。

有事好商量,众人的事情由众人商量。黄浦区五里桥街道的春江小区有着近40年历史,非机动车车库老旧、葡萄架钢筋外露、休闲步道坑洼不平……居民们改变小区面貌的愿望很强烈,但居民间的意见、利益诉求各异,让改造老旧小区常常遭遇阻碍。为此,2019年,以上海的"美丽家园"建设为契机,运用党建引领居民自治的听证会、协调会、评议会"三会"制度,春江小区的人居环境整治拉开了帷幕。

改造什么?方案得听证。涉及300多户居民切身利益,要在各自不同诉求上找到最大公约数。为此,改造启动前,小区党总支和居委会面向全体居民征询议题。最终,议题聚焦在小花园改造等4个项目上,并在汇集居民意见、制定初步方案后,经由居民听证会表决、公示才敲定。怎么改造?多方要协调。比如,小区内的供水设施更新是个大工程。凿地挖槽,行动不便的老年人出门怎么办?更换水管、改造水泵房导致断水又该怎么办?一连串的问题,经过一次次的商讨、一次次的协调,居民们终于达成了共识,保证了项目的顺利施工。效果如何?大家来评议。2022年9月,春江小区的改造接近尾声,验收环节迎来了一场评议会:居民代表、物业公司、业委会成员进入各项目竣工现场评议。老旧小区重新焕发青春活

---

① 《努力打造全过程人民民主最佳实践地——上海市将全过程人民民主贯穿人民城市建设纪实》,《人民日报》2023年4月9日,第1版。

力，到处洋溢着喜悦的气氛。①

20多年来，从听证会、协调会、评议会形成最初的"三会"制度，到后来配套"公示制、责任制、承诺制"，再到前置"议题征询会、民主恳谈会和监督合议会"等，这些都为基层民主协商作了生动注脚，也是上海人民当家作主的生动写照。

3. "社区通"上线，百姓心声更近

"社区通"是宝山区在全国首创的党建引领智能化治理系统，是代表为民服务的"连心桥"。截至2022年10月，社区通已覆盖全区575个居村社区，吸引90万余居村民、55万余户家庭实名上线加入。全区300余名区人大代表通过扫描专属二维码，进入其所联系村居的"社区通"居委端。在"人民信箱"管理板块，跟踪梳理居民的意见和建议；在"议事厅"板块，参与居民自治议事协商的全过程，感受"微"改造带来的"大"变化；在"社区公告"栏，社区的大事小事新鲜事，都能跃然"机"上……

"社区通，通万家"将人大代表的服务通到了百姓的心门口，在实践中印证了显著成效。特别是企业代表、教育卫生等系统的代表，平日忙于专业工作，对居村情况了解相对较少，现在仿佛是拥有了"掌上民意收集器"，打开手机，稍多留心，就能实时看到很多群众关注的问题及社区自治的亮点、痛点、堵点和难点。"我亲身参与和见证了昌鑫时代绿源小区在'社区通'平台发起的社区核酸亭改造议事项目，经过志愿者们的妙手丹青，原本冷冰冰的核酸亭焕然一新，美化了小区环境，也彰显了小区齐心抗疫的独立魅力，这些鲜活又温暖的事例，给我带来了更多履职的灵感和动力。"张庙街道代表刁先生如是说。②

近来，"社区通" 2.0还专门开通了网上议事厅。老百姓有什么需求、好点子，都可以提出来，生动体现了全过程人民民主。2022年以来，为解

---

① 《努力打造全过程人民民主最佳实践地——上海市将全过程人民民主贯穿人民城市建设纪实》，《人民日报》2023年4月9日，第1版。
② 上海人大：《全过程人民民主案例专递⑲丨加减乘除"四法"，推动代表更好为民履职》，2022年10月20日，澎湃新闻，https://www.thepaper.cn/newsDetail_forward_20378275。

决飞线充电问题，淞南九村在居民小区新添了充电桩。而安装位置正是由社区居民"票选"得出的。可以说，全过程人民民主能有效地化解基层治理过程中的各种矛盾。社区作为基层的社会单元，是实现基层民主的重要场域，一个充满活力的社区能够给社区发展和基层民主发展带来源源不断的能量和智慧。①

二 全过程人民民主提出的时代背景与理论内涵

党的十九届四中全会通过《中共中央关于坚持和完善中国特色社会主义制度 推进国家治理体系和治理能力现代化若干重大问题的决定》，强调人民民主是我国国家制度和国家治理体系的显著优势。人民民主作为一种民主理念诞生于中国共产党的革命历程中，并随着新中国的成立转化为国家民主。改革开放以来，经济的快速发展和一系列社会改革推动社会结构变迁，人民民主实践的基础社会条件发生了很大变化，其中最为核心的是新时代社会主要矛盾的变化。我国社会的主要矛盾已经从人民日益增长的物质文化需要同落后的社会生产之间的矛盾，转化为人民日益增长的美好生活需要和不平衡不充分的发展之间的矛盾。社会基础条件的变化对新时代人民民主的实践提出了新的挑战，这些挑战主要体现在以下几方面：一是城乡大规模人口流动带来的人户分离，给城乡居民自治制度的实施带来了现实的困难；二是市场化改革带来的利益多元化给基层民主实践提出新的课题，即如何在保障人民根本利益的基础上有效回应人民不同群体多元化的需求；三是人民群众民主参与能力和参与意愿的提升，与既有的参与渠道和方式无法满足迅速增长的参与需求之间的张力。这些都是伴随经济社会进步产生的客观变化，如何有效回应这些挑战，在新条件下保障人民充分行使当家作主的权利，是党和国家治理体系现代化面临的新课题。

---

① 《上海：要温度更要品质，努力打造全过程人民民主最佳实践地》，2022年10月17日，人民网，http://zj.people.com.cn/n2/2022/1017/c186327-40162220.html。

2019年11月2日，习近平总书记到上海长宁区虹桥街道古北市民中心考察社区治理时强调，我们走的是一条中国特色社会主义政治发展道路，人民民主是一种全过程的民主，首次提出了"全过程民主"的概念。2021年3月，全国人大修改《中华人民共和国全国人民代表大会组织法》与《中华人民共和国全国人民代表大会议事规则》，明确将"全过程民主"写入法律。2021年10月，习近平总书记在中央人大工作会议上发表重要讲话，指出我国全过程人民民主实现了过程民主和成果民主、程序民主和实质民主、直接民主和间接民主、人民民主和国家意志相统一，是全链条、全方位、全覆盖的民主，是最广泛、最真实、最管用的社会主义民主。2022年10月，党的二十大报告把发展全过程人民民主确定为中国式现代化本质要求的重要内容，并对实践中如何发展全过程人民民主作出了全面部署，包括加强人民当家作主制度保障，全面发展协商民主，积极发展基层民主，巩固和发展最广泛的爱国统一战线四个方面的系统安排。①

"全过程人民民主"作为一种人类政治文明的新形态，对于当前西方民主的超越主要体现在两个方面。

第一，全过程人民民主的主体是"人民"。"人民"与"选民"一字之差却有根本性的区别，"选民"是法律上抽象的个体，以资格的平等性遮盖了具体人群在资源和参与能力上的差异性。而作为整体的"人民"的根本利益则是通过中国共产党的领导来实现的，与西方政党都明确表示代表特定的社会阶层或者利益群体不同，中国共产党不代表任何利益集团，而是始终代表最广大人民的根本利益。西方国家的民主虽然也标榜"人民主权"，但是其实际运作基本被占据社会主要资源的利益集团支配，缺乏组织能力和话语权的底层民众和边缘群体的权利很难得到保障。20世纪60年代，罗伯特·达尔认为，各种利益集团和社会力量通过平等的利益博弈所达到的一种竞争性均衡的状态，可以实现整个国家和社会的公共利益。但是，到了20

---

① 习近平：《高举中国特色社会主义伟大旗帜　为全面建设社会主义现代化国家而团结奋斗——在中国共产党第二十次全国代表大会上的报告》，人民出版社，2022，第37~40页。

世纪80年代，他的实证研究又揭示出，在实际的政治运行中，国家政策常常被大型利益集团主导，很难代表社会公共利益。[①] 与选民权利的行使受到金钱、信息和社会地位等一系列现实条件的制约不同，全过程人民民主强调的是全体人民都能参与，而且参与没有特别的门槛，普通的居民无须通过特定的组织形式也能随时表达自己的意见和要求，基层立法联系点制度的"家门口立法"正是这一精神的典型体现。

第二，在民主的实践形式上，突出民主的"过程性"。在全过程人民民主中，民主不仅是通过结果体现的，更是体现在持续性的参与过程中。首先，全过程人民民主倡导通过多种制度和机制保障人民直接有效行使民主权利。体现在国家制度设计中，就是人民行使民主权利的制度不仅有人民代表大会制度，还有中国共产党领导下的多党合作和政治协商制度、民族区域自治制度和基层群众自治制度等。通过这些体系化、多层次、全覆盖的制度设计，保证民主的过程并不局限在基层的社区等具体事务领域，也适用于国家层面的立法、财政和政府监督等重大基本决策过程。其次，全过程人民民主以多样化的参与渠道便利人民就更为细化的议题进行表达，人民可以就国家、社会和个人生活中方方面面的事务进行参与和表达，大到国家立法，小到道路绿化和社区垃圾分类等问题。投票因其操作时间、人数规模和成本上的限制，决定了其只能用于处理少部分公共议题，这会直接限制民众参与议题的广度。在参与深度上，选举民主也仅限于投票所指向的最终选择结果，特别是在政党政治兴起后，民主投票的结果指向的往往是政党打包的一揽子政策，对具体政策内容的修正、辩论甚至政策细节的了解都无法通过投票过程进行，民众的政治参与被限定在非常有限的范围内。因此，全过程人民民主大大拓展了议题的范围和类型，很多非决策性的民主权利行使，例如个体意见的表达也能为全过程人民民主所容纳。最后，全过程人民民主将民主从投票扩展到民主选举、民主监督、民主协商和民主决策等各个环节，使人民的民主参与突破了选举阶段性的时间限制，实现持续性动态化的参与。人民

---

① 参见陈炳辉《西方民主理论：古典与现代》，中国社会科学出版社，2016，第22~24页。

可以在公共政策酝酿、形成到实施的任何环节参与进来，政策细节的辩论、决策的形成到执行中的修正等都可以通过民主参与完成，从而大大提升了民主参与的广度、深度和有效性、持续性。

过程性是民主的内在要求，西方国家民主的一个重要局限就是窄化了民主的内涵。尤其是在熊彼特对民主进行程序性定义之后，内涵丰富的民主被化约为选举程序，选举的自由竞争程度成为衡量各国是否为民主国家的唯一指标。这极大地限制了民主发展的空间，不仅削弱了民主的丰富性，而且破坏了民主的过程性，将民主只限于投票选举。这样的民主观在实践中产生了很多问题，例如导致社会撕裂和族群斗争，甚至陷入民粹主义的风险，2021年发生的冲击美国国会事件正是这一民主体制缺陷暴露的现实例证。哈贝马斯等西方学者早在20世纪七八十年代就指出西方国家的民主存在三大基本问题，并提出协商民主理论等试图弥补这些缺陷，但在实践中并未起效。随着现代社会公共事务的复杂化，群体需求的差异化和参与的碎片化，单一形式的民主在回应性方面的局限性日益明显，人民群众多样化参与需求明显增加，强调民主的过程性正是对这一现实变化的回应。总之，通过全过程人民民主，公民不仅可以作为选民通过投票参与，还可以参与到广泛的治理实践中，影响、参与制定和实施公共政策，甚至作为公共服务的供给者参与到执行过程中。这不仅提高了人民民主权利实现的广泛性和有效性，还回应了现代社会的参与需求和治理任务的变化，是顺应人类政治发展规律的体现。

三 深化全过程人民民主基层实践的未来展望

习近平总书记指出，民主不是装饰品，不是用来做摆设的，而是要用来解决人民需要解决的问题的。近年来，上海以人民城市建设为指引，大力推进全过程人民民主在基层的实践，在城市管理、社区治理和公共服务等各方面取得了丰富的成果。实践不仅证实了全过程人民民主的有效性，也暴露出我国城市治理体系在推进基层民主中存在的一些问题，这些问题既有客观因素，也有主观的人的思想和认知水平的因素。未来，进一步推进全过程人民民主的贯彻落实，充分发挥人民民主的优势，要注重以下几方面的工作。

首先，在基层民主实践中加强党的领导，保证基层民主的有序健康发展。全过程人民民主在基层的实践过程中，由于参与人数众多，直接参与量大，以及利益诉求多元，确实存在一些参与和表达的无序现象，一定程度上影响了全过程人民民主的效能。这就需要在基层民主实践的过程中加强党的领导，通过党建引领的方式，提升党对民主建设方向的指导，加强民主实践中基层党组织对分散群众的组织力和对多元化利益矛盾的整合能力。民主集中制是党的基本工作方法，也是人民民主运行逻辑与西方自由主义民主的一个重要区别，在基层民主中加强党的集中统一领导，才能保证全过程人民民主有序、有效。

其次，全过程人民民主在基层的实践要重视提升相关主体的法治理念，主要是村居干部依法推进基层民主的观念意识，尤其是对《物权法》《居民委员会组织法》等相关法律法规内容和精神的掌握。现实中存在一些村居干部不懂法律规定，不理解业委会等相关主体和组织的功能，对社会组织培育和多元共治精神不明白、不清楚的现象，这都在客观上给全过程人民民主在基层的有效开展带来了障碍。为此，可采取加强村居基层干部理论学习与现场教学相结合的基本方法，请政法院校和上级部门的专业人士围绕城乡居民自治和社区建设的法律法规进行授课，同时邀请在城乡社区建设方面有经验的"老法师"就基层民主建设中常见的各种问题进行答疑解惑，全面提升村居干部民主法治的理论水平和业务能力。

最后，在民主实践过程中应用新技术应注重实效，避免陷入形式主义的陷阱。习近平总书记指出，"要全面贯彻网络强国战略，把数字技术广泛应用于政府管理服务，推动政府数字化、智能化运行，为推进国家治理体系和治理能力现代化提供有力支撑"。[①] 数字技术在我国国家治理过程中得到了

[①] 《习近平主持召开中央全面深化改革委员会第二十五次会议强调加强数字政府建设　推进省以下财政体制改革》，《人民日报》2022年4月20日，第1版。

大力推广，但实践中也存在一些技术形式主义的现象，即为了展现新技术而专门开发一些民主参与程序，但实际应用过程中民众尤其是老年人的使用体验并不好。未来在基层全过程人民民主中应用新技术应更加注重人民的生活体验，尤其是老年人和青年人等不同群体受众参与的特点和对于便利性的不同需求，才能使新技术真正服务于基层民主的现实需要。同时，在应用大数据和信息技术等新技术提升基层民主效能的同时，要注重数据的安全问题，慎用人脸识别等收集生物信息的做法。

与西方经典的现代化道路规划不同，在中国式现代化道路的探索中，中国共产党认识到现代化是一种手段，而满足人民对美好生活的向往才是推进治理转型的根本目的。从这个意义上来说，社区作为国家治理体系和治理能力现代化的基本单元，将全过程人民民主贯穿于社区治理的全过程，加强人民当家作主的制度保障，这是中国特色社会主义事业不断前进的不竭动力。未来，以全过程人民民主推动社区治理需要完善以"民心治理"为核心的新的治理逻辑，即聚焦于人民生活，通过不断提升社会公众的满意度和获得感，使社会个体基于满意度和获得感，对政府高度信任，对治理体系具有高度黏性，对现在和未来治理共同体充满期待。这种新的治理逻辑既是对已有社区治理创新的经验总结，也是对提升治理韧性的理论探索。

B.7
2022年平安中国建设与人身和财产安全权保障

化国宇　包佳涵[*]

摘　要： 2022年，平安中国建设在完善法律制度体系、防范化解重大公共安全风险、维护治安和打击犯罪以及加强特定群体人身财产权益保障等方面，以可见、可触、可感方式满足人民群众对美好生活的向往和期待。平安中国建设在人民安全权保障方面面临新的风险和考验，需要在构建"全域联动、立体高效"的国家安全防护体系、健全完善海外安全权益保障体制机制、科技赋能更高水平的平安中国建设方面持续发力，以新安全格局保障新发展格局，不断提高人民安全权保障水平。

关键词： 平安中国　人民安全权　人身财产安全

一　平安中国建设与人身和财产安全权保障的新进展

2022年，全国政法机关从更宽领域、更深层次和更高水平谋划推进平安中国建设，忠实履行维护国家安全、社会安定和人民安宁的重大责任，实现了人民安居乐业、社会安定有序的更高发展。2022年，平安中国法律制度体系不断健全完善，风险防控整体水平稳步提升，社会治理法治化、智能

---

[*] 化国宇，中国人民公安大学法学院副教授、博士生导师；包佳涵，中国人民公安大学法学院博士研究生。

化、专业化水平不断增强，人民获得感、幸福感、安全感更加充实、更有保障、更可持续，对人身安全权的保障更加充分，人民群众对平安建设的满意度从2017年的95.55%上升到2022年的98.15%。[①]

（一）"平安中国"法律制度体系进一步完善

进一步完善"平安中国"法律制度体系是2022年立法工作的重中之重，也是法治建设的重点内容。一系列重要法律法规的颁布施行将进一步夯实平安中国建设的法治根基，为人民的人身、财产、食药、生态、资源、网络、卫生等方面安全权益提供更加坚实的法律保障（见表1）。

表1 2022年制定、修订和修改的有关保障国家和公共安全的法律和行政法规

公布时间	立法主体	法律法规名称
2022年3月29日	国务院	《放射性药品管理办法》（修改）
2022年3月29日	国务院	《中华人民共和国进出口商品检验法实施条例》（修改）
2022年3月29日	国务院	《互联网上网服务营业场所管理条例》（修改）
2022年3月29日	国务院	《旅馆业治安管理办法》（修改）
2022年3月29日	国务院	《农药管理条例》（修改）
2022年3月29日	国务院	《保安服务管理条例》（修改）
2022年3月29日	国务院	《中华人民共和国道路运输条例》（修改）
2022年3月29日	国务院	《中华人民共和国母婴保健法实施办法》（修改）
2022年4月20日	全国人民代表大会常务委员会	《中华人民共和国期货和衍生品法》（制定）
2022年6月24日	全国人民代表大会常务委员会	《中华人民共和国反垄断法》（修改）
2022年6月24日	全国人民代表大会常务委员会	《中华人民共和国黑土地保护法》（制定）
2022年9月2日	全国人民代表大会常务委员会	《中华人民共和国反电信网络诈骗法》（制定）
2022年9月2日	全国人民代表大会常务委员会	《中华人民共和国农产品质量安全法》（修订）
2022年10月30日	全国人民代表大会常务委员会	《中华人民共和国黄河保护法》（制定）
2022年10月30日	全国人民代表大会	《中华人民共和国妇女权益保障法》（修订）
2022年12月30日	全国人民代表大会常务委员会	《中华人民共和国野生动物保护法》（修订）
2022年12月30日	全国人民代表大会常务委员会	《中华人民共和国对外贸易法》（修改）

---

① 《党的十九大以来政法工作取得十大历史性成效》，中国长安网，http://www.chinapeace.gov.cn/chinapeace/c100007/2023-01/29/content_12627477.shtml，访问时间：2023年1月30日。

2022年10月30日，十三届全国人大常委会第三十七次会议审议通过新修订的《妇女权益保障法》。修订后，首次明确了住宿经营者对女性的安全保障义务，进一步完善预防和处置性骚扰、性侵害制度机制，拓宽了性骚扰维权渠道，对人身安全保护令制度"再升级"。其中规定禁止以恋爱、交友为由或者在终止恋爱关系、离婚之后，纠缠、骚扰妇女，泄露、传播妇女隐私和个人信息，[1] 为妇女的人格尊严和人身安全提供了切实保障。

2022年，我国继续深入推进网络安全领域立法修法工作，制定修订《反电信网络诈骗法》《网络安全审查办法》《互联网信息服务算法推荐管理规定》《数据出境安全评估办法》等十余项管网治网相关法律法规，[2] 法治成为维护网络安全的有力支撑。为应对数字经济背景下数据跨境需求的快速增长，2022年7月7日，国家互联网信息办公室公布《数据出境安全评估办法》，这是落实《网络安全法》《数据安全法》《个人信息保护法》等有关数据出境规定的重要举措，进一步规范了数据跨境安全和自由流动，实现了保护个人信息权益、维护国家安全和社会公共利益的总体目标。

2022年，全国人民代表大会常务委员会以立法、修法形式应对平安中国建设中出现的数字经济领域风险问题，制定《期货和衍生品法》，修改《反垄断法》和《对外贸易法》。其中，《期货和衍生品法》规定建立完善风险防控制度和健全期货市场的风险识别、预防和处置制度体系，依法加强监管惩处，维护市场稳定运行，对保障各方合法权益，维护市场秩序和社会公共利益，维护国家经济安全、防范化解金融风险具有重要意义；《反垄断法》紧扣平台经济等新业态快速发展的时代脉搏，完善垄断协议安全港、个人隐私和个人信息保护等相关制度，依法规制大型平台经营者滥用数据和算法、技术、资本优势以及平台规则等实施垄断行为、进行无序扩张、扰乱经济秩序、妨碍公平公正、损害消费者权益等问题。

---

[1] 《妇女"半边天"作用日益彰显——新修订的妇女权益保障法有何亮点》，光明网，https://m.gmw.cn/baijia/2022-10/31/36124637.html，访问时间：2023年2月20日。

[2] 《2022网络法制建设年终盘点之一：网络立法蹄疾步稳》，国家互联网信息办公室网站，http://www.cac.gov.cn/2022-12/20/c_1673191495181555.htm，访问时间：2023年2月20日。

（二）加强重大公共安全风险预防，着力排查化解社会矛盾纠纷

2022年，"在社会基层坚持和发展新时代'枫桥经验'，完善正确处理新形势下人民内部矛盾机制"被写进党的二十大报告，赋予了新时代"枫桥经验"在全面建设社会主义现代化国家、实现中华民族伟大复兴新征程中的重大使命任务。"矛盾不上交、平安不出事、服务不缺位"是新时代"枫桥经验"最鲜明的标志。秉持这一理念，我国在加强重大公共安全风险预防、着力排查化解社会矛盾纠纷过程中取得重要成效。

一是有效防止恐怖主义犯罪和严重暴力犯罪的发生。2022年，全国公安机关持续严打暴力恐怖活动，坚决捍卫国家政治安全、社会安定和人民安居，创造连续6年暴恐案件"零发生"佳绩。一年来，全国公安机关深入推进打击整治枪爆违法专项行动，强化收缴管控，会同有关部门开展公务用枪、民用枪支、民爆物品安全大检查，全力消除涉枪涉爆安全风险。全年共破获枪爆案件2.5万起，排查枪爆从业单位1.8万家，发现整改安全隐患2.3万处；根据群众举报线索查破案件760余起，兑现奖励90余万元。全年持枪、爆炸犯罪发案数量同比分别下降21%、19%，我国是世界上枪爆暴力犯罪发案率最低的国家之一。[①]

二是提升社会治安防控能力水平，有力抓实公共安全隐患排查整治。2022年以来，公安部部署全国公安机关开展首批社会治安防控体系"示范城市"创建活动，全面加强"圈层查控、单元防控、要素管控"，有效牵引带动社会治安防控体系建设提档升级，社会治安防控整体水平显著提高。截至2023年3月，全国共建成5026个公安检查站，建成2.1万个街面警务站，日均投入74万人的社会面巡防力量开展巡逻防控，最大限度提高街面见警率、管事率。全国已建成智能安防小区近30万个，社会治安环境明显

[①] 《公安机关打击整治枪爆违法犯罪取得新成效，全国持枪、爆炸犯罪发案数量同比下降21%、19%》，公安部网站，https://www.mps.gov.cn/n2255079/n8819345/n8819484/n8819511/c8847594/content.html，访问时间：2023年2月20日。

改善。2022年，全国共有21.8万个小区实现"零发案"。①有力抓实道路交通和铁路、民航、港航、公交、地铁等公共安全隐患排查整治，减少公共安全事故发生。在机动车增加2129万辆，保有量达4.17亿辆，驾驶人增加2064万人，总量突破5亿人的情况下，交通安全形势稳中向好，较大、重特大事故明显减少。②

三是加强诉源治理，将矛盾纠纷化解在源头。坚持和发展新时代"枫桥经验"，把非诉讼纠纷解决机制挺在前面，推动更多法治力量向引导和疏导端用力，从源头上减少诉讼增量。2022年6月底至9月底，公安部部署全国公安机关开展夏季治安打击整治"百日行动"，各地公安机关坚持深入推进警情源头治理，严防严控"民转刑""刑转命"案件，深入开展"百万警进千万家"排查化解矛盾纠纷活动，共摸排各类矛盾纠纷297万余起，预警可能引发案件的突出矛盾纠纷15.4万起，有效化解各类矛盾纠纷273.5万起。③检察机关全面准确贯彻宽严相济刑事政策，落实少捕慎诉慎押和认罪认罚从宽，2022年全年制度适用率超过85%，量刑建议采纳率98.3%；一审服判率97%，高出其他刑事案件29.5个百分点。大量上诉、申诉案件从源头上得以化解。积极推进诉源治理，在监督办案过程中，针对个案、类案发生的原因，通过制发检察建议等方式，助力相关职能部门更好依法履职、加强源头治理。最高人民检察院向应急管理部发出第八号检察建议，推动安全生产治理模式向事前预防转型。地方检察机关结合办案制发社会治理检察建议4.7万件。④最高人民法院推动建立自上而下、全面覆盖的"总对总"多元解纷机制，全国四级法院以及7.8万个调解组织、6.9万家基层治理单位、32.8万名调解员在调解平台开展调解工作，为当事人提供

---

① 《公安部：2022年全国有21.8万个小区实现"零发案"》，中国新闻网，https://www.chinanews.com/gn/2023/03-01/9963237.shtml，访问时间：2023年3月5日。
② 《2022年我国机动车保有量达4.17亿辆》，中国政府网，http://www.gov.cn/xinwen/2023-01/11/content_5736176.htm，访问时间：2023年3月5日。
③ 《向人民报告！"百日行动"成绩单公布》，《人民公安报》2022年9月28日，第1版。
④ 《2022年检察工作晒出成绩单！》，最高人民检察院网站，https://www.spp.gov.cn/spp/zdgz/202301/t20230108_597980.shtml，访问时间：2023年2月28日。

菜单式、集约式、一站式纠纷化解服务，实现了纠纷从"解决得了"到"解决得好"质的飞跃。①

四是加强国（边）境管控，排除境外安全风险隐患渗入。2022年，全国移民管理机构累计查验出入境交通运输工具963.8万架（列、艘、辆）次，出入境人员1.157亿人次，统筹推进严厉打击妨害国（边）境管理犯罪"獴猎"行动——2022、"三非"外国人治理等专项行动，全年共查办妨害国（边）境管理违法犯罪案件3.23万起，抓获、查处各类违法犯罪人员11.78万名，② 坚决维护国家政治安全、口岸边境稳定和出入境管理秩序。

（三）维护治安、打击犯罪，保障人民人身财产安全

根据《中国统计年鉴2022》，2021年全国公安机关刑事案件立案总量为502.78万起，较上年增加5.17%（见图1）；2021年全国公安机关共查处治安案件551.78万起，较上年降低7.6%。2022年，全国刑事案件立案数同比下降12%，我国已经成为命案发案率最低、刑事犯罪率最低、枪爆案件最少、世界上公认最安全的国家之一。③

2022年进入夏季以来，一些带有夏季特点的违法犯罪案件高发，特别是"6·10"唐山烧烤店打人案件引发社会舆论高度关注。公安部自6月25日起在全国范围内部署开展夏季治安打击整治"百日行动"，从"打防管治"四条战线对各类违法犯罪发起凌厉攻势，积极回应人民群众呼声和关切，给人间"烟火气"装上"安全阀"（见图2）。行动期间，全国公安机关共破获刑事案件64万余起，抓获违法犯罪嫌疑人143万余名，挂牌整治治安乱点7442个，

---

① 《周强出席推进构建中国特色"总对总"在线多元解纷新格局工作座谈会讲话强调　健全完善中国特色一站式多元纠纷解决体系　推动建设更高水平的平安中国法治中国　贺荣主持》，最高人民法院网站，https://www.court.gov.cn/zixun-xiangqing-369661.html，访问时间：2023年2月19日。
② 《移民管理工作这一年累计查验出入境人员1.157亿人次》，公安部网站，https://www.mps.gov.cn/n2254314/n6409334/c8846521/content.html，访问时间：2023年1月27日。
③ 《通报公安机关开展依法打击涉野生动物犯罪专项行动成效暨公安部高质量按时办结2022年全国两会建议提案情况》，中国警察网，http://special.cpd.com.cn/wzzb/20230224/，访问时间：2023年2月28日。

2022年平安中国建设与人身和财产安全权保障

图1 2012~2021年公安机关刑事案件立案数量

资料来源：国家统计局2013~2022年《中国统计年鉴》。

全国刑事案件实现了立案同比下降、破案同比上升。公安部委托国家统计局开展的民意调查结果显示，人民群众对"百日行动"的满意度达97.72%。

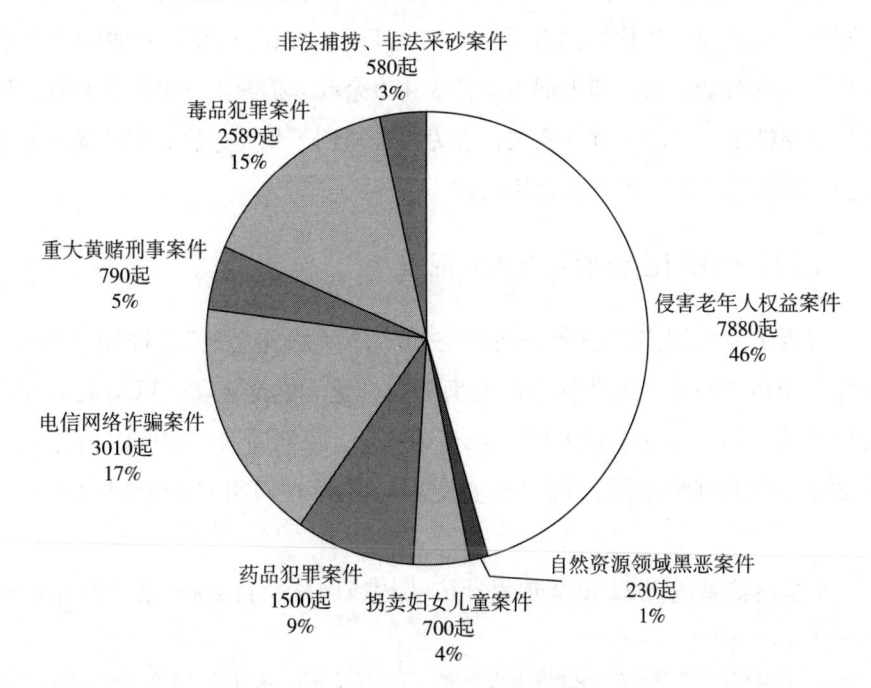

图2 2022年夏季治安打击整治"百日行动"期间侦破的主要案件类型数量和占比情况

资料来源：根据中华人民共和国公安部网站数据整理。

2022年，全国公安机关把打击锋芒对准群众反映最强烈、最深恶痛绝的各类黑恶势力违法犯罪，着力巩固和拓展专项斗争成果，持续推进扫黑除恶斗争向纵深发展，共打掉涉黑组织160余个、恶势力犯罪集团1520余个，破获各类刑事案件2万余起。①查处了"湖北黄石黄某刚等人黑社会性质组织案""上海顾某龙恶势力犯罪集团案"等一批典型案件。

在食品药品安全领域，针对近年来很多商家将含金（银）箔粉类物质加入食品作为消费噱头的情况，为消除食品安全风险，2022年1月29日，国家市场监管总局、国家卫生健康委、海关总署联合印发《关于依法查处生产经营含金银箔粉食品违法行为的通知》，要求各有关部门加大执法力度，严厉打击虚假宣传、生产经营及进口含金（银）箔粉食品等违法行为。2022年以来，为切实维护人民群众身体健康和用药安全，国家药监局以严查违法、严控风险为主线，在全国范围内组织开展药品安全专项整治行动，依法严打整治危害药品安全违法行为，查处了一批违法违规案件。2022年，全国公安机关食药环侦部门开展打击食药环和知识产权领域犯罪的"昆仑2022"专项行动，累计侦破刑事案件8.4万余起，摧毁了一批犯罪窝点，斩断了犯罪链条，整治了重点领域，有力打击遏制了相关违法犯罪活动，有力维护了社会稳定和人民群众合法权益。

（四）严厉打击新型网络违法犯罪

习近平总书记多次强调，网络空间不是"法外之地"。推动"平安"治理在现实和网络二元化社会的全面覆盖，建立健全现实、网络社会综合治理体系，为人民安全权上好"双保险"，全面推进网络空间法治化、营造更加清朗的网络空间，是"平安中国"建设在网络安全治理中的应有之义。

全国网信系统2022年全年累计依法约谈网站平台8608家、警告6767

---

① 《公安机关纵深推进常态化扫黑除恶斗争　打掉涉黑组织160余个、恶势力犯罪集团1520余个》，公安部网站，https：//www.mps.gov.cn/n2254314/n6409334/c8898448/content.html，访问时间：2023年2月27日。

家、罚款处罚 512 家、暂停功能或更新 621 家，下架移动应用程序 420 款，关闭违法网站 25233 家，处置传播涉疫谣言账号 2700 个（见图3）。

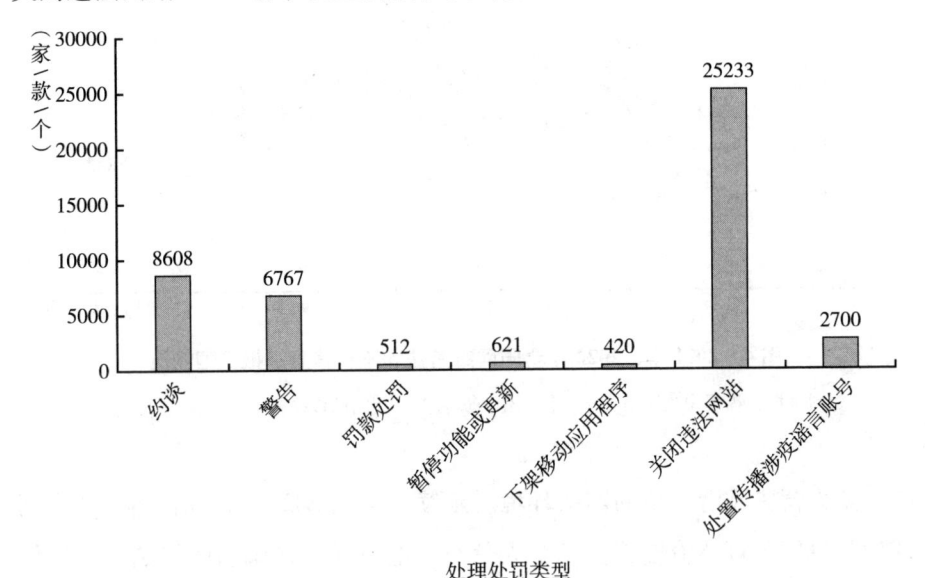

图 3　2022 年全国网信系统依法约谈、处置网络平台（账号）、移动应用程序数量

资料来源：根据中央网络安全和信息化委员会办公室网站数据整理。

中央网信办会同电信主管部门持续加大网络执法力度，深入推进"清朗·打击网络谣言和虚假信息"专项行动，依法严查各类违法违规案件，排查整治涉疫谣言。2022 年，中央网信办举报中心指导全国各级网信举报部门、主要网站平台受理网民举报色情、赌博、侵权、谣言等违法和不良信息 1.72 亿件，同比增长 3.6%（见图4）。其中，全国主要网站平台受理举报 1.57 亿件，同比增长 4.2%。在全国主要网站平台受理的举报中，主要商业网站平台受理量占 58.5%，达 9163.6 万件。[1]

全国公安机关网安部门深入推进"净网 2022"专项行动，持续打击危害网络秩序和群众利益的突出违法犯罪，整治网络乱象，不断净化网络生

---

[1] 《2022 年全国受理网络违法和不良信息举报 1.72 亿件》，中央网信办（国家互联网信息办公室）违法和不良信息举报中心，https://www.12377.cn/wxxx/2023/3fd99940_web.html，访问时间：2023 年 2 月 11 日。

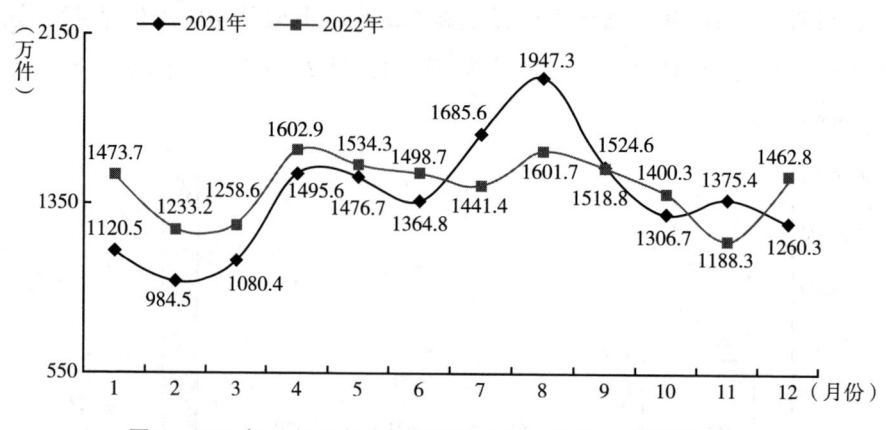

图4　2021年、2022年全国网络违法和不良信息举报受理情况

资料来源：根据中央网络安全和信息化委员会办公室网站数据整理。

态，全力营造风清气正的网络环境。延续"净网2021"行动内容，"净网2022"继续严打整治侵犯公民个人信息、电信网络诈骗和网络赌博、网络涉考等犯罪类型和"网络水军"、网络黑客等群体以及网络黑灰产业，用法治方式保障人民群众的人身安全、人格尊严和财产安全。其中，侦破造谣引流、舆情敲诈、刷量控评、有偿删帖"网络水军"案件550余起，关闭"网络水军"账号537万个，关停"网络水军"非法网站530余个，清理网上违法有害信息56.4万余条，有效净化了网络环境；累计侦办侵犯公民个人信息案件1.6万余起，尤其是针对恶意窃取中小学生、老年人等群体个人信息，非法侵入计算机系统获取个人信息，非法窃取快递信息，以及网上非法倒卖公民个人信息等重点方向全力开展侦查攻坚，有力维护了公民个人信息安全；打击不法分子非法生产、销售窃听窃照专用器材，偷拍群众隐私并网上传播售卖等严重侵犯人民群众隐私违法犯罪活动，累计侦办案件340余起，打掉非法窃听窃照专用器材生产窝点90余个，缴获窃听窃照专用器材14.1万件，[1]大大提升了数字环境下人民群众的安全感。

---

[1] 《公安部：2022年关闭"网络水军"账号537万个》，中国新闻网，https://www.chinanews.com/sh/2023/01-09/9931120.shtml，访问时间：2023年1月10日。

（五）重点保护老年人、妇女、儿童等特定群体人身财产权益

2022年2月25日，习近平总书记在十九届中央政治局就中国人权发展道路进行第三十七次集体学习时强调，要"促进妇女儿童、老年人、残疾人等特定群体权益更有保障"。① 中国政府用"硬拳头"保护妇女、未成年人、老年人、残疾人等特定群体，使其安全权益得到更好保障。

专项打击整治养老诈骗犯罪，全力守护老年人的"钱袋子"。2022年4月平安中国建设协调小组牵头在全国开展打击整治养老诈骗专项行动。全国共立案侦办养老诈骗刑事案件41090起、破案39294起，打掉犯罪团伙4735个，抓获犯罪嫌疑人6.6万余人，提起公诉8516人，一审判决案件1645起4523人，追赃挽损308亿余元，② 养老诈骗违法犯罪得到有力打击遏制。各地各有关部门共排查发现涉诈问题隐患23169个，已整治完成22398个，整治率96.7%，养老领域涉诈乱象得到有效整治。全社会反诈防诈意识明显增强，"不敢骗、不能骗、骗不了"的良好态势初步形成。国家统计局调查显示，82%的群众认为养老领域各种乱象减少，群众对专项行动的满意度达86%。③

2022年12月，随着国家疫情防控政策的调整，做好养老机构疫情防控，保证机构内老年人平稳度过疫情流行期，成为防重症、减少病亡的重中之重。12月22日，民政部召开全国养老机构、社会福利机构疫情防控工作视频会议，全力推动养老机构、社会福利机构疫情防控就医用药保障工作，要求尽快摸清每个养老机构、社会福利机构药品储备、医疗救治、健康服

---

① 习近平：《坚定不移走中国人权发展道路 更好推动我国人权事业发展》，《求是》2022年第12期。
② 《"立案超4万起，抓获犯罪嫌疑人6.6万余人"打击整治养老诈骗在行动》，中国青年网百家号，https://baijiahao.baidu.com/s?id=1744924082339429436&wfr=spider&for=pc，访问时间：2023年1月25日。
③ 陈一新：《全面总结专项行动成效经验，常态化推进打击整治工作，更好维护老年人合法权益》，中国长安网，http://www.chinapeace.gov.cn/chinapeace/c100007/2022-09/25/content_12673542.shtml，访问时间：2023年2月27日。

务、疫苗接种、部门应急处置预案等底数情况，形成紧急药品物资需求清单，会同相关部门加强风险研判，共同加强保障和落实，帮助养老机构、社会福利机构纾困解难。

全方位保障妇女儿童人身安全。2022年3月2日，全国公安机关打击拐卖妇女儿童犯罪专项行动动员部署电视电话会议召开，并于3月1日至12月31日开展打击拐卖妇女儿童犯罪专项行动，全力侦破拐卖妇女儿童积案、全力缉捕拐卖犯罪嫌疑人，全面查找失踪被拐的妇女儿童。2022年6月10日凌晨，河北省唐山市路北区某烧烤店发生一起寻衅滋事、暴力殴打他人案件，造成恶劣影响，引发社会广泛关注。案件发生后，公安部部署全国公安机关开展夏季治安打击整治"百日行动"，重拳打击突出违法犯罪，要求用硬的拳头保护妇女、儿童、老年人、残疾人、中小学生等群体。[1]

为未成年人和儿童提供安全清朗的成长和发展环境。2022年，全国各地开展儿童友好城市建设试点工作，多个省市出台相关具体规划，将"儿童友好"融入新型城镇化和公共服务均等化建设进程，满足了人民群众在"幼有所育""学有所教""弱有所扶"等方面日益增长的美好生活需要。2022年11月11日，最高人民法院、最高人民检察院、教育部发布《关于落实从业禁止制度的意见》，严格执行犯罪人员从业禁止制度，净化校园环境，对侵害未成年人合法权益行为"零容忍"。2022年11月15日意见施行当天，北京市海淀区人民法院少年法庭作出全国首例判决，被告人因犯猥亵儿童罪被判处有期徒刑，同时禁止被告人从事密切接触未成年人的工作。2022年，公安机关持续开展"护校安园"专项行动，加快推进校园安防建设，有力维护了广大师生和校园安全。其间，全国公安机关累计排查整改各类校园安全隐患72万处，清理校园周边治安乱点12万处，排查化解涉校涉生矛盾纠纷2.2万起。据统计，涉校刑事案件连续10年下降，2022年该类

---

[1] 《公安部：用硬的拳头保护妇女、儿童、老年人》，澎湃新闻，https://m.thepaper.cn/baijiahao_18747863，访问时间：2023年1月10日。

案件同比下降30.7%。① 2022年7月18日，中央网信办等部门联合持续启动"清朗·2022年暑假未成年人网络环境整治"专项行动，聚焦未成年人使用频率高的短视频直播、社交、学习类App，网络游戏、电商、儿童智能设备等平台，严格管控侵犯未成年人隐私、诱导未成年人网络沉迷、诱导未成年人参与直播打赏等10个方面。

二 平安中国建设与人身和财产安全权保障面临的挑战

从1992年党的十四大报告中首次出现"国家安全"一词，到2022年党的二十大报告中专章部署国家安全体系和能力现代化工作，表明了建设平安中国、不断续写社会长期稳定的中国奇迹在国家发展和治理中占据越来越重要的地位（"安全"和"国家安全"在报告中出现的次数见图5）。习近平总书记指出，国家安全是民族复兴的根基，社会稳定是国家强盛的前提。② 当前，在保障人民安全权、建设更高水平的平安中国、以新安全格局保障新发展格局的道路上，仍然面临着许多确定的和不确定的风险和挑战。

（一）传统安全与非传统安全威胁交织

近年来，百年变局与世纪疫情交织叠加，国际和地区形势深刻演变，传统安全与非传统安全深度交织，给全球安全治理带来严峻挑战。尤其是国际政治秩序长期不公正，经济发展不平衡，人类与自然矛盾尖锐，地区间摩擦冲突频发，导致非传统安全风险因素增多且日趋多元化，在经济、网络、数

---

① 《公安机关深入开展"护校安园"行动 涉校刑事案件连续10年下降》，公安部网站，https://www.mps.gov.cn/n2254314/n6409334/c8894272/content.html，访问时间：2023年2月25日。
② 习近平：《高举中国特色社会主义伟大旗帜 为全面建设社会主义现代化国家而团结奋斗——在中国共产党第二十次全国代表大会上的报告》，中国政府网，http://www.gov.cn/xinwen/2022-10/25/content_5721685.htm，访问时间：2023年2月15日。

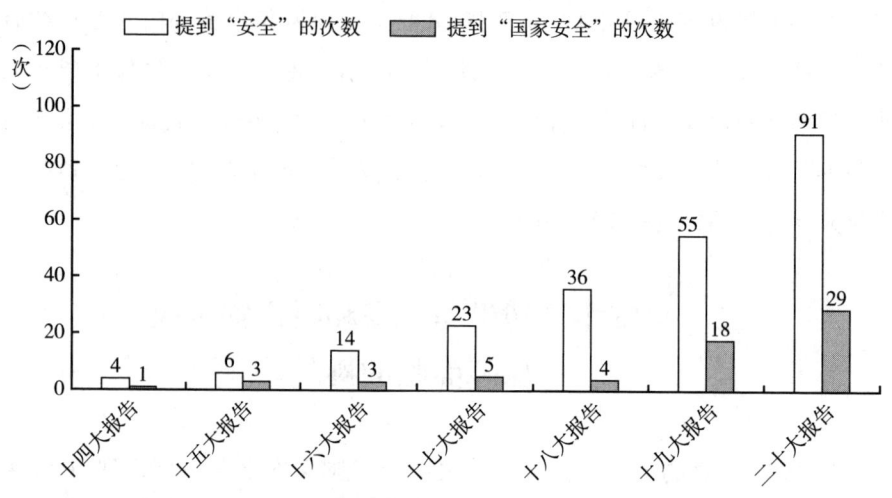

图5　党的十四大至二十大报告中有关"安全"和"国家安全"的词频统计

资料来源：党的十四大至二十大报告全文。

报告	提到"安全"的次数	提到"国家安全"的次数
十四大报告	4	1
十五大报告	6	3
十六大报告	14	3
十七大报告	23	5
十八大报告	36	4
十九大报告	55	18
二十大报告	91	29

据、生物、科技、资源等各方面逐步显现。同时，"非传统安全"威胁的"系统性"明显增强，很多非传统安全问题也可以在经济安全、政治安全、社会安全、网络安全等领域引发"蝴蝶效应"。例如新冠肺炎疫情对我国乃至世界各国的经济、社会、网络、文化等领域安全产生巨大影响，由此引发了经济下行压力较大、涉疫情负面新闻在网络空间发酵传播等涉稳风险等一系列问题。

（二）海外安全威胁日益凸显

习近平总书记在党的二十大报告中指出："世纪疫情影响深远，逆全球化思潮抬头，单边主义、保护主义明显上升，世界经济复苏乏力，局部冲突和动荡频发，全球性问题加剧，世界进入新的动荡变革期。"[1] 当前大国关系更加紧张，全球经济复苏缓慢，地缘政治风险增加，多国政治不稳定性加

---

[1] 习近平：《高举中国特色社会主义伟大旗帜　为全面建设社会主义现代化国家而团结奋斗——在中国共产党第二十次全国代表大会上的报告》，中国政府网，http://www.gov.cn/xinwen/2022-10/25/content_5721685.htm，访问时间：2023年2月15日。

剧，恐怖主义活动时有发生。① 2022年4月29日，中共中央政治局会议指出，乌克兰危机导致风险挑战增多，我国经济发展环境的复杂性、严峻性、不确定性上升，稳增长、稳就业、稳物价面临新的挑战。② 与此同时，个别西方国家频繁在国际舆论场上利用"自由""民主""人权"等话术打压、抹黑中国，对华数字打压态势明显，对华经贸遏制手段持续升级。海外安全威胁不仅使我国海外利益面临重大风险，也明显危及国内政治安全和社会稳定，并波及国内具体领域如粮食、能源资源、重要产业链供应链安全，威胁人民安全权益的实现。

（三）新型网络犯罪严重侵害人民群众切身利益

2022年9月，北京市朝阳区人民检察院发布《网络检察白皮书》，白皮书显示，2017年以来新型网络犯罪呈激增态势，网络化传统犯罪案件数量占网络犯罪案件总数的70.24%。其中，利用网络实施的盗窃、诈骗和非法集资犯罪是最主要的犯罪类型，占比约55%，③ 严重危害人民群众财产权益。

2022年4月14日，在国务院新闻办公室新闻发布会上，公安部刑侦局局长刘忠义指出，随着信息社会快速发展，犯罪结构发生了重大变化，传统犯罪持续减少，以电信网络诈骗为代表的新型网络犯罪已成为主流犯罪，并成为公安机关面临的严峻挑战。④ 2022年8月1日，中国司法大数据研究院发布的《涉信息网络犯罪特点和趋势（2017.1—2021.12）司法大数据专题报告》指出，近四成信息网络犯罪案件涉及诈骗罪，6.32%的网络诈骗案件

---

① 2023年1月17日，中国人民大学国家安全研究院与中海安集团联合发布了《中国海外安全风险蓝皮书（2023）》，报告表明我国在海外安全方面面临上述五种风险。
② 《中共中央政治局召开会议 习近平主持会议》，中国政府网，http://www.gov.cn/xinwen/2022-04/29/content_5688016.htm，访问时间：2023年1月30日。
③ 《新型网络犯罪数量增多手法加速迭代》，光明网，https://m.gmw.cn/baijia/2022-09/22/36042105.html，访问时间：2023年2月23日。
④ 《公安部刑侦局：以电信网络诈骗为代表的新型网络犯罪已成为主流犯罪》，人民资讯百家号，http://baijiahao.baidu.com/s?id=1730050996352458025&wfr=spider&for=pc，访问时间：2023年2月23日。

是在获取公民个人信息后实施的。① 与传统犯罪类型相比，电信网络诈骗犯罪具有犯罪链条长、组织性强、犯罪手法多变、技术性强等特点，同时因其犯罪成本低、收益高、易复制、难追查，作案群体呈几何式增长趋势，大量GOIP/VOIP 设备（利用手机号码和固定电话号码进行虚拟拨号的诈骗设备）、"猫池"设备被用于实施犯罪，新兴技术和手段层出不穷，洗钱工具和方式不断增多，对人民个人信息安全和财产安全产生威胁。

（四）科技发展引发公共安全问题

近年来，人工智能、大数据、新能源等新兴技术及相关业态不断涌现，在极大提高平安中国建设水准、提升各行业领域工作效率和社会经济效益的同时，也引发了如国家安全风险、公共数据泄露、公民隐私遭侵犯等新问题。作为人工智能深度学习领域的一个分支，深度合成技术在近几年迅速崛起，但同时伴随一定的科技安全风险。深度合成技术的快速发展，"在服务用户需求、改进用户体验的同时，也被一些不法人员用于制作、复制、发布、传播违法和不良信息，诋毁、贬损他人名誉、荣誉，仿冒他人身份实施诈骗等，影响传播秩序和社会秩序"，② 对国家政治安全和社会安定产生不良影响，严重损害人民群众的社会安全感。2022 年 9 月 5 日，国家计算机病毒应急处理中心和 360 公司分别发布了关于西北工业大学遭受境外网络攻击的调查报告。调查报告显示，美国国家安全局持续对西北工业大学开展攻击窃密，窃取该校关键网络设备配置、网管数据、运维数据等核心技术数据。③ 2022 年 12 月 11 日，蔚来公司收到外部邮件，声称拥有蔚来内部数据，并以泄露数据勒索 225 万美元等额比特币。12 月 20 日，蔚来汽车就用户数据遭窃取发表致歉声

---

① 《涉信息网络犯罪特点和趋势司法大数据专题报告发布》，最高人民法院百家号，http://baijiahao.baidu.com/s?id=1739978784475074795&wfr=spider&for=pc，访问时间：2023 年 2 月 23 日。
② 《国家互联网信息办公室等三部门发布〈互联网信息服务深度合成管理规定〉》，东方财富网，https://finance.eastmoney.com/a/202212112584696467.html，访问时间：2023 年 1 月 12 日。
③ 《西北工业大学遭美国 NSA 网络攻击事件调查报告发布》，央广网，http://m.cnr.cn/tech/20220927/t20220927_526021236.html，访问时间：2023 年 3 月 1 日。

明，证实了此前其用户数据被泄露的传闻，遭窃取数据为2021年8月之前的部分用户基本信息和车辆销售信息。① 与此同时，依托于信息网络的新型犯罪成为主要的犯罪形态，如赌博、诈骗等传统违法犯罪类型也依托新兴技术不断翻新作案手段，违法犯罪"数字化""智能化"趋势明显。

三 对策与建议

（一）构建全域联动、立体高效的国家安全防护体系

党的二十大报告提出以"构建全域联动、立体高效的国家安全防护体系"引领、推进、保障国家安全和能力现代化的战略部署。为建设更高水平的"平安中国"、保障人民安全权，必须坚定不移贯彻"总体国家安全观"，完善国家安全力量布局，全面增强维护国家安全能力。

一是贯彻落实"总体国家安全观"。按照总体国家安全观的本质要求，国家安全和社会稳定既具有"总体性"又具有"系统性"，实现总体国家安全依赖于全社会、各行业、各方面的发展和安全。这就要求全社会各行业领域既要有风险预防端口前移的意识和能力，"不让小风险演化为大风险，不让个别风险演化为综合风险，不让局部风险演化为区域性或系统性风险，不让经济风险演化为社会政治风险，不让国际风险演化为国内风险"，② 又要有科学的应对机制和人才、技术、设备、物资保障能力。

二是完善国家安全力量布局。国家安全是事关民族兴衰和人民安宁的头等大事，维护国家安全稳定不仅应当依靠本国的军事实力和公安机关、国家安全机关的力量，更要依靠全社会、全体人民群众的共同努力。"要坚持国家安全一切为了人民、一切依靠人民，动员全党全社会共同努力，汇聚起维护国家安全的强大力量，夯实国家安全的社会基础，防范化解各类安全风

---

① 《百万条用户信息遭公开销售 蔚来汽车深陷泄露门》，中国经济网，http://m.ce.cn/qc/gd/202212/27/t20221227_38309869.shtml，访问时间：2023年3月1日。
② 《习近平谈治国理政》第2卷，外文出版社，2017，第82页。

险，不断提高人民群众的安全感、幸福感。"① 要紧紧依靠群众力量守护好国家安全，增强全民国家安全意识和素养，完善群众参与平安中国建设的组织形式和制度化渠道，形成国家安全人人参与、人人维护的良好社会风气，形成维护国家安全的强大合力。

三是全面增强维护国家安全能力。进入新时代以来，国家安全和保障社会稳定能力快速提高，人民群众获得感、幸福感、安全感全面提升，中国成为世界公认的最安全的国家之一。为实现人民群众对于国泰民安、美好生活的更高期待，全面增强维护国家安全能力，应向国家安全重点领域、非传统领域提出更新更高的要求。当前，我国应当聚焦海外安全以及经济、重大基础设施、金融、网络、数据、生物、资源、核、太空、海洋等国内重点领域安全保障能力建设，着力提升防范化解重大风险能力水平，实现"发展""安全"两手抓，以"安全"保"发展"、以"发展"促"安全"，以国家安全能力建设促进全域联动、立体高效的国家安全防护体系不断发展完善。

（二）健全完善海外安全权益保障体制机制

近年来，我国海外公民、法人等群体和组织规模日益增大，海外利益拓展明显提速，对外贸易和战略资源通道依赖性日益增强。党的二十大报告将"加强海外安全保障能力建设，维护我国公民、法人在海外合法权益"作为维护国家政权安全、制度安全和意识形态安全的重要措施提出，言明健全完善海外安全权益保障体制机制的重要性、必要性和紧迫性。因此，防范化解外部环境重大风险，消除国际环境和国际关系的不确定性带来的影响，才能确保海外公民、法人和其他组织的人身安全和财产安全不受侵害。

一是加快构建海外公民和法人合法权益保障制度体系。全面提速推进领事保护、境外投资、域外管辖等涉外立法进程，深入研判国际条约规则新变化新趋势，丰富完善海外公民和机构合法权益保障法律规范体系，对妄图危

---

① 中共中央文献研究室编《习近平关于社会主义社会建设论述摘编》，中央文献出版社，2017，第181页。

害我国海外利益的相关人员和机构起到震慑作用。全面提升保护海外公民和机构合法权益的政府治理能力，加强现有海外安全权益保障体制机制体系化、有效性建设，满足快速增长的海外利益保护需求。

二是推动构建公共安全国际合作体制机制，以合作促安全、以安全保发展。推进跨境犯罪合作打击机制，针对恐怖主义、有组织犯罪和新型网络犯罪等人民群众反映强烈的违法犯罪活动展开凌厉攻势，有力保障国内外公民和机构的人身权益和财产权益。加强海外安保合作机制建设，通过驻外使领馆，与公民、法人所在国的相关主管部门保持密切联系，提升海外安全保障服务质量水平。

三是统筹完善海外安全利益保护风险预警防控体系。全面提升各部门风险预警防控能力智能化、专业化水平，形成布局合理、反应快速、运行有效的风险预防预警系统，多方式、多渠道地收集研判本领域突出风险信息，全方位增强安全态势感知能力。建立协调机制，统筹各部门完善安全风险监测和研判磋商机制，统一协调分析相关数据信息，共同研拟对策，提升海外安全风险预防能力和安全保障能力，切实保障海外公民和机构的安全权益。

（三）科技赋能更高水平的平安中国建设

数字时代背景下，科技创新日益成为维护国家安全和社会安定的支撑力量，是决定平安中国建设深度、广度的关键要素之一。为实现党的二十大规划的2035年"科技强国""平安中国"发展建设目标，使人民生活更加幸福美好，应当积极发挥科技创新在平安中国更高水平建设进程中提质增效的重要作用。

一是要积极推进国家"科教兴国"战略、科技法治和科技安全政策形成"三位一体"整合互动的良性关系。深入实施"科教兴国"战略，必须从国家层面顶层谋划、超前布置，优化配置科技创新资源和科技人才资源，实现关键技术"硬"实力和人才队伍"软"实力"两手抓"，使之共同服务于创新型、数字化"平安中国"建设。应当通过数字社会科技治理回应法治系统和法治体系的构建和完善，以科技治理实践反哺"平安中国"法律制度体系建设，解决平安中国建设中出现的新型网络违法犯罪和科技犯罪等问题，完善科技创新社会治理体系。此外，相比法律法规而言，政策更加具有阶段性、灵活性和及时性，能够准确及时高效应对平安中国建设中的阶段性挑战和突发风险事件，对于稳步拓展平安中国建设深度和广度、提升保障国家安全和人民安全权益的能力和水平具有积极意义。

二是要让新技术成为打击违法犯罪的有力手段。针对利用信息网络实施的盗窃、诈骗和非法集资等违法犯罪，应当以预防性法律制度体系为依托，不断健全完善信息分析预警系统，提高新型网络犯罪监测精准度，主动、及时、精准找到潜在受害对象并劝阻拦截，避免人民群众遭受经济损失。要以新兴技术为抓手，加强数字社会法治保障建设，加强公民个人信息及数字身份信息保护，完善对NFT（Non-Fungible Token，非同质化通证）等新兴数字产品的法律规制，防范化解数字领域安全风险隐患，保障人民群众数字身份安全和数字财产安全。

三是要科学应对科技安全风险。数据泄露已经超过数据破坏成为数据安全的最大风险，[①]但是，为了信息不被泄露而叫停公共数据使用或公开，无疑是因噎废食的行为。因此，应当充分发挥"隐私计算"等新兴数据安全技术和科技安全法律制度在应对科技安全风险中的"技治"和"法治"作用，加强对动态数据的体系化、法治化保护，破解数据泄露风险难题，保障国家政治安全、科技安全、信息安全和数据安全，保护人民群众数据权益不受侵害。要集中资源建设国家重大科技创新集群，尽快实现一批关键核心技术和前沿技术突破，解决关键核心技术"卡脖子"问题，消除超级大国技术垄断和"封锁"的威胁，为建成更高水平的平安中国提供强大的科技屏障。此外，应当积极推进无国界、无障碍、无歧视的"全球科技共同体"建设，加强科学知识交流和技术创新的高水平开放合作，携手应对全球科技进步带来的气候变化、环境污染、传染病疫情等全人类科技安全风险问题，有效回应世界各国人民的共同关切，营造更加安全的世界发展环境。

[①] 在第37次全国计算机安全学术交流会数据安全分论坛上，《中国政企机构数据安全风险分析报告》发布，报告指出，数据泄露已经超越数据破坏成为数据安全的最大风险。

B.8
检察机关公益诉讼的人权
司法保障新进展

周伟 杨若栏*

摘　要： 2022年，法律拓展了检察公益诉讼的范围。检察机关通过完善公益诉讼相关规范、创新公益诉讼办案模式、加强公益诉讼案例指引等举措，提高了环境权利、健康权利、个人信息权益、特定群体权益等领域检察公益诉讼的法律专业能力。检察机关公益诉讼促进人权司法保障要优化公益诉讼机构和队伍专业法律能力建设，创新公益诉讼检察人权司法保障理念，平衡各地检察机关公益诉讼工作发展，将检察公益诉讼作为中国式现代化建设中人权事业全面发展的重要抓手。

关键词： 检察机关　公益诉讼　人权司法保障

2022年检察公益诉讼的新进展提高了检察公益诉讼工作中对人权的尊重和保障的法律专业能力。在制度层面，检察公益诉讼人权司法保障的法律支持体系不断完善，法律拓展了检察公益诉讼的范围，法定办案领域从"4+5"拓展到"4+9"的格局。司法解释、司法文件和规范性文件的发布为检察公益诉讼的制度和程序机制完善提供了专业规范指引。在实践层面，大数据的赋能助推了法律监督能力的提升。最高人民检察院、最高人民法院

---

* 周伟，四川大学法学院教授，山东大学法学院（威海）特聘兼职教授，主要研究方向为宪法、人权法；杨若栏，四川大学法学院硕士研究生，主要研究方向为宪法、人权法。

以及部分省市发布的检察公益诉讼案例丰富了检察公益诉讼人权司法保障的实践经验，促进了对环境权利、健康权利、未成年人权益、个人信息权益、妇女权益、残疾人权益等人权的司法保护。

一 检察机关公益诉讼促进人权司法保障的制度进展

2017年《中华人民共和国民事诉讼法》和《中华人民共和国行政诉讼法》修改时增加了人民检察院有权就生态环境和资源保护、食品药品安全、国有财产保护、国有土地使用权出让四个法定领域提起公益诉讼的条款。此后在单行法的制定或修订中，检察公益诉讼条款逐步被纳入《中华人民共和国英雄烈士保护法》（2018年）、《中华人民共和国未成年人保护法》（2020年修订）、《中华人民共和国安全生产法》（2021年修订）、《中华人民共和国军人地位和权益保障法》（2021年）、《中华人民共和国个人信息保护法》（2021年），形成了"4+5"的格局。

2022年全国人大常委会制定和修订的四部法律中，新增了检察公益诉讼条款（见表1），进一步完善了检察公益诉讼的法律支持体系，也在立法上明确了检察公益诉讼人权保障工作的法律依据，形成了检察公益诉讼法定办案领域的"4+9"格局，为"4+N"格局提供了法律发展空间。

表1 2022年相关法律中有关检察公益诉讼的规定

发布时间	法律名称	条款	涉及内容
6月24日	《中华人民共和国反垄断法》（2022年修订）	第60条	经营者实施垄断行为，损害社会公共利益的，检察院可以提起民事公益诉讼
9月2日	《中华人民共和国反电信网络诈骗法》	第47条	检察院在履行反电信网络诈骗职责中，对于侵害公益的行为，可以提起公益诉讼
9月2日	《中华人民共和国农产品质量安全法》（2022年修订）	第79条	食用农产品生产经营者违反本法规定，污染环境、侵害众多消费者合法权益，损害社会公共利益的，检察院可以提起诉讼
10月30日	《中华人民共和国妇女权益保障法》（2022年修订）	第77条	侵害妇女权益致社会公共利益受损，符合一定情形的，检察机关可以提起公益诉讼

资料来源：根据北大法宝法律数据库"法律法规"整理。

除全国人大常委会通过的法律外,国务院、最高人民法院、最高人民检察院发布的一些规范性文件和司法文件(见表2),在加强检察公益诉讼在办案听证工作、协作、衔接机制等方面的规范指引的同时,也在环境权利、残疾人权益、知识产权、消费者权益等领域规定了检察公益诉讼的适用,完善了检察公益诉讼人权司法保障的法律支持体系。

表2 2022年国务院规范性文件以及最高人民法院、最高人民检察院的司法解释、司法文件中有关公益诉讼的规定

发布时间	文件名称	发布机构	涉及内容
4月20日	《国务院办公厅关于进一步释放消费潜力促进消费持续恢复的意见》	国务院办公厅	完善公益诉讼制度,探索建立消费者集体诉讼制度
5月10日	《最高人民法院、最高人民检察院关于办理海洋自然资源与生态环境公益诉讼案件若干问题的规定》	最高人民法院、最高人民检察院	规定了海洋自然资源与生态环境公益诉讼的提起主体、管辖法院等
1月5日	《人民检察院公益诉讼办案听证工作指引》	最高人民检察院	规定了公益诉讼案件听证会参加人、程序等
2月11日	《最高人民法院、最高人民检察院、公安部、司法部、中国残疾人联合会关于深入学习贯彻习近平法治思想,切实加强残疾人司法保护的意见》	最高人民法院、最高人民检察院、公安部、司法部、中国残疾人联合会	进一步发挥检察公益诉讼职能,推进无障碍环境建设等公益诉讼
2月28日	《最高人民检察院关于全面加强新时代知识产权检察工作的意见》	最高人民检察院	稳步开展知识产权领域公益诉讼等
2月	《关于加强国有财产保护、国有土地使用权出让领域公益诉讼检察工作的通知》	最高人民检察院	实现"国财国土"领域市级院层面办案全覆盖,提升办案质效等
4月29日	《最高人民检察院关于支持和服务保障浙江高质量发展建设共同富裕示范区的意见》	最高人民检察院	对检察公益诉讼在妇女、残疾人权益保护、食品药品安全、生态环境保护等领域的适用以及跨行政区划公益诉讼办案协作机制等作出规定

续表

发布时间	文件名称	发布机构	涉及内容
5月17日	《关于建立健全水行政执法与检察公益诉讼协作机制的意见》	最高人民检察院、水利部	明确协作机制的重点领域和具体措施等
7月1日	《最高人民法院关于充分发挥环境资源审判职能作用,依法惩处盗采矿产资源犯罪的意见》	最高人民法院	依法妥善审理生态环境保护附带民事公益诉讼案件,落实人民陪审员参加盗采矿产资源社会影响重大的案件和公益诉讼案件审理的制度要求
8月2日	《最高人民检察院关于支持和服务保障贵州在新时代西部大开发上闯新路的意见》	最高人民检察院	对检察公益诉讼的协作配合机制、衔接机制、案件范围拓展等作出规定
8月	《关于贯彻执行〈中华人民共和国反垄断法〉积极稳妥开展反垄断领域公益诉讼检察工作的通知》	最高人民检察院	严格把握办案要求、立案条件、审批程序,加强自身能力建设等
12月26日	《最高人民法院关于为促进消费提供司法服务和保障的意见》	最高人民法院	进一步完善消费民事公益诉讼与私益诉讼衔接机制,探索建立食品安全民事公益诉讼惩罚性赔偿制度等

资料来源：根据北大法宝法律数据库"法律法规"、最高人民检察院网站"网上发布厅"整理。

此外,水利部、生态环境部、国家卫生健康委等部门发布的规范性文件和工作文件也完善了检察公益诉讼制度在程序机制和适用领域方面的规范指引,涉及未成年人权益、平等就业权益、环境权利等。如2022年6月,国务院未成年人保护工作领导小组印发《未成年人文身治理工作办法》,规定检察院有权对因文身导致未成年人合法权益受侵犯的行为提起公益诉讼;2022年7月,国家卫生健康委、全国妇联等17部门联合印发《关于进一步完善和落实积极生育支持措施的指导意见》,指出"探索开展妇女平等就业权益保护检察公益诉讼";2022年8月,生态环境部、最高人民检察院等部门联合印发《黄河生态保护治理攻坚战行动方案》《深入打好长江保护修复攻坚战行动方案》,强调积极运用和发挥公益诉讼检察职能;等等。

2022年，一些地方性法规在不同领域都纳入了检察公益诉讼条款，丰富了公益诉讼法律规范体系。例如，在生态环境和资源保护领域，陕西、贵州、广东、吉林、江西、辽宁、福建、青海等省（区、市）的地方性法规涉及河流保护、黑土地保护、矿山生态修复、大气污染防治等环境权利保护。在妇女权益保障领域，河北、河南的《反家庭暴力条例》以及《上海市妇女权益保障条例》中均纳入了检察公益诉讼条款。在个人信息保护领域，《苏州市数据条例》规定了检察机关有权对违规处理个人信息、侵害众多个人权益的行为提起公益诉讼。在无障碍环境建设领域，《珠海经济特区无障碍城市建设条例》纳入了检察公益诉讼条款。在未成年人保护领域，上海和江西均将检察公益诉讼条款纳入了《未成年人保护条例》。此外，还有的省（区、市）在地理标志保护、革命文物保护利用、消费者权益保护、安全生产、文化遗产保护领域等地方性法规中都纳入了检察公益诉讼条款。

二 检察机关公益诉讼促进人权司法保障的实践进展

（一）创新检察公益诉讼人权司法保障工作的办案模式

2022年，公益诉讼检察的信息化、智能化建设取得新进展，大数据赋能更好地发挥了检察机关的法律监督职能作用，进一步促进了检察公益诉讼人权司法保障。成都市检察机关于2020年初开展公益诉讼协同化、社会化发展及其体系建设工作，通过数据信息共享、多平台联动、线索举报奖励机制等措施加强协同，提升社会参与水平。[1] 2022年6月29日全国检察机关数字检察工作会议召开，要求充分运用大数据赋能法律监督。[2] 7月19日

---

[1] 参见成都市人民检察院课题组《2020年成都市检察机关公益诉讼协同化、社会化体系建设》，李林、刘志诚、田禾主编《法治蓝皮书：四川依法治省年度报告No.7（2021）》，社会科学文献出版社，2021，第171~182页。

[2] 《深入贯彻习近平法治思想，以"数字革命"驱动新时代检察工作高质量发展》，《浙江日报》2022年6月30日，第1版。

"益心为公"志愿者检察云平台正式启动，社会更多地参与到案件线索反映、听证等程序中来。① 重庆、浙江、湖北等地检察机关利用大数据监督模型摸排、研判线索等。② 浙江省、北京市、甘肃省陇南市等省市在规范性文件中均将数字检察建设作为加强新时代法律监督工作的要求之一。

（二）加强检察公益诉讼人权司法保障的案例指引

随着案例指导工作的不断加强和完善，新时代的指导性案例和典型案例将继续为立法提供参考，为检察司法办案提供指引，为普法提供教材，助推法治中国建设迈向更高水平。③ 据不完全统计，2022年最高人民检察院、最高人民法院共发布检察公益诉讼案例145件。④ 这些案例在环境权利、健康权利、个人信息权益、特定群体权益保障等方面发挥了实践指引作用。

1. 最高人民检察院、最高人民法院检察公益诉讼案例发布总体情况

第一，整体来看，最高人民检察院、最高人民法院发布的检察公益诉讼案件类型大部分集中于诉讼法明确列举的传统法定领域（见图1）。生态环境和资源保护、食品药品安全、国有财产保护及国有土地使用权出让领域的案件所占的比重最高，三项总和占比达到66.2%，有力保障了公共利益和人民群众的环境权利、健康权利。新领域的案件类型主要涉及安全生产、残疾人权益保护、妇女权益保护、英烈权益保护、未成年人保护以及个人信息保护等。

---

① 《"益心为公"志愿者检察云平台正式启动》，《检察日报》2022年7月20日，第1版。
② 《数字检察建设加快推进 数据"慧眼"赋能法律监督》，《人民日报》2022年7月28日，第19版。
③ 郑智：《案例指导：检察工作高质量发展的新引擎》，《检察日报》2022年2月23日，第1版。
④ 最高人民检察院发布了11次共107件公益诉讼典型案例，10件检察公益诉讼指导性案例。最高人民法院发布的20件典型案例、11件指导案例、1件公报案例也均涉及检察公益诉讼案例，除去相同的案例4件，共计145件。数据来源：最高人民检察院网站"网上发布厅"，检索方法以"公益诉讼"为页面搜索条件，共查询到2022年发布的11次典型案例，并检索2022年发布的第三十三批至第四十一批指导性案例名称中包含"公益诉讼"的检察机关公益诉讼案例；最高人民法院网站"典型案例发布"、"指导案例"、最高人民法院公报案例，名称中包含"公益诉讼"的检察机关公益诉讼案例。

检察机关公益诉讼的人权司法保障新进展

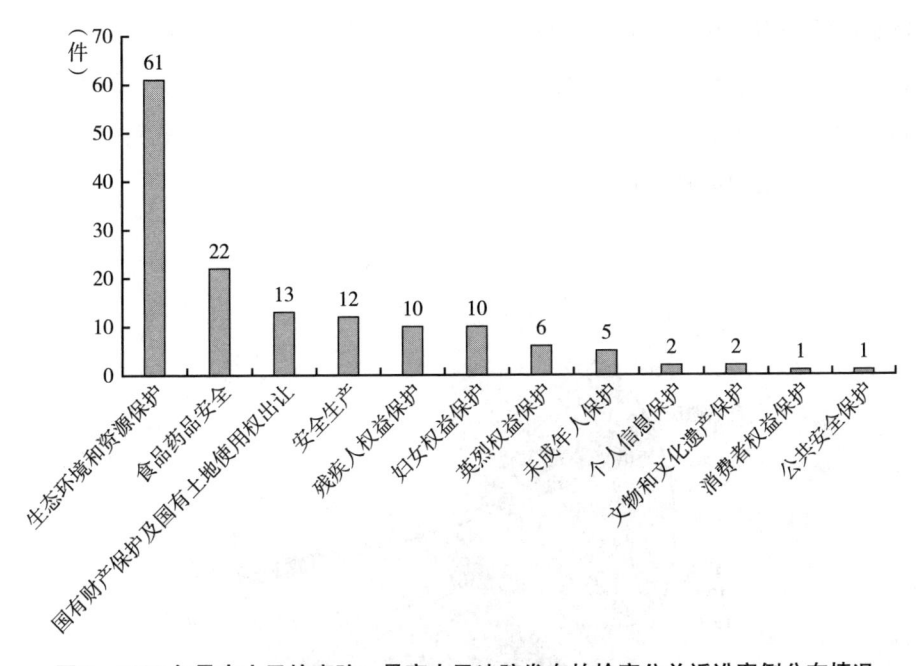

图1 2022年最高人民检察院、最高人民法院发布的检察公益诉讼案例分布情况

资料来源：根据最高人民检察院网站"网上发布厅"以及最高人民法院网站"典型案例发布"、"指导案例"、最高人民法院公报案例整理。

第二，检察公益诉讼案例的发布同全国人大常委会年度立法工作计划、新颁布的法律、规范文件联系紧密。一方面，检察公益诉讼案例的发布有助于推动相关规范的制定和完善。如2022年3月最高人民检察院发布一起未成年人文身治理指导性案例，6月国务院未成年人保护工作领导小组印发《未成年人文身治理工作办法》。另一方面，检察公益诉讼案例的发布适应法律规范的制定或修订。例如，2022年6月1日《中华人民共和国湿地保护法》施行后，最高人民检察院于11月发布了首批湿地保护公益诉讼典型案例；2022年10月《中华人民共和国妇女权益保障法》（以下简称《妇女权益保障法》）修订后，最高人民检察院11月发布了妇女权益保障检察公益诉讼典型案例；等等。

2. 环境权利

最高人民检察院、最高人民法院发布的61件生态环境和资源保护类检察公益诉讼案例中，包括水、海洋、土地、矿藏、森林、湿地、野生生物、自然遗迹等环境要素保护（见图2）。涉及水生态环境保护的案例最多，涵盖河岸湖线保护、地下水资源、行洪安全等。7件"其他"类案例中，涉及固体废物、危险废物治理。

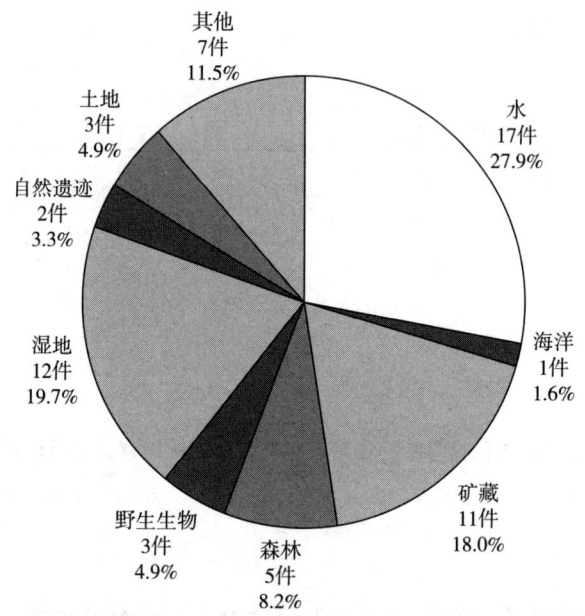

图2 2022年生态环境和资源保护检察公益诉讼案例发布情况统计

资料来源：根据最高人民检察院网站"网上发布厅"以及最高人民法院网站"典型案例发布"、"指导案例"、最高人民法院公报案例整理。

3. 健康权利

2022年2月，最高人民检察院挂牌督办了一批"消"字号产品抗（抑）菌制剂非法添加药物公益诉讼案件线索。[①] 2022年发布的22件食品药品安全公益诉讼案例中，涉及食品安全6件，药品安全14件，非法添加抗（抑）菌制剂案2件（见表3）。

---

① 《最高检督办抗（抑）菌制剂非法添加药物案件　加大查办力度　形成监管合力》，《人民日报》2022年2月22日，第13版。

表 3　2022 年食品药品安全检察公益诉讼案例

类型	案由
食品安全	生鲜乳安全、畜禽肉产品质量、养老机构食品安全、餐饮具集中消毒、网络餐饮食品安全、保健品非法添加
药品安全	医疗美容监管、医师违法开具处方药、成瘾性药品滥用、非法行医卖药、公立医院基本药物配备、生产销售假药、过期药品、中草药铺违规经营、假中药销售、医美行业非法经营、网络平台药店违法销售处方药、药品广告虚假宣传、非法邮寄伪劣药品、销售假药
非法添加抗（抑）菌制剂	婴儿抗（抑）菌制剂中违规添加禁用成分、抗（抑）菌制剂类消毒产品中违规添加禁用物质

资料来源：根据最高人民检察院网站"网上发布厅"以及最高人民法院网站"典型案例发布"、"指导案例"、最高人民法院公报案例整理。

4. 未成年人权益

2022 年 1 月至 9 月全国检察机关未成年人保护公益诉讼立案 7045 件，[①]较前两年更多。2022 年发布的未成年人检察公益诉讼案例所涉领域更加广泛，包括个人信息保护、文身治理等（见表 4）。

表 4　2022 年未成年人权益保护检察公益诉讼案例

发布时间	公益诉讼案件	案由	类型
2022 年 3 月 7 日	浙江省杭州市余杭区人民检察院对北京某公司侵犯儿童个人信息权益提起民事公益诉讼、北京市人民检察院督促保护儿童个人信息权益行政公益诉讼案	短视频 App 违法违规收集、使用儿童个人信息	儿童个人信息权益
	江苏省宿迁市人民检察院对章某为未成年人文身提起民事公益诉讼案	文身馆为未成年人提供文身服务	未成年人发展权、身心健康保护
	福建省福清市人民检察院督促消除幼儿园安全隐患行政公益诉讼案	幼儿园消防设施、卫生设施、室内外设施等不达标	未成年人学校保护、人身和财产保护
	贵州省沿河土家族自治县人民检察院督促履行食品安全监管职责行政公益诉讼案	中小学周边流动食品经营者卫生设施、健康证明、食品安全等存在隐患	未成年人食品安全
	江苏省溧阳市人民检察院督促整治网吧违规接纳未成年人行政公益诉讼案	网吧违规接纳未成年人上网	未成年人社会保护

资料来源：根据最高人民检察院第三十五批指导性案例整理。

---

① 《最高人民检察院关于人民检察院开展未成年人检察工作情况的报告》，《检察日报》2022 年 10 月 30 日，第 2 版。

5.妇女权益

2022年修订的《妇女权益保障法》授权检察机关开展公益诉讼，整合监督资源，有效督促行政机关依法履职，不仅提供了更多的救济机制，也推动了我国人权保障事业的发展。[①] 2022年11月25日，最高人民检察院和全国妇联联合发布的典型案例涉及妇女的劳动和社会保障权益、平等就业权益、个人信息权益、财产权益、人格权益和生命健康权益（见表5）。此外，最高人民检察院公布的其他涉及妇女权益保障的典型案例也具有公益诉讼效果。如2022年12月7日发布的一个侵犯公民个人信息犯罪案例中，女子被"私家侦探"出卖个人信息遭丈夫杀害，[②] 检察机关对此提起公诉，对妇女个人信息权益保护具有参考借鉴作用。

表5 2022年妇女权益保障检察公益诉讼案例

公益诉讼案件	案由	类型
陕西省咸阳市渭城区人民检察院督促保护妇女劳动权益行政公益诉讼案	女职工劳动权益保障不到位	妇女劳动权益
贵州省纳雍县人民检察院督促保护妇女劳动和社会保障权益行政公益诉讼案	超市未为女性职工缴纳社会保险，未给付加班女职工三倍工资等行为	妇女社会保障权益
北京铁路运输检察院督促整治妇女就业歧视行政公益诉讼案	用人单位发布含有性别歧视性内容的招聘信息	妇女平等就业权益
上海市松江区人民检察院督促保护残疾妇女平等就业权行政公益诉讼案	某公司在就业招聘中对不属于国家规定的不适合妇女的岗位进行性别限定	残疾妇女平等就业权益
江苏省滨海县人民检察院诉王某红侵犯孕产妇生育信息刑事附带民事公益诉讼案	非法提供孕产妇生育信息	妇女个人信息权益
江西省樟树市人民检察院督促整治低俗广告贬低损害妇女人格行政公益诉讼案	企业产品广告用语贬损妇女人格尊严	妇女人格权益

[①] 《完善检察公益诉讼制度，协力消除对妇女的暴力》，《中国妇女报》2022年12月14日，第5版。

[②] 《依法从严惩治侵犯公民个人信息犯罪》，《法治日报》2022年12月8日，第3版。

续表

公益诉讼案件	案由	类型
新疆维吾尔自治区博尔塔拉蒙古自治州人民检察院督促保护农村妇女土地承包经营权行政公益诉讼案	镇政府违法收回"外嫁女"土地	妇女财产权益
江苏省宝应县人民检察院督促落实涉家庭暴力妇女强制报告行政公益诉讼案	发现残障妇女遭受暴力，医疗机构未履行报警义务	妇女生命健康权益
广东省清远市清城区人民检察院督促加强反家庭暴力联动履职行政公益诉讼案	有关部门对遭受家暴的妇女的权益保障不充分	妇女生命健康权益
浙江省嘉善县人民检察院督促保护妇女隐私权益行政公益诉讼案	公司在女更衣室内安装监控摄像头，画面在公共区域显示	妇女人格权益

资料来源：根据最高人民检察院网站"妇女权益保障检察公益诉讼典型案例"整理。

6. 残疾人权益

2022年5月13日，最高人民检察院会同中国残联联合发布的残疾人权益保障检察公益诉讼案例涉及残疾人就业、无障碍环境建设、受教育权、康复训练权益、福利保障、个人信息权益（见表6）。检察机关公益诉讼在残疾人权益保障领域向更具体、更全面的方向转变，契合《国家人权行动计划（2021—2025年）》中完善残疾人福利保障、促进残疾人就业、全面推进无障碍环境建设等目标要求。

表6 2022年残疾人权益保障检察公益诉讼案例

公益诉讼案件	案由	类型
福建省晋江市人民检察院督促保障残疾人就业行政公益诉讼案	部分盲人医疗按摩机构行业管理不规范，监管不到位	残疾人就业权益
广东省广州市黄埔区人民检察院督促消除残疾人就业歧视行政公益诉讼案	多家用人单位通过互联网招聘平台发布注明"不录用残疾人"的招聘广告	残疾人就业权益
浙江省杭州市人民检察院督促落实残疾人驾照体检服务行政公益诉讼系列案	部分医疗机构未依法依规开展残疾人驾照体检服务	残疾人就业权益
贵州省罗甸县人民检察院督促保护残疾人盲道安全行政公益诉讼案	道路多处盲道存在安全问题，影响残疾人交通安全	无障碍环境建设

续表

公益诉讼案件	案由	类型
上海市徐汇区人民检察院督促履行人行天桥无障碍设施建设监管职责行政公益诉讼案	人行天桥改造使其适应特定群体出行	无障碍环境建设
浙江省建德市人民检察院督促健全120急救调度系统文字报警功能行政公益诉讼案	120急救调度系统欠缺文字报警功能	无障碍环境建设
重庆市綦江区人民检察院督促保护残疾未成年人受教育权行政公益诉讼案	部分残疾未成年人失学辍学，送教上门不规范	残疾未成年人受教育权
四川省彭州市人民检察院督促保障残疾人康复训练权益行政公益诉讼系列案	孤独症、脑瘫等残疾人康复训练费用高，设备、师资等不规范	残疾人康复训练权益
广东省肇庆市高要区人民检察院督促发放严重精神障碍患者监护人补助行政公益诉讼案	未按时发放严重精神障碍患者监护人补助	残疾人福利保障
浙江省桐庐县人民检察院督促保护残疾人个人信息权益行政公益诉讼案	县政府信息公示平台不当泄露残疾人个人信息	残疾人个人信息

资料来源：根据最高人民检察院网站"残疾人权益保障检察公益诉讼典型案例"整理。

7. 其他

2022年个人信息权益、消费者权益、文化权利、人格权利等领域的检察公益诉讼也有新的进展（见表7），有助于推动人权各领域的司法保障。

表7　2022年其他相关领域检察公益诉讼案例

发布时间/来源	公益诉讼案件/案由	类型
2022年12月26日	罗某某、瞿某某侵犯公民个人信息刑事附带民事公益诉讼案	个人信息权益
	李某某侵犯公民个人信息刑事附带民事公益诉讼案	
2022年12月20日	湖南省人民检察院、长沙市人民检察院督促整治违法电视广告行政公益诉讼案	消费者权益

续表

发布时间/来源	公益诉讼案件/案由	类型
最高人民法院2022年第9期公报案例	江西省金溪县人民检察院诉徐某某、方某某人文遗迹保护民事公益诉讼案	文化权利
2022年12月20日	四川省北川羌族自治县人民检察院督促保护传统村落行政公益诉讼系列案	
2022年2月25日	杭州市上城区人民检察院诉某网络科技有限公司英雄烈士保护民事公益诉讼案	人格权利
2022年10月11日	人民陪审员参加七人合议庭审理曾某侵害烈士名誉公益诉讼案	
2022年12月8日	罗某侵害英雄烈士名誉、荣誉暨附带民事公益诉讼案	
	仇某侵害英雄烈士名誉、荣誉暨附带民事公益诉讼案	
	李某、吴某侵害英雄烈士荣誉民事公益诉讼案	
	某网络科技公司侵害英雄烈士姓名民事公益诉讼案	
	赵某侵害英雄烈士名誉民事公益诉讼案	
2022年3月3日	超规划许可面积建设房屋整治	财产权益
2022年11月7日	追缴医疗保障基金、企业欠缴税款、国土出让收入收缴、收回国有闲置土地使用权、追缴人民防空工程易地建设费、水资源税收缴、征税过程中税收协助职责不到位、擅自占用代征城市建设用地、国企改制后未办理产权变更登记	
2022年12月16日	尾矿库安全隐患、网络小微型客车租赁行业安全隐患、燃气安全隐患、涉海涉渔生产安全隐患、非法加油站点安全隐患、高铁运营安全隐患、消防安全隐患、危化品安全隐患、地下通道环境安全	生命权
2022年12月20日		

资料来源：根据最高人民检察院网站"网上发布厅"以及最高人民法院网站"典型案例发布"、"指导案例"、最高人民法院公报案例整理。

除最高人民检察院、最高人民法院发布的检察公益诉讼案例外，2022年地方检察机关在提起公益诉讼保障人权的案例实践方面也进行了有益探索。例如，2022年江苏省、陕西省检察机关均发布了消费者权益保护检察公益诉讼典型案例；[①] 江苏省宿迁市人民检察院办理全国首例电

[①] 《我省发布消费者权益保护检察公益诉讼典型案例》，《新华日报》2022年3月15日，第2版；《陕西：发布消费者权益保护公益诉讼典型案例》，《检察日报》2022年3月17日，第4版。

竞酒店向未成年人提供互联网上网服务民事公益诉讼案;① 江苏省人民检察院发布9起无障碍环境建设检察公益诉讼典型案例，涉及信息无障碍环境建设、盲道安全、无障碍电梯等;② 浙江省检察机关提起首例涉国家级海洋特别保护区民事公益诉讼案,③ 办理了全省首例反电信网络诈骗行政公益诉讼案;④ 陕西、湖北等地检察机关在生态环境公益诉讼案件中引入碳汇补偿进行生态修复;⑤ 青海省西宁市人民检察院提起了全省首例知识产权领域公益诉讼;⑥ 陕西省靖边县人民检察院提起陕西省首例未成年人文身民事公益诉讼案件;⑦ 江西省九江市人民检察院提起全国首例可移动文物保护民事公益诉讼;⑧ 陕西省人民检察院发布了4起未成年人保护检察公益诉讼典型案例;⑨ 等等。

三 检察机关提起公益诉讼需加强人权司法保障的能力建设

（一）检察公益诉讼对检察人员的法律专业能力提出更高要求

截至2020年12月31日，全国检察机构有3596个，检察机关人员合计217127人。⑩ 2020年，与10年前相比，我国基层检察队伍大学本科以上学

---

① 《未成年人在电竞酒店遭受侵害，怎么管?》，《检察日报》2022年9月1日，第7版。
② 《涉及地铁、车站、居民区……江苏发布无障碍环境建设检察公益诉讼典型案例》，2022年7月28日，新华报业网，http://www.xhby.net/index/202207/t20220728_7634783.shtml。
③ 《海洋特别保护区内，普通水生生物也不能捕》，《检察日报》2022年12月15日，第5版。
④ 《将电诈从源头"断网"，检察机关办理全省首例反电诈行政公益诉讼案》，《浙江法治报》2022年12月2日，第2版。
⑤ 《两被告人自愿交纳碳汇补偿获从宽处理》，《检察日报》2022年4月18日，第2版;《滥伐林木144棵，造成碳汇价值损失4900余元》，《检察日报》2022年11月23日，第4版。
⑥ 《青海首例知识产权领域检察公益诉讼系列案宣判》，《青海日报》2022年11月23日，第2版。
⑦ 《陕西首例未成年人文身民事公益诉讼案件宣判，文身店老板被责令向社会公众书面赔礼道歉》，《华商报》2022年9月21日，第B1版。
⑧ 《九江市中院宣判全国首例可移动文物保护公益诉讼案》，《人民法院报》2022年9月16日，第3版。
⑨ 《陕西发布未成年人检察工作白皮书》，《法治日报》2022年5月30日，第3版。
⑩ 肖育斌主编《中国法律年鉴2021》，中国法律年鉴社，2021，第1402、1403页。

历占比从 75.8% 提高到 88.5%，全日制法律专业学历占比从 17.7% 提高到 56.8%。① 但也存在部分检察人员在办案过程中信息化应用能力不足，在办案理念、线索摸排处理、调查取证、专业知识运用上能力有待提升的现象。在一些公益诉讼办案领域，如生态环境损害的鉴定、修复等具有很强的专业性，② 需要检察人员掌握相应的专业知识，进一步提升在线索筛查、调查取证、检察建议等办案环节的履职能力和专业技能。

（二）各地检察机关公益诉讼工作分布不平衡

一是案件类型分布不平衡。2022 年最高人民检察院、最高人民法院发布的 145 件公益诉讼案例中，生态环境和资源保护、食品药品安全、国有财产保护及国有土地使用权出让类型案例 96 件，占比 66.2%，未成年人保护、残疾人权益保护、妇女权益保护、安全生产等新领域案件 49 件，占比 33.8%。二是地区分布不平衡。145 件案件中，来自北京、上海、浙江、福建、广东、江苏的案例共 55 件，所占比例超过 1/3，一定程度上反映出公益诉讼检察工作地区间发展的不平衡现象。

（三）人权事业的全面发展需要拓展公益诉讼范围

人权事业的"全面发展"就是经济、政治、文化、社会、生态文明建设"五位一体"加上在安全和国际关系领域全面推进中国人权事业的发展。③ 我国已形成检察公益诉讼法定办案领域的"4+9"格局，最高人民检察院、最高人民法院发布的 145 件案例中，传统领域检察公益诉讼案例占比超过 60%，还需在更广的规范和实践层面拓展新领域检察公益诉讼办案范围，进一步规范延展检察公益诉讼的"4+N"格局，以期促进人权事业的全面发展。

---

① 《我国基层检察官队伍不断优化，40 岁以下检察官占比达 52.7%》，《人民日报》2020 年 10 月 15 日，第 6 版。
② 曹明德：《检察院提起公益诉讼面临的困境和推进方向》，《法学评论》2020 年第 1 期。
③ 李君如：《新时代新征程中国人权事业全面发展的行动纲领》，《人权》2022 年第 6 期。

（四）检察公益诉讼的人权司法保障工作程序机制有待完善

检察公益诉讼是一种集结多类型、多层次主体参与公益保护的机制。[①] 检察机关公益诉讼人权司法保障功能的实现需要多部门的协同履职以及社会的有序参与。要进一步促进各方协同共治，在数据运用、专项监督、制度衔接、跨区域治理等方面加强线索移送、调查取证等方面的协同。要进一步加强社会力量的监督和参与，提高公益诉讼检察工作的科学化、现代化水平，促进检察公益诉讼人权司法保障功能的实现。

四 优化检察机关公益诉讼促进人权司法保障的建议

（一）创新检察公益诉讼工作人权司法保障的理念

随着人权保障法律体系的不断完善、"四大检察"法律监督新格局的构建，检察机关依法行使法律监督职权中的人权司法保障功能将进一步强化。要落实《国家人权行动计划（2021—2025年）》的要求，将人权知识纳入检察人员的培训和考核。进一步拓展个人信息权益、残疾人权益、老年人权益、劳动者权益保护等办案领域，提高利用大数据优势收集案件线索、分析研判案件的能力，提升办案信息化水平。通过志愿者参与、专家咨询、邀请公开听证、社会宣传等措施加强检察公益诉讼的社会参与。

（二）优化检察机关公益诉讼机构和队伍专业法律能力建设

检察人员公益诉讼业务能力和综合素质建设是关键的任务，尤其是公益诉讼所涉及的专业知识和办案环节等，需要结合不同类型的现实情况加以处理。要切实提高各地检察机关公益诉讼案件办理的业务能力和综合素质。加

[①] 刘艺：《论国家治理体系下的检察公益诉讼》，《中国法学》2020年第2期。

强最高人民检察院对地方各级人民检察院、上级人民检察院对下级人民检察院的业务指导,通过工作文件、规范性文件、典型案例和指导性案例的发布,促进公益诉讼检察队伍专业法律能力建设。组建公益诉讼专家学者库,为案件办理提供咨询论证意见,提升检察公益诉讼案件办理的事实证据把握、法律适用、文书写作等能力,优化案件办理质效,避免凑数式、粗放式办案。各级人民检察院要加强对检察公益诉讼案件质量的评查和文书质量、案件效果、信息技术运用等方面的评估。针对公益诉讼案件所涉专业知识广泛、办案环节多样的现象,各地检察机关要健全对检察人员的公益诉讼专业技能和综合素质培训机制,通过培训转变检察人员办案思维,使其掌握相应的办案技能。

(三)促进各地检察机关公益诉讼的平衡发展

就全国来看,不管是与科技融合,还是新领域的探索,江浙等沿海地区公益诉讼发展比较快。最高人民检察院、最高人民法院发布的公益诉讼案例,较多来自北京、广东、江苏、浙江等经济较发达的省市。长三角、珠三角等检察公益诉讼队伍建设较好的地方,可以实行与其他地区检察机关在公益诉讼技术、理念、程序、经验、人员等方面的交流制度,加强跨区域公益诉讼协作。同一行政区划内的检察机关也可以加强协作和交流,以期实现各省区市、各省区市内检察机关公益诉讼队伍建设的平衡发展。各地检察机关可以根据本地区的实际情况和发展特点,开展公益诉讼不同领域专业知识的培训,增加检察公益诉讼办案的知识储备,提高办案专业化水平。

(四)将检察公益诉讼作为人权事业全面发展的重要抓手

要把检察公益诉讼促进人权司法保障工作纳入推进国家治理体系和治理能力现代化的制度设计。在检察公益诉讼制度和程序机制中凸显检察公益诉讼的人权司法保障功能,在人权保障的重点领域加强检察公益诉讼的适用。发挥司法案例的价值导向功能,最高人民检察院联合最高人民法院、公安

部、人力资源和社会保障部、全国妇联、中国残联等发布典型案例，新闻媒体要普及检察公益诉讼人权司法保障的影响性案例，如个人信息权益保障、反就业歧视、妇女权益保障等，传播检察公益诉讼促进人权事业全面发展的理念。

·（四）特定群体权利·

B.9
中国妇女人身权利保障的新发展

张晓玲*

摘　要： 妇女人身权利包括人身自由不受侵犯、生命健康不受侵犯，肖像权、名誉权和人格尊严受法律保护等。中国积极面对妇女人身权利保障的现实问题，修法定律，妇女人身权利保障的法律体系越来越完善健全；制定行动方案，政策目标越来越清晰明确，妇女人身权利保障取得很大进展。然而，由于种种原因，拐卖妇女以及对妇女施暴、虐待、性骚扰等现象尚难禁绝，特别是农村妇女、残障妇女、婚姻家庭中妇女的人身权利保障还存在许多问题。在实现第二个百年奋斗目标，全面建设社会主义现代化国家的进程中，切实推进我国妇女人身权利保障的发展，还需要从理念转变、法治建设和社会治理环境等方面进一步努力。

关键词： 妇女　人身权利　性别暴力

　　人身权是基本的人权，是公民参加社会生活、政治生活和享有其他权利的前提和基础。妇女人身权利保障事关妇女的生命安全、生存安全、健康安全、发展安全、自由平等，事关家庭的和谐、稳定与幸福，更事关国家的经济社会发展与精神文明建设。加强对妇女人身权利的尊重和保护，是衡量社会文明发展水平的重要标志，是全面建设社会主义现代化国家的必然要求。

---

* 张晓玲，中共中央党校（国家行政学院）教授、博士生导师。

2022年，妇女人身权利保障成为社会关注的重要问题。"丰县生育八孩女子"事件持续发酵，"'6·10'唐山烧烤店骚扰殴打女性事件"发生，引发了全社会对妇女人身权利保障的关注。同年底，我国修订《妇女权益保障法》，积极回应了社会期盼，进一步加强了妇女人身权保障的法律保障。在各方面共同努力下，我国妇女人身权利保障取得了新的进展。

一 我国妇女人身权利保障的制度体系

我国《宪法》明确规定了男女平等的基本原则，强调对公民人身权的保护，为妇女人身权的保障提供了宪法依据。经过多年的努力，目前，我国已经形成了以《宪法》为基础，以《妇女权益保障法》为主体，包括100多部单行法律法规在内的全面保障妇女权益法律体系。近年来，我国高度重视妇女权益的制度保障，在保护妇女人身权方面采取了许多积极的措施，不断完善和健全保护妇女人身权的制度体系。

（一）我国《宪法》明确规定了保护妇女人身权的基本原则

我国《宪法》明确规定："中华人民共和国妇女在政治的、经济的、文化的、社会的、家庭的生活等各方面享有同男子平等的权利。"《宪法》第37条规定："中华人民共和国公民的人身自由不受侵犯。任何公民，非经人民检察院批准或者决定或者人民法院决定，并由公安机关执行，不受逮捕。禁止非法拘禁和以其他方法非法剥夺或者限制公民的人身自由，禁止非法搜查公民的身体。"这一规定确立了人身权的宪法地位，使之成为基本权利体系的基础。《宪法》第38条规定："中华人民共和国公民的人格尊严不受侵犯。禁止用任何方法对公民进行侮辱、诽谤和诬告陷害。"《宪法》对男女平等原则的规定和公民人身权保护的规定，是保障妇女人身权的最高法律依据。

人身权是指公民的人身不受非法侵犯的权利，其内涵丰富，是由一系列权利构成的一个权利集。人身权的基本内涵包括四个部分：一是生命权、健康权；二是人身自由权，包括行动自由、性自主、婚姻自由等权利；三是姓名权、肖像权；四是名誉权、荣誉权、隐私权等。这四个部分构成了不同层次、相互联系的人身权概念的全部内涵。生命健康权是最基础的权利；人身自由权是按照自己的意志自由支配自己身体而不受非法限制和剥夺的权利；姓名权、肖像权、名誉权、荣誉权、隐私权是保障人的个性特征和尊严的基本权利。这些权利是我国法律加以肯定和保护的人身权内容，也是人格权的内容。

作为一项基本权利，妇女人身权利是对妇女这一特定群体的主体地位的尊重和人格尊严的保护。保障妇女人身权利，一方面要保护妇女在同等情况下不受人身歧视和差别对待，另一方面要根据妇女的特殊生理和社会分工而予以特殊的保护。

（二）我国《刑法》不断完善惩治侵犯妇女人身权犯罪的法律规定

妇女作为特定群体，其人身权利在整个社会中是最容易遭受侵害的。为了保护妇女的人身权，我国《刑法》在侵犯公民人身权一章中，对妇女人身权利保障作出了针对性的明确规定。

我国第一部《刑法》在第四章侵犯公民人身权利、民主权利罪中，明确规定了强奸罪、强迫卖淫罪、拐卖人口罪等罪名，惩治侵犯妇女人身权的各种犯罪行为。

随着经济社会的发展，针对社会上出现的侵犯妇女人身权的新情况、新问题，我国《刑法》不断进行修改，及时修改补充罪名，保护妇女人身权的法律制度不断完善，设立了强奸罪，强制猥亵罪，侮辱罪，非法拘禁罪，拐卖妇女、儿童罪，收买被拐卖的妇女、儿童罪，聚众阻碍解救被收买的妇女、儿童罪等罪名，这些罪名涵盖了针对妇女人身权犯罪的各个领域，加大了对妇女人身权保护的力度。

2015年通过的《刑法修正案（九）》对"收买被拐卖的妇女、儿童罪"作出调整，明确规定对收买被拐卖妇女、儿童者追究刑事责任；2020年《刑法修正案（十一）》加大了对强奸、猥亵犯罪的惩治力度。

（三）我国《妇女权益保障法》设专章保障妇女人身权利

1992年我国颁布《妇女权益保障法》，这是第一部综合性的妇女权利保护法律。该法第六章专门规定了对妇女人身权利的保护。第33条，国家保障妇女享有与男子平等的人身权利。第34条，妇女的人身自由不受侵犯。禁止非法拘禁和以其他非法手段剥夺或者限制妇女的人身自由；禁止非法搜查妇女的身体。第35条，妇女的生命健康权不受侵犯。禁止溺、弃、残害女婴；禁止歧视、虐待生育女婴的妇女和不育妇女；禁止用迷信、暴力手段残害妇女；禁止虐待、遗弃老年妇女。第36条，禁止拐卖、绑架妇女；禁止收买被拐卖、绑架的妇女。人民政府和有关部门必须及时采取措施解救被拐卖、绑架的妇女。被拐卖、绑架的妇女返回原籍的，任何人不得歧视，当地人民政府和有关部门应当做好善后工作。第37条，禁止卖淫、嫖娼。禁止组织、强迫、引诱、容留、介绍妇女卖淫或者雇用、容留妇女与他人进行猥亵活动。第38条，妇女的肖像权受法律保护。未经本人同意，不得以营利为目的，通过广告、商标、展览橱窗、书刊、杂志等形式使用妇女肖像。第39条，妇女的名誉权和人格尊严受法律保护。禁止用侮辱、诽谤、宣扬隐私等方式损害妇女的名誉和人格。该法对妇女人身权的具体规定体现了我国《宪法》有关男女平等和禁止歧视的基本原则，符合联合国《消除对妇女一切形式歧视公约》的精神。

该法颁布实施以来，经过两次修订，每次修订都加强了对妇女人身权的保护。例如，2005年修订的《妇女权益保障法》第一次把"男女平等是国家的基本国策"写入该法律，第一次明确规定："禁止对妇女实施性骚扰。受害妇女有权向单位和有关机关投诉。""违反本法规定，对妇女实施性骚扰或者家庭暴力，构成违反治安管理行为的，受害人可以提请公安机关对违法行为人依法给予行政处罚，也可以依法向人民法院提起民事诉讼。"该法开了我国性骚扰立法的先河，对保障妇女人身权具有重大意义。

（四）我国《反家庭暴力法》保障妇女的人身权利

家庭暴力是一个广泛存在于各个阶层中的问题，严重威胁妇女的生命安全、健康和尊严，也严重危害婚姻家庭关系和社会秩序稳定。家庭暴力曾长期被看成"家内私事"，公权力很难介入干预。2015年，我国颁布了《反家庭暴力法》，该法第一次对家庭暴力作了明确界定："家庭暴力，是指家庭成员之间以殴打、捆绑、残害、限制人身自由以及经常性谩骂、恐吓等方式实施的身体、精神等侵害行为。"《反家庭暴力法》创设了人身安全保护令这一重要制度，建立了相关单位和个人的强制报告制度、公安告诫制度等，这些制度的建立和完善为预防和制止家庭暴力、惩戒施暴者、救济家暴受害人、维护在家庭中妇女儿童人身权利提供了强有力的法律保障。该法表明了我国禁止任何形式家庭暴力的鲜明态度，是我国妇女权利保障史上的一个重要里程碑。

（五）我国《民法典》进一步完善保护妇女人身权利的制度

2020年我国颁布了《民法典》这部重要法律，《民法典》第1010条规定："违背他人意愿，以言语、文字、图像、肢体行为等方式对他人实施性骚扰的，受害人有权依法请求行为人承担民事责任。""机关、企业、学校等单位应当采取合理的预防、受理投诉、调查处置等措施，防止和制止利用职权、从属关系等实施性骚扰。"第1042条规定："禁止包办、买卖婚姻和其他干涉婚姻自由的行为。""禁止家庭暴力。禁止家庭成员间的虐待和遗弃。"民法典以法条形式明确规定性骚扰的构成要件及所需承担的法律责任，禁止家庭暴力，完善了保障妇女人身权的法律制度。这标志着我国保障妇女人身权的法律体系逐步走向完备。

（六）我国《国家人权行动计划》明确提出保障妇女人身权的目标和任务

从2009年制定第一部《国家人权行动计划（2009—2010年）》，

到2012年制定的第二部《国家人权行动计划（2012—2015年）》，2016年发布的第三部《国家人权行动计划（2016—2020年）》，再到2021年发布的第四部《国家人权行动计划（2021—2025年）》，每一部《国家人权行动计划》都提出了消除性别歧视、保障妇女人身权的战略目标和具体措施。

《国家人权行动计划（2012—2015年）》明确提出："预防和制止针对妇女的家庭暴力。制定反家庭暴力法。完善预防和制止家庭暴力多部门合作机制，以及预防、制止和救助一体化工作机制。""打击拐卖妇女犯罪行为。"

《国家人权行动计划（2016—2020年）》进一步提出："贯彻落实男女平等基本国策，全面实现《中国妇女发展纲要（2011—2020年）》目标，消除性别歧视，改善妇女发展环境，保障妇女合法权益。""保障妇女的健康权利。""贯彻落实反家庭暴力法。完善预防和制止家庭暴力多部门合作机制，以及预防、制止和救助一体化工作机制。鼓励和扶持社会组织参与反家庭暴力工作。""落实《中国反对拐卖人口行动计划（2013—2020年）》，有效预防和依法打击拐卖妇女犯罪行为。""预防和制止针对妇女的性骚扰。"《国家人权行动计划》的制定和实施表明，我国保障妇女人身权的要求和目标在不断提高。

（七）制定实施《中国妇女发展纲要》加强对妇女人身权的保障

1995年以来，国务院先后制定了四部《中国妇女发展纲要》，明确各阶段妇女发展的总体目标、重点领域及策略措施。其中，妇女的人身权是重点之一。1995年制定了第一部促进性别平等的行动纲领——《中国妇女发展纲要（1995—2000年）》。2001年在《中国妇女发展纲要（1995—2000年）》目标基本实现的基础上，颁布了《中国妇女发展纲要（2001—2010年）》。2011年在《中国妇女发展纲要（2001—2010年）》目标基本实现的基础上，颁布了《中国妇女发展纲要（2011—2020年）》，2021年又颁布了《中国妇女发展纲要（2021—2030年）》。《中国妇女发展纲要

（2011—2020年）》在策略措施中专门提出，在未来十年，将建立健全预防和制止性骚扰的法规和工作机制，加大对性骚扰行为的打击力度；用人单位应采取有效措施，防止工作场所的性骚扰。

国务院有关部门和地方各级政府都制定了本部门的妇女发展纲要实施方案和本地区的妇女发展规划。全国31个省（区、市）县级以上人民政府分别制定本地区妇女发展规划，形成了全国自上而下促进妇女发展的规划体系。中央和地方财政逐年加大实施妇女发展纲要的经费投入。妇女发展纲要的实施，有助于推动妇女人身权的实现，这是中国妇女权利保障的一个重要特点。

我国将男女平等和保障妇女权益落实到治国理政的各个环节，把对妇女人身权的平等保护和特殊保护相结合，加大对妇女的暴力犯罪的治理力度，在实践中不断完善保障妇女人身权的制度，保障妇女人身权的制度体系从形式到内容，从理念到实践都发生了很大的变化和进步，保障妇女人身权的目标更加明确，内容不断丰富，措施更加有效。

二 我国妇女人身权利保障的新进展

近年来，我国顺应时代发展，积极应对妇女人身权保障领域的热点和难点问题，不断完善有关法律和制度，采取了新的政策措施，取得了新的进展。

（一）《妇女权益保障法》在妇女人身权利保障方面有重大进展

2022年10月30日，全国人民代表大会常务委员会第三十七次会议通过了修订的《妇女权益保障法》。这次新修订的《妇女权益保障法》一个最大的亮点和突破，就体现在妇女人身权利保护领域。

一是新修订的《妇女权益保障法》将原第六章的"人身权利"提前到了第三章，将章名修改为"人身和人格权益"，明确规定，"妇女的人身自由不受侵犯。禁止非法拘禁和以其他非法手段剥夺或者限制妇女的人身自由；禁止非法搜查妇女的身体",并将原第八章"法律救济与法律责任"拆分为第八章"救济措施"和第九章"法律责任"两章,加大了对拐卖、绑架妇女犯罪的打击力度,更加突出了对妇女人身权的保障。

二是细化和发展了妇女人身权概念,增加了妇女的人格尊严不受侵犯等内容。新法规定,国家保障妇女享有与男子平等的人身和人格权益。妇女的生命权、身体权、健康权不受侵犯。妇女的姓名权、肖像权、名誉权、荣誉权、隐私权和个人信息等人格权益受法律保护。新法第20条规定:"妇女的人格尊严不受侵犯。禁止用侮辱、诽谤等方式损害妇女的人格尊严。"第21条明确规定:"禁止虐待、遗弃、残害、买卖以及其他侵害女性生命健康权益的行为。"这些规定丰富了妇女人身权的内容,强调妇女人身人格尊严不受侵犯,扩大了对妇女人身权保障的范围。

三是建立拐卖妇女等犯罪行为的强制报告制度。新法第22条规定:"禁止拐卖、绑架妇女;禁止收买被拐卖、绑架的妇女;禁止阻碍解救被拐卖、绑架的妇女。"新法要求各级人民政府和公安、民政、人力资源和社会保障、卫生健康等部门及村民委员会、居民委员会按照各自的职责及时发现报告,并采取措施解救被拐卖、绑架的妇女,并规定政府及有关部门、村民委员会、居民委员会对于拐卖、绑架妇女等情况未履行报告义务的,依法对直接负责的主管人员和其他直接责任人员给予处分。新法第26条还规定:"住宿经营者应当及时准确登记住宿人员信息,健全住宿服务规章制度,加强安全保障措施;发现可能侵害妇女权益的违法犯罪行为,应当及时向公安机关报告。"对于未履行报告等义务的住宿经营者,依法给予警告、责令停业整顿或者吊销营业执照、吊销相关许可证,并处1万元以上5万元以下罚款。

四是完善了规制性骚扰的制度。针对现实中性骚扰难以识别和界定问题,新法第23条规定:"禁止违背妇女意愿,以言语、文字、图像、肢体行为等方式对其实施性骚扰。"这一规定用列举的方式明确性骚扰的主要表现形式,解决了性骚扰认定难问题。新法还增加了学校在预防、处置性骚扰现象中的责任。新法进一步完善处置性骚扰、性侵害的制度机制,列举了妇女维权的多种途径，规定："受害妇女可以向有关单位和国家机关投诉。接到投诉的有关单位和国家机关应当及时处理，并书面告知处理结果。受害妇女可以向公安机关报案，也可以向人民法院提起民事诉讼，依法请求行为人承担民事责任。"这些规定扩大了对性骚扰受害人的救济渠道，明确规定了学校和用人单位作为责任主体预防和制止性骚扰的义务，并要求建立有关制度预防和制止对女性的性骚扰。

五是扩大了人身安全保护令的适用范围。新法第29条规定："禁止以恋爱、交友为由或者在终止恋爱关系、离婚之后，纠缠、骚扰妇女，泄露、传播妇女隐私和个人信息。妇女遭受上述侵害或者面临上述侵害现实危险的，可以向人民法院申请人身安全保护令。"这一规定为在恋爱、交友、离婚后遭受纠缠、骚扰等暴力行为的妇女申请人身安全保护令提供了法律依据。

六是创新妇女人身权的救济机制。新法第八章救济措施规定：妇女联合会等妇女组织有权要求并协助有关部门或者单位查处侵害妇女权益的行为；县级以上人民政府负责妇女工作的机构、妇女联合会可以督促有关部门或者单位依法查处；人力资源和社会保障部门可以联合工会、妇女联合会约谈侵害妇女劳动和社会保障权益的用人单位；检察机关可以对侵害妇女合法权益的情况发出检察建议，依法提起公益诉讼；国家机关、社会团体、企业事业单位对侵害妇女权益的行为，可以支持受侵害的妇女向人民法院起诉等。这些规定创新了妇女权益保障机制，也为妇女人身权保护提供了更多救济的途径。

《妇女权益保障法》的修订和实施具有重大意义。新修订的《妇女权益保障法》是全面贯彻落实党的二十大提出的"坚持男女平等基本国策，保障妇女儿童合法权益"要求的重要立法举措，体现了我国对妇女人身权保护认识上的重大变化，针对现实中出现的侵害妇女人身权的新问题新挑战，扩大了妇女人身权的范围，创新了对妇女人身权的保护措施，积极回应了妇女人权发展的要求，完善了保护妇女人身权的具体制度，该法的实施必将对我国妇女人身权保护发挥积极的作用。

2022年以来，各地相继制定该法实施办法，细化地方制度措施，比如上海市第一个制定《妇女权益保障条例》，安徽、四川、福建等地已将修改《妇女权益保障法》实施办法纳入地方立法计划。①

（二）我国司法加大对妇女人身权的保护力度

1."丰县生育八孩女子"事件中的多名被告受到法律制裁，有关失职渎职的党员领导干部和公职人员受到党纪政纪处理

2022年1月，丰县生育八孩的被拐卖妇女事件引起了舆论的高度关注和全社会的愤怒。2月17日，江苏省委和省政府成立调查组，全面深入调查核查"丰县生育八孩女子"事件。2月22日，江苏省丰县人民检察院对涉案嫌疑人时某某、桑某某，以涉嫌拐卖妇女罪依法批准逮捕，对涉案嫌疑人董某某以涉嫌虐待罪依法批准逮捕。2月23日，江苏省委、省政府调查组发布调查处理通报，对丰县县委书记、县长等17名有关党员干部和公职人员失职渎职行为给予撤销职务或党内处分等处理。

2023年4月7日，江苏省徐州市中级人民法院一审判决：认定董某某犯虐待罪和非法拘禁罪，数罪并罚判处9年有期徒刑；认定时某某、桑某某、谭某某、霍某某、霍某某犯拐卖妇女罪，分别判处8年到13年不等有期徒刑，并处罚金。②

2."'6·10'唐山烧烤店骚扰殴打女性事件"一审宣判28人获刑

2022年9月，河北省廊坊市广阳区人民法院对引起社会广泛关注的唐山烧烤店骚扰殴打女性案即陈某某等恶势力组织违法犯罪一案的28名被告进行了审判，正式宣判，被告人陈某某犯寻衅滋事罪、抢劫罪、聚众斗殴罪、开设赌场罪、非法拘禁罪、故意伤害罪、帮助信息网络犯罪活动罪以及掩饰、隐瞒犯罪所得罪，数罪并罚，决定执行有期徒刑24年，并处罚金人

---

① 《新修订的妇女权益保障法1月1日起施行 齐抓共管合力促进法律规定落地落实》，《法治日报》2023年1月17日，第5版。
② 《"丰县生育八孩女子"事件相关案件一审宣判：董志民获刑九年》，《人民日报》2023年4月8日，第6版。

民币32万元；对其余27名被告人依法判处6个月至11年不等有期徒刑的刑罚，另对其中19名被告人并处人民币3000元至13.5万元不等的罚金。陈某某等6名被告人对寻衅滋事罪4名被害人的医药费、护理费、误工费、伙食补助费、营养费、交通费等各项损失承担相应的赔偿责任。[①]

这一判决大快人心，彰显了司法正义，也具有重要的警示意义，宣告了妇女人身权的不可侵犯性，不管是什么人，只要侵害妇女的人身权，就一定会受到法律的严正制裁。

3. 最高人民检察院下发《关于贯彻实施新修订〈中华人民共和国妇女权益保障法〉切实保障妇女权益的通知》，重点强调对妇女人身权的保护

2023年3月3日，最高人民检察院下发《关于贯彻实施新修订〈中华人民共和国妇女权益保障法〉切实保障妇女权益的通知》，强调各级检察机关全面落实《妇女权益保障法》，重点强调要依法从严惩处侵犯妇女生命健康、人身自由、人格尊严等犯罪。该通知指出，"坚决贯彻落实党中央关于打击拐卖妇女儿童犯罪决策部署，依法从严惩处拐卖妇女儿童犯罪，依法从严惩处收买妇女儿童犯罪，以及收买后发生的强奸、故意伤害、非法拘禁、侮辱、虐待等犯罪；依法从严惩处强奸，强制猥亵、侮辱等性侵犯罪，对性侵未成年人犯罪更要依法严惩；依法妥善办理涉家庭暴力或者婚恋因素的虐待、故意伤害、故意杀人等犯罪；主动适应新时代对妇女名誉权、隐私权、个人信息等人格权保护的新要求，对于利用信息网络侮辱、诽谤妇女的，准确研判情节的严重程度和社会影响的恶劣程度，对于符合刑法第二百四十六条第二款'严重危害社会秩序和国家利益'的，可以按公诉程序依法追诉"。该通知对检察机关依法加强对妇女人身权的保护提出了全面具体的要求，必将推进各级检察机关加大对妇女人身权保护的力度。

4. 最高人民法院、全国妇联、教育部、公安部等七部门共同发布《关于加强人身安全保护令制度贯彻实施的意见》

2022年3月5日，最高人民法院会同全国妇联、教育部、公安部、民

---

① 案件号（2002）冀1003刑初226号。

政部、司法部、国家卫生健康委共同发布《关于加强人身安全保护令制度贯彻实施的意见》，对家庭暴力的发现机制、证据收集机制以及执行联动机制等作了进一步细化和完善。

该意见规定民政部门、医疗机构在工作、诊疗过程中发现无民事行为能力人、限制民事行为能力人遭受或者疑似遭受家庭暴力的情况，应当及时向公安机关报案；学校、幼儿园发现未成年人遭受或者疑似遭受家庭暴力的情况，应当及时向公安、民政、教育等有关部门报告，充分发挥多部门联动合力，共同保护家庭暴力受害人合法权益。该意见还要求司法行政机关加大对家庭暴力受害人的法律援助力度。

5. 最高人民法院发布《最高人民法院关于办理人身安全保护令案件适用法律若干问题的规定》，加大对妇女人身权保护力度

2022年7月，最高人民法院发布《最高人民法院关于办理人身安全保护令案件适用法律若干问题的规定》司法解释，该规定在《反家庭暴力法》第2条的基础上，增加了冻饿或者经常性侮辱、诽谤、威胁、跟踪、骚扰六种暴力行为类型。该规定明确指出，"家庭成员之间以冻饿或者经常性侮辱、诽谤、威胁、跟踪、骚扰等方式实施的身体或者精神侵害行为，应当认定为反家庭暴力法第二条规定的'家庭暴力'"。该规定对违反人身安全保护令的行为加大惩治力度。该规定指出，"被申请人违反人身安全保护令，符合《中华人民共和国刑法》第三百一十三条规定的，以拒不执行判决、裁定罪定罪处罚；同时构成其他犯罪的，依照刑法有关规定处理"。该规定将违反人身安全保护令行为本身纳入拒不执行判决、裁定罪适用范围，增强人身安全保护令的权威性，加大了对家庭暴力犯罪的刑事打击力度。该司法解释进一步扩大了家庭暴力的范围，降低了签发保护令的证明标准，加大了对违反人身安全保护令行为的惩治力度，加强了对妇女人身权的司法保护。

6. 最高人民检察院发布妇女权益保障检察公益诉讼典型案例

在2022年11月"国际消除对妇女暴力日"，最高人民检察院第八检察厅负责人表示，将以侵害妇女平等就业权益、未采取合理措施预防和制止性骚扰、大众传媒贬损妇女人格等作为办案重点，加强精准监督和特别保护。

同时，最高人民检察院会同中华全国妇女联合会联合发布妇女权益保障检察公益诉讼典型案例，其中4件涉及妇女人身和人格权益保障。①

（三）2022年全国开展打拐专项行动取得成效

2022年3月公安部开展"打击拐卖妇女儿童犯罪专项行动"，行动持续到12月底；6月公安部又开展"夏季治安打击整治'百日行动'"，其中，拐卖妇女儿童犯罪是打击行动的重点之一。

2022年5月6日公安部发布A级通缉令，公开通缉6名重大拐卖妇女儿童犯罪的在逃人员。截至2023年3月5日，3名A级通缉犯已经落网。

2022年4月最高人民检察院、最高人民法院、公安部联合发布《关于敦促拐卖妇女儿童相关犯罪嫌疑人投案自首的通告》，鼓励社会公众广泛参与到"打拐"行动中。

2022年7月，为深入推进打击拐卖妇女儿童犯罪专项行动，充分运用科技力量打拐寻亲，公安部公布全国5000余个免费采血点信息，进一步便利广大群众及时就近采血，助力被拐家庭早日实现团圆。截至2022年9月，公安机关已经破获拐卖案件900多起，抓获违法犯罪嫌疑人1340多名，找回被拐卖的妇女儿童1810多名。②

2022年1月至9月，全国检察机关起诉拐卖妇女、儿童罪717人，起诉收买被拐卖的妇女、儿童罪234人，共计951人。③

（四）正在实施的《国家反对拐卖人口行动计划（2021—2030年）》提出完善反拐工作长效机制等保护妇女人身权

该行动计划要求，要坚持和完善集预防、打击、救助、安置、康复于一

---

① 《妇女权益保障检察公益诉讼典型案例》，2022年11月25日，最高人民检察院网站，https://www.spp.gov.cn/xwfbh/dxal/202211/t20221125_593721.shtml。
② 《响亮和声！央媒负责人等点评2022年度性别平等十大新闻事件》，2023年2月22日，中国妇女报百家号，https://baijiahao.baidu.com/s?id=1758482397226997499&wfr=spider&for=pc。
③ 《今年前三季度全国起诉收买被拐妇女儿童罪234人》，2022年10月15日，新京报百家号，https://baijiahao.baidu.com/s?id=1746735424356559523&wfr=spider&for=pc。

体的反拐工作长效机制，健全反拐工作协调、配合、保障机制，推进法治反拐、协同反拐、科技反拐、全民反拐的工作模式，不断提高反拐工作法治化、协同化、科技化、社会化水平。该行动计划提出六个方面的具体措施。

一要加强源头治理，完善以社区为基础的预防拐卖人口犯罪网络，实施网格化管理，构建多部门协同、社会广泛参与的群防群治工作体系。综合整治拐卖人口犯罪活动重点地区和"买方市场"，严厉打击利用网络实施拐卖人口犯罪，有效预防拐卖人口犯罪发生。

二要始终保持打击拐卖人口犯罪高压态势，持续组织开展全国打击拐卖人口犯罪专项行动，及时解救被拐卖受害人，有力震慑和惩处拐卖人口犯罪。严格落实侦办拐卖儿童案件责任制，严格执行儿童失踪快速查找机制。

三要加强被拐卖受害人的救助、安置、康复、家庭与社区融入等工作，帮助其适应新环境新生活、顺利回归社会。

四要坚持法治反拐基本原则，研究制定和修订有关法律法规和政策。

五要创新宣传教育方法，加强舆论引导，积极回应社会关切，充分运用互联网和新媒体开展宣传教育。

六要加强国际合作，有效预防和严厉打击跨国跨境拐卖人口犯罪，加强对被跨国跨境拐卖受害人的救助。

该行动计划还要求，各级政府要完善经费保障，支持开展反拐公益项目。对工作不力的地区和部门进行通报批评，依法依纪追究有关人员的责任。

（五）正在实施的《国家人权行动计划（2021—2025年）》《中国妇女发展纲要（2021—2030年）》等都在妇女人身权保护方面提出了具体要求和目标

《国家人权行动计划（2021—2025年）》提出："倡导性别平等、责任共担的新型家庭文化。预防和制止针对妇女的一切形式家庭暴力，依法适用人身安全保护令和家庭暴力告诫制度，有效预防和依法打击性侵、拐卖妇女的犯罪行为。提升预防和制止性骚扰的法律意识，有效遏制针对女性的性骚扰。

保护妇女免遭网络违法犯罪行为的侵害。"《中国妇女发展纲要（2021—2030年）》特别强调：加大《反家庭暴力法》的实施力度；打击拐卖妇女犯罪；加大对组织、强迫、引诱、容留、介绍卖淫等犯罪行为的打击力度；有效控制和严厉惩处强奸、猥亵、侮辱妇女，特别是女童和智力、精神残疾妇女的违法犯罪行为；保障妇女免遭利用网络实施违法犯罪行为的侵害；等等。

全国各省市根据国家妇女发展规划，制定了地方妇女发展规划，比如《北京市"十四五"时期妇女儿童发展规划》《天津市妇女和儿童发展"十四五"规划》《云南省妇女发展规划（2021—2030年）》《湖北省妇女发展规划（2021—2030年）》等，这些地方性文件细化了妇女政策实施的措施和办法。这些行动计划的落实，有助于将我国妇女人身权保障推向一个新的水平。

2022年2月发布的《中共中央　国务院关于做好2022年全面推进乡村振兴重点工作的意见》也特别提到，要"依法严厉打击农村黄赌毒和侵害农村妇女儿童人身权利的违法犯罪行为"。

三　我国妇女人身权利保障面临的问题与原因分析

在推进法治建设进程中，我国始终为保护妇女人身权进行着不懈的努力，并取得了重大进展和成效，但在现实生活中侵害妇女人身权利的行为仍时有发生，保障妇女人身权利还面临挑战，需要我们更多聚焦妇女人身权保障方面的重点问题和难点问题，分析原因，找到对策。

（一）我国妇女人身权利保障面临的问题

1. 拐卖妇女事件仍有发生

从全球来看，超过70%的人口贩卖受害者都是妇女；在我国，人口贩卖以农村妇女，尤其是偏远且欠发达地区的农村妇女为主。[1] 近年来大量的

---

[1]《一号文件再提农村妇女人身权利，有何深意？》，2022年2月24日，人民资讯百家号，https://baijiahao.baidu.com/s?id=1725606355311896614&wfr=spider&for=pc。

农村拐卖、侵犯、虐待妇女的事件被曝光，引起社会广泛的关注。在农村，妇女的社会地位依然偏低，传统的性别观念依然根深蒂固，加上性别比例失衡，存在拐卖妇女的"买方市场"，漠视妇女合法权益，侵害农村妇女的现象发生的概率更大。拐卖妇女犯罪现象的本质是性别不平等，反映的是传统性别文化中把妇女作为性与传宗接代工具的思想残余。

2. 暴力、虐待和骚扰等侵害妇女权利现象仍时有发生

暴力侵害妇女人身安全仍然是当今最普遍、最紧迫的人权问题。1993年联合国《消除对妇女的暴力行为宣言》把"针对妇女的暴力"定义为："对妇女造成或可能造成的身体、性或心理的伤害或痛苦的任何基于性别的暴力行为，包括威胁、胁迫或任意剥夺自由，无论其发生在公共还是私人生活中。"对妇女的暴力行为，包括家庭成员对妇女的暴力，即身体暴力、性暴力、精神暴力、经济控制，也包括社会上对妇女的暴力，如强奸、贩卖妇女、强迫卖淫、性骚扰、侮辱性的评论、暗示或触摸等。2022年唐山烧烤店骚扰殴打女性事件中几名男子对4名女子拳脚相加，且在殴打前还有骚扰、侵犯、侮辱女性的严重情节，最终导致2名女子被打成轻伤二级，另外2名女子构成轻微伤。这一在公共场所对妇女实施的暴行震惊了全社会，使女性人身安全问题再度进入公众视野。

根据联合国人口基金会公布的信息，暴力侵害妇女行为在所有国家和文化中都很普遍，给数以百万计女性及其家庭造成伤害，并因新冠肺炎疫情的流行而加剧。① 特别是家庭暴力、虐待、婚内强奸等严重威胁妇女人身权，家庭暴力导致离婚和人身伤害的案件增多。据全国妇联统计数据，在中国，30%的家庭存在暴力，施暴者九成是男性，受害者多半为妇女，每年有10万个家庭因此而解体。而面对暴行，女性平均被虐待35次后才选择报警。②

---

① 《联合国消除性别暴力"16行动"2022主题公布》，2022年11月24日，中国妇女网，http：//www.cnwomen.com.cn/2022/11/24/99263502.html。

② 《家暴不是家务事 | 6大"防家暴"指南权威发布》，2022年3月14日，澎湃新闻，https：//www.thepaper.cn/newsDetail_forward_17115169。

3. 恋爱、交友关系中对妇女人身权利的侵害易被忽略

相较于家庭暴力甚至拐卖、强奸等直接侵害女性身体的违法犯罪行为，对妇女的隐私、名誉等侵害特别是性别歧视，更无形、更隐秘，更容易被忽视。具体行为包括暴力、骚扰、跟踪，同时还包括泄露、传播个人信息和隐私。这些行为严重违背了《妇女权益保障法》第29条的规定，"禁止以恋爱、交友为由或者在终止恋爱关系、离婚之后，纠缠、骚扰妇女，泄露、传播妇女隐私和个人信息"。2023年1月四川省崇州市人民法院签发全国首份"保障妇女隐私和个人信息"人身安全保护令。

4. 对残障妇女人身权侵害问题突出

基于性别和残障的双重因素，残障妇女的人身权更容易受到侵害。残障女性，尤其是生活在农村地区的患有智力障碍、精神障碍的女性，因自身行为能力不足以及社会支持体系薄弱，其基本人身权保障依然是一块短板。

（二）侵害妇女人身权利的主要原因分析

1. 传统男尊女卑观念的影响

性别不平等是妇女人身权利受侵害的根本原因。重男轻女的思想一直在我国传统思想中占据着根深蒂固的地位，传统男尊女卑的性别观念一直潜移默化地影响着我国妇女人身权利的保障。受到传统性别观念的影响，加之传统的伦理道德、风俗习惯等非正式社会控制手段，妇女的人身权得不到重视，特别是在农村地区，把妇女作为传宗接代的生育工具等封建观念仍然根深蒂固，这是侵害妇女人身权利现象不断发生的根本原因。

2. 对妇女人身权的法律认知不足

虽然我国相关法律赋予了妇女广泛的权利，特别是《妇女权益保障法》作为保障妇女权益的综合性法律，明确规定妇女人身权的基本要求。多年来随着普法活动的开展，公众也知悉这样一部法律的存在，但现实中依然存在各种侵权行为，一个原因在于公众和妇女对妇女人身权和相关法律内容的认知不足。

法律能在多大程度上发挥作用，受制于人们的知晓程度。这种知晓程

度,不是简单地知道有这样一部法律,而是对法律规范的内容有清晰的认识,清晰知晓妇女人身权的具体内容和维权途径。从社会上发生的各种侵害妇女人身权事件中可以看出,一方面,一些妇女缺乏必要的法律知识,面对暴力等各种侵权行为采取忍气吞声的态度,不知道运用法律的武器来保护自己的权利;另一方面,社会民众缺乏人权意识和法律意识,对于侵害妇女人身权的行为也采取了容忍的态度。

3. 经济地位差异的负效应

经济发展对促进男女平等、保障妇女权利起到了积极的推动作用,但是现实中由男女社会角色和分工不同所导致的经济地位差异,也在一定程度上成为侵犯妇女人身权利行为产生的一个重要根源。一方面,各种形式的针对妇女的暴力都侵犯了妇女的基本人权和尊严,而贫困则是长期助长这种虐待行为的一个关键因素。贫困会使妇女更容易遭受从家庭虐待到人口贩卖的暴力行为。[①] 而在家庭关系中,家庭暴力源自男性在家庭中的权力控制,源于男女不平等的经济地位。另一方面,妇女家务劳动的市场价值被无视,甚至在消费主义和资本的驱动下,妇女价值被物化的畸形认知也在加重,妇女被当成生育的工具。特别是农村妇女虽然已占农村劳动力的60%以上,但是收入不高,大多数从事农业生产的妇女收入低于男性,这也直接导致了农村妇女地位低,人身权利容易受到侵害。

4. 一些基层政府的社会治理能力存在短板

近年来发生的侵害妇女权利的典型案件表明,一些地区的基层治理问题不少,妇女人身权利保护的法律在村镇基层的落实还存在短板。"丰县生育八孩女子"这样的极端案例,尤其令人痛心。这一事件之所以没有被及时发现和制止,县镇政府等机构的有关公职人员放任不管、失职渎职是重要原因。特别是在农村地区,受到暴力等侵害的妇女,往往得不到及时、必要的

[①]《只有减贫才能解决妇女遭受的暴力问题》,2022年11月25日,世界经济论坛,https://mp.weixin.qq.com/s?__biz=MjM5MzUyMDA5NA==&mid=2653973691&idx=1&sn=c608346f61fb45867fe1e39ad10df1db&chksm=bd510c0a8a26851c143aed2e84703af7e8d6154b5b06faecda2f69e51074daefdb56b33ff367&scene=27。

法律援助，而出面解决家庭纠纷的妇联、村委会又得不到其他部门的有力支持，这反映出基层政府在社会治理中的短板。

四 关于加强我国妇女人身权利保障的对策建议

保护妇女人身权是我国人权保障和法治文明追求的一个重要目标。全面贯彻落实党的二十大提出的"坚持男女平等基本国策，保障妇女儿童合法权益"要求，消除对妇女一切形式的暴力，加强对妇女人身权的保障，需要从预防、禁止、惩罚、救济等多方面采取对策，需要全社会的共同努力，当前应从以下方面努力。

（一）加强妇女人身权利保障的法治建设

法治是妇女人权最有效的保障。妇女人身权利保障需要国家法治的强化以及社会治理体系的完善。要完善妇女人身权利的法律规范，执法、司法机关应依法惩治拐卖、强奸、诈骗、残害和家暴等危害妇女人身权利的违法犯罪行为。

1. 进一步完善法律制度体系，织密妇女人身权保护网

第一，完善立法，提高收买被拐卖妇女罪的刑罚，买卖同罪同罚。要消除买卖妇女的犯罪现象，必须加大对买妻者的刑事处罚力度。我国《刑法》规定，收买被拐卖的妇女、儿童的，处三年以下有期徒刑、拘役或者管制。这种量刑过轻。买妻者是将妇女当作物进行交换，并伴随非法拘禁、虐待、强奸等严重犯罪行为，摧毁了受害妇女的人生，使其陷入悲惨的命运，对于这种极其丑恶的严重危害社会的犯罪行为，应当加大处罚力度，遏制买妻陋习，铲掉拐卖犯罪行为赖以存在的市场。

第二，进一步细化妇女人身权利的法律规范。妇女人身权利保障法律完善，需要充分考虑妇女的多重社会角色。妇女作为母亲、妻子、子女、工作者，不同身份面临不同的人身安全风险，妇女在农村、城市、职场、家庭等领域也面临不同的人身安全问题，有针对性地完善相关制度，需要借鉴国际社会和其他

国家保障妇女权利的经验做法，对妇女人身权利的内容作出更为具体明确的规定。细化保护妇女生命健康、人身自由、人格尊严的禁止性规定；细化反拐卖妇女，学校、单位和公共场所防治性骚扰，以及加强公共设施保障等条款。

第三，协调相关法律法规的规定。我国《民法典》《刑法》《妇女权益保障法》等相关法律都明确规定，禁止针对妇女的各种暴力、虐待和骚扰行为，但彼此之间需要相互衔接，以更好地预防妇女人身权受到侵害，降低受害妇女的维权成本，使受害妇女更容易获得法律救济。

第四，进一步协调机构职能。婚姻登记机关、乡镇人民政府、街道办事处、居民委员会、村民委员会及其他工作人员在工作中发现妇女疑似被拐卖、绑架的，应当及时向公安机关报告，公安机关应当依法及时调查处理。

2. 严格执法公正司法，增强法律制度的威慑力

拐卖收买妇女、家庭暴力和性骚扰等都是严重侵害妇女人身权利的性别暴力，预防和处罚这些犯罪，需要执法机关和司法机构进一步提高对这些犯罪行为危害性的认识，在司法实践中更好地保护妇女的人身权利。

第一，司法机关应加大对收买犯罪的惩罚力度。对收买妇女的犯罪行为准确适用法律，数罪并罚，罚当其罪。不能因为生儿育女，为了稳定"家庭"而从轻处理，买妻者所有的违法恶行都应被追究责任，把法律的威慑力落到实处。

第二，司法在反对家庭暴力方面，为妇女维护人身权利提供必要的帮助，灵活运用证据标准和司法鉴定程序等。在司法实践中，性骚扰案件中的女性受害者常常因为证据不足而败诉，司法机关应适度降低受害女性的举证标准，合理分配举证责任。

第三，在法律责任上，对侵害妇女人身权利的行为，侵害者不仅应承担刑事、行政责任，同时应承担物质赔偿和精神赔偿的责任，还应当承担对妇女人格尊严造成不良影响的社会责任，使受害人的人身权能够获得补偿性保护。

第四，对家庭暴力、性骚扰、强奸等涉及妇女隐私的案件审理，应避免造成诉讼中的"二次伤害"。建议设立家事法庭和秘密审判制度。

（二）培育妇女人身权利保障的基层社会治理环境

良好的基层社会治理是预防和惩处侵权行为的有效办法。保障妇女的人身权利，更要防治结合，不断加强舆论建设和政策支持，逐步建立并完善集预防、打击、救济于一体的妇女人身权利保障的长效机制。

1. 发挥基层政府在妇女人身权利保障方面的积极作用

各级地方政府积极开展和排查危害妇女人身权利的行动，创新基层男女平等的社会治理。

第一，在实施有关政策时高度重视对妇女人身权利的保障。比如2022年7月陕西省委平安陕西建设领导小组制定《关于进一步加强妇女儿童权益保护工作的意见》，旨在加大对有关妇女权益保护的法律法规和政策制度的执行力度，依法依规为妇女权益保护工作营造环境、扫清障碍、创造条件。

第二，增强政府部门维护妇女人身权利的意识和能力。公安、法院、检察院、民政、教育、综合治理部门及其公职人员要明确职责，要有维护妇女人身权利的人权意识，运用DNA、GPS、人脸识别技术等现代科技手段加大打拐执法力度，对行政区域和职能范围内可能或已经发生的侵害妇女人身权的行为要有预防和应对的能力。

第三，加强基层政府部门之间的协同联动，增强基层治理能力。强化县镇综合治理、网格化管理、社会矛盾调处、公务服务、司法所、文卫部门以及公安派出所等部门的紧密联系，共同推动妇女维权知识普法宣传、引领社会风尚、打击拐卖妇女儿童等各项工作。

2. 建立各社会组织联合维护妇女人身权利的机制

第一，发挥妇联的基层群众工作优势。妇联等相关机构在参与社会公共服务过程中，通过服务妇女群众、维护妇女人身权、推进社会风险管控等，立体化、多层面将妇联组织嵌入基层治理，让广大妇女在身边就能找到妇女组织，得到及时的帮助。

第二，发挥村民自治组织的作用。村民自治组织要发动群众，发现妇女疑似被拐卖、绑架的，应当及时向公安机关报告，公安机关应当依法及时调查处理。

第三，提供全方位的救助和援助。居民委员会、村民委员会、妇联、残联等机构应积极为受到人身侵害的妇女提供及时、必要的救助和法律援助，并配合管理机构做好权利侵害的预防工作。

第四，对受侵害妇女进行心理疏导，使其尽快回归正常的生活。工会、妇联、村（居）民委员会、法律援助机构、志愿者等对受害妇女进行心理安慰与辅导，助其尽快开始新的生活。

（三）营造维护妇女人身权利的社会氛围

树立正确的人权观，消除性别歧视，让性别平等深入人心，是预防侵权行为和维护妇女人身权利的社会基础。

1. 发展人权教育事业，提高全社会的人权意识

人权教育是消除基于性别而产生的偏见、习俗和一切其他做法的重要措施。要进一步落实《国家人权行动计划》的要求，推进人权教育事业，大力宣传和普及人权法律知识，提升全社会人权意识。要重点加强对公职人员的人权教育，各级党校（行政学院）及有关干部培训机构应把尊重保障人权特别是尊重和保障妇女权利作为干部培训的重要内容，使各级领导干部切实担负起在尊重和保障妇女人权方面的重要责任。

2. 提升妇女人身权利保障的意识

妇女人身权利是基本人权，应强调对妇女社会主体地位的尊重和人格尊严的保护。提升妇女人身权利保障的意识，需要出台相关政策大力提升农村偏远地区妇女的受教育程度，掌握人权法律知识，使女性在自身权利受到侵犯时知道怎样得到帮助和获得法律救济。要帮助妇女树立正确的"男女平等"价值观，使其学会自尊、自信、自立、自强，促进妇女在经济社会发展中发挥更大作用，真正消除男尊女卑的落后观念。

3. 加强对青少年的性别平等教育

消除性别歧视和性别暴力，培育人权文化，建设一个男女平等的美好社

会，要从青少年抓起。在中小学开展性别平等教育，纠正性别偏见，突破性别刻板印象，培养有性别平等意识和行动能力的一代新人。

保障妇女人身权是保障人权的必然要求，也是现代法治文明发展的趋势，是全面建设社会主义现代化强国题中应有之义。妇女人身权利保障仍任重道远，需要我们继续付出艰辛的努力。

B.10
儿童权利保障视角下中国儿童友好城市建设的新进展

赵树坤 茹倍宁*

摘　要： 儿童友好城市建设关乎儿童的权利保障与城市的可持续发展。中国积极响应联合国儿童基金会提出的"儿童友好城市倡议"，在社会政策、公共服务、权利保障、成长空间和发展环境五个方面取得了一定成就。未来应当继续保持良性发展势头，打造中国特色儿童友好城市建设标准，健全儿童参与长效机制，建立儿童友好城市建设激励机制，注重定期监测与评估，加强儿童友好城市人才培养。

关键词： 儿童友好城市　友好城市建设　儿童权利保障

儿童[①]是城市未来的主人。第七次全国人口普查数据显示，我国0~17周岁儿童约有2.98亿人，同时，我国常住人口城镇化率已达到63.89%，城市越来越成为关系儿童健康成长的重要空间。然而，在城镇化进程不断加速的同时，一些地方的城市建设只关注成年人的活动模式，忽视了儿童的活动需求，在面向儿童的公共服务供给、公共设施配备、空间布局规划等方面都

---

* 赵树坤，法学博士，西南政法大学教授、博士生导师，主要从事人权法学、法理学方面的研究；茹倍宁，西南政法大学2021级人权法博士研究生。
① 联合国《儿童权利公约》第1条规定，"为本公约之目的，儿童系指18岁以下的任何人，除非对其适用之法律规定成年年龄少于18岁"。本报告遵循公约有关儿童的定义，将儿童界定为18岁以下的未成年人。

儿童权利保障视角下中国儿童友好城市建设的新进展

存在儿童视角缺位问题。因此，进一步改善、优化儿童发展环境，保障儿童的各项权利，是我国人口结构转型时期的重要议题，也是实现整个社会可持续发展的必然途径。本报告力求厘清儿童友好城市与儿童权利保障之间的关系，梳理我国儿童友好城市建设在政策与实践方面的新进展，为未来我国儿童友好城市的发展提出方向性建议。

一 儿童友好城市与儿童权利保障

城市在为大部分人群带来生活便利的同时，也加剧了一部分处于不利地位的特定群体的受阻状态。儿童作为城市环境中的特定群体，难以完全享受到城市的便利，因为城市的建设与规划过程是从成人的需求角度出发的，很难全面考虑到儿童的需求。因此，"儿童友好城市"（Child Friendly City，CFC）[1]这一概念自诞生之日起，就与儿童权利保障息息相关。儿童权利的实现要求创造一个能够满足儿童需求、对儿童友好的环境，儿童友好的环境反过来又能促进儿童权利的实现。

（一）儿童友好城市概念的提出和发展

儿童友好城市概念的提出最早可追溯至20世纪90年代。随着经济社会的快速发展，城市面临巨大的环境挑战，人们也逐渐认识到城市化不一定能为儿童带来可持续的发展环境。为此，1992年，塞内加尔达喀尔首先发起了"市长守护儿童"（Mayors as Defenders of Children）运动，开始关注城市对儿童生活的影响。

1996年，联合国人类住区会议（生境二，A. CONF. 165/14）提出，儿童的福祉是健康住区、民主社会、良好治理的终极目标。儿童友好城市的概念就是从这次会议发展而来的，它强调的是一种致力于实现儿童权利的治理制度，呼吁各国行动起来促进这一目标实现。为此，联合国儿童基金会（以下简称"联

---

[1] Child Friendly City 也常被译为"儿童友好型城市"或"爱幼城市"。

合国儿基会") 与联合国人居署共同发起了"儿童友好城市倡议"（Child Friendly Cities Initiative，CFCI），将满足儿童需求、实现儿童权利纳入城市规划和城市可持续发展的核心要素。此后，全球掀起了建立儿童友好城市的热潮。

2000年，联合国儿基会成立了国际儿童友好城市秘书处（International Secretariat for Child Friendly Cities），用以促进知识交流、研究和分析地方一级儿童权利的落实情况。2002年，联合国大会儿童问题特别会议发布文件《适合儿童生长的世界》（A/RES/S-27/2），呼吁各成员国建设儿童友好城市和社区。2004年，联合国儿基会发布《建设儿童友好型城市行动框架》。该框架确立了地方治理体系在实现儿童权利方面的具体步骤，将各国政府实施《儿童权利公约》所需的流程转化为地方政府流程。2017年，联合国儿基会发布《儿童友好型城市和社区倡议——国家委员会工具包》，提供了一系列在高收入国家经过验证的工具和良好实践案例。2018年，联合国儿基会发布《儿童友好型城市规划手册》，提出了10项儿童权利与城市规划原则，① 为儿童友好城市的规划、建设和管理提供了全面、系统的指导。2019年，联合国儿基会发布《促进儿童和青年参与——备选行动方案》，总结了现有儿童友好城市倡议项目的指导意见和良好实践，并介绍了如何通过儿童友好城市倡议项目，促使儿童和青年参与与其生活相关的决策。同年，联合国儿基会又发布了《构建儿童友好型城市和社区手册》，阐明了儿童友好城市倡议的行动框架、具体战略、项目周期和建设标准。

（二）儿童友好城市与儿童权利保障的关系

一般来说，"儿童友好城市"的内涵与联合国《儿童权利公约》中的四项条款有关，即无歧视（第2条）、儿童的最大利益（第3条）、儿童的生存权与发展权（第6条）、尊重儿童的意见（第12条）。② "无歧视"是指要无差别地尊重所有儿童的权利，将处于最不利地位的儿童群体也包含在

---

① 这10项原则分别是：投入、住房和土地权属、公共服务设施、公共空间、交通系统、水和卫生综合管理系统、粮食系统、废弃物循环系统、能源网络、数据和信息通信技术网络。
② 联合国儿童基金会儿童友好型城市倡议官网，https://childfriendlycities.org/child-rights/。

内,这也是落实《儿童权利公约》和儿童友好城市倡议的关键。"儿童的最大利益"是指在所有与儿童有关的事项中都要以儿童的最大利益为出发点,"以儿童为先"是儿童友好城市倡议的重要标志。"儿童的生存权与发展权"是指政府应当在最大程度上确保儿童的生存和健康发展。"尊重儿童的意见"是指儿童有权对影响到本人的事项发表意见,成人在作出相关决策时也应当充分考虑到儿童的意见。[1]

联合国儿基会认为,"儿童友好城市"是指致力于实现《儿童权利公约》规定的儿童权利的城市、城镇、社区或任何地方政府体系,在这些城市或社区,儿童的心声、需求、优先事项和权利是当地公共政策、程序、决策不可或缺的一部分。[2] 在儿童友好城市中,儿童可以享受以下权利:免受剥削、暴力和虐待;有一个良好的人生开端,健康成长,得到关爱;获得高质量的社会服务;体验高质量的包容性和参与性教育和技能发展;表达观点并影响与儿童有关的决策;参与家庭、文化、城市/社区和社会生活;居住在安全、清洁的环境中,可亲近自然;结识朋友,有地方玩耍和享受;无论种族、宗教、收入、性别或能力如何,都有公平的生活机会。[3] 从《儿童权利公约》的角度来看,儿童友好城市有责任履行为所有儿童实现各项人权的义务。[4]

儿童友好城市建设与儿童权利保障息息相关,其目的是通过承认和实现儿童的权利来改善儿童的生活,从而改变城市的现状和未来。其背后的理念是尊重儿童作为享有权利的主体的尊严,在城市一级促进并实现《儿童权利公约》中规定的儿童权利,让每个儿童都能拥有愉快的童年时光,在各

---

[1] 联合国儿童基金会:《构建儿童友好型城市和社区手册》,第11页,https://s25924.pcdn.co/wp-content/uploads/2019/11/CFCI-Handbook_ CHN_ edit1_ May2019.pdf。

[2] 联合国儿童基金会:《构建儿童友好型城市和社区手册》,第10页,https://s25924.pcdn.co/wp-content/uploads/2019/11/CFCI-Handbook_ CHN_ edit1_ May2019.pdf。

[3] 联合国儿童基金会儿童友好型城市倡议官网,https://childfriendlycities.org/what-is-a-child-friendly-city/。

[4] E. Riggio, "Child Friendly Cities: Good Governance in the Best Interests of the Child", *Environment and Urbanization*, 2002, 14 (2): 45-58.

自的城市和社区中，平等享有自身权利，充分发挥自身潜力。[①] 为了实现这一愿景，联合国儿基会提出了儿童友好城市倡议的五项目标（即著名的"一只手框架"），包括：儿童有权利受到重视、尊重和平等对待，儿童有权表达意见，儿童有权享受基本服务，儿童有权在安全的环境下成长，儿童有权与家人在一起、享受游戏和娱乐。还包括一个长期目标：通过提升地方利益相关方的能力，确保为儿童带来可持续的成果，不遗余力地促进儿童权利。[②] 这几项目标既与《儿童权利公约》的内容和精神相契合，又与《2030年可持续发展议程》保持高度一致。儿童友好城市建设在城市层面重点关注儿童的健康和福利问题，不仅能用于监测可持续发展议程的具体目标，也能推动地方城市经济和社会发展，提高城市宜居度。因此，各国都十分注重儿童友好城市的建设。

二　我国儿童友好城市建设的新举措

自联合国发起儿童友好城市倡议以来，已经有30多个国家的城市被认证为儿童友好城市，中国目前也正在积极申请认证。同时，中国从政策和实践两方面，在推进儿童友好城市建设上有一系列新举措。

（一）谋篇布局，政策先行

自2021年起，我国儿童友好城市建设迈入了高速发展的新阶段。国家"十四五"规划纲要明确提出优化儿童发展环境，切实保障儿童生存权、发展权、受保护权和参与权。《中国儿童发展纲要（2021—2030年）》也提出要鼓励创建社会政策友好、公共服务友好、权利保障友好、成长空间友好、发展环境友好的中国特色儿童友好城市，制定符合我国国情的儿童友好

[①] 联合国儿童基金会：《构建儿童友好型城市和社区手册》，第11页，https：//s25924. pcdn. co/wp-content/uploads/2019/11/CFCI-Handbook_ CHN_ edit1 May2019. pdf。
[②] 联合国儿童基金会：《构建儿童友好型城市和社区手册》，第12页，https：//s25924. pcdn. co/wp-content/uploads/2019/11/CFCI-Handbook_ CHN_ edit1 _ May2019. pdf。

城市和儿童友好社区标准体系和建设指南。2021年10月，国家发改委联合22部门发布了《关于推进儿童友好城市建设的指导意见》（发改社会〔2021〕1380号，以下简称《意见》），提出"儿童优先，普惠共享；中国特色，开放包容；因地制宜，探索创新；多元参与，凝聚合力"的基本原则，2025年到2035年儿童友好城市建设的明确目标，以及"社会政策友好、公共服务友好、权利保障友好、成长空间友好、发展环境友好"五大建设方向。同年12月，国家发改委办公厅和国务院妇儿工委办公室发布了《关于开展第一批国家儿童友好城市建设试点的通知》（发改办社会〔2021〕1008号），鼓励各地积极申报创建试点城市，在预期成果、政策举措和重大项目上开展创新。2022年9月，国家发改委、住建部和国务院妇儿工委办公室共同发布了《城市儿童友好空间建设导则（试行）》（以下简称《导则》），提出"儿童优先，普惠公平；安全健康，自然趣味；因地制宜，探索创新"的基本原则，在城市、街区和社区三个层面统筹推进儿童友好空间建设。

除了发布文件之外，2022年以来，各地也在相关部门的指导下纷纷举办相关研讨会和论坛，交流儿童友好城市建设经验，为推动儿童友好城市发展谋篇布局（见表1）。由此可见，从"十四五"规划纲要、《中国儿童发展纲要》，到《意见》《导则》，再到各地举办的儿童友好城市建设会议、论坛，我国政府越来越重视儿童权利保护与儿童友好城市建设，儿童友好理念也越来越引起社会各界的广泛关注，"推进儿童友好城市建设"已经上升为国家部署和社会共识。

表1 2022年举办的儿童友好城市建设相关研讨会、论坛

会议日期	会议名称	举办地	举办单位	会议主要内容/会议主题
2022年4月20日	国际儿童友好城市社区示范项目创建线上研讨会	线上	北京市妇女联合会指导，北京市妇女国际交流中心与北京市海淀区中关村街道办事处联合主办，北京市海淀区妇女联合会协办，北京市常青藤可持续发展研究所承办	会议围绕北京儿童友好城市建设建言献策，从多个角度探讨儿童友好城市建设过程中社区儿童参与的路径、作用与发展策略

续表

会议日期	会议名称	举办地	举办单位	会议主要内容/会议主题
2022年5月13日	2022成渝地区双城经济圈儿童友好城市建设与家庭教育发展学术研讨会	成都市	四川省妇联、四川省教育厅、四川省政府妇儿工委办公室指导,四川师范大学主办,四川省家庭建设研究院、四川师范大学教育科学学院以及四川省儿童友好社会建设研究基地承办,中国儿童中心家庭教育部、教育部青少年法治教育中心、四川省婚姻家庭和妇女理论研究会、深圳市城市规划设计研究院儿童友好型城市研究中心、西南交通大学国际老龄科学研究院代际研究中心协办	会议下设3个分论坛,主题分别为:儿童公共空间建设、儿童发展与家庭教育、儿童权益保护
2022年6月7日	"景观设计与儿童友好城市"第一届国际会议及专题研讨	线上	景观设计与儿童福祉实验室、北京大学城市规划与设计学院、自然资源部陆表系统与人地关系实验室主办	会议探讨了景观设计如何助力儿童友好城市建设
2022年6月30日	武汉市规划协会"儿童友好城市"主题沙龙	武汉市	武汉市规划协会主办,中交城乡建设规划设计研究院有限公司承办,长江网协办	会议探讨了如何从规划设计的角度为武汉建设儿童友好城市建言献策
2022年11月1日	2022年世界城市日全球主场活动专题论坛:城市儿童友好空间建设国际论坛	上海市	住房和城乡建设部、国务院妇女儿童工作委员会办公室指导,中国城市规划设计研究院、联合国儿童基金会主办,中国儿童中心、中国城市规划协会女规划师委员会支持	会议主题为"推进城市空间适儿化,建设儿童友好城市"
2022年11月10日	第二届中国儿童友好行动研讨会	北京市	住房和城乡建设部指导,中国儿童中心与中国城市规划设计研究院、中国城市规划协会女规划师委员会主办	研讨会主题为"新政策·新特色·新行动",下设"友好问候""友好专题""友好参与""友好行动""友好对话""友好启航"6个篇章

续表

会议日期	会议名称	举办地	举办单位	会议主要内容/会议主题
2022年11月16日	深圳儿童友好城市论坛	深圳市	深圳市妇女儿童工作委员会、深圳市妇女联合会主办，深圳市前海蛇口自贸投资发展有限公司承办	论坛主题为"儿童友好，一起向未来"，下设3个分论坛，主题分别为：儿童友好空间设计、儿童友好心理建设、儿童友好早期阅读发展
2022年11月19日	2022上海浦东规划学术论坛	上海市	浦东新区规划和自然资源局与浦东新区妇女儿童委员会办公室共同主办	论坛主题为"童悦空间——儿童友好城市建设"，聚焦在浦东新区"十四五"城市发展的语境下，如何设计和促进完善的、儿童友好的浦东城市空间的全面形成
2022年11月21日	2022年宋庆龄儿童发展国际论坛	北京市	中国宋庆龄基金会、中国福利会主办，中国宋庆龄青少年科技文化交流中心承办	会议下设"儿童友好型城市建设"分论坛

资料来源：笔者根据相关的新闻报道整理而成。

（二）落地推进，制定规划

虽然我国目前尚未有城市被联合国儿基会认证为儿童友好城市，但在国家一级政策的引领推动下，各地纷纷开始积极探索儿童友好实践，从顶层规划上推行"一米高度看城市"，将儿童友好城市创建纳入地方发展战略规划当中。

如果说2021年是将儿童友好城市建设写入国家发展规划的元年，那么2022年就是儿童友好城市建设规划的落地推进元年。多地积极开展国家儿童友好城市建设试点，发布了有关儿童友好城市创建的战略规划（见表2）。

尚未发布建设计划或行动方案的地方也已经遵照《意见》的要求,将儿童友好城市创建纳入当地儿童发展规划或"十四五"发展规划中。可以说,儿童友好城市建设正在中国"全面开花"。

表2 2022年发布儿童友好城市建设计划或行动方案的省、自治区、直辖市及地级市

地区	发布的文件名称
上海市	《上海市儿童友好城市建设实施方案》(沪府办发〔2022〕17号)
天津市	《天津市推进儿童友好城市建设实施方案》(津发改社会〔2022〕177号)
重庆市	《重庆市儿童友好城市建设实施方案》(渝发改社会〔2022〕546号) 《重庆市中心城区儿童友好城市规划指引(试行)》(渝规资〔2022〕737号)
山西省	《山西省推进儿童友好城市建设实施方案》(晋发改社会发〔2022〕262号)
内蒙古自治区	《内蒙古自治区关于推进儿童友好城市建设的实施方案》
赤峰市	《赤峰市儿童友好城市建设方案》(赤发改社字〔2022〕141号)
巴彦淖尔市	《巴彦淖尔市关于推进儿童友好城市建设的实施方案》
辽宁省	《辽宁省推进儿童友好城市建设实施方案》(辽发改社会〔2022〕482号)
吉林省	《关于推进儿童友好城市建设的实施方案》(吉发改社会联〔2022〕387号)
白城市	《白城市关于推进儿童友好城市建设实施方案》(白发改社联字〔2022〕324号)
黑龙江省	《黑龙江省儿童友好城市建设实施方案》
江苏省	《关于推进儿童友好城市建设的实施方案》(苏发改社会发〔2022〕482号)
无锡市	《无锡市建设儿童友好城市实施方案》
扬州市	《扬州市推进儿童友好城市建设行动计划(2022—2025年)》
宿迁市	《宿迁市关于推进儿童友好城市建设的实施方案》(宿发改社会发〔2022〕274号)
浙江省	《浙江省推进儿童友好城市建设实施方案》(浙政妇儿工委〔2022〕5号)
杭州市	《杭州市人民代表大会常务委员会关于加强儿童友好城市建设的决定》 《杭州市儿童友好城市建设方案》 《杭州市儿童友好城市建设工作实施方案》 《杭州市儿童友好城市建设三年行动计划(2022—2024年)》 《2022年杭州儿童友好10条》
宁波市	《宁波市儿童友好城市建设实施方案(2022—2025年)》
温州市	《温州市建设儿童友好城市三年行动计划(2022—2024)》(温政办发〔2022〕12号) 《温州市儿童友好空间规划建设技术性规定(试行)》(温资规发〔2022〕75号) 《温州市儿童友好实践基地建设导引(试行)》(温教办技〔2022〕70号) 《温州市儿童友好医院创建指引及评价细则》
嘉兴市	《嘉兴市儿童友好城市建设实施方案》
衢州市	《衢州市推进儿童友好城市建设实施方案》

续表

地区	发布的文件名称
舟山市	《舟山市推进儿童友好城市建设实施方案》
台州市	《台州市儿童友好城市建设实施方案》(台市委办发〔2022〕56号)
丽水市	《丽水市推进儿童友好城市建设实施方案(2022年—2025年)》
福建省	《福建省推进儿童友好城市建设实施方案》(闽发改规〔2022〕4号)
福州市	《福州市国家儿童友好城市建设试点方案》
漳州市	《漳州市推进儿童友好城市建设实施方案》(漳发改社会〔2022〕9号)
宁德市	《宁德市推进儿童友好城市建设实施方案》(宁发改社会〔2022〕16号)
九江市	《九江市儿童友好城市建设方案》
山东省	《关于加快推进儿童友好城市建设的实施方案》 《关于建立山东省国家儿童友好城市建设培育机制的通知》(鲁发改社会〔2022〕792号)
济南市	《济南市儿童友好城市建设方案》 《济南市人民代表大会常务委员会关于促进儿童友好城市建设的决议》
淄博市	《淄博市"十四五"时期加快推进儿童友好城市建设行动方案》(淄政办字〔2022〕33号)
东营市	《东营市儿童友好城市建设行动方案(2021—2025年)》
潍坊市	《加快推进潍坊市儿童友好城市建设行动方案(2022—2025年)》
日照市	《日照市儿童友好城市建设四年行动方案(2022—2025年)》 《日照市人民代表大会常务委员会关于推进儿童友好城市建设的决议》
滨州市	《滨州市儿童友好城市建设方案》 《滨州市儿童友好社区创建试点工作指导意见》 《滨州市儿童友好社区建设标准(试行)》
菏泽市	《菏泽市儿童友好小区建设与服务规范指引(试行)》 《菏泽市建设儿童友好社区(小区)实施方案》
河南省	《关于推进儿童友好城市建设的实施方案》(豫发改社会〔2022〕756号)
郑州市	《郑州市儿童友好城市建设方案》(郑政〔2022〕8号)
武汉市	《武汉市儿童友好城市建设方案》(武政办〔2022〕15号) 《关于在全市开展儿童友好社区建设工作的通知》
十堰市	《十堰市儿童友好城市建设工作方案》(十政办发〔2022〕58号)
长沙市	《长沙市创建"儿童友好城市"三年行动计划(2023—2025年)》
广州市	《广州市儿童友好城市建设方案》 《广州市建设儿童友好城市行动计划(2022—2024年)》
深圳市	《儿童友好公共服务体系建设指南》
珠海市	《珠海市儿童友好城市建设方案》(珠发改社〔2022〕12号)

续表

地区	发布的文件名称
广西壮族自治区	《广西推进儿童友好城市建设实施方案》（桂发改社会〔2022〕121号）
桂林市	《桂林市儿童友好城市建设方案》 《桂林市儿童友好城市建设行动计划（2022—2025年）》 《儿童友好城市建设指引》
北海市	《北海市推进儿童友好城市建设实施方案》（北发改社〔2022〕28号）
来宾市	《来宾市推进儿童友好城市建设实施方案》（来发改社会〔2022〕69号）
玉林市	《玉林市推进儿童友好城市建设实施方案》（玉发改社会〔2022〕2号）
河池市	《河池市推进儿童友好城市建设实施方案》（河发改社会〔2022〕113号）
钦州市	《钦州市推进儿童友好城市建设实施方案》（钦市发改社会〔2022〕19号）
海南省	《海南省推进儿童友好城市建设实施方案》（琼发改社会〔2022〕662号）
四川省	《四川省儿童友好城市建设实施方案》（川发改社会发〔2022〕464号）
成都市	《成都市儿童友好城市建设实施方案》（成办函〔2022〕21号） 《关于推进成都市儿童友好学校建设工作的通知》（成教函〔2022〕120号） 《成都市儿童友好学校建设导则（试行）》
广元市	《广元市儿童友好城市建设实施方案》（广府办发〔2022〕77号）
广安市	《广安市儿童友好城市建设方案（试行）》
雅安市	《雅安市儿童友好城市建设行动计划（2022—2025）》（雅府发〔2022〕40号）
甘肃省	《甘肃省推进儿童友好城市建设实施方案》（甘发改社会〔2022〕310号）
酒泉市	《酒泉市儿童友好城市建设实施方案》（酒政发〔2022〕61号）
青海省	《青海省推进儿童友好城市建设实施方案》（青发改社会〔2022〕159号）
西宁市	《西宁市儿童友好城市建设方案》
海东市	《海东市儿童友好城市建设方案》（东政办〔2022〕67号）
宁夏回族自治区	《宁夏回族自治区推进儿童友好城市建设实施方案》（宁发改社会〔2022〕152号）
银川市	《银川市儿童友好城市建设方案》（银发改发〔2022〕182号）

注：本表格资料统计截至2022年12月31日。表格中仅列出2022年发布儿童友好城市建设行动计划（方案）的省、自治区、直辖市及地级市，正在制订计划（方案）的城市，以及仅将创建儿童友好城市目标列入本地儿童发展规划、城市发展规划或"十四五"发展规划的城市未列入其中，如目前中山市仅将"全面推进儿童友好城市建设"列入《中山市儿童发展规划（2021—2030年）》中。此外，有些国家级新区、市辖区和县也发布了行动计划，如《雄安新区儿童友好城市建设实施方案》、《乐清市儿童友好城市建设三年行动方案（2022—2024年）》（温州市）、《大鹏新区建设儿童友好型城区行动计划（2021—2025年）》（深圳市）、《单县创建儿童友好城市行动计划（2022—2023年）》（菏泽市），在此并未列入。

资料来源：笔者向有关部门（各地发改委、妇联等部门）咨询并根据公开资料整理而成。

三 各地儿童友好城市建设的新进展

在各地探索建设儿童友好城市的过程中，许多城市因地制宜，探索出符合本地特色的实践路径，取得了不错的实践效果。本部分将结合《意见》要求，从社会政策、公共服务、权利保障、成长空间和发展环境五个方面梳理各地儿童友好城市建设的新进展。

（一）社会政策友好

社会政策友好，就是要在制定城市经济社会发展规划、推进公共资源配置上优先考虑儿童需求、满足儿童需要、注重儿童参与，让儿童友好理念在全社会深入人心。

1. 推动儿童参与城市规划建设

为了让儿童能够更好地融入城市生活，各地多以"儿童议事会"形式探索儿童参与实践，让儿童参与社会公共事务、社区事务、学校事务等。2022年3月，乐清市雁荡镇环山村成立了乐清市首个村级儿童议事会。首届议事会成员共有7名，年龄最大的15岁，最小的5岁，涵盖不同学识认知层面，任期3年。成员们围绕新时代美丽乡村创建的主题各抒己见，从儿童独特的视角出发参与村社治理。[①] 深圳市龙岗区共成立了123个儿童议事会，实现了"区—街道—社区"三级儿童议事会全覆盖。截至2022年8月底，全区共收集了322个从儿童视角出发提出的议题，内容涵盖社会公共事务、社区事务、家庭事务、网络事务等方面。[②]

2. 贯彻落实"儿童优先"原则

近年来，多地都将"儿童优先"原则纳入城市发展战略中。例如，广

[①] 《乐清市首个儿童议事会在雁荡镇成立》，2022年3月25日，温州市人民政府网，http://www.wenzhou.gov.cn/art/2022/3/25/art_1217834_59157785.html。

[②] 《龙岗区实现"区—街道—社区"三级儿童议事全覆盖》，2022年9月29日，龙岗政府在线网，http://www.lg.gov.cn/xxgk/xwzx/lgyw/bmdt/content/post_10146882.html。

州市将"构建幼有善育的儿童友好城市"纳入《广州市国土空间总体规划（2021—2035年）》，搭建了儿童友好设施和儿童友好空间的规划策略及总体格局，并在新一轮国土空间规划的指导下出台了《广州市建设儿童友好城市规划导则》，提出"服务设施""公共空间""出行空间""社区交往空间"四种类型的儿童友好空间和设施类型及标准。① 潍坊市将儿童友好城市建设纳入《2022年度国民经济和社会发展计划》，提出"坚持儿童优先原则，推进儿童友好城市建设"，并在《潍坊市"十四五"科技创新规划》《潍坊市民政事业"十四五"发展规划》等文件中提出与儿童友好城市建设工作相关的内容。苏州市始终坚持"儿童优先"原则，将与儿童全面优先发展相关的内容纳入本市"十四五"发展规划纲要和"十四五"基本公共服务均等化规划等文件中。

（二）公共服务友好

公共服务友好，就是要满足儿童成长发展所需的教育、医疗、健康、文体等各方面需求，为儿童提供普惠、均衡、优质的公共服务。

1. 普惠托育服务不断完善

为缓解家庭育儿压力，多地都把增设育儿假纳入修订的计生条例中，提出时间不等的假期天数。例如，山东省提出"3周岁以下婴幼儿父母各享受每年累计不少于10日育儿假，增加的产假、陪产假、育儿假期间，视为出勤，工资照发，福利待遇不变"；② 陕西省提出"子女3周岁以内每年给予父母双方各累计10天的育儿假，职工在婚嫁、产假、护理假和育儿假期间按出勤对待，享受相应的工资、福利待遇"；③ 上海市提出"子女年满3周岁之前，双方每年可以享受育儿假各5天，育儿假按照生育的子女数量累计

---

① 《儿童友好城市 广州这样建》，2022年6月4日，广州市人民政府网，https://www.gz.gov.cn/zwfw/zxfw/gysy/content/mpost_8320790.html。
② 《山东省人口与计划生育条例》（2022年修正）第26条。
③ 《陕西省人口与计划生育条例》（2022年修订）第45条。

计算天数"。①

此外，各地也在积极探索多样化托育服务。例如，乐清市在制定《乐清市加快推进3岁以下婴幼儿照护服务发展的实施方案》时，突破了浙江省和温州市规定的幼儿园托班生2岁至3岁的年龄界限，支持幼儿园开设托班，打造"托幼一体化"，只要幼儿园有条件为3岁以下婴幼儿提供照护服务，就可以开设乳儿班（6~12个月）、小托班（12~24个月）和大托班（24~36个月）。②截至2022年10月，乐清市共有136家登记备案的婴幼儿照护服务机构，4894个婴幼儿托位，每千人口托位数3.34个，托育机构覆盖率88%，普惠性托育机构覆盖率达96%。③南京市开设0~3岁婴幼儿照护服务普惠托育服务专题培训班，提升普惠托育服务能力；鼓励社区购买托育机构普惠服务，为社区居民提供质优价廉的全日制托管和免费亲子体验服务；充分发挥婴幼儿早期发展中心的指导教育功能，每年至少举办6次免费亲子活动；规范托育机构的建设标准，使托育机构的收费价格均低于同一区域的平均水平，让家长"托得起""放心托"。④

2. 儿童基础教育均衡发展

为了能让儿童"好上学"、"上好学"、把"学上好"，各地积极推进基础教育高质量、均衡普惠发展。例如，芜湖市积极推动学前教育普及普惠发展，加大公办学前教育资源供给。截至2022年底，全市公办园在园幼儿占比达56.49%，普惠性幼儿园在园幼儿占比达90.24%。⑤上海市发布《上海市义务教育课后服务工作指南》（沪教委基〔2022〕3号），全面实施"5+2"课后服

---

① 《上海市计划生育奖励与补助若干规定》（沪府规〔2022〕18号）第3条。
② 《乐清普惠托育机构覆盖面越来越广 今年新增托位1155个》，2022年9月7日，乐清市人民政府网，http：//www.yueqing.gov.cn/art/2022/9/7/art_1322069_59208670.html。
③ 《"托"起未来，"育"见美好 婴幼儿照护服务机构开放体验周活动乐清站》，2022年10月8日，温州市卫生健康委员会网，http：//wjw.wenzhou.gov.cn/art/2022/10/8/art_1229428807_58913320.html。
④ 《社会合力托，家长放心托》，《新华日报》2022年9月8日，第5版。
⑤ 《芜湖市教育局2022年工作总结》，2023年1月17日，芜湖市教育局网，https：//jyj.wuhu.gov.cn/openness/public/6596321/37042691.html。

务模式，即每周5天，每天至少2小时，课后服务内容包括作业辅导与素质活动，课后服务对象占学生总数的96.6%。①合肥市积极推动"双减"政策落地，学校教育主阵地作用不断强化，校外培训机构数量大幅度压减，由原先的1199所压减到59所，压减率达95.08%。②广州市大力开展集团化办学，推进基础教育优质均衡发展。截至2022年10月，全市教育集团总量达到138个，涵盖幼儿园、小学、初高中各学段。③潜山市开展适龄残疾儿童随班就读核查及入学安置工作，对已随班就读的适龄残疾儿童进行实地核查，对无法入学的适龄残疾儿童"一人一案"形成教育安置意见，确保全市适龄残疾儿童入学都能得到合理有效安置，做到"全覆盖、全接纳、零拒绝"。④

3.儿童健康和医疗有保障

温州市在全国率先开展实施"明眸皓齿"工程，积极落实《温州市儿童青少年"明眸皓齿"工程实施方案》，建立近视防控大数据分析平台，实现教室灯光照明标准化改造"全覆盖"、全市中小学生近视普查"全覆盖"、每年新增适龄儿童免费窝沟封闭"全覆盖"。⑤福州市高度重视出生缺陷防治工作，建立出生缺陷防治大数据平台，开展出生缺陷防治筛查服务，为新生儿免费筛查耳聋基因、遗传代谢性疾病、先天性心脏病等，约26万名儿童受益。⑥

温州市鹿城区打造全市首批儿童友好药房，通过加强儿童用药管理、设立儿童用药销售专区，提高儿童用药管理水平。温州市人民医院推出全国首个智慧母婴友好病房，开设全市首个儿童友好型儿科门诊。南京市江宁区率先开设儿童友好少儿妇科门诊，以帮助受妇科疾病困扰的女童解决就医难

---

① 《上海出台课后服务工作指南 针对性帮扶学习困难生》，2022年2月18日，新华网，http：//sh.news.cn/2022-02/18/c_1310476632.htm。
② 《合肥普惠性幼儿园覆盖率已近九成》，2022年9月15日，新浪网，https://ah.sina.cn/news/2022-09-15/detail-imqqsmrn9136760.d.html。
③ 《广州教育集团化办学》，2022年5月21日，金羊网，https://news.ycwb.com/2022-05/21/content_40791382.htm。
④ 《潜山市扎实开展适龄残疾儿童少年随班就读核查及入学安置工作》，2022年9月28日，中安教育网，http：//edu.anhuinews.com/czsx/202209/t20220928_6424818.html。
⑤ 《儿童六大友好 托起美好未来》，《温州日报》2022年7月7日，第4版。
⑥ 《实施儿童友好政策24项 完成试点项目35个》，《中国妇女报》2022年4月8日，第3版。

题。深圳市龙岗区妇幼保健院成为深圳首批儿童友好医院之一，深圳市妇幼保健院儿科挂牌"儿童友好型科室"。北京市大力推进母婴友好医院建设，2022年共有34家医疗机构通过母婴友好医院评估。[①]

4. 儿童文体服务不断丰富

泰顺县推出气象主题城市书房，为儿童提供讲解（解说活动"说气象"）、参与（游戏平台"玩气象"）、体验（非遗陶艺"做气象"）等服务，全面打造气象科普新景点和儿童体验新地标。[②] 2022年4月至6月，保定市以"线上+线下"相结合的方式举办首届儿童友好运动会。运动会主要针对3岁至14岁儿童设置，依据幼儿园、小学和初中三个阶段的儿童特征，设立了定点投篮、跳绳、踢毽子、足球运球、袋鼠跳、双手拍篮球、躲闪跑7个项目。2022年6月至8月，深圳市举办"'童'行成长路 '艺'起向未来"儿童友好艺术节，以"少年儿童心向党 喜迎党的二十大"为主线，共推出10场精品艺术活动和百场重点活动。

（三）权利保障友好

权利保障友好，就是要关心关爱特殊困难儿童，织密困难儿童基本生活保障网。

1. 特殊困难儿童关爱力度不断加大

温州市出台《关于进一步帮扶特殊群体推进共同富裕的若干政策意见》（温政发〔2022〕6号），在全省首先实现孤困儿童一体化保障；全市社会散居孤儿和困境儿童基本生活标准平均达2413元/（人·月），较2021年上涨45%。[③] 株洲市搭建起市、县、乡、村四级关爱保护平台，全市1387个

[①] 《北京市卫生健康委员会2022年度绩效管理工作自查报告》，2023年1月17日，北京市卫生健康委员会网，http://wjw.beijing.gov.cn/zwgk_20040/fgwj/zymsss/202301/t20230117_2902087.html。

[②] 《探寻天气密码 这家气象城市书房"泰"有意思》，2022年9月10日，温州新闻网，http://news.66wz.com/system/2022/09/10/105501360.shtml。

[③] 《温州市民政局创新儿童保障 持续擦亮"儿童友好"名片》，2023年1月11日，浙江省民政厅网，https://mzt.zj.gov.cn/art/2023/1/11/art_1229569130_58931880.html。

村（社区）实现儿童之家全覆盖。志愿者、教师、社会组织等各界力量通过儿童之家开展关爱服务，1.42万余名留守儿童受益。[1] 重庆市设立1031名乡镇（街道）儿童督导员、1.1万名村（居）民委员会儿童主任，实现乡镇（街道）、村（居）全覆盖，打通儿童关爱保护"最后一公里"。[2] 滨州市持续深入开展困境残疾儿童政府免费替代养护工作，不断拓展保障范围，优化服务措施，将代养范围扩大至"低保边缘家庭的残疾儿童"，代养残疾儿童的年龄上限从6.5岁放宽至18岁，让更多困境儿童家庭受益。

2. 残疾儿童康复服务体系不断完善

疫情期间，苏州市、唐山市、银川市等多地启动残疾儿童线上康复训练服务，为无法参与线下康复训练的残疾儿童和家长提供居家康复教学。深圳市发布《深圳市残疾儿童康复救助实施办法》（深残规〔2022〕5号），将康复救助对象扩大至本市18岁以下的持证残疾儿童或7岁以下的疑似残疾儿童，为其提供基本的康复救助服务，并将视力残疾矫正救助和肢体残疾矫正救助纳入康复救助内容。许昌市在河南省首创"公益性康复无陪护病房"，为贫困家庭解决无人照看残疾儿童的难题。济宁市任城区开创由政府主导，残联、卫生、民政、康复服务机构和社会爱心企业共同参与的"五位一体"助残服务新模式，开展残疾儿童早期干预服务。南京市江北新区创新"康教融合"新模式，为辖区内有需求的重度残疾儿童开展一对一送教、送康上门服务，保障残疾儿童的受教育权。

（四）成长空间友好

成长空间友好，就是要让城市公共空间满足儿童发展需求，为儿童亲近自然、健康成长创造良好的外部环境。

1. 儿童安全出行体验不断改善

为保障儿童上下学安全，宁波市北仑区在泰河幼儿园、泰河学校等学校周

---

[1] 《株洲实现"儿童之家"村和社区全覆盖》，《湖南日报》2022年5月31日，第11版。

[2] 《合力护航 "未"你而来 我市构建起未成年人"六位一体"综合保护体系》，2022年6月1日，重庆市人民政府网，http://www.cq.gov.cn/zwgk/zfxxgkzl/fdzdgknr/zdmsxx/shbz/shbz_ssqk/202206/t20220601_10771399.html。

边设立了第一批儿童友好斑马线（共10条）。通过对原有黑白斑马线进行彩绘喷涂，儿童友好斑马线能够显著提高驾驶人的注意力，提醒来往车辆注意礼让儿童。[1] 乳山市全力打造"360"儿童友好安全出行系统，通过学校引导、公安布警、家长配合，协力站好"护学岗"，通过优化设施、设置标示、实行错峰上下学、规划接送区域、严查交通违法行为、开展教育宣传，打通上学"最后一公里"，全方位守护儿童出行安全。[2] 杭州市公交设立了"求知专线"，以"集体接送"的方式解决儿童上下学出行难问题，实现家门口上车"一键直达"学校。2022年，杭州市新增求知专线74条，超出原定增加54条的目标。[3]

2. 儿童人文参与空间不断拓展

威海市将"鲸园文体公园"作为儿童友好公园试点，在建设时充分考虑儿童需求，以"鲸鱼骨廊架"和"海洋物种"等元素作为地面铺装，并打造"鲸趣乐园"作为儿童专属游乐区。儿童游乐区设有蹦床、定点足球墙、攀爬树洞、滑梯、绳滑索道等设施，能够满足不同年龄段儿童的娱乐需求。温州市泰顺县将大溪源蝴蝶谷打造成"儿童友好·亲子研学基地"，围绕中小学课程特点开设了一系列自然教育科普体验课程，儿童可以在蝴蝶谷中探索蝴蝶生长的奥秘，培养对自然科学的兴趣。保定市徐水区建立了卓正神农现代农业示范园、河北大午农业科技园和河北谷小圣农业园3个儿童友好研学基地，以"农业+研学"为主题，让儿童在实践中认识农业、了解农业，体验劳动辛苦、学习农业知识。广州市新儿童活动中心研发了"红色教育+素质教育+美育教育"协同育人模式，开展一系列暑期公益体验课和亲子小组活动，为儿童打造了一个校外教育的活动基地。[4]

---

[1] 《宁波北仑区：首批10条儿童友好斑马线投用》，2022年5月20日，中国教育新闻网，http://www.jyb.cn/rmtzcg/xwy/wzxw/202205/t20220520_693921.html。

[2] 《工作成果亮点展播⑧乳山市｜构建"360"儿童友好安全出行系统 打造平安上学"绿色通道"》，2022年10月14日，威海妇女网，http://www.whwomen.gov.cn/art/2022/10/14/art_68713_3066613.html。

[3] 《涉及出行、托育、公园建设！杭州儿童友好10条，实施情况如何？》，2023年1月11日，杭州政协网，https://www.hzzx.gov.cn/cshz/content/2023-01-11/content_8446109.htm。

[4] 《打造羊城孩子快乐成长的幸福家园》，《中国妇女报》2022年8月22日，第6版。

（五）发展环境友好

发展环境友好，就是要让儿童在良好的学校、家庭和社会环境中健康、平安成长。

1.儿童家庭成长环境不断改善

金华市成立金华家长大学，组建家庭教育讲师团队，开通线上直通车为家长答疑解惑，同时开设学制三年的"共同成长"公益家长实验班，每月至少为家长提供一次线上线下家庭教学活动。[①] 佛山市禅城区推出"家校社共育"家教服务项目，打造"禅城宝爸宝妈家教吧"家教服务平台，成立"家校社共育"专家智囊团，以家长与家庭教育讲师面对面分享交流为活动形式，聚焦家庭教育的痛点、难点，为家长出谋划策。天水市妇联以"点单送教"的模式开展个性化家教指导服务，即家长根据家庭服务需求"点单"，"秦老师"家庭教育和心理咨询志愿服务团安排讲师按需"送教"。[②] 保定市成立首个儿童友好家庭教育社区服务站，在完善社区家庭教育课程体系的基础上，由服务站专家和教师开展家庭教育进社区活动。菏泽市开展儿童友好"最美家庭"寻找活动，举办"最美家庭"事迹展示、宣讲会，成立"小红扣"家庭教育志愿服务团，建立社区（村）家长学校和家庭家教家风实践教育基地，开展家庭教育指导服务活动，推动儿童友好与家庭教育深度融合。[③]

2.儿童学校成长环境不断优化

湖北省发布《湖北省中小学校食品安全副校长管理暂行办法》（鄂食药安办发〔2022〕5号），要求为全省中小学校和幼儿园配备分管食品安全的副校长（副园长），保障在校学生食品安全。保定市持续开展法治副校长进校园活动，全市基本实现市县中小学法治副校长全覆盖。保定市莲池区城市

[①] 《浙江金华家长大学助力家庭教育高质量发展》，《中国妇女报》2022年8月29日，第1版。
[②] 《"点单送教"为家庭解烦忧》，《中国妇女报》2022年9月26日，第3版。
[③] 《以儿童友好"小支点"撬动城市发展"大格局"》，《中国妇女报》2022年10月11日，第1版。

管理综合行政执法局开展"城管进校园"活动,将城管执法管理服务的"窗口"直接设在校园内,有效保障了学生安全。大庆市组织开展"女童保护"公益课进校园活动,为全市各小学培训"女童保护"讲师,成立"女童保护"志愿者讲师专业队伍,在全省率先实现"女童保护一校一师"全覆盖。铜仁市成立少年警校,开设青少年学生警校夏(冬)令营和社会青少年警营文化体验班,让青少年近距离体验警营生活,培养少年儿童社会责任感。

四 儿童友好城市的发展与展望

儿童友好城市建设并非一朝一夕,而是一个持续推进的过程。目前,我国儿童友好城市建设还处于起步阶段,仍面临许多挑战,如尚未建立科学全面的建设标准与监测评估体系、儿童参与机制不完善、儿童友好理念未完全深入人心、儿童友好城市建设人才储备不足等。未来我国儿童友好城市建设应当从以下几个方面发力。

(一)紧贴中国特色打造儿童友好城市建设标准

相较于其他国家的城市来说,我国的城市是"人口高密度、用地高集约化、强家庭纽带文化的城市",[①] 具体体现在儿童人口的绝对数量十分庞大,城乡之间儿童权利保障仍然存在一定差距,人口政策经历了由收紧到放开的过程。这就决定了我国的儿童友好城市建设之路不同于别国,要立足本国的发展实际,了解本国的儿童成长特征和城市发展现状,不盲目照搬照抄别国经验。因此,《意见》将"中国特色,开放包容"作为我国儿童友好城市建设的基本原则,着重提出要"探索中国特色儿童友好城市建设路径模式",并选取社会政策、公共服务、权利保障、成长空间、发展环境这五个方面作为我国儿童友好城市建设的基本方向。

---

① 《儿童友好城市创建应突出中国特色》,《中国妇女报》2022年1月4日,第6版。

如何促进顶层设计走向精准落地,还有很长的路要走。我国的儿童友好城市建设既要有国际视野,即符合联合国儿基会的"基本标准"①,又要体现中国城市发展特色,即符合我国的基本国情。未来应当针对我国儿童各方面发展的具体情况,尽快出台与《意见》配套的"中国儿童友好城市建设标准",为各地创建儿童友好城市提供统一指引。同时,由于不同城市在地域、经济、文化等方面存在一定差别,各地可以依据其所掌握的不同资源水准,确定儿童友好城市的建设重点。对于经济发展相对落后的城市或地区,可以循序渐进地推进儿童权利保障,从儿童友好家庭建设起步,从儿童友好医院、学校、图书馆、公园、母婴室等做起,以点带面逐渐拓展到儿童友好社区、街区和城市。此外,在遵循国家统一建设标准的原则下,各地也可以探索利用本地资源进行本土特色化创新,比如,江门市新会区就充分利用"启超故里"的文化魅力,成立梁启超家教家风家长学校,每月举办"启超家风"宣传和故事会系列活动,深化少年儿童家国情怀,加强家教家风建设。舟山市则将海洋主题友好作为城市特色,培育儿童海洋产业,增强儿童海洋认知,支持儿童参与渔民画、跳蚤舞等非物质文化遗产代表性项目。

(二)健全儿童参与的长效机制

儿童友好城市的建设一定是以儿童为主体,尊重儿童需求、重视儿童参与。儿童参与的长效机制既包括参与对象的包容性,也包括参与过程的完整性。然而,在国内部分城市探索儿童参与实践的过程中,很容易出现儿童参与流于形式的问题。具体表现在,一方面,儿童参与仅被视为有限、适度的行为,譬如在儿童节假日活动来临之际,临时选举出儿童议事会成员(一般来说,年龄较长、善于表达的儿童更容易成为儿童议事会的成员),进行

---

① 要想获得联合国儿基会的认可,儿童友好城市须符合三项基本标准:1. 在多个目标领域的范围内,做出有目共睹的成果,确保采用全面的解决办法,保障儿童权利;2. 倡导有意义和相互包容的儿童参与;3. 在儿童友好城市倡议以及其他工作中高度致力于消除地方政府在政策和行动上对儿童的歧视。参见联合国儿童基金会《构建儿童友好型城市和社区手册》,第 40 页,https://s25924.pcdn.co/wp-content/uploads/2019/11/CFCI-Handbook_CHN_edit1_May2019.pdf。

讨论并收集相关意见。儿童的建议是否被采纳、后续儿童议事会何时召开、成员何时选举换届便再无下文。另一方面，儿童参与仅停留在与儿童有关的事务决策方面，而不是让儿童参与城市规划、建设与发展的全过程，儿童仍未被视为"一个有着独特需求和独特眼光的行动主体"。[①]

不同年龄、不同生活处境的儿童有着不同的发展需求，对儿童友好城市建设与儿童权利保障也有着不同的看法。因此，为推动儿童全方位参与融入城市社会生活，一方面，应当扩大参与儿童的群体范围，综合考虑儿童的能力、发展和需求，将低龄儿童、残疾儿童、留守儿童、困境儿童等参与机会更少的群体纳入其中。另一方面，还应当拓宽儿童参与范围，建立专门的儿童参与机制和平台，让成人以"协助者"的角色与儿童共同讨论参与过程，让儿童能够在推进儿童友好城市建设的每一个环节（如项目实施、监测评估、成果反馈环节）都有效表达自身需求和意见，将儿童参与和城市发展规划深度连接。

（三）建立儿童友好城市建设激励机制

我国儿童友好城市建设起步较晚但发展较快，在组织与推进实施方面仍然面临较多问题，一些单位未能真正领会儿童友好理念的内涵。儿童友好城市建设并非政绩工程、面子工程，而是以儿童为中心、保障儿童权利的惠民工程。为了让各级各部门都认识到儿童友好城市建设对于提高人民幸福指数、提升城市功能品质、激发城市内生活力的重要性，亟须建立儿童友好城市建设激励机制，及时扫清相关部门或单位的思想障碍，避免在儿童友好城市建设工作中出现"后劲不足"的问题。为此，中央和地方都要高度重视。一方面，应当对儿童友好城市建设工作中取得显著成效的省、自治区、直辖市加大资金奖励或者政策倾斜力度，以此调动和激发地方政府的积极性、主动性和创造性，确保中央各项决策部署都能落实到位。另一方面，地方政府

[①] 李辉：《生态系统理论视角下儿童友好社区建设中的儿童参与：价值定位与主要路径》，《少年儿童研究》2022年第4期。

应当统筹做好本地区的激励措施落实工作，对儿童友好城市建设工作中成绩突出的地区、单位或个人予以鼓励，充分发挥激励的示范带动作用，在全社会形成人人关注儿童友好城市建设、人人参与儿童友好城市建设的浓厚氛围，推动儿童友好理念进一步深入人心。

（四）注重定期监测与评估

监测和评估是实时掌握儿童友好城市建设进程和儿童权利保障状况的重要手段。在各地大力开展儿童友好城市创建的过程中，缺少儿童友好评估工具和标准的问题开始逐渐显现。联合国儿基会发布的《构建儿童友好型城市和社区手册》提供了一个"儿童友好型城市倡议流程监测和评估框架"工具。该工具将监测分为流程监测与影响监测两部分，并建议采用经合组织发展援助委员会提出的五条评价标准来进行评估，即相关性、效果、效率、影响和可持续性。[1] 然而，该工具只是一套初步的方案，各地在推进儿童友好城市的创建中还需要依据本地发展状况进行修改，才能适用。例如，长沙市就在对标联合国儿基会发布的工具基础之上，结合本地实际情况，对该工具进行本土化转译，增删了部分问题，调整了一些板块，随后才将其应用到全市儿童权利现状评估调查中。[2]

因此，结合联合国儿基会提供的监测和评价工具，我国亟须建立一套完整的"中国儿童友好城市监测与评估标准"，以此指导中国特色儿童友好城市的创建工作。首先，要加快监测评估制度建设，尽快出台儿童友好城市建设进度的统计监测指标体系和相关监测制度，引入第三方独立评估机制，对已出台儿童友好城市创建方案或行动计划的省、市或区进行周期性、常态化的中期监测评估和终期监测评估，了解掌握儿童友好城市建设进展和儿童权利保障状况。其次，要加强对监测评估结果的动态研判，对超额完成的指标

---

[1] 联合国儿童基金会：《构建儿童友好型城市和社区手册》，第34页，https://s25924.pcdn.co/wp-content/uploads/2019/11/CFCI-Handbook_ CHN_ edit1_ May2019.pdf。

[2] 沈瑶、张馨丹、刘赛：《国际"儿童友好社区"评估工具的转译与应用——以长沙市儿童权利现状调研为例》，《城市规划》2022年第12期。

进行经验总结，对进度落后的指标进行及时预警，对评估中发现的问题和薄弱环节提出整改建议。最后，要合理运用评估结果指导儿童友好城市的建设工作，确保儿童友好各项指标得到准确落实，加快"儿童友好城市"这一国际理念的本土化落地。

（五）加强儿童友好城市研究人才培养

儿童友好城市建设不仅体现在城市物理空间的"硬件"友好，也体现在法律、政策、福利、公共服务等方面的"软件"友好。通过对 CNKI 数据库中有关儿童友好城市的期刊文章进行检索发现，目前我国有关儿童友好城市建设研究的学者大部分集中在建筑科学与工程领域，即从公共空间设计与改造领域方面（如交通规划、空间建设、城市布局、景观设计等）为儿童提供补缺型的城市服务，其次则是基于儿童社会问题的社会学领域（如儿童福利），学科属性较为单一。可以说，国内有关儿童友好城市建设的研究初步形成了两大学派，分别以建筑院校和社会组织为代表。但是，这两大派系之间尚未形成广泛合作的研究体系，尤其欠缺跨学科的科研平台。[1] 儿童友好城市研究是融汇法学、建筑学、社会学、教育学、心理学等多学科理论的综合性课题，依赖多学科的理论支撑。因此，未来应当重视发挥高校智库的核心优势，在高校相关专业中设置儿童友好课程内容，加强儿童友好城市研究人才培养与交流，加大对儿童友好相关课题研究的政策支持力度，构建多层次、跨学科的学术交流平台。

---

[1] 张承博、刘思毅、朱查松：《儿童友好城市的国内研究进展与国外经验启示》，《中外建筑》2022 年第 8 期。

B.11 中国社会养老服务保障的新进展与挑战

邓晋 袁林[*]

摘　要： 享有基本养老服务是每一位老年人的权利。2022年中国社会养老服务保障事业迅猛发展，社会养老服务支持政策密集出台；个人养老金制度的正式实施开启了三大支柱并行的多层次养老保障体系；长期护理保险制度试点取得阶段性成效；社会养老模式不断创新，居家、社区、机构养老服务融合发展；养老服务标准化体系不断完善，老年人能力评估制度和基本养老服务清单制度的建立有效提升了养老服务供给能力。同时，我国社会养老服务保障也面临专门性立法缺失、市场发育不足、专业服务人才短缺等挑战。需尽快出台社会养老服务领域立法，补齐短板，推动中国老年人权益保障迈向新高度。

关键词： 社会养老服务　老龄化　老年人　社会保障

国家统计局发布的《2022年国民经济和社会发展统计公报》数据显示，2022年末，我国人口14亿1175万人，比2021年末减少85万人。全年出生人口956万人，人口出生率为6.77‰；死亡人口1041万人，人口死亡率为7.37‰；人口自然增长率为-0.60‰。从年龄构成看，2022年末我国60岁及以上人口2亿8004万人，占总人口比重已上升至19.8%，其中65岁及以

---

[*] 邓晋，西南政法大学2020级人权法学博士研究生；袁林，法学博士，西南政法大学法学院教授、博士生导师。

上人口2亿978万人，占比上升至14.9%（见表1）。纵观我国1949年以来的人口数据（见图1），2022年为1961年来首次出现人口负增长。

表1 2022年末人口数及其构成

指标	年末数(万人)	比重(%)
全国人口	141175	100.0
其中：城镇	92071	65.2
乡村	49104	34.8
其中：男性	72206	51.1
女性	68969	48.9
其中：0~15岁	25615	18.1
16~59岁	87556	62.0
60岁及以上	28004	19.8
其中：65岁及以上	20978	14.9

资料来源：国家统计局《2022年国民经济和社会发展统计公报》。

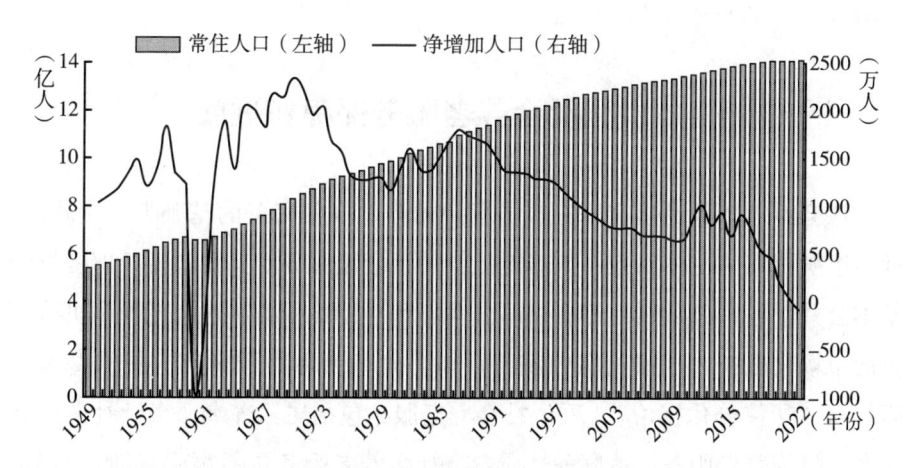

图1 1949~2022年全国常住人口及净增加人口

资料来源：《历史性拐点！中国人口，开始负增长了》，2023年1月17日，"国民经略"微信公众号，https://mp.weixin.qq.com/s/4xdfHKrV5XoFNeFjVHVRrQ。

除人口负增长外，我国老龄化程度亦在加深。2022年9月20日，国家卫生健康委老龄司司长王海东在新闻发布会上表示，预计2035年左右，我国 60 岁及以上老年人口将突破 4 亿，占总人口的 30%以上，进入重度老龄化阶段。重度老龄化伴随的空巢、独居、失能、失智老年人的规模化扩展，将凸显社会养老服务的供需均衡匹配问题。

享有基本养老服务是每一位老年人的权利。《老年人权益保障法》第 5 条第 2 款明确了国家建立和完善以居家为基础、社区为依托、机构为支撑的社会养老服务体系。社会养老服务事关老年人人格尊严、生命权、健康权、财产权、教育权、获得物质保障权等多项权利。2022 年作为"十四五"规划开局之年，我国社会养老服务保障事业发展迅猛。面对老年人日益增长的多层次、高品质健康养老需求，国家出台了多项政策推进老龄事业发展和养老服务体系建设，各地也加快推出细化措施，力求为每一位老年人提供兜底性社会养老服务，切实保障其相应权利。个人养老金制度的正式实施，长期护理保险制度的基本确立，养老服务标准化体系和基本养老服务清单制度的初步建立，共同构建和完善了兜底性、普惠型、多样化的社会养老服务体系。

一　中国社会养老服务保障新进展

社会养老服务是指在家庭成员承担赡养、扶养义务的基础上，由政府、社会组织等其他主体为老年人养老提供的社会化服务。其既包括政府提供的基本公共服务、非营利组织提供的公益性和互助性服务，也包括营利机构提供的市场化服务。国家负有兜底责任，有义务为每一位老年人提供基本保障。从"居住分化视角"[1] 看，社会养老服务包括居家养老服务、社区养老服务、机构养老服务。从服务性质看，社会养老服务包括物质帮助[2]、照护服务、关爱服务等内容。

大力发展老龄事业和老龄产业，加强养老设施建设，积极开展养老服务

---

[1] 徐倩、周沛：《我国社会养老服务认识误区及优化方略》，《学术论坛》2015 年第 5 期。
[2] 如北京市、浙江省、江苏省、深圳市等地最新发布的《养老服务基本清单》都包括以基本养老保险为代表的物质帮助。

是我国主动应对老龄化的必然要求。2022年，中国立足国情，在新的人口形势下，先后出台了多项政策、措施，不断满足老年人日益增长的多元化养老服务需求。

（一）社会养老服务支持性政策密集出台

1. 顶层设计不断完善

2022年2月，国务院发布《"十四五"国家老龄事业发展和养老服务体系规划》（以下简称《规划》），作为"十四五"时期我国社会养老服务体系建设的综合性、基础性、指导性文件。《规划》汇总了老龄事业及养老服务体系发展目标的9方面任务：织牢社会保障和兜底性养老服务网，扩大普惠型养老服务覆盖面，强化居家社区养老服务能力，完善老年健康支撑体系，大力发展银发经济，践行积极老龄观，营造老年友好型社会环境，增强发展要素支撑体系，维护老年人合法权益。再次强调建立基本养老服务清单制度，建立老年人能力综合评估制度，根据综合能力评估的结果确定老年人需要的服务项目和补贴标准。同时，《规划》设立了9项具体量化指标：在养老服务基础设施建设方面，要求养老服务床位总量达到900万张以上，养老机构护理型床位占比达到55%，新建城区、新建居住区配套建设养老服务设施达标率达到100%，设立老年医学科的二级及以上综合性医院占比达到60%以上；在养老服务人才队伍建设方面，要求本科高校、职业院校养老服务相关专业招生规模明显扩大，确保每千名老年人配备社会工作者人数保持1人以上；在关注老年人精神文化生活方面，要求老年大学覆盖面每个县（市、区、旗）至少1所，"敬老月"活动覆盖面每个县（市、区、旗）每年开展1次，特殊困难老年人月探访率达到100%。

在此政策框架下，国务院及相关部委印发多个规范性文件（见表2），就发展养老服务、完善多层次养老保险制度、发展健康服务业、推进医养结合、制定和实施老年人照顾服务项目、解决老年人运用智能技术困难、发展老年教育等作出安排部署，细化系列政策举措和标准规范，共同推动社会养老服务体系不断完善。

表2　2022年国家有关养老服务的规范性文件

颁发时间	颁发机关	文件名称	主要内容
2月22日	国务院	《"十四五"国家老龄事业发展和养老服务体系规划》	明确了"十四五"时期国家养老服务体系建设总纲领。要求建立基本养老服务清单制度和老年人能力综合评估制度
3月1日	国家卫健委	《"十四五"健康老龄化规划》	提出健全居家、社区、机构相协调的失能老年人照护服务体系
3月25日	国家卫健委	《关于开展社区医养结合能力提升行动的通知》	提升居家社区医养结合服务能力，推动基层医疗卫生和养老服务有机衔接
4月18日	财政部	《关于做好政府购买服务改革重点工作的通知》	推广政府购买基本养老服务，鼓励有条件的地区务实拓展政府购买养老服务的领域和范围。优化城乡养老服务供给，支持社会力量提供日间照料、助餐助洁、康复护理等服务
4月21日	国务院	《关于推动个人养老金发展的意见》	标志着个人养老金制度建立。个人养老金实行个人账户制度，缴费完全由参加人个人承担，实行完全积累
7月18日	国家卫健委	《关于进一步推进医养结合发展的指导意见》	从居家、社区、机构三大场域发展医养结合服务能力
8月29日	国家发改委	《养老托育服务业纾困扶持若干政策措施》	明确提出了房租减免、税费减免、社会保险、金融、防疫等26条纾困扶持措施，切实推动养老托育服务业渡过难关、恢复发展，更好满足人民群众日益增长的养老托育服务需求
10月26日	人社部	《个人养老金实施办法》	个人养老金制度每年缴费上限为1.2万元。个人养老金有利于参加人在基本养老保险之上再增加一份积累，让老年生活更有保障
12月26日	国务院联防联控机制综合组	《关于印发对新型冠状病毒感染实施"乙类乙管"总体方案的通知》	对老年人、养老机构疫情防控措施做出重点要求

资料来源：笔者根据政府官方网站2022年相关资料收集整理而成。

2. 地方性政策密集出台

在《规划》的指导下，2022年全国各省级单位相继出台地方性老龄事业或养老服务体系建设"十四五"规划（见表3），9个省级单位出台了地方性养老服务条例（见表4），开启了地方性特色养老服务体系现代化建设新征程。例如，广东省规划在国家《规划》设立的9项主要发展指标基础上，增设了县级特困人员供养服务设施覆盖率100%，乡镇（街道）范围内具备综合功能的养老服务机构覆盖率60%，特殊困难老年人家庭适老化改造5万户，认证养老护理职业技能培训机构100家，培训养老服务人员20万人次等要求。广东省还创新性地提出打造省际养老服务"旅居模式"，持续深化与辽、吉、黑、赣、桂、湘、渝、川、黔、陕等10个省、区、市的旅居养老合作，联动更多省、区、市开展旅居养老省际合作，通过"养老+旅居+N"，推动养老服务市场化、产业化、集群化发展。推进实施"南粤家政"工程，打造具有广东特色的养老服务业知名品牌。河南省规划到2025年，"一刻钟居家养老服务圈"逐步完善，县、乡、村三级衔接的农村养老服务设施网络基本形成，全面打造"豫佳养老"服务品牌，高水平建设中西部养老服务幸福高地和康养产业高地。河北省则健全开发性金融支持养老服务体系建设协调联动机制，引导各地充分发挥开发性金融专项贷款作用，帮助养老机构解决"融资难""融资贵"问题。

表3 2022年有关养老服务的地方性规划

颁发时间	颁发地区	文件名称
1月15日	广东省	《"十四五"广东省老龄事业发展和养老服务体系建设规划》
1月18日	江西省	《江西省"十四五"养老服务体系建设规划》
1月18日	宁夏回族自治区	《宁夏回族自治区养老服务体系"十四五"规划》
1月21日	河南省	《河南省"十四五"养老服务体系和康养产业发展规划》
2月21日	重庆市	《重庆市养老服务体系建设"十四五"规划（2021—2025年）》
2月11日	青海省	《青海省"十四五"老龄事业和养老服务发展规划》
2月22日	安徽省	《安徽省"十四五"养老服务发展规划》

续表

颁发时间	颁发地区	文件名称
3月18日	江西省	《江西省"十四五"老龄事业发展规划》
3月29日	甘肃省	《甘肃省"十四五"养老服务体系建设规划》
4月15日	河北省	《河北省养老服务体系建设"十四五"规划》
5月5日	安徽省	《安徽省"十四五"老龄事业发展规划》
6月19日	贵州省	《"十四五"贵州省老龄事业发展和养老服务体系规划》
6月27日	山西省	《山西省"十四五"老龄事业发展和养老服务体系规划》
6月30日	四川省	《四川省"十四五"老龄事业发展和养老服务体系规划(征求意见稿)》
7月6日	新疆生产建设兵团	《新疆生产建设兵团"十四五"老龄事业发展和养老服务体系规划》
7月14日	福建省	《福建省"十四五"老龄事业发展和养老服务体系规划》
7月29日	吉林省	《吉林省老龄事业发展和养老服务体系"十四五"规划》
8月1日	河南省	《河南省"十四五"老龄事业发展规划》
8月18日	湖南省	《湖南省老龄事业发展和养老服务体系"十四五"规划》
8月28日	云南省	《云南省"十四五"老龄事业发展和养老服务体系规划》
11月4日	天津市	《天津市"十四五"养老服务体系发展规划和二〇三五年远景目标纲要》
11月7日	陕西省	《陕西省"十四五"养老服务体系专项规划》
11月23日	甘肃省	《甘肃省"十四五"老龄事业发展和养老服务体系规划》

资料来源：笔者根据各地方政府官方网站2022年相关资料收集整理而成。

表4　2022年有关养老服务的地方性条例

颁发时间	颁发地区	文件名称
8月1日	河南省	《河南省养老服务条例》
9月29日	山西省	《山西省社区居家养老服务条例》
9月29日	安徽省	《安徽省养老服务条例》
9月29日	江苏省	《江苏省养老服务条例》(2022年修订)
9月30日	浙江省	《浙江省社会养老服务促进条例》
10月7日	福建省	《福建省养老服务条例》
11月25日	广西壮族自治区	《广西壮族自治区养老服务条例》
11月30日	海南省	《海南省养老服务条例(草案)》
12月1日	陕西省	《陕西省养老服务条例》

资料来源：笔者根据各地方政府官方网站2022年相关资料收集整理而成。

另外，2022年全国各地争先出台一系列优化、创新养老服务的规范性文件（见表5）。例如，北京市为全面提升养老服务质量，制定了《北京市养老机构服务质量星级评定管理办法（试行）》和《北京市社区养老服务驿站服务质量星级评定管理办法（试行）》，明确将养老机构服务质量星级从低到高划分为五个等级。率先布局安宁疗护服务，《北京市加快推进安宁疗护服务发展实施方案》提出到2025年"每区至少设立1所安宁疗护中心，床位不少于50张，为有住院治疗需求的安宁疗护患者提供整合安宁疗护服务；全市提供安宁疗护服务的床位不少于1800张；社区卫生服务机构能够普遍提供社区和居家安宁疗护服务"。发展助餐服务，《关于提升北京市养老助餐服务管理水平的实施意见》鼓励探索通过相对集中的制餐供餐，最大限度地降低制餐成本；积极引导社会力量参与养老助餐服务，鼓励国有企业、优质社会餐饮企业参与养老助餐服务。目前北京市已经有1000多家养老助餐点。创新"时间银行"互助养老模式，2022年北京市政府工作报告首次将发展"时间银行"互助养老模式作为市政府的一项工作任务明确提出。上海市发布《上海市促进养老托育服务高质量发展实施方案》，明确将鼓励各类资本投资养老服务业，支持更多市场主体参与老年人居家适老化改造，提供多样化产品和服务，积极推进多层住宅加装电梯。支持物业参与社区居家养老服务，探索"社区+物业+养老服务"模式。湖南省发布《湖南省社区居家养老助餐服务若干规定》，这是全国在老年人助餐服务保障方面的第一部省级地方性法规，其中第2条明确规定，将采取政府引导、市场化运营、社会力量参与、家庭尽责的运行机制，鼓励机关、事业单位食堂提供社区居家养老助餐服务。

表5 2022年有关养老服务的地方规范性文件

颁发时间	颁发地区	文件名称
1月4日	四川省	《关于建立健全养老服务综合监管制度的实施意见》
1月6日	河南省	《关于进一步加强社区居家医养结合服务工作的通知》
1月14日	浙江省	《浙江省人民政府办公厅关于加强养老服务综合监管促进养老服务高质量发展的实施意见》
1月19日	北京市	《北京市养老服务时间银行实施方案(试行)》

续表

颁发时间	颁发地区	文件名称
1月25日	北京市	《北京市加快推进安宁疗护服务发展实施方案》
1月29日	上海市	《上海市促进养老托育服务高质量发展实施方案》
3月16日	北京市	《关于提升北京市养老助餐服务管理水平的实施意见》
3月17日	贵州省	《贵州省促进养老托育服务高质量发展实施方案》
4月10日	北京市	《关于推进街道乡镇养老服务联合体建设的指导意见》
4月14日	湖北省	《建立健全养老服务综合监管制度促进养老服务高质量发展若干措施》
4月30日	北京市	《关于加强新时代首都老龄工作的实施意见》
6月28日	江苏省	《关于推动农村养老服务高质量发展的指导意见》
8月18日	上海市	《上海市养老服务设施布局专项规划（2022—2035年）》
8月24日	广东省	《广东省养老服务标准体系规划与路线图（2022—2026年）》
9月15日	北京市	《北京市养老机构服务质量星级评定管理办法（试行）》
9月26日	四川省	《关于推进四川养老服务发展的实施意见》
10月17日	北京市	《北京市社区养老服务驿站服务质量星级评定管理办法（试行）》
11月2日	黑龙江省	《黑龙江省人民政府关于加快发展养老服务业的实施意见》
11月4日	天津市	《关于深化嵌入式养老服务机构"建管扶用"23条措施》
11月23日	湖南省	《湖南省社区居家养老助餐服务若干规定》
12月29日	吉林省	《吉林省社区居家养老服务改革试点工作方案（征求意见稿）》
12月30日	上海市	《上海市保基本养老机构（床位）管理办法》

资料来源：笔者根据各地方政府官方网站2022年相关资料收集整理而成。

（二）多层次养老保险体系不断完善

养老保险制度作为一种物质保障，属于社会养老服务。我国现行的养老保险体系分为三个支柱，第一支柱是政府主导的基本养老保险，第二支柱是面向城镇职工的企业年金和职业年金，第三支柱是针对个人的商业养老保险。多年来我国养老保险制度一直依赖基本养老保险这"一条腿"走路，第二支柱和第三支柱发展滞后。2022年，我国基本养老保险覆盖面进一步扩大，社保基金运行总体平稳，同时，国家正式启动实施个人养老金制度，这标志着我国多层次、多支柱养老保险制度框架基本形成。另外，长期护理保险制度试点工作也取得阶段性成效,是一次具有里程碑意义的巨大突破。

1. 基本养老保险制度发展良好

(1) 基本养老保险覆盖面进一步扩大

养老保险参保户籍限制进一步放开,更多灵活就业人员纳入保障范围。2022年12月30日人力资源和社会保障部发布的《2022年1—11月人力资源和社会保障统计数据》显示,2022年1~11月,全国参加基本养老保险人数为10亿5024万人,参保率超过99%。其中参加城镇职工基本养老保险人数为5亿零254.2万人,参加城乡居民基本养老保险参保人数5亿4770万人。2022年全年社会保险基金收入7.1万亿元,支出6.6万亿元,年底累计结余7.4万亿元,[①] 基金运行总体平稳。

(2) 基本养老保险待遇水平稳步提高

职工养老保险人均待遇逐年提高。根据2022年5月人社部、财政部公布的《关于2022年调整退休人员基本养老金的通知》,2022年总体调整水平为2021年退休人员月人均基本养老金的4%(见表6),实现18连涨。2022年,企业职工基本养老保险全国统筹正式实施,全年共跨省调剂基金2440亿元,有效均衡了地区间基金当期收支压力,支持了基金困难省份养老金发放,劳动者与退休人员的养老保险权益得到更好保障。

表6 2018~2022年我国退休人员参保情况和基本养老金调整幅度

项目	2018年	2019年	2020年	2021年	2022年
城镇职工基本养老保险中参保离退休人员(万人)	11798	12310	12762	13157	13644
全年城镇职工基本养老保险基金总支出(亿元)	44645	49228	51301	56481	59035
企业和机关事业单位退休人员月人均基本养老金当年调整幅度(%)	5	5	5	4.5	4

资料来源:2018~2022年度《人力资源和社会保障事业发展统计公报》。

[①] 《全国基本养老保险参保人数达10.5亿人》,2023年1月22日,中国政府网,http://www.gov.cn/xinwen/2023-01/22/content_5738486.htm。

城乡居民基本养老保险最低标准不断提高。2022年，共19个省份在中央提高城乡居民全国基础养老金最低标准的基础上，提高省级基础养老金最低标准。如江苏省连续11年调整城乡居民养老保险基础养老金省定最低标准。

2. 养老保险第三支柱发展壮大

养老保险第三支柱主要包括商业养老金融和个人养老金制度。为满足居民长期养老保障的最有效路径，2022年国家采取了一系列举措大力发展养老保险第三支柱，一方面着手商业养老金融改革，另一方面构建并落实个人养老金制度，推进多层次、多支柱养老保险体系健康发展。

（1）养老金融产品与服务供给不断丰富

在商业养老金融改革方面，养老金融产品与服务供给不断丰富，我国养老金融发展迎来新的阶段。自2022年3月1日起，专属商业养老保险试点区域扩大到全国范围，允许养老保险公司参加专属商业养老保险试点；7月，银保监会、中国人民银行联合发布《关于开展特定养老储蓄试点工作的通知》，自2022年11月20日起，由中国工商银行、中国农业银行、中国银行和中国建设银行在合肥、广州、成都、西安和青岛5个城市开展为期一年的特定养老储蓄试点。根据银保监会公布的数据，截至2023年1月，特定养老储蓄业务余额263.2亿元；具有"稳健、长期、普惠"特征的养老理财产品存续51只，47万名投资者累计购买金额1004亿元；专属商业养老保险累计实现保费42.7亿元，保单件数37.4万件，其中新产业、新业态和各种灵活就业人员保单件数超过6万件，保费超过1.7亿元。2022年，养老年金保险实现原保险保费收入642亿元，保单件数2252万件，期末累计积累责任准备金6659亿元。[①] 2023年1月1日，商业养老金试点启动。

（2）个人养老金制度落地实施

在个人养老金制度发展方面，酝酿许久的个人养老金制度正式落地。2022年11月4日，人力资源和社会保障部等五部门一天之内推出了四份监

[①] 《银保监会：商业银行已开立个人养老金资金账户超过2400万户》，2023年2月24日，新浪博客，https://blog.sina.com.cn/s/blog_dfcb5c27010304kt.html。

管文件，《个人养老金实施办法》（以下简称《实施办法》）基本上是对此前《国务院办公厅关于推动个人养老金发展的意见》的一些细节扩充。《实施办法》规定，参加人每年缴纳个人养老金额度上限为12000元。个人养老金资金账户参加人达到领取基本养老金年龄，或者完全丧失劳动能力、出国（境）定居以及符合国家规定的其他情形，可以领取个人养老金。《实施办法》明确，个人养老金可投资的产品，包括储蓄存款、理财产品、商业养老保险、公募基金等金融产品类别。财政部、国家税务总局发布的《关于个人养老金有关个人所得税政策的公告》对此前国务院常务会议提出的"个人养老金采用EET模式，领取时实际税负由7.5%降至3%，时效追溯至2022年1月1日"进行了制度化明确，领取养老金将直接按照3%进行缴税。银保监会就《商业银行和理财公司个人养老金业务管理暂行办法（征求意见稿）》公开征求意见，证监会也发布了《个人养老金投资公开募集证券投资基金业务管理暂行规定》正式稿。这标志着个人养老金制度正式落地，我国养老保障体系建设迈入新的发展阶段。

2022年11月18日，证监会确定并发布首批个人养老金基金产品名录与基金销售机构名录，首批名录包括40家基金公司的129只养老目标基金，以及37家基金销售机构（包括16家商业银行、14家头部证券公司以及7家独立基金销售机构）。2022年11月25日，个人养老金制度正式实施，在北京、上海、广州、西安、成都等36个城市和地区先行落地。同日起，个人养老金基金Y类份额陆续发售。根据人力资源和社会保障部2023年1月18日公布的数据，截至2022年末，个人养老金参加人数1954万人，缴费人数613万人，总缴费金额142亿元。刚刚开启历史性征程两个月的个人养老金基金，交出了一份不错的成绩单，建立了社会基本养老、企（职）业年金养老和个人商业养老三大支柱并行的多层次养老保障体系。

3. 长期护理保险制度落地实施

长期护理保险是以社会互助共济方式筹集资金，为社会个体在年老、疾病或伤残而失去工作或生活能力的时候提供基本的生活照料及医疗护理保障服务的社会保险制度。通常将长期护理保险称为养老、医疗、工伤、失业、生育5项社会保险之外的"社保第六险",其是妥善解决我国失能老人护理问题、积极应对人口老龄化的重要制度安排。"十四五"时期,我国着力健全和完善长期护理保险制度,逐步扩大参保对象,建立互助共济、责任共担的多渠道筹资机制和公平适度的待遇保障机制,有效衔接社会资源,健全长期护理保险经办服务体系,织牢社会保障养老服务网。

(1) 长期护理保险试点工作取得阶段性成效

我国自2013年开始建立长期护理保险制度,经过10年探索,长期护理保险制度逐步落地。2016年河北省承德市等15个城市开展长期护理保险制度首批试点,2020年进一步增加北京市石景山区等14个城市和地区作为第二批试点。试点工作取得阶段性成效,国家信息中心最新公布的数据统计显示,2018~2022年,长期护理保险制度覆盖49个城市1.45亿人,累计享受待遇人数172万人（见图2）。① 各试点城市和地区结合自身实际,不断探索长期护理保险筹资机制,从基本医保基金、财政、单位、个人等多渠道拓展资金来源,减少了对基本医保基金的依赖,逐步走出一条可持续发展的长期护理保险筹资道路。

以上海市为例,作为全国首批长期护理保险制度试点城市,在前期试点基础上,自2018年1月起,上海全市全面推行长期护理保险制度,构建申请、评估、服务、结算、监管等全链条制度体系,推动长期护理保险管理水平、服务质量迈向标准化、精细化。在服务范围上,上海出台《上海市"互联网+护理服务"试点工作实施方案》,明确"网约护士"重点为高龄或失能老年人、康复期患者和终末期患者等行动不便的人群提供服务,服务清单主要包括皮肤护理、导管维护、各类注射、标本采集、氧疗护理、基础护理、健康指导、中医护理、母婴护理、康复护理、安宁疗护等11大类42项服务项目。目前,上海已有近40万名长期失能老人享受到长期护理保险

---

① 《国家信息中心：我国长护险试点进展与下步发展展望》,2023年2月2日,"养老运营"微信公众号, https://mp.weixin.qq.com/s/92b0JJZfLTSkmmMgCRnScw。

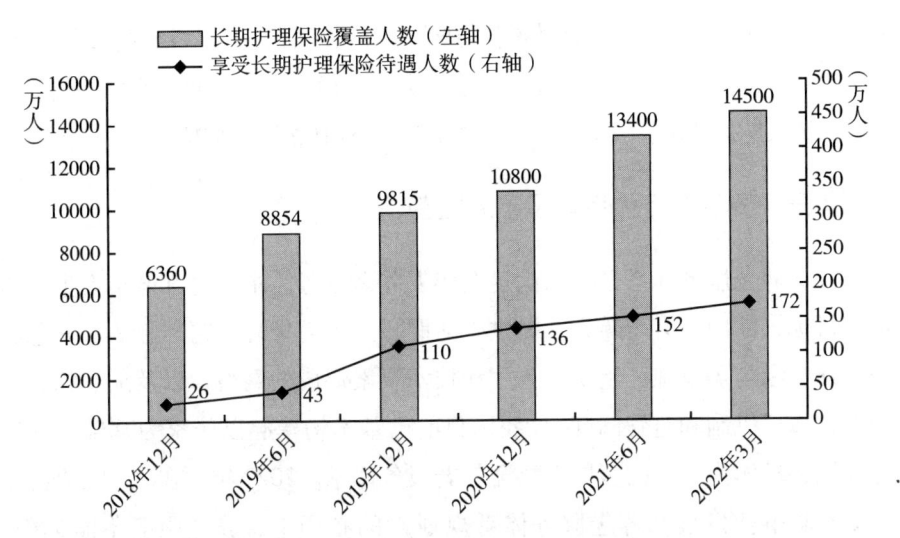

中国社会养老服务保障的新进展与挑战

图2 2018年12月至2022年3月我国长期护理保险覆盖人数和享受待遇人数

资料来源：《国家信息中心：我国长护险试点进展与下步发展展望》，2023年2月2日，"养老运营"微信公众号，https://mp.weixin.qq.com/s/92b0JJZfLTSkmmMgCRnScw。

照护服务。① 在费用支付方面，建立个人与长期护理保险基金分担机制，个人负担10%~15%的护理服务费用。在筹资渠道上，上海从职工医保和居民医保统筹基金中调剂资金作为长期护理保险基金，覆盖职工医保参保人员和60岁及以上城乡居民医保参保人员，为长期失能老人提供基本生活照料和临床护理服务。

（2）长期护理保险制度框架得以确立

长期护理保险的服务对象主要是重度失能人群②。此前，由于缺乏全国统一的失能等级评估标准，多地失能评估内容简单、形式单一、分级临界点模糊。为此，2021年7月，国家医保局办公室、民政部办公厅印发《长期护理失能等级评估标准（试行）》，提出首个全国统一的长期护理失能等级评估标准，标志着我国长期护理保险制度建设迈出关键一步。2022年1月印发配套

---

① 《上海近40万长期失能老人享受到长护险照护服务》，2023年1月20日，新华网，http://www.news.cn/2023-01/20/c_1129302240.htm。
② 通常界定为卧床不起6个月以上，失去自理能力。

的《长期护理保险失能等级评估操作指南》,首次建立了失能等级综合评估指标体系,从日常生活能力、认知能力、感知觉与沟通能力等方面为能力评估提供指导,让长期护理保险"保障谁"更加清晰,"保什么"更加精准。

(三)养老服务体系建设不断完善

社会养老服务体系是指以满足老年人养老服务需求、提升老年人生活质量为目标,面向所有老年人,提供生活照料、康复护理、精神慰藉、紧急救援和社会参与等设施、组织、人才和技术要素形成的网络,以及配套的服务标准、运行机制和监管制度。[①] 我国目前已基本构建起以居家为基础、社区为依托、机构为支撑的多层次社会养老服务体系。2022年,在《"十四五"国家老龄事业发展和养老服务体系规划》的布局下,养老服务不断创新,养老模式持续创新,居家、社区、机构养老服务协调发展。

1. 居家社区养老服务体系建设全面推进

(1) 居家社区养老服务供给不断加大

居家养老是中国老年人养老模式的主流。据 2021 年 4 月国家卫健委新闻发布会公布的数据,约 90% 的老年人选择居家养老,7% 依托社区养老,3% 选择机构养老。[②] 为顺应老年人居家养老的主流需求,中国全面把握"居家养老服务是社会养老服务体系的核心和基础",[③] 将养老服务重心不断向居家社区倾斜,为老年人出行、就医、消费、娱乐等提供全方位的支持。

一方面,居家适老化改造服务稳步推进。2022 年 2 月,民政部等 4 部门联合印发《关于推进"十四五"特殊困难老年人家庭适老化改造工作的通知》,提出"十四五"时期支持 200 万户特殊困难高龄、失能、残疾老年人家庭实施适老化改造。其中,河南省的量化目标是 21.4 万户,占

[①] 《社会养老服务体系建设规划(2011—2015 年)》中的定义。
[②] 《我国养老呈"9073"格局 约 90% 老年人居家养老》,2021 年 4 月 8 日,央视网,http://m.news.cctv.com/2021/04/08/ARTIwcwUroEXDM4NPKGnmOuu210408.shtml。
[③] 丁建定:《居家养老服务:认识误区、理性原则及完善对策》,《中国人民大学学报》2013 年第 2 期。

任务总量的10.7%，①居全国第一。此后，多地将"特困老年人居家适老化改造"纳入民生工程，如湖北省2022年度投入政府补贴资金5405.09万元，完成特殊困难老年人居家适老化改造1.75万户，比年初计划数多2500户；②2022年，江苏省完成3.6万户困难老人家庭适老化改造，③苏州市适老化改造补贴政策增加了对残疾老年人家庭的补贴支持；④河南省累计完成3.3万户老年人家庭适老化改造。⑤上海市发布《上海市促进养老托育服务高质量发展实施方案》，明确鼓励各类资本投资养老服务业，支持更多市场主体参与老年人居家适老化改造，提供多样化产品和服务，积极推进多层住宅加装电梯。⑥

另一方面，老年友好型社区建设大力推进。"十四五"期间，全国将建成5000个示范性老年友好型社区，到2035年，将实现全国城乡老年友好型社区全覆盖。社区医养结合能力大幅提升。国家支持社区、机构为失能老年人家属进行培训和提供"喘息"服务，组织协调志愿者对居家失能老年人开展照护服务。鼓励社会力量利用社区配套用房或闲置用房开办护理站，为失能老年人提供居家健康服务。鼓励社区卫生服务中心与相关机构合作，为居家老年人提供短期照护、临时照护等服务。在有条件的社区卫生服务中心、乡镇卫生院等基层医疗卫生机构增设护理床位或护理单元。实施社区医养结合能力提升行动。支持医养结合机构开展失能老年人照护服务工作，并

---

① 《推进居家社区养老服务设施建设，河南做了这些事!》，2023年2月13日，河南省发展和改革委员会网站，https：//fgw. henan. gov. cn/2023/02-13/2688 267. html。
② 《湖北投入补贴资金为1.75万户困难老人完成居家改造》，2022年12月13日，湖北省人民政府网，https：//www. hubei. gov. cn/hbfb/bmdt/202212/t20221213_ 4452688. shtml。
③ 《江苏2022年实施困难老年人家庭适老化改造3.6万户》，2023年3月18日，中国新闻网，https：//www. chinanews. com. cn/sh/2023/03-18/9974128. shtml。
④ 《今年苏州适老化改造超额完成目标 惠及10135户老年人家庭》，2022年12月7日，苏州市人民政府网，https：//www. suzhou. gov. cn/szsrmzf/szyw/202212/13ff23e00fe14646a14a6e8f8855ce19. shtml。
⑤ 《推进居家社区养老服务设施建设，河南做了这些事!》，2023年2月13日，河南省发展和改革委员会网站，https：//fgw. henan. gov. cn/2023/02-13/268 8267. html。
⑥ 《上海市促进养老托育服务高质量发展实施方案》，2022年1月29日，上海市人民政府网，https：//www. shanghai. gov. cn/202206bgtwj/20220322/93ef76ce78fd46b9a02c09dc41d91ce0. html。

将照护服务向社区和家庭延伸。社区老年助餐服务普遍展开，多地发布养老助餐地方标准，如湖南省发布了全国第一部老年人助餐服务保障的地方性法规，社区可以根据老年人口分布情况和服务需求，在生活社区养老服务平台建设中综合考虑新建老年食堂，也可以依托现有街道区域养老服务中心、社区养老服务设施、社会餐饮企业、机关和企业事业单位食堂、其他存量资源合理设置养老助餐服务场所。

（2）居家和社区基本养老服务模式不断创新

2022年9月，民政部办公厅、财政部办公厅联合印发《关于开展2022年居家和社区基本养老服务提升行动项目申报工作的通知》，要求探索形成可复制可推广的居家社区养老服务有效模式。2022年，全国各地多措并举不断创新居家社区养老服务模式，"互助养老""物业+""互联网+""重残+""教育+"等新型养老服务模式不断推出。例如北京的"时间银行"互助养老模式，据《北京市养老服务时间银行实施方案（试行）》，北京市常住居民可参与养老志愿服务，可在时间银行里建立个人账户，每服务1个小时可获得1个可在市内流通的时间币。志愿者既可在60周岁后兑换相同时长的服务供本人使用，也可将其赠送给直系亲属。"时间银行"的服务内容包括情感慰藉、协助服务、出行陪伴、文体活动、健康科普、法律援助、培训讲座、指导防范金融和网络风险等八大类。又如"物业服务+养老服务"模式，鼓励具备条件的物业服务企业为高龄、独居等老年人提供家政、助医、维修、代买等居家养老服务。该模式正在多地进行试点，如北京、青岛先后印发《关于支持开展"物业服务+养老服务"试点工作的通知》《关于支持物业企业开展居家养老服务有关意见》；苏州印发《关于深化社区治理赋能物业企业助力养老服务的行动计划》，率先在江苏省试点，并在84个小区探索"物业+养老"新模式。再如"互联网+"养老模式，即科技赋能养老服务，将互联网技术融入居家养老的各个环节，使老年人能够享受高科技带来的便捷生活方式。例如徐州市自2022年起，在铜山区、丰县等地逐步推行"互联网+助行服务"等多种智慧化解决方案的社区老人助行服务，根据社区养老服务平台上老年人的出行习惯和交通实时状况，协助老年人设计并选择合适的出行方式，减少出行等待时间，高效、智能地解决了老年人多种出行的需求。河南省探索"养老+重残""养老+医疗""养老+教育"等融合建设模式，全省共谋划516个重残与养老融合项目，其中商丘市整合建设用地1920亩，建成了重残与养老融合设施174家。

2. 机构养老服务提质增效

（1）养老机构服务供给加大

民政部2022年11月25日发布的《2022年3季度民政统计数据》[①]显示，截至2022年第三季度，我国养老机构数量为40466个，环比增长0.43%，同比增长2.99%；养老机构床位509.3万张，环比增长0.41%，同比增长1.92%。与2021年第三季度对比，养老机构数量增长1174个，养老机构床位数增长9.6万张（见图3、图4）。

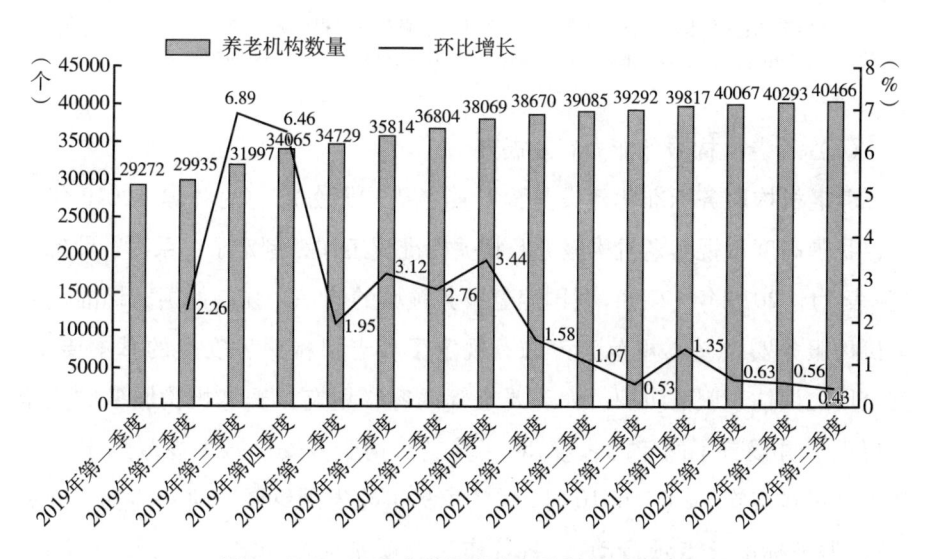

图3 2019~2022年我国养老机构数量季度变化

资料来源：《增长的难题｜2023年1~2月养老服务发展报告》，2023年2月23日，新浪财经，https：//finance.sina.com.cn/wm/2023-02-23/doc-imyhswep1799080.shtml#。

---

① 《2022年3季度民政统计数据》，2022年11月25日，民政部网站，https：//www.mca.gov.cn/article/sj/tjjb/2022/202203qgsj.html。

图4　2019~2022年我国养老机构床位数量季度变化

资料来源：《增长的难题｜2023年1~2月养老服务发展报告》，2023年2月23日，新浪财经，https://finance.sina.com.cn/wm/2023-02-23/doc-imyhswep1799080.shtml#。

（2）养老机构服务能力有效提升

养老机构服务标准化建设是提升养老机构服务能力的关键。2019年以来，我国高度重视养老机构服务及相关标准化工作，制定了一系列行业标准（见表7）。2019年12月，我国养老服务领域的第一个强制性国家标准《养老机构服务安全基本规范》发布，规定了养老机构服务安全的基本要求、安全风险评估、服务防护、管理要求等内容，划定了养老机构服务的安全"红线"，并设置了两年的过渡期。《养老机构服务安全基本规范》于2022年1月正式实施。2021年10月，《国家标准化发展纲要》进一步提出开展"养老服务标准化专项行动"，将其作为五项专项行动之一。2022年7月，《民政部、市场监管总局关于全面推进新时代民政标准化工作的意见》提出开展养老服务标准化专项行动，在居家社区养老、机构养老、农村养老、智慧养老等领域，制定一系列适应服务管理需要的养老服务标准，促进适老化改造标准研制与实施推广。此外，民政部办公厅公布了《2022年民政部标准制定计划》①，其中包含《养老机构委托服务规范》《安宁疗护社会工作服务指南》《居家养老助残服务规范》《养老机构生活照料服务基本规范》《居家养老助餐服务规范》《养老机构老年人保护性约束服务规范》《养老机构认知症老人照护指南》等，逐步构建起养老机构服务国家标准体系。

表7 2019~2022年实施的养老机构服务国家行业标准

发布时间	实施时间	主管部门	规范性文件
2019年12月	2022年1月	民政部	《养老机构服务安全基本规范》
2021年3月	2021年3月	民政部	《养老机构老年人健康档案管理规范》
2021年3月	2021年3月	民政部	《养老机构服务标准体系建设指南》（2021年版）
2021年3月	2022年1月	民政部	《养老机构老年人营养状况评价和监测服务规范》
2021年12月	2022年1月	民政部	《养老机构老年人跌倒预防基本规范》
2021年12月	2022年1月	民政部	《养老机构膳食服务基本规范》
2021年12月	2022年1月	民政部	《养老机构洗涤服务规范》
2021年12月	2022年1月	民政部	《养老机构老年人营养状况评价和监测服务规范》
2021年12月	2022年1月	民政部	《养老机构服务礼仪规范》
2021年12月	2022年1月	民政部	《养老机构岗位设置及人员配备规范》
2021年12月	2022年1月	民政部	《养老机构接待服务基本规范》
2021年12月	2022年4月	国家市场监管总局	《养老机构老年人生活照料操作规范》
2022年3月	2022年3月	人力资源和社会保障部	《城乡居民基本养老保险服务规范》
2022年4月	2022年4月	人力资源和社会保障部	《职工基本养老保险待遇支付服务规范》
2022年7月	2022年7月	住房和城乡建设部	《老年人照料设施建筑设计标准（局部修订条文征求意见稿）》
2022年12月	2022年12月	国家市场监管总局	《老年人能力评估规范》

资料来源：全国标准信息公共服务平台。

3.养老服务清单制度初步建立

基本养老服务是由政府提供的兜底性社会养老服务，"聚焦服务老年人

---

① 《2022年民政部标准制定计划》，2022年7月6日，民政部网站，https://www.mca.gov.cn/article/xw/tzgg/202207/20220700043079.shtml。

的失能照护和生命安全等基本需要"。① 建立健全基本养老服务清单制度是"十四五"时期我国基本养老服务体系建设的重点任务,一方面让老年人明确知晓自己有权获得何种基本养老服务,另一方面为各级政府履职尽责提供明确依据。《"十四五"国家老龄事业发展和养老服务体系规划》明确指出建立基本养老服务清单制度,主要包括"建立老年人能力综合评估制度",并"针对不同老年人群体分类提供服务"。

(1) 老年人能力评估不断规范

对老年人进行能力综合评估,为不同老年人群体提供分类服务是基本养老服务清单制度的基础和前提。2022年12月,国家市场监管总局发布了关于《老年人能力评估规范》的国家标准,其对确定老年人能力状况,根据失能等级科学制定个性化照护服务方案,精准发放经济困难的高龄、失能老年人补贴,提高养老服务供给的针对性和有效性具有重要意义。另外,多地已经开始探索出台老年人能力综合评估的实施办法。例如,浙江省开展老年人能力综合评估,80周岁以上老年人每年、80周岁以下老年人每两年可申请免费评估一次。② 广州市民政局建立基本养老服务对象精准识别和动态管理机制,采取定期评估、定期抽查、随机抽查、群众监督相结合的方式,加强对老年人照护需求综合评估结果和享受基本养老服务的合规性、公平性审查,规范基本养老服务对象动态管理。③ 《安徽省推进基本养老服务体系建设实施方案》明确要求在2022年底前出台全省统一的老年人能力综合评估标准,将评估结果作为老年人享受相关补贴、接受基本养老服务等的参考依据,在2023年底前,各市培育不少于2家评估机构。④

---

① 《建立基本养老服务清单,如何精准兜底?》,《社会科学报》2022年3月29日,第4版。
② 《浙江省人民政府办公厅关于加快建设基本养老服务体系的实施意见》,2022年12月6日,浙江省人民政府网,https://www.zj.gov.cn/art/2023/1/9/art_1229017139_2451391.html。
③ 《广州市养老服务体系建设"十四五"规划》,2021年8月9日,广州市人民政府网,https://www.gz.gov.cn/zwgk/fggw/wyzzc/content/post_8300537.html。
④ 《安徽省推进基本养老服务体系建设实施方案》,2022年12月21日,安徽省人民政府网,http://mz.ah.gov.cn/ztzl/ylfw/zcfg/121413021.html。

(2) 基本养老服务清单制度逐步建立

2021年11月，中央首次部署建立基本养老服务清单制度。2022年2月，国务院《"十四五"国家老龄事业发展和养老服务体系规划》进一步明确了这项任务的发展路径与具体内容，要求制定出台国家和地方基本养老服务清单。地方基本养老服务清单应当包含国家清单中的服务项目，且覆盖范围和实现程度不得低于国家清单的要求。截至2023年4月，已有多个地区印发了当地的养老服务清单（见表8）。以上海为例，其清单包括八大类别：机构养老服务、社区养老服务、居家养老服务、照护服务支付保障、基本养老保险、老年社会福利、老年社会救助、特定情形老年保障。如居家养老服务中的家庭适老化改造服务，上海对符合条件的对象予以最高3500元的适老化改造服务补贴。综观各地的清单，其主要包括兜底性和普惠性两类养老服务。其中北京、安徽、江苏、浙江、深圳等地都将基本养老保险纳入其清单中。在山东等地的基本养老公共服务清单中，在特困老年人兜底保障项目、困难老年人养老服务项目、普惠型老年人服务和优待项目基础上，还增加了"养老服务优惠扶持项目"。

表8 2021年12月至2023年4月地方政府基本养老服务清单

颁发时间	颁发地区	地方规范性文件
2021年12月	北京市	《北京市基本养老服务清单》（2021年版）
2022年5月	甘肃省	《甘肃省基本养老公共服务清单》
2022年6月	江苏省	《江苏省基本养老服务指导性目录清单》（2022年版）
2022年11月	安徽省	《安徽省基本养老服务清单》
2022年12月	浙江省	《浙江省基本养老服务清单》
2022年12月	深圳市	《深圳市基本养老服务清单》（2022年版）
2022年12月	北京市	《北京市基本养老服务清单》（2022年版）
2023年2月	山东省	《山东省基本养老公共服务清单》
2023年4月	上海市	《上海市基本养老服务清单》（2023年版）

资料来源：各地方政府官方网站。

二 中国社会养老服务保障面临的挑战

2022年我国老年人社会养老服务保障取得重大进展，同时也面临诸多挑战，还存在相关法律不健全、养老保险三大支柱发展不均衡、个人养老金参与度过低、长期护理保险发展不均衡、养老服务和养老机构床位不足、供需矛盾突出、养老服务人才储备不足等问题，需要我们不断调整、完善相关政策。

（一）社会养老服务专项立法缺失

我国社会养老服务领域缺乏相关专项领域立法。《中华人民共和国老年人权益保障法》作为老龄领域基础性法律，"社会服务"虽单独成章，但由于该法的功能定位是保障老年人权益，综合性较强，对养老服务的规定主要是确权性、宣誓性的，条文多为原则性规定，权责关系、权利义务关系不够具体和明确，难以有效调整各方主体在养老服务领域的关系。尽管《关于加强新时代老龄工作的意见》《"十四五"国家老龄事业发展和养老服务体系规划》等文件对完善社会养老服务作出了顶层设计，各地也相继出台了地方性老龄事业或养老服务体系建设"十四五"规划和地方性养老服务条例，但国家层级的养老服务专项立法尚未出台，无法为社会养老服务提供确切规范。近年来，我国社会养老服务不断发展，然而该领域内政府、社会、市场和家庭责任边界不明晰，亟须进行相关立法予以规范。

（二）养老保险三大支柱发展不均衡

我国养老保险三大支柱发展不均衡，仍存在"一家独大"的情况，第三支柱个人养老金和其他个人商业养老金融业务仍处于起步阶段。我国个人养老金参与度低的原因主要有四点。第一，税优激励覆盖面窄。假设个人每年缴纳12000元养老金，这部分将免缴个税，养老金账户因投资产生的收益也将免征资本利得税，唯一的缴税环节是在提取时，需按3%的税率缴纳个税。虽然个人养老金在投资阶段收益暂不征收资本利得税，但是在领取阶段，是将本金和投资所得合并征收，所以是税收递延。第二，对应的养老金融产品选择少。与个人养老金挂钩的养老金融产品类型单一，可购买符合规定的银行理财、储蓄存款、商业养老保险、公募基金等，虽然这类金融产品通常运作安全、成熟稳定、标的规范，但投资周期长，资金管理权弱，亦可能存在投资风险。第三，公众的养老储蓄意识差。根据目前老龄化趋势，未来我国养老金资金池容易出现缺口，需要个人账户养老金加以支持配合，才能使养老保障达到更满意的水平。而我国居民养老储蓄意识普遍较差，很多年轻人缺乏前瞻意识，尚未意识到个人养老保险的重要性，对参与个人养老金积极性低。第四，政府对个人养老金制度宣传力度不够。作为一项新制度，公众对其理解有一个过程，个人养老金的意义以及如何操作都需要政府大力宣传。

（三）居家社区机构养老服务不协调

首先，居家和社区养老服务发展相对滞后，供给能力不足，尤其在我国追求高质量养老服务发展阶段，要同时满足社会养老服务的大规模和高质量专业化供给愈加困难，供需匹配矛盾愈加凸显。[①] 养老服务示范建设"点"有余，全面推进"面"不够；硬件设施、软件服务等与现代服务业发展要求差距较大。例如，老年人居家适老化改造范围主要集中在由国家财政补贴的特殊困难老年人家庭，对广大老年人的覆盖还不够。主要原因在于适老化改造涉及面广，资金需求量大，而目前尚未形成可持续的资金筹措机制，过度依赖国家财政，对社会力量参与的支持和扶持力度不够，面临"政策不落地、企业不愿进"的困境。其次，就机构养老服务而言，也存在供给总量短缺与结构矛盾并存的问题，公办养老机构"一床难求"、大型公办医疗机构"人满为患"，民营养老机构和医疗机构床位闲置、设备空置。

---

① 杨翠迎：《我国社会养老服务发展转变与质量提升——基于新中国成立70年的回顾》，《社会科学辑刊》2020年第3期。

（四）养老服务人才储备不充分

社会养老服务的蓬勃发展离不开大量的高素质养老服务人才。然而，我国养老服务人才储备存在大量缺口，其成因主要有四个方面。其一，养老服务行业用工难。养老服务工作繁杂辛苦，压力大，风险高，薪酬低，人员流动性大，难以吸引高素质人才。其二，养老服务工作社会认可度低。一些群众对养老服务工作抱有职业偏见，认为照护工作就是伺候人，低人一等，不受人尊重，导致养老服务行业从业者普遍年龄偏大，多为进城务工人员、下岗职工等，难以吸引年轻人参与就业。其三，养老服务工作人员职业素养参差不齐。养老服务工作不仅要求工作人员具备良好的心理素质及同理心，同时还要求具备跨学科的专业知识与照护技能。然而，目前养老服务行业发展不均衡，一些机构不具备提供专业化职业培训的条件，缺乏相关专业技能培训，导致接受过长期正规培训的人员较少，专业性人才稀缺。其四，养老服务相关职业标准缺失。养老服务行业缺失相关职业资格和职业技能标准体系，尚未建立职业水平评价制度，导致职业发展路径不明确，晋升空间小，职业吸引力不足。

三 中国社会养老服务保障的展望

现阶段是我国社会养老服务体系建设的关键时期，也是积极应对人口老龄化的窗口机遇期。面对人口发展的新形势，中国应与时俱进，不断完善我国社会养老服务体系，本报告试图从倡导加快社会养老服务专项立法进程，弥补养老保险第三支柱短板，促进居家、社区、机构服务融合衔接，加强养老服务人才队伍建设，发展老年教育及营造尊老爱老的社会氛围五个方面，对我国社会养老服务保障事业提出建议，以期全面促进老有所养、老有所医、老有所学、老有所为、老有所乐，让所有老年人都能有一个幸福美满的晚年。

（一）加快社会养老服务专项立法进程

针对社会养老服务领域立法缺失问题，我国应尽快出台相关法律法规，加快构建社会养老服务法律体系。相关立法应立足居家社区养老是绝对多数的国情，加强在居家社区养老服务方面的立法，通过统筹发挥政府、市场、社会作用，解决好老年人面临的助餐、助洁、助浴、助急、助行、助医等问题。在机构养老服务立法方面，应加强养老机构服务标准化、设施规范化、人员专业化等方面的法律规范建设。此外，养老服务立法还应处理好政府与市场的关系。当前，养老服务行业发展还处于初级阶段，过分依赖政府推动，市场主体参与程度低。为此，在养老服务立法中，既要重视充分发挥政府对养老服务的主导和引领作用，更要注意全面开放、呵护市场主体，培育成熟的养老服务市场，推动建立"基础有保障、中端有市场、高端有选择"的养老服务体系。

（二）弥补养老保险第三支柱短板

针对居民养老储蓄意识差、个人养老金参与度不高问题，我国应提升年轻群体参与度，大力推动个人养老金扩面，具体如下。第一，完善税收优惠和财政直接补贴两种激励措施。① 我国城乡居民收入分配差距较大，可对不同人群抵扣上限进行分档，适当提高税收优惠幅度。另外，对低收入人群进行直接补贴。可参考德国里斯特养老保险补贴计划，该计划对撬动个人养老保险储蓄的杠杆作用是显著的。第二，不断丰富养老金融产品与服务供给。为参保人提供安全、丰富的养老金融产品选择，赋予参保人更多的养老资金管理权，让参保人打理自己的养老金资产，增强养老保险产品吸引力。第三，加强对个人养老金制度的宣传，唤醒居民养老储蓄意识。运用科技手段，降低民众的知识获取门槛和投资参与门槛，创设让公众选择和了解个人养老金账户的更方便的平台，比如建立跨第一、第二、第三支柱的养老金信息平台。

（三）促进居家、社区、机构服务融合衔接

针对居家、社区、机构社会养老服务融合发展的问题，我国应立足实

---

① 林义、周娅娜：《德国里斯特养老保险计划及其对我国的启示》，《社会保障研究》2016年第6期。

际，注重资源整合。在居家养老服务方面，基于我国绝大多数老年人居家养老的特点，重点推进家庭养老床位建设和居家适老化改造，重点关注对失能失智和特困老年人的兜底性基础保障。在社区养老服务方面，推进养老服务模式创新，引入"互联网+""物业+""互助式"养老模式，重点打造医养结合的居家社区养老服务。建立嵌入式综合养老服务中心，开设社区老年食堂，与社区养老服务机构有序衔接、功能互补、上下联动，构建"一刻钟"居家养老服务圈，为老年人提供助餐助浴、日间照料、短期托养等服务。在机构养老方面，养老机构要提质增效，加快存量公办养老服务设施改造，增加护理型床位。同时增强对失能失智老年人照护的能力。开展失能失智老年人照护专区建设试点。要求各地扶持各类实用性强、发展可持续的互助养老模式，推动互助养老更加普遍开展。

（四）加强养老服务人才队伍建设

随着我国社会老龄化程度的加深以及人均寿命的延长，养老服务供需不平衡问题越来越凸显。面对养老服务人才缺失、专业能力不强、人员流失率较高等问题，我国亟须加强养老服务人才队伍建设，具体可从以下四个方面入手。第一，加强职业培训，有计划地在高等院校和中等职业学校增设养老服务相关专业和课程，培养在医学、护理学、营养学和心理学等方面的复合型专业人才。第二，加大政策支持力度，把养老服务专业人才培养列入急需紧缺人才培养目录当中，落实职业培训补贴、就业创业服务补贴等优惠，吸引更多年轻人进入养老服务行业。第三，营造良好的职业发展社会氛围，可通过加强宣传养老服务人才典型，提升养老服务人才职业认可度和社会认同感，让全社会理解并支持养老服务工作。第四，完善养老服务人才工作考核机制，"可深化基于岗位价值、能力素质、业绩贡献的工资分配机制，科学评价技能水平和业绩贡献"，[1] 建立合理薪酬体系，逐步提高其薪酬待遇。

---

[1] 《聚焦急难愁盼——谋划养老护理人才队伍高质量发展》，《中国社会报》2022年3月12日，第4版。

（五）发展老年教育，营造尊老爱老的社会氛围

尊老敬老是中华民族的传统美德，爱老助老是全社会的共同责任。针对社会尊老爱老氛围不足的问题，可主要从社会和老年人自身两个方面解决。从社会方面，国家要努力营造互相平等和互相尊重的和谐社会氛围。第一，要把弘扬孝亲敬老文化纳入社会主义核心价值观宣传教育，建设具有民族特色、时代特征的孝亲敬老文化。第二，积极引导全社会增强接纳、尊重、帮助老年人的关爱意识。老吾老以及人之老，我们不仅要尊敬自己的老人，还要尊敬社会上所有的老人。第三，努力营造照护文化，打造老龄友好型社会。把照护文化融入基础教育中，提升养老服务职业社会认可度，提高养老服务人才的社会地位和经济待遇，形成照护光荣的社会氛围。从老年人自身方面，要努力增强老年人自尊、自立、自强、自爱的意识。第一，加强人权教育，保障老年人树立自尊自爱、独立自主、平等的人权观。老年人自己也应当放下固有观念，拥抱新观念，敢于识别并拒绝老龄歧视，积极参与社会生活，勇于维护自己的合法权益。第二，积极开展老年普法宣传。保障老年人合法权益是全社会的共同责任，我国逐步形成了以《宪法》为基础，包括《民法典》《老年人权益保障法》等多部法律法规在内的老年人权益保护法律体系。可通过开展窗口咨询服务、老年心理咨询服务、老年普法进社区等活动，进一步加强老年法治宣传，引导老年人学法尊法用法。第三，大力开展老年教育服务，积极推动老年人参与社会生活。如《江苏省基本养老服务指导性目录清单》（2022年版）已经将老年教育作为一项基本社会养老服务，要求扩大老年教育供给，推进各类学校和社会力量举办老年大学或参与老年教育，向老年人公平有序开放老年教育资源，提升老年人的认知能力。

·（五）数字化与人权保障·

B.12
数字政府建设与民主参与权利保障[*]

刘 明[**]

摘 要： 2022年6月，国务院发布《国务院关于加强数字政府建设的指导意见》，标志着数字政府建设进入全面而系统的推进阶段。数字政府是党和国家顺应数字化时代的需求而提出的，是提高行政效率和政府效能的重要举措。同时，数字政府建设也是保障公民民主参与权利、践行全过程人民民主的重要途径之一。数字政府强调"公共数据开放共享"和"政务信息化共建共用"，并向民众进一步畅通意见表达的途径，数字政府建设能够有效促进公民知情权、参与权、监督权和表达权等民主权利的保障，并同民主协商、民主监督等全过程人民民主的各个环节实现有效衔接。

关键词： 数字政府 民主参与权利 全过程人民民主

信息技术的不断革新改变着民众民主参与的方式，民众希望通过新技术能够更便捷地参与公共决策和民主生活。为了顺应人民群众的新期盼，近年来，党和国家积极推进数字政府建设，以提高政府效率和拓展民众的参与渠道和监督渠道。从中央到地方，在数字政府建设的过程中，政务信息和公共

---

[*] 基金项目：国家社科基金重大项目"中国人权实践弘扬和丰富全人类共同价值研究"（项目编号：22ZDA127）。
[**] 刘明，南开大学人权研究中心研究员，周恩来政府管理学院副教授，研究领域为人权理论与人权实践。

数据进一步公开，民众的意见表达渠道进一步畅通。数字政府建设既是对政府的赋能，也是对人民群众的赋权，使公民的民主参与权利得到更好保障。

一 数字政府建设的政策推进与公民民主参与权利保障

数字政府衍生于"互联网+政务服务"，是在网络通信、计算机等现代技术的支撑下，政府为了提升效率，在信息发布和共享、日常办公、公共事务管理等方面进行数字化、信息化和网络化的国家治理，是提升国家治理体系和治理能力现代化的重要途径。另外，从公民"需求侧"的角度看，数字政府能够有效拓展公民参与公共事务和进行意见表达的渠道，推动保障公民知情权、参与权、监督权和表达权等民主权利，进而拓展民主的广度和深度，"数字政府是实现以人民为中心、全过程人民民主的政府治理新形态"。[①] 因此，数字政府建设是实现和拓展公民民主参与权利的重要手段。数字政府建设的许多环节和内容同民主决策、民主监督、民主管理、民主协商等全过程人民民主的环节密不可分，数字政府建设是践行全过程人民民主和保障公民民主参与权利的重要举措。

推动政府的信息化和数字化转型，既是党和国家提升治理能力的需要，也是党和国家顺应人民群众对民主政治的新需求。特别是在党的十八大之后，党和国家高度重视政府的信息化建设和数字化建设（数字政府建设的政策推进概况见表1）。2016年9月，国务院印发《关于加快推进"互联网+政务服务"工作的指导意见》，以"优化服务流程，创新服务方式，推进数据共享，打通信息孤岛，推行公开透明服务"等为总体要求，并要求各级政府"建立公众参与机制，鼓励引导群众分享办事经验，开展满意度评价，不断研究改进工作。各级政府及其部门都要畅通互联网沟通渠道，充分了解

[①] 黄未、陈加友：《数字政府建设的内在机理、现实困境与推进策略》，《改革》2022年第11期。

社情民意，针对涉及公共利益等热点问题，积极有效应对"。这些举措有效推动了对公民知情权、参与权、监督权、表达权的保障。2016年12月，国务院印发《"十三五"国家信息化规划》，提出"数字中国"的发展目标。2017年，"数字中国"被写入党的十九大报告。"数字中国"的理念出现在党和国家的重要文件中，为后来的数字政府建设提供了纲领性指引。2018年3月，"互联网+政务服务"的理念和要求第一次被写入"政府工作报告"。

表1 数字政府建设的政策推进概况

时间	重要事件和文件	主要内容
2016年9月	国务院印发《关于加快推进"互联网+政务服务"工作的指导意见》	加快推进"互联网+政务服务"工作，推进数据共享，推行公开透明服务
2016年12月	国务院印发《"十三五"国家信息化规划》	提出"数字中国"的发展目标，为中国治理体系和治理能力的现代化提供坚实技术支撑
2017年3月	《政府工作报告》	加快国务院部门和地方政府信息系统互联互通，形成全国统一政务服务平台
2018年3月	《政府工作报告》	"互联网+政务服务"第一次被写入政府工作报告
2019年10月	党的十九届四中全会	首次提出"数字政府建设"，要求"推进数字政府建设，加强数据有序共享，依法保护个人信息"
2020年10月	党的十九届五中全会	再提"数字政府建设"，要求加强数字政府建设的数字化智能化水平
2021年3月	《政府工作报告》	"加强数字政府建设""提高数字政府建设水平"首次出现在政府工作报告中
2021年3月	《中华人民共和国国民经济和社会发展第十四个五年规划和2035年远景目标纲要》	第十七章明确提到"提高数字政府建设水平"，要求"加强公共数据开放共享""推动政务信息化共建共用"等
2022年4月	中央深改委第二十五次会议审议通过《关于加强数字政府建设的指导意见》	指出"加强数字政府建设是创新政府治理理念和方式的重要举措"
2022年6月	《国务院关于加强数字政府建设的指导意见》	提出数字政府建设的2025年目标和2035年目标，明确了数字政府建设的任务和举措。从中央到地方，全面而系统地推进数字政府建设

资料来源：笔者根据国内各大权威网站和权威文件公布的信息制作。

"数字政府建设"的首次提出，是在2019年10月党的十九届四中全会上，在公民民主参与权利的保障方面，会议提出"推进数字政府建设，加强数据有序共享，依法保护个人信息"。2020年10月党的十九届五中全会再提"数字政府建设"，要求提升数字政府建设的数字化智能化水平。2021年3月，"加强数字政府建设""提高数字政府建设水平"的提法首次出现在《政府工作报告》中。在2021年全国两会期间通过的《中华人民共和国国民经济和社会发展第十四个五年规划和2035年远景目标纲要》中，第十七章整章提出了"数字政府建设"的五年规划和2035年远景规划，在"加强公共数据开放共享""推动政务信息化共建共用""提高数字化政务服务效能"等方面提出具体要求。

　　进入2022年，党和国家开始全面落实"十四五"规划关于"数字政府建设"的相关要求。2022年4月，中央全面深化改革委员会第二十五次会议审议通过《关于加强数字政府建设的指导意见》，强调"加强数字政府建设是创新政府治理理念和方式的重要举措"，"要把满足人民对美好生活的向往作为数字政府建设的出发点和落脚点，打造泛在可及、智慧便捷、公平普惠的数字化服务体系"。2022年6月，《国务院关于加强数字政府建设的指导意见》（以下简称《指导意见》）出台，提出数字政府建设的2025年目标和2035年目标，明确了数字政府建设的任务和举措，标志着数字政府建设进入全面而系统的推进阶段。

　　《指导意见》在以下几个方面强调了公民的"需求侧"，尤其是公民对民主参与权利的需求。其一，《指导意见》将"坚持以人民为中心"作为基本原则之一，要求"始终把满足人民对美好生活的向往作为数字政府建设的出发点和落脚点"，"坚持数字普惠，消除'数字鸿沟'，让数字政府建设成果更多更公平惠及全体人民"。其二，"数据赋能"是《指导意见》的另一基本原则，要求"加强数据汇聚融合、共享开放和开发利用，促进数据依法有序流动"，数据的开放和可及性为公民知情权、监督权的实现提供了必要保障。其三，《指导意见》明确提出"大力推行智慧监管"，要求"加快建立全方位、多层次、立体化监管体系"，为人民群众通过数字技术实施监督权提供了依据。其四,《指导意见》明确要求"积极打造多元参与、功能完备的数字化生活网络",为公民的参与权和表达权提供了政策保障。其五,《指导意见》为特定群体的需求提供了专门规定,指出"围绕老年人、残疾人等特殊群体需求,完善线上线下服务渠道,推进信息无障碍建设,切实解决特殊群体在运用智能技术方面遇到的突出困难"。

数字政府建设全面而系统的推进,能够有效推进全过程人民民主的各个环节,进而切实保障公民的民主参与权利。党的十八大以来,中国的民主发展进入新时期,中国共产党提出和发展了全过程人民民主,民主选举、民主协商、民主决策、民主管理、民主监督等各个民主环节实现协调有序推进。互联网和通信技术的普及,极大拓展了民众参与民主生活的途径。数字政府的建设,使所有公民都可以通过新技术参政议政,在民主的选举、协商、决策、管理和监督等各个环节均可发现数字政府建设带来的便捷和高效。公民的意见表达渠道更加畅通,民主管理和监督更加便捷,数字政府建设与全过程人民民主各个环节的有效衔接,有效保障了公民选举权、知情权、参与权、监督权和表达权。

此外,我国的全过程人民民主是形式民主与实质民主相统一的民主,不仅强调民主过程,还强调治理效能。数字政府建设不仅在民主过程和民主程序方面能够推动保障公民民主参与权利,还能够在民主的结果方面保障公民民主参与权利。其一,数字政府建设旨在通过提高政府的办事效率有效解决民众关心的实际问题,这同全过程人民民主的实质要求相一致,"民主不是装饰品,不是用来做摆设的,而是要用来解决人民需要解决的问题的";其二,数字政府建设的目标之一是推进国家治理能力的现代化,这恰恰是全过程人民民主的另一个实质性目标,"民主与国家治理紧密相关。民主的发展与国家治理的现代化相伴相生,相互作用,相互促进"。[①] 总之,无论是在民主的过程方面,还是在民主的实质方面,

---

[①]《国务院新闻办发表〈中国的民主〉白皮书》,2021年12月4日,新华网,http：//www.news.cn/2021-12/04/c_ 1128130025.htm。

数字政府建设均同民主建设相衔接，并能够进一步保障公民各项民主参与权利。

二 中央和地方在数字政府建设方面的相关举措

党的十八大以来，党和政府高度重视电子政务和数字政府建设，取得了显著成效。2022年12月底发布的《2022联合国电子政务调查报告》显示，中国的电子政务水平在193个联合国会员国中排名第43位，同2012年相比上升了35位，成为全球排名提升幅度最大的国家之一。该调查报告将193个联合国会员国的电子政务发展指数（EDGI）水平分为四个级别（非常高、高、中等和低）。2022年全球EDGI平均值为0.6102，中国的EDGI值为0.8119，属于"非常高水平"。[1] 另据国家互联网信息办公室2022年7月发布的《数字中国发展报告（2021年）》，截至2021年底，我国电子政务在线服务指数在全球的排名提升至第9位，地方政府均配置了"掌上办""指尖办"等在线服务功能，"一网通办""跨省通办"等服务不断推进。[2]

在国家"十四五"规划关于"数字政府"建设相关要求的指引下，党和国家在2022年全面推进数字政府建设。国务院于2022年6月公布《国务院关于加强数字政府建设的指导意见》，并向"各省、自治区、直辖市人民政府，国务院各部委、各直属机构"下发，标志着数字政府建设在全国范围的全面推进。2022年，国务院及其各部委以及地方政府，分别推出相关举措推动数字政府建设。

为了切实推进"互联网+政务服务"和数字政府建设，中国政府网正在试运行"国家政务服务平台"（网址：http://gjzwfw.www.gov.cn/index.html），这是全国"全流程一体化的政务服务平台"，本着让人民群众"只进一扇门，

---

[1] 《2022联合国电子政务调查报告》，2022年12月，中共中央党校（国家行政学院）电子政务研究中心，http://www.egovernment.gov.cn/xiazai/2022dzzw.pdf。
[2] 《数字中国发展报告（2021年）》，2022年7月，国家互联网信息办公室网站，http://www.cac.gov.cn/2022-08/02/c_1661066515613920.htm。

至多跑一次"的原则，公民和法人可以实现政务服务"一网通办"。"国家政务服务平台"网站包括"国务院部门服务窗口""地方政府服务窗口""个人办事""法人办事""公共服务"等栏目。其中，"国务院部门服务窗口"可以直通 46 个部门的 1376 项政务服务事项，"地方政府服务窗口"则可直通 31 个省（区、市）的政务服务窗口和七大"区域政务专区"。个人和法人则可通过该平台进入相关部门或地方政府的网站网上办理相关业务。《数字中国发展报告（2021 年）》显示，截至 2021 年底，"全国一体化政务服务平台实名用户已超过 10 亿人，汇聚 1 万多项高频应用标准化服务"。[①]

在中国政府网（网址：http://www.gov.cn/）主页可以清晰地发现"最新政策""政策解读""国务院政策文件库""国务院组织机构""@国务院我来说"等主题栏目。其中，"@国务院我来说"是民众或企业法人与政府交流互动的平台，下面分设"施政为民""激发活力""政府建设"等次级栏目，分别对应相关的具体服务内容（见表2）。通过相关栏目的建设，公民的知情权、监督权、表达权、参与权等民主权利得到了更好保障。

表 2　"@国务院我来说"栏目设置情况

人民群众留言入口	企业、个体户留言入口	政务服务投诉和建议入口
户籍	开办设立	国家政务服务平台
教育	企业纳税	国务院"互联网+监督"
就业	工商管理	
税收	法律法规	
婚姻	标准创新	
……	……	

资料来源：笔者根据中国政府网公布的信息制作，访问时间：2023 年 8 月 14 日。

2022 年，国务院各部委也积极推进数字政府建设。以同民众生活息息相关的民政部为例，2022 年 9 月底，民政部印发了《民政部贯彻落实〈国

[①] 《数字中国发展报告（2021 年）》，2022 年 7 月，国家互联网信息办公室网站，http://www.cac.gov.cn/2022-08/02/c_1661066515613920.htm。

务院关于加强数字政府建设的指导意见〉的实施方案》，明确了民政领域加强数字政府建设的总体要求，确定了"构建协同高效的民政数字化履职能力体系""科学规范的民政数字政府建设制度规则体系""开放共享的民政数据资源体系"等5个方面19项任务，并从提升数字素养、强化分析评估等方面提出具体保障措施。2022年12月1日，民政部以视频形式举办全国"十四五"民政信息化规划培训班，就数字政府建设及主要经验做法等事项对地方政府相关工作人员进行培训，全国1000多名工作人员线上参加培训。①

此外，民政部网站（网址：https://www.mca.gov.cn/）设有"信息公开""交流互动""政务服务""民政数据"等主题栏目，各个主题栏目之下分设相关的功能性栏目（见表3）。"信息公开"和"民政数据"主题栏目下的相关服务，便于民众及时了解相关的信息并进行监督，有利于促进保障公民的知情权和监督权；"交流互动"主题栏目下的相关服务，便于民众在线上表达自己的利益诉求和意见，为公民参与权和表达权的实现提供了便捷渠道；"政务服务"主题栏目下的相关服务功能则直面民众所需，助力解决民众急需解决的问题。

表3 民政部网站栏目设置情况

信息公开	交流互动	政务服务	民政数据
政策	留言咨询	民政政务服务平台	统计数据
政府信息公开指南	留言查询	行政审批	法规制度及统计标准
政府信息公开制度	留言统计	便民指南	
法定主动公开内容	征求意见	查询服务	
政府信息公开年报	网上信访		
民政部文告	社会组织投诉举报		
转隶部门相关文件			

资料来源：笔者根据民政部网站公布的信息制作，访问时间：2023年8月14日。

---

① 《民政部举办全国〈"十四五"民政信息化发展规划〉视频培训班》，2022年12月1日，民政部网站，https://www.mca.gov.cn/article/xw/ywdt/202212/20221200045205.shtml。

2022年，地方政府也进一步落实"十四五"规划中关于数字政府建设的相关要求，全面推进数字政府建设。各省级政府均在2022年初的省级《政府工作报告》中将数字政府建设作为该年甚至未来五年的重要工作事项之一（见表4）。各省（区、市）也相继出台具体措施推进数字政府建设，如海南省政府在2022年7月印发了《海南省政府数字化转型总体方案（2022—2025）》，要求依托"海易办"和"海政通"两大平台，不断推进和完善"一网通办""一网协同""一网监管"等政务服务。按照规划，2022年底，"一网通办"方面，"海易办"在海南省"零跑动"可办事项使用率可达60%；"一网协同"方面，"海政通"在海南省各级政府部门覆盖率达100%；"一网监管"方面，"互联网+监管"在海南省的行业覆盖率超过70%。[①]

表4 2022年31个省（区、市）的数字政府建设推进概要

省（区、市）	数字政府建设推进概要	省（区、市）	数字政府建设推进概要
贵州	推进"一窗通办""跨省通办"等改革，"全程网办"事项达到70%	海南	推动政府数字化建设，解决数据壁垒问题，加强"一网通办""一网协同""一网监管"
重庆	推进政务服务等方面的通办改革，提升"渝快办"效能，深化"跨省通办""全渝通办"，丰富"一卡通一码通"等场景应用	云南	不断升级"一部手机办事通"和一体化政务服务平台，继续拓展"跨省通办""一网通办"，建好用好政府网站
广东	提升广东"数字政府2.0"等方面的建设。强化广东省的"一片云、一张网"服务，升级省市一体化政务大数据中心。提升政务服务"一网通办"能力。深化省域治理"一网统管"和"跨省通办、跨境通办"	北京	建设"无事不扰、无处不在"的"6+4"一体化综合监管体系。强化事中事后监管。加快数字政务建设，由网上掌上"可办"转向"好办易办"，让群众和企业享有即时高效的政务服务

[①] 《〈海南省政府数字化转型总体方案（2022—2025）〉印发》，2022年7月27日，中国政府网，http://www.gov.cn/xinwen/2022-07/27/content_5703125.htm。

续表

省（区、市）	数字政府建设推进概要	省（区、市）	数字政府建设推进概要
新疆	拓展"互联网+政务服务"，推动"数据跑路"替代"群众跑腿"的转型。提升政务服务"一网通办"，提升一体化在线政务服务平台的建设和应用，促进"跨省通办"，拓展"异地可办、区内通办"	安徽	促进政府在服务模式、业务流程、运行方式等方面的创新，拓展"互联网+政务服务"建设，促进"一屏通办"改革
天津	提升数字赋能建设。统筹推进数字政府、数字经济和数字社会建设，创建一批应用示范场景，推动数据实现更好的互联互通	河南	继续推进数字政府建设，加强"互联网+监管"系统和一体化政务服务平台建设，深化跨省通办和全省通办等方面的建设
江苏	继续推进"一件事"改革，推动"一网通办""跨省通办"。深化"放管服"改革，加强事前事中事后的全过程监管	河北	全面实施"互联网+政务服务"，提高就近办、网上办、自助办的水平。推动"放管服"改革，推动实施电子证照全覆盖
浙江	优化数字化改革等方面的架构，推动跨领域跨部门的业务流程优化和系统重构。推动一体化智能化的公共数据平台建设，建成功能齐全的数字资源系统	上海	推动"一网通办"的升级改造，推动全域应用场景建设，加快建设线下线上彼此融合的全方位服务体系。推进"一网统管"建设，提升城市运行数字体征系统的建设，推出一批新的应用场景
山东	推动全省一体化大数据平台建设，进一步完善"山东通"协同办公平台。深化"数源""数用""数治"行动，推进大数据的创新应用	广西	继续推进"放管服"改革，在基层推行"一枚印章管审批服务"，全面推广"智桂通"应用平台。深化"证照分离"改革，推进招标投标全流程电子化、企业注销便利化
湖南	升级"一件事一次办"平台，推进更多事项实现"一网通办""跨省通办""全省通办"。办好"12345"热线，全面实施政务服务"好差评"制度	辽宁	推进一体化数据资源管理系统的平台建设，提升"一网通办"建设水平，优化省一体化政务服务平台建设，实现高频政务事项实现网上办、一次办。推进实施省域治理"一网统管"

251

续表

省（区、市）	数字政府建设推进概要	省（区、市）	数字政府建设推进概要
内蒙古	实施"一网统管"，推进"一网通办"，推动教育、医疗、社保和企业开办等高频事项的"一次办""跨省通办""掌上办"	甘肃	全面推进"一网通办""一网协同""一网统管"，着力打造"甘快办""甘政通""一码通"等特色品牌。完善政务服务"好差评"制度，打造政务服务升级版
福建	持续优化政务信息"一张网"，推出更多的"一件事"集成服务事项；推动"一业一证"改革，推进"跨省通办""一网通办""省内通办"	陕西	整合改造升级政务"一张网"、"一朵云"和大数据中心平台。全力打造"秦政通"一体化协同办公平台和"秦务员"一体化政务服务平台，实现更多政务服务一网通办、秒批秒办
黑龙江	继续推进"放管服"等政务服务改革，推动政府权责清单的标准化。推动数字政府建设，提升政务服务的水平和效能	山西	升级一体化在线政务服务平台，在银行网点、基层便民服务机构等场所推广自助政务服务，推进"一窗受理、最多跑一次"等政务服务建设
吉林	提升数字政府建设水平，实现更多高频政务服务事项的"省内通办"和"跨省通办"	江西	解决数据壁垒问题，推动"一件事一次办"改革，全面推行"一照通办""一网通办"。打造"赣服通"5.0版
西藏	继续推动"互联网+"政务服务一网通办"建设，推进"证照分离"改革和"智能审批"改革。推进"一件事一次办"和"跨省通办"	宁夏	继续推进"一窗办理、集成服务"建设，实现更多事项网上可办、跨省通办、一次能办。优化"互联网+监管"系统
湖北	继续推进"放管服"改革，推动数字赋能、流程再造、业务协同；实现线上只进一网的高效办理	青海	提升政务服务平台和移动端的服务水平，推动更多政务服务网上办、就近办、掌上办和跨省通办
四川	深化"一网通办"前提下的"最多跑一次"改革，提升"联、通、办"效能		

资料来源：笔者根据各省级政府公布的2022年《政府工作报告》整理编制。

三 数字政府建设在保障民主参与权利方面存在的问题与改进建议

近年来，随着"互联网+政务服务"和数字政府建设的推进，政府行政效率得到较大提升，公民的民主参与权利也得到了更好保障。不过，数字政府建设是一个长期过程，目前，我国的数字政府建设仍存在一些不足。2022年6月颁布的《国务院关于加强数字政府建设的指导意见》中提到，"数字政府建设仍存在一些突出问题，主要是顶层设计不足，体制机制不够健全，创新应用能力不强，数据壁垒依然存在，网络安全保障体系还有不少突出短板，干部队伍数字意识和数字素养有待提升，政府治理数字化水平与国家治理现代化要求还存在较大差距"。从保障公民民主参与权利的角度看，目前我国的数字政府建设在推进的过程中存在以下几方面问题。

其一，在"顶层设计"层面，数字政府建设的"民主价值"并不突出。无论是中央政府还是省级政府，在制定数字政府建设的"指导意见"或"规划"时，都主要强调数字政府建设在"政府职能转变""政府效率""政府形象"等方面的意义，数字政府建设过程中的"民主价值"被忽视，或至多被视为一种附带价值或潜在价值。例如，多数省级政府的《政府工作报告》关于数字政府建设的规定放在"优化营商环境"部分。这导致数字政府建设在具体推进的过程中难以同全过程人民民主的实践实现有效衔接。针对这一情况，建议各级政府在数字政府建设的"顶层设计"中，突出数字政府建设的"民主价值"和"民主性"，唯有如此，公民才能更加有据、有效地参与数字政府中的民主协商、决策、管理和监督。

其二，在民主参与权利保障的内部构成中，数字政府建设存在一定程度的"结构性偏废"。民主参与权利主要包括两个方面，一是民主的结果，二是民主的过程。在民主参与权利的保障方面，目前的数字政府建设相对而言是"重结果、轻过程"。具体而言，目前的数字政府建设重在"便民"，即重在强调快速有效地解决民众面临的实际问题，这是民主参与权利的一个方

面，公民通过合法渠道参与公共事务的协商、决策、管理和监督，则是民主参与权利的另一个重要方面，公民的"民主参与"在目前的数字政府建设中体现得并不明显。各级政府网站设立的"互动""政民互动""互动交流"等以"互动"为主题的功能性栏目，其功能主要限于征集民众就关心的事项提出意见或向民众发布问卷，并未形成以民众为主体的协商、决策、管理和监督平台。针对这一情况，建议各级政府在数字政府建设的过程中充分同全过程人民民主的相关要求相衔接，在民众共同关心的公共事务的决策过程中，提供以民众为主体的协商、决策、管理和监督平台。

其三，在民主参与权利的实际保障方面，某些地方的数字政府建设存在利用率较低的问题。以东部某发达省份的某些县级政府网站的"政民互动"功能性栏目为例，某些县的全年"来信量"不足百件。这在某种程度上反映了民众对数字政府建设的不知情、不了解，或者民众缺乏参与数字政府服务的必要技能。针对这类情况，建议各级政府（尤其是基层政府）向民众普及数字政府的相关知识，并进行必要的技能培训，以便切实保障民众在数字化时代的民主参与权利。

其四，由于数字政府建设以现代科学技术为依托，有可能面临"数字鸿沟"等导致的人权挑战。一方面，老年人、残障者、农民等特定群体或会因对现代技术的掌握不足而无法有效参与数字政府的相关服务；另一方面，由于数字政府建设的主导者是政府，民众对数字政府建设本身的民主参与不足。针对这类问题，一方面需尽量消除"数字鸿沟"，保障老年人、残障人士等特定群体的有效参与，另一方面需提高民众对数字政府建设的参与度。

B.13
数字时代农民文化权利的新发展

赵明霞*

摘　要： 数字赋能社会主义文化建设，极大地推动了我国农民文化权利的实现。推进数字中国建设，党和政府在乡村数字文化建设方面作出具体制度安排。依托数字技术，我国农村居民享有更高质量的公共文化服务，并广泛参与文化生活，文化创新力得到较大提升，传统文化得到较好的传承与保护。然而，农民文化主体地位弱化、数字素养不足，文化生活资源匮乏，文化法治薄弱等问题依然有待解决。因此，建议将数字化融入推进乡村文化繁荣发展进程，促进文化资源共享，推动文化传承创新，规范文化事业和文化产业发展，切实满足农民群体文化需求，提升农民文化发展的获得感、满足感和安全感。

关键词： 数字时代　农民　文化权利

文化是凝聚力量的精神纽带、推动社会发展的重要支撑，文化建设直接关系民生福祉，关系人的全面发展。文化权利作为一项基本人权，已在多项国际条约、公约及国际文书中得到确立。根据国际公约[①]，文化权利是指人

---

* 赵明霞，法学博士，天津财经大学马克思主义学院副教授，主要研究方向为人权法学。
① 包括1948年颁布的《世界人权宣言》、1966年颁布的《经济、社会及文化权利国际公约》、1966年联合国教科文组织通过的《国际文化合作原则宣言》、1976年联合国教科文组织通过的《关于促进人类普遍享有参与文化生活并为此作出贡献的建议》、1989年联合国通过的《儿童权利公约》、2001年联合国教科文组织通过的《世界文化多样性宣言》、2004年联合国通过的《消除对妇女一切形式歧视公约》等。

人有权参加文化生活，享受科学进步及其应用所产生的利益，并对其本人的任何科学、文学或艺术作品所产生的精神上和物质上的利益，享受被保护之利。自由参与文化活动、共享文化成果、进行文化创作、保护文化成果是文化权利的基本内容。文化权利既是个体的权利，也是集体的权利，并与公民权利和政治权利、经济权利及社会权利具有同等重要的地位。我国高度重视社会主义文化强国建设，公民文化权利得到有效保障。当前，数字技术赋能文化发展，为公民文化权利保障注入新的活力。

我国农村居民[①]是农业农村发展的主体，也是乡村振兴、社会治理现代化的主体。农民文化权利为乡村可持续发展提供精神支撑，应得到充分尊重和保障。互联网和数字技术的普及发展，不仅改变了广大农民群体的物质生产方式，也在较大程度上重塑了他们的精神面貌。以数字技术推动农村文化建设，满足农民文化需求，增强农民文化共享共建能力，是建设社会主义文化强国的时代要求。

一 数字时代农民文化权利的制度安排

党的二十大报告把"丰富人民精神世界"作为中国式现代化的本质要求之一，把"人民精神文化生活更加丰富，中华民族凝聚力和中华文化影响力不断增强"作为未来五年文化建设的主要目标任务。数字技术为乡村文化发展注入新的动能，为保障广大农村居民享有平等的文化权利，党和国家通过法律和政策作出了明确的制度安排。

（一）保障农民文化权利的总体部署

国家制定了文化发展的法律制度，中央和地方政府出台了多项文化发展规划等规范性文件，这些文件为在数字时代保障农民文化权利指明了方向并

[①] 随着城镇化的推进，我国农民群体内部发生了深刻变化，可根据职业、地域和户籍进行区分，本报告中农民是指农业农村发展的主体，特指从事农业生产经营活动且长期居住于农村的居民。农民文化权利与农村文化、农业文明的发展密切相关。

确定了基本任务。

1. 筑牢农民文化权利保障的法制基础

文化法治是繁荣社会主义文化的重要保障，更是农民文化权利保障的基础。现行宪法对国家发展文化事业、保障公民文化活动自由作出规定。《公共文化服务保障法》《非物质文化遗产法》《文物保护法》《电影产业促进法》《通用语言文字法》《著作权法》等一系列法律，以及文化主管部门的十多部行政法规，构成了宪法统率下的文化保护法律体系，确立了依法保障人民文化权利的制度规范，也为丰富人民精神生活提供了坚实的法治保障。以此为基础，各地方根据本地特色，制定文化发展的地方法规，2022年5月《贵州省优秀民族文化传承发展促进条例》出台，8月《甘肃省公共文化服务保障条例》《甘肃省非物质文化遗产条例》实施，9月《云南省公共文化服务保障条例》实施，12月《河南省公共文化服务保障促进条例》实施，这些地方文化立法致力于促进优秀文化传承和创新，大力推进地方城乡公共文化服务均衡发展。这些法律规范都明确重视数字赋能文化建设，保障城乡居民充分享有文化权利，推动乡村文化事业繁荣发展。

2. 数字赋能文化发展，增强农民文化共享能力

党和国家高度重视运用数字技术推动社会主义文化事业发展，为农民文化共享提供了更多资源。党的二十大报告提出："实施国家文化数字化战略，健全现代公共文化服务体系，创新实施文化惠民工程。"2022年5月，中共中央办公厅、国务院办公厅印发《关于推进实施国家文化数字化战略的意见》，强调"统筹推进国家文化大数据体系、全国智慧图书馆体系和公共文化云建设，增强公共文化数字内容的供给能力，提升公共文化服务数字化水平。……推广群众文化活动高清网络直播，加强沉浸式、互动式体验服务，培育打造数字文化服务品牌"。同年8月《"十四五"文化发展规划》明确了未来5年国家文化建设的总目标和具体措施，"促进乡村文化振兴"需要"开展'互联网+中华文明'行动计划，推进数字文化资源进乡村"。《国家人权行动计划（2021—2025年）》提出要完善公

共文化服务体系，提升全民阅读服务水平，加强中华优秀传统文化传承和保护，促进新兴文化产业发展，更充分保障公民文化权利，具体任务是实施公共文化数字化重点工程、推进农家书屋数字化升级、实施国家古籍数字化工程。

3. 数字赋能乡村建设，提升农民文化发展能力

数字乡村建设为乡村文化发展注入了活力，也为重塑农民文化自信提供了契机。2022年1月，中央网信办等部门共同印发《数字乡村发展行动计划（2022—2025年）》，明确要求加快数字乡村建设，"着力提升农民数字素养与技能，着力繁荣乡村网络文化，着力提高乡村数字化治理效能"，并从筑牢乡村网络文化阵地和推进乡村文化资源数字化两个方面对"乡村网络文化振兴行动"作出部署。随后《2022年数字乡村发展工作要点》也部署了10个方面的重点任务，进一步细化了繁荣发展乡村数字文化的行动计划。同年5月，中共中央办公厅、国务院办公厅印发的《乡村建设行动实施方案》也提出实施数字乡村建设发展工程，推进数字技术与农村生产生活深度融合。

乡村数字文化建设必须以农民群体为立足点。2022年中央一号文件强调："加强农民数字素养与技能培训。"2022年12月，习近平总书记在中央农村工作会议上也强调："要着力培养一批乡村人才，重点加强村党组织书记和新型农业经营主体带头人培训，全面提升农民素质素养，育好用好乡土人才。"

（二）提升数字化的公共文化服务水平

乡村公共文化服务体系建设，是实现好、维护好、发展好农民文化权利的主要途径，农民是乡村公共文化服务的受益主体和评价主体。《公共文化服务保障法》第33条规定，"国家统筹规划公共数字文化建设，构建标准统一、互联互通的公共数字文化服务网络，建设公共文化信息资源库，实现基层网络服务共建共享"。数字技术极大地拓展了乡村公共文化服务的领域与途径。

1. 明确公共文化服务的数字化发展方向

党和国家高度重视运用数字技术提升乡村公共文化服务水平，公共文化服务的数字化和智能化是时代发展的必然要求。《"十四五"文化发展规划》明确要"提高公共文化服务覆盖面和实效性"，"补齐公共文化服务短板"，"推动优质公共文化资源向农村地区、革命老区、民族地区、边疆地区倾斜"，"培育和发展农村院线，促进新片大片进入农村市场。丰富老年人、进城务工人员、农村留守妇女儿童、残疾人的公共文化供给，保障特殊群体的基本文化权益"。[①]《"十四五"公共文化服务体系建设规划》也提出，要推动公共文化服务社会化发展和数字化、网络化、智能化建设。

2. 完善公共文化服务的数字化设施

《数字乡村发展行动计划（2022—2025年）》明确提出实施"乡村文化设施和内容数字化改造工程"，包括加强网络设施建设，增加云基础智能服务端，培养乡村网络服务人员等。近年来我国乡村公共文化设施更加健全，基本建成覆盖县、乡、村三级的公共文化服务网络，乡村数字图书馆、乡村远程教育中心、乡村网络服务中心、乡村旅游网上展馆、乡村文化网上展馆等基层公共文化网络基础设施更加完备。

3. 推动乡村数字文化平台建设

党和国家以数字文化惠民工程为抓手，以公共文化数字平台建设与服务推广为重点，建设数字服务管理平台，包括公共文化数字化融合服务平台、公共文化服务云平台、文化大数据平台等。一方面，对现有的文化推广平台进行提升，《"十四五"文化发展规划》明确要"推进农家书屋数字化建设，建立智能化管理体系"。另一方面，推广移动互联网新媒体新应用，建设乡村文化数字平台，打造全平台、多媒体、多样态的乡村公共文化网络载体集群，推动网络文化建设惠及广大农民群众。

[①]《中共中央办公厅 国务院办公厅印发〈"十四五"文化发展规划〉》，2022年8月16日，中国政府网，http://www.gov.cn/xinwen/2022-08/16/content_5705612.htm。

4. 实施乡村文化资源传承和数字化保护工程

《乡村建设行动实施方案》提出，要"传承保护传统村落民居和优秀乡土文化，突出地域特色和乡村特点，保留具有本土特色和乡土气息的乡村风貌"。《2022年数字乡村发展工作要点》明确指出要完善"中国传统村落数字博物馆建设，……推进乡村文物资源数字化永久保存与开放利用"。①《"十四五"文化发展规划》也指出，要"加强农耕文化保护传承，支持建设村史馆，修编村史、村志，开展村情教育"。为保障农民独有的文化资源，各地已经建设了乡村文化数字云平台、乡村文化数字记忆馆、乡村数字档案馆和图书馆等，将乡村风貌、传统技艺、民间风俗等搬上网络云端，有利于文化资源的保护和传承。

（三）推动乡村文化产业的数字化发展

政府积极支持发展乡村文化产业，文化产业服务于人民，有利于满足人们的精神文化需求，激发农村居民文化创新的积极性，同时也有利于提升综合国力。2022年3月，文化和旅游部等六部门联合印发《关于推动文化产业赋能乡村振兴的意见》。2023年1月，文化和旅游部等五部门制定《文化产业赋能乡村振兴试点工作方案》，明确了文化产业赋能乡村振兴的总体要求和发展目标，提出了文化产业赋能乡村振兴的八大领域，并给予人才、金融等多方面的政策支持。要求各试点地区推进文化产业发展，制定实施意见。《"十四五"文化发展规划》强调"将优秀文化资源转化为乡村永续发展的优质资产，推动乡村文化建设与经济社会发展良性互促"，以及"系统推进保护传承、研究发掘、环境配套、文旅融合、数字再现等重点基础工程"。

二 数字时代农民文化权利保障的现状

数字时代农民文化权利诉求和实现途径都发生了深刻变化。2022年全

---

① 《2022年数字乡村发展工作要点》，2022年4月20日，中国网信网，http://www.cac.gov.cn/2022-04/20/c_1652064650228287.htm。

国人均教育文化娱乐消费支出 2469 元，下降 5.0%，但农村居民人均教育文化娱乐消费支出 1683 元，增长 2.3%。① 这说明，农民对文化资源和产品的需求更加强烈，也更加愿意增加文化教育方面的消费，而互联网和数字技术也为满足文化需求提供了更加广泛的途径。数字时代，随着国家文化法律制度和各项政策的实施，农村居民文化权利得到充分保障，但同时也有亟待解决的问题。

（一）农民文化权利保障的新进展

2022 年我国乡村文化事业持续发展，互联网和数字技术促进了乡村文化的迭代发展，对塑造新时代农民精神风貌发挥了积极作用。

1. 农民享有更高质量的公共文化服务

互联网数字技术促进了文化资源在城乡之间的均衡配置，让农村居民享受到与城市居民同样的文化体验，实现了不同类型文化产品的交流共享，增强了文化的数字包容性。

第一，文化基础设施提档升级。近年来我国乡村文化基础设施得到极大完善，网络基础设施实现全覆盖，2022 年底，乡村数字基础设施建设持续推进，实现"村村通宽带""县县通 5G"，农村地区互联网普及率为 61.9%。② 农家书屋作为一项公共文化惠民工程，已经成为农村居民的"文化粮仓"，是农民享受文化生活的重要基础设施。2019 年 2 月，中宣部等十部门印发了《农家书屋深化改革创新提升服务效能实施方案》，明确提出"开展农家书屋数字化建设""网上网下协同推进"等要求。截至 2022 年 12 月底，全国数字农家书屋达 36.1 万个，占全国农家书屋总量的 3/5，比 2019 年的 12.5 万个增长了近 2 倍。据不完全统计，安徽、江苏、湖北等省

---

① 《2022 年居民收入和消费支出情况》，2023 年 1 月 17 日，国家统计局网站，http://www.stats.gov.cn/xxgk/sjfb/zxfb2020/202301/t20230117_1892129.html。
② 《中华人民共和国 2022 年国民经济和社会发展统计公报》，《经济日报》2023 年 3 月 1 日，第 10 版。

已实现数字农家书屋全覆盖。①除了数字化农村书屋建设外,各地方通过建设文化礼堂、文化历史馆社等平台传承当地文化,推动农民文化共享,塑造乡土文化的精神家园。比如浙江省以"千万工程"统领宜居宜业、和美乡村建设,截至2022年底,浙江累计建成20511家农村文化礼堂,实现500人以上行政村全覆盖。从省到村的五级公共文化设施网络布局日臻完善,"15分钟品质文化生活圈""15分钟文明实践服务圈"遍及城乡。②

第二,文化服务更加优质精准。当前我国已经解决了城乡公共文化供给"有没有"的问题,而数字时代更多关注文化供给"好不好、精不精"的问题。我国各地方为打破城乡"数字鸿沟",积极探索精准文化服务的形式。比如2022年陕西省西安市开展的"乡村公共文化服务直通车"活动,包含文艺演出、图书报刊阅览、书画赠送、数字文化培训等内容,精准对接基层文化需求。③同年,江苏省苏州市公共文化配送采取线上线下相结合的方式,搭建立体化公共文化服务展示平台,全方位提升人民群众对文化配送项目的体验度,社会公众整体满意率评价达98.29分。④甘肃敦煌研究院建立了莫高窟数字展示中心,在展示中心为游客提供《千年莫高》等沉浸式数字体验节目,使各地居民都能感受到文化瑰宝的魅力。⑤在浙江省湖州市南浔区,村民通过"浔礼e家"可以观看"文化讲堂"视频节目,或预约书法老师免费授课,甚至可以通过"村里点、镇上报、区里送"机制,实现

---

① 《数字赋能 看农家书屋如何"蝶变"》,《光明日报》2023年4月20日,第7版。
② 《十组数据解码浙江"千村示范、万村整治"工程二十年》,2023年4月13日,新华网,http://www.xinhuanet.com/2023-04/13/c_1129517573.htm。
③ 《高陵区开展"乡村公共文化服务直通车"服务》,2023年4月22日,西安新闻网,https://www.xiancn.com/content/2023-04/22/content_6717746.htm。
④ 《为群众送上高品质活动超千场次 2023年苏州市公共文化配送启动》,《苏州日报》2023年4月23日,第A01版。
⑤ 《数字技术赋能公共文化服务》,2023年3月31日,人民网百家号,https://baijiahao.baidu.com/s?id=1761832685639267829&wfr=spider&for=pc。

村民文化供与需的精准匹配。①

第三，文化服务的数字化平台建成运行。2022年我国数字惠民服务扎实推进，利用信息化手段开展服务的村级综合服务站点增至48.3万个，行政村覆盖率达到86.0%；乡村数字化治理效能持续提升，全国6类涉农政务服务事项综合在线办事率达68.2%。② 在基层政府支持下，县级融媒体中心在乡村数字信息共享、乡村文化繁荣等方面发挥了积极作用，到2022年8月18日，中宣部宣布全国2585个县级融媒体中心建成运行，共开办广播频道1443套、电视频道1682套，有效传播党和政府声音，讲好乡村振兴故事。③ 目前，各主流媒体也在抖音等平台开设了以服务"三农"为主要内容的"三农媒体号"，这些媒体通过平台聚焦乡村发展的最新政策动向和热门话题，发布惠农助农政策消息、科普专业知识，在不断提升"三农"舆论引导方面发挥了重要作用。截至2023年4月，在抖音、快手、哔哩哔哩、央视频四个平台上三农媒体号的粉丝数累计超过1.1亿，有12%的账号粉丝量超过100万。④

2. 农民广泛参与本土文化建设

农民文化权利的实现不仅体现在个体文化的自主选择上，还体现在对本土文化的广泛参与和认同上。乡土文化依然是凝集乡村发展向心力、提升农民文化素质、打造淳朴民俗乡风的重要内容。数字时代，各地乡村文化优势得到充分展现，并吸引更多农村居民参与到文化建设中。特别是在经济复苏的背景下，各地充分激活本土乡村文化，举办民俗活动、节庆活动等特色活动，运用数字网络大力宣传倡导，引导农民参与文化建设，依靠文化实现经

---

① 《多地着力推动乡村网络文化振兴——优质资源下乡 乡土文化上云》，《人民日报》2022年5月28日，第4版。
② 《中国数字乡村发展报告（2022年）》，2023年3月1日，农业农村部百家号，https://baijiahao.baidu.com/s?id=1759155400362753052&wfr=spider&for=pc。
③ 《中国数字乡村发展报告（2022年）》，2023年3月1日，农业农村部百家号，https://baijiahao.baidu.com/s?id=1759155400362753052&wfr=spider&for=pc。
④ 《短视频媒体号最新盘点，如何"上接天线、下接底气"激活3.08亿垂类网民？》，2023年4月18日，腾讯农事网，https://new.qq.com/rain/a/20230418A03RRD00。

济的华丽转身。

2022年6月,贵州省黔东南苗族侗族自治州台江县台盘村的乡村篮球赛事视频在社交媒体刷屏,让这个贵州大山里的小村落火爆"出圈"。由于场地在农村,比赛主要由村民组织和参与,网友把这场乡村篮球赛称为"村BA"。[1] 篮球运动作为该州鲜明的文化符号,有着较久的历史和广泛的群众基础,"村BA"的盛行也反映出村民对文化生活的强烈需求,形成了乡村文化振兴的新模式。这个民间赛事还直接进入国家政策视野,农业农村部《关于落实党中央国务院2023年全面推进乡村振兴重点工作部署的实施意见》要求"探索推广'村BA'篮球赛等赛事"。

3. 农民的文化创新能力持续提升

数字技术为农民文化创作提供了平台支撑。随着科技的进步、知识的普及和民主的进步,越来越多的农民拥有了参与各类文化活动的物质条件和自由时间,也就焕发出文化创新的巨大热情,同时在文化创新活动中实现物质和精神的双重价值目标。

"新农人"正在以一种IP构建为核心的文化生产方式,在讲述乡村和农业故事的同时,推广和传承优秀民俗文化,打造更多具有广泛影响力的中国乡村文化符号,并建构起农民新的精神家园。当前涌现出来的乡村生产生活的视频,或记录乡村人文美食风物,或展现乡村炊烟缭绕的自然美景……这些爆红全网的短视频,用鲜活的视听语言描摹乡村人文风情,极生动地展现了乡村文化,满足了农村居民文化创作和传承的需求。特别是一群满怀乡土故情的"新农人",他们对乡村文化生活有着深厚的情感或体验,正在用其所学所获建设理想的家园。截至2022年底,全国返乡入乡创业人员累计达1220万人,[2] "新农人"逐步成为青年就业的选择和文化精神的依托,赋予乡村新的文化活力。

---

[1]《从"村BA"感受贵州乡村文化新活力》,2023年4月3日,新华网,http://www.xinhuanet.com/mrdx/2023-04/04/c_1310708242.htm。

[2]《新农村呼唤青春力量》,2023年3月25日,经济日报百家号,https://baijiahao.baidu.com/s?id=1761291245810515789&wfr=spider&for=pc。

4. 传统优秀乡村文化得到保护和延续

农民是乡村文化的生产者，优秀乡村文化是农民精神价值的承载者。乡村的民俗、民间歌舞、各种非物质文化遗产都承载着农民的生活意义和生产价值。农民文化权利的实现，应注重对优秀传统文化习俗的延续和保护。近年来，各地方利用数字化手段开展乡村文化挖掘、保护和传承工作，以一系列文化场馆（包括村史馆、家风家训馆、农耕文化馆、名人纪念馆、道德模范馆等）建设为载体，将农耕文明的农业生产、田园风光、乡村古韵、民俗活动等场景转化成数字场景，留住这些有形的乡村文化，也让活态的乡土文化得以传承。

传统村落也是农民本土文化的重要载体，数字信息采集、数字平台建设在传统村落保护中发挥了重要作用。截至2022年底，全国已有8155个传统村落被列入国家级保护名录，形成了世界上规模最大、内容和价值最丰富、保护最完整、活态传承的农耕文明遗产保护群。[①] 2021年9月浙江省启动乡村博物馆建设项目，提出要在"十四五"期间建设1000家乡村博物馆，2022年5月浙江省绍兴市建成200多个乡村博物馆。[②] 河南省将村史编纂作为赓续乡土文脉的重要途径，截至2022年底，河南省共建成村史馆1027个，村史馆已经成为乡村公共文化服务体系的重要组成部分。

（二）农民文化权利保障面临的挑战

数字时代对文化事业发展提出了更高的要求，但受经济、社会、思想等因素的影响，农民文化权利保障依然不可避免地面临现实的问题。

1. 农民文化主体地位需要进一步加强

农民是乡村文化的主要缔造者和传承者，是否坚持农民的主体地位直接决定着乡村文化建设能否可持续发展。工业化和信息化的快速发展，使

[①] 《全国已有8155个传统村落列入国家级保护名录》，2023年3月22日，中国经济网百家号，https://baijiahao.baidu.com/s?id=1761023266560896895&wfr=spider&for=pc。

[②] 《绍兴建成200多个乡村博物馆助力乡村共同富裕》，2022年5月20日，浙江省文物局网站，http://wwj.zj.gov.cn/art/2022/5/20/art_1639077_58880061.html。

农民群体处于传统与现代、农业与工业、城市与乡村的文化冲突和交融中，文化主体地位趋于弱化。加之城镇化过程中原子式的村庄基本处于"精神游离"状态，农民群体文化生活缺乏载体，农民沦落为文化的旁观者。① 农民文化主体地位的缺失，也会导致乡土文化的迷失。面对智能手机成为新农具的现实，一方面老年群体面临"数字鸿沟"，一定程度上被隔离在现代文化之外；另一方面中青年群体接触各类现代网络娱乐资源，容易被裹挟在现代化的潮流中，从而失去文化的自主选择能力。相比之下，农民集体的文化空间和传统文化产品的吸引力持续下降，也会导致农民文化主体性的削弱。

2. 农民文化生活资源需要进一步丰富

较之城市，我国农村地区互联网普及率依然偏低，而数字文化资源的普及率更低一些，公共文化生活资源的供给依然相对匮乏。一方面，农村公共文化服务体系难以满足广大农民群众生活富足之后的文化需求。当前农村图书馆、文化馆、博物馆等依法设在县级以上行政区域，县级以下仅设文化站，数字图书馆更是少之又少。加之一些地方已有的乡村文化广场、文化站、农家书屋等基础设施建设理念与乡村社会需求不适宜，设施利用率较低，导致文化资源浪费。而公共文化服务部门将已建的文化场馆面积、藏书数量、电影下乡次数等作为评价指标，文化供给的精准性有限。另一方面，资本逻辑主导的"消费文化""大众文化"等市场文化形式已经普遍传播和渗透到了乡村的各个领域，而乡村本土文化资源的转化和文创产品的供给质量不高，导致农民在精神和文化生活中缺乏自信心和向心力。

3. 农民数字文化素养需要进一步提升

虽然以智能手机为代表的数字设备已经在广大农村地区普及，但农民的数字文化素养提升仍然有较长的路要走。数字文化素养不仅体现为村民运用数字技术进行农业生产生活的才智和能力，也体现为农民的道德素养、权利

---

① 黄爱教：《从文化旁观者到参与者：乡村振兴的文化权利及其实现》，《新疆社会科学》2019年第1期。

意识和文化创新意识。农民数字文化素养越高，就越容易融入数字社会，享受文化红利。农民数字文化素养薄弱，一方面表现为农村文化发展人才不足。人才是乡村文化发展的核心力量，当前农村居民"兼业化、老龄化、低文化"的现状还没有得到明显改善。农村地区中青年劳动力流失严重，对技术型人才的吸引力不足，留守老人、儿童居多，参与文化建设的意愿较低。另一方面则表现为城乡居民的"数字鸿沟"问题突出。2021年3月中国社会科学院发布的《乡村振兴战略背景下中国乡村数字素养调查分析报告》显示，我国城乡居民数字素养差距异常明显，城市居民平均得分56.3分（满分100分），农村居民平均得分35.1分，差值高达21.2分，农村居民比城市居民平均得分低了37.7%；农民数字素养得分仅18.6分，显著低于其他职业类型群体，比全体人群平均值（43.6分）低57.3%。[①] 而随着城市的数字化转型，城乡"数字鸿沟"问题并不局限于设施差距，更体现为数字素养和技能的差距，这直接影响到农民文化权利的发展与实现。

4. 农民文化权利规范体系需要进一步完善

数字化为文化发展提供了技术支撑，但农民文化权利保障方面的法治化水平难以适应数字化的需要。目前，农民文化权利的法治保障依然欠缺。其一，在立法方面，我国文化建设方面的法律规制本来就不多，涉及权利保护的更少。近年来，我国先后制定了《公共文化服务保障法》《电影产业促进法》等法律法规，为保障人民基本文化需求、完善公共文化服务、促进文化产业发展提供了重要法治保障。但文化立法的数量、覆盖面和立法层级都明显不足，且文化服务等法律规定多为倡导性的，法律责任不明确。其二，在执法司法方面，目前缺乏专项的文化权利行政救济和司法救济的具体路径。各地相关部门虽然公布了大量文化执法案例，但与乡村、农民有关的典型案例较少。

[①] 《乡村振兴战略背景下中国乡村数字素养调查分析报告》，2021年3月，中国社会科学院信息化研究中心，http://iqte.cssn.cn/yjjg/fstyjzx/xxhyjzx/xsdt/202103/P020210311318247184884.pdf。

三 数字时代保障农民文化权利的展望

应将保障农民文化权利纳入乡村文化繁荣发展过程中，运用数字技术推进文化事业发展，切实满足农民文化需求，提升农民的文化自生能力，消除文化危机，增强农民在文化发展中的获得感、满足感和安全感。

（一）发挥农民在文化发展中的主导作用

习近平总书记指出："要推动乡村文化振兴，加强农村思想道德建设和公共文化建设，以社会主义核心价值观为引领，深入挖掘优秀传统农耕文化蕴含的思想观念、人文精神、道德规范，培育挖掘乡土文化人才，弘扬主旋律和社会正气，培育文明乡风、良好家风、淳朴民风，改善农民精神风貌，提高乡村社会文明程度，焕发乡村文明新气象。"[①] 保障农民文化权利，推动乡村文化振兴，不是用政府"自上而下"的主导性代替农民"自下而上"的主体性，而是将二者有机结合，特别注重农民在文化发展中的主导作用。第一，在发展中提升农民的文化主体地位。通过数字技术促进传统乡村文化与现代城市文化共同发展，对乡村文化坚持开发与保护并重、活化与传承并行，在给农民带来经济效益的同时，满足农民精神生活的归属感，提升农民文化发展的自信心，从而增强农民文化发展的主体性。第二，从农民"需求侧"出发，完善数字化公共文化服务体系，精准对接服务主体，引导不同文化群体的交流互鉴和共享发展，对农村文化生活新秩序的形塑发挥重要作用。第三，提升农民文化话语权。鼓励农村居民通过各种途径自由平等地表达自身文化需求、文化主张。增强政府文化建设的开放性，营造上下互动、平等协商、兼容并蓄的文化共享的社会环境。

---

① 《习近平李克强王沪宁赵乐际韩正分别参加全国人大会议一些代表团审议》，2018年3月8日，中国政府网，https://www.gov.cn/guowuyuan/2018-03/08/content_5272385.htm。

（二）促进文化资源共享

文化权利作为农民享有的一项积极人权，需要得到政府和社会的尊重、保护，并为其权利实现创造必要的条件。共享是数字时代发展的必然趋势，而文化在本质上是共创共享的产物。互联网大数据为文化交流和社会资源共享提供了高效便捷的途径。第一，基层政府推进公共文化事业发展，应以满足农民文化需求为目的，跨越城乡"数字鸿沟"。通过建立需求表达反馈机制，运用数字技术精准掌握农民的意见和需求，从而及时调整政府的文化供给内容，实现文化产品的供需平衡。第二，搭建城乡一体化的文化市场，形成文化资源数据库，瞄准农民群体文化需求，引进先进文化，创作贴近农民生产、生活实际和农民喜闻乐见的文化产品。同时深耕乡村本土文化资源，扩大乡村文化的受众，将乡村独特文化传播出去。第三，通过规划引导、项目推动，调动社会组织和企业参与文化共享工程。目前社会参与文化建设的积极性较高，农民群体、乡村文化、数字文化尤其被企业看好、被资本青睐，要通过共享机制将其纳入文化共享资源中。

（三）培养数字文化"新农人"

文化以人为载体，享有文化权利的关键在于通过满足文化需求，为公民文化素养的提高创造条件，激发文化参与和创新的内生动力。因此，农民文化权利的实现，不仅要加强文化信息服务设施建设，更需要建立文化人才培育体系，培养热爱农村、热爱农民、懂数字技术、崇尚文化的"新农人"，从而弥补乡村文化传承和创新主体力量不足的缺陷。第一，深挖耕读教育，增强文化自信。农村生活中蕴含良好的家风家训、乡风民约等积极向上的力量，要培育农民文化保护和传承的意识。第二，鼓励农民创作文化作品，培养农民文化创新能力。利用多种渠道推送惠农科普素材，支持农村居民自由地采取行动以选择、参与文化生活，进行各类文化作品的创作。第三，保护乡村文化精英，提升农民主体的参与度。注重发挥乡村文化和旅游能人、产业带头人、非遗传承人、工艺美术师、民间艺人等的领头作用。很多乡村民间艺人既是传统文化的守护者，也是乡村集体精神、价值习俗的代表，要充分尊重和保护农民文化精英，落实非遗文化传承和保护政策。

（四）完善数字文化规范

数字时代农民文化权利的实现，需建章立制，强化文化共享、文化创新的规范性保障，提高政策和制度的执行力，形成科学合理的制度设计和规范要求。第一，出台规范性文件，明确农民文化权利的内容、原则和义务主体。要制定符合我国社会主义文化规律、特点和要求并行之有效的规范和准则，保障人民基本文化权益。一是加强顶层设计，保障城乡一体的公共文化事业发展，建立数字化的统筹管理机制。二是健全文化产业相关法律制度，构建现代文化市场规范，为农民文化创新提供保障。三是依法维护好农民在文化创新中获得的经济效益和社会效益，增强文化发展的活力。第二，强化文化服务的执法司法保障，促进农民文化活动有序开展。进一步理顺文化管理体制，明确文化服务职责规范，解决政出多门、职责不清的问题，形成统一、良性的基层文化管理秩序。推进司法部门的文化维权意识，针对乡村文化发展出现的新情况、新问题，提升依法维护农民文化权利的能力。第三，营造乡村法治文化氛围。创新法治宣传教育形式，通过互联网、微博、微信、短视频平台等新媒体，增强网络法治教育的吸引力和影响力。

· (六) 人权立法与国际合作·

B.14
2022年国家人权立法分析报告[*]

班文战[**]

摘　要： 2022年，全国人大修改了《地方组织法》，从指导思想、基本原则、工作机制、职责权限、机构设置、人员组成等多个方面健全了地方国家政权机关履行尊重和保障人权相关职责的组织制度和工作制度。全国人大常委会修订了《妇女权益保障法》，从基本原则、工作机制、权利内容、职责义务、救济措施、法律责任等方面加强了妇女人权的立法保障。《反电信网络诈骗法》《预备役人员法》《职业教育法》《体育法》《农产品质量安全法》以及若干行政法规的制定和修订也在一定程度上充实了若干特定领域人权的立法保障。

关键词： 人权立法　《地方组织法》　《妇女权益保障法》

2022年是十三届全国人大及其常委会履行职责的最后一年。一年中，全国人大及其常委会以习近平新时代中国特色社会主义思想以及党的十九届六中全会和中央人大工作会议精神为指导，围绕党和国家工作大局，在政治、经济、环境、资源、民生、国防、安全等领域开展了一系列立法活动，进一步加强了人权的立法保障。与此同时，国务院也开展了若干与人权相关

---

[*] 本报告是中国人权研究会资助的2014年度"人权的立法保障研究"课题项目的阶段性成果。
[**] 班文战，法学硕士，中国政法大学人权研究院教授、副院长，人权法学专业硕士研究生导师，主要研究方向为国际人权法、人权国内保障和人权教育。

的立法活动。本报告将简要梳理我国2022年人权相关立法的基本情况，并重点说明若干比较重要的立法活动对人权的影响。

一 2022年国家人权立法的基本情况

2022年，全国人大及其常委会在人权立法方面继续发挥主要作用。一年中，全国人大修改了1部法律，[①] 全国人大常委会制定了5部法律，修订了6部法律，修改了3部法律，通过了2项有关法律问题的决定，做出了1项法律解释，审议了7部法律草案、5部法律修订草案、3部法律修正草案和1项有关法律问题的决定草案。[②] 在各项法律的制定、修订、修改和解释工作中，《地方组织法》的修改对人权的影响最为广泛，《妇女权益保障法》的修订对人权的影响最为明显，《反电信网络诈骗法》《预备役人员法》的制定以及《职业教育法》《体育法》《农产品质量安全法》的修订与尊重和保障人权也存在直接关联。[③] 在法律草案、法律修订草案和法律修正草案的审议工作中，《民事强制执行法（草案）》《无障碍环境

[①] 即《地方组织法》。《第十三届全国人民代表大会第五次会议关于第十四届全国人民代表大会代表名额和选举问题的决定》、《香港特别行政区选举第十四届全国人民代表大会代表的办法》和《澳门特别行政区选举第十四届全国人民代表大会代表的办法》仅适用于特定场合，不属于全国人大通过的"基本法律"。

[②] 根据《全国人大常委会公报》（2022年第2号至第6号、2023年第1号）和中国人大网发布的相关文件统计。

[③] 全国人大常委会2022年开展的其他法律制定、修订和修改工作包括：（1）制定《期货和衍生品法》（2022年4月20日通过，同年8月1日起施行）；（2）制定《黑土地保护法》（2022年6月24日通过，同年8月1日起施行）；（3）制定《黄河保护法》（2022年10月30日通过，2023年4月1日起施行）；（4）修订《畜牧法》（2022年10月30日通过，2023年3月1日起施行）；（5）修订《野生动物保护法》（2022年12月30日通过，2023年5月1日起施行）；（6）修改《全国人民代表大会常务委员会议事规则》（2022年6月24日通过，次日起施行）；（7）修改《反垄断法》（2022年6月24日通过，同年8月1日起施行）；（8）修改《对外贸易法》（2022年12月30日通过并开始施行）；（9）作出《关于设立成渝金融法院的决定》（2022年2月28日通过，同年3月1日起施行）；（10）作出《关于中国人民解放军现役士兵衔级制度的决定》（2022年2月28日通过，同年3月31日起施行）；（11）作出关于《中华人民共和国香港特别行政区维护国家安全法》第十四条和第四十七条的解释（2022年12月30日通过并开始施行）。

建设法（草案）》《农村集体经济组织法（草案）》《行政复议法（修订草案）》《海洋环境保护法（修订草案）》《慈善法（修订草案）》《反间谍法（修订草案）》《民事诉讼法（修正草案）》《行政诉讼法（修正草案）》《立法法（修正草案）》的审议都与尊重和保障人权直接相关。[1]

2022年，国务院的人权立法工作也有一定进展。一年中，国务院制定了1部条例和1项办法，发布了1项条例，修订了2部条例，废止了2部条例、1部暂行条例、2项实施细则和1项暂行规定，修改了14部行政法规的部分条款，并提请全国人大常委会审议了2部法律草案、1部法律修订草案和1项法律解释草案。[2] 其中，《促进个体工商户发展条例》的制定、《中国人民解放军文职人员条例》的修订和《信访条例》的废止与人权都有一定联系。[3] 2022年国家人权相关立法工作简况见表1。

---

[1] 全国人大常委会2022年审议的其他法律草案包括《增值税法（草案）》《金融稳定法（草案）》《外国国家豁免法（草案）》《青藏高原生态保护法（草案）》《公司法（修订草案）》《关于授权国务院在北京市昌平区等农村宅基地制度改革试点地区行政区域暂时调整实施有关法律规定的决定（草案）》。

[2] 根据《国务院公报》（2022年第4号至第35号、2023年第1号至第3号）、中国政府网、中国政府法制信息网发布的相关文件统计。

[3] 国务院2022年的其他立法工作包括：（1）制定《缔结条约管理办法》（2022年10月16日公布，2023年1月1日起施行）；（2）修订《水下文物保护管理条例》（2022年1月23日修订并公布，同年4月1日起施行）；（3）废止《工业产品质量责任条例》《国有企业监事会暂行条例》《水路货物运输合同实施细则》《铁路货物运输合同实施细则》《国务院关于通用航空管理的暂行规定》（2022年3月29日发布决定，同年5月1日起施行）；（4）修改《外商投资电信企业管理规定》《医疗机构管理条例》《进出口商品检验法实施条例》《保安服务管理条例》《道路运输条例》《农药管理条例》《海关统计条例》《海关行政处罚实施条例》《海关稽查条例》《互联网上网服务营业场所管理条例》《旅馆业治安管理办法》《计量法实施细则》《母婴保健法实施办法》《放射性药品管理办法》的部分条款（2022年3月29日发布决定，同年5月1日起施行）；（5）提请解释《中华人民共和国香港特别行政区维护国家安全法》有关条款；（6）提请审议《增值税法（草案）》；（7）提请审议《金融稳定法（草案）》；（8）提请审议《行政复议法（修订草案）》。需要说明的是，国务院于2022年3月30日公布并于5月1日起施行的《地名管理条例》系国务院于2021年9月1日修订通过，故未被统计在国务院2022年的立法活动之内。

人权蓝皮书

表1 2022年国家人权相关立法工作简况

法律名称(简称)	立法机关	立法形式	立法时间	开始实施时间
《地方组织法》	全国人大	修改	2022-03-11	2022-03-12
《反电信网络诈骗法》	全国人大常委会	制定	2022-09-02	2022-12-01
《预备役人员法》	全国人大常委会	制定	2022-12-30	2023-03-01 *
《职业教育法》	全国人大常委会	修订	2022-04-20	2022-05-01
《体育法》	全国人大常委会	修订	2022-06-24	2023-01-01
《农产品质量安全法》	全国人大常委会	修订	2022-09-02	2023-01-01
《妇女权益保障法》	全国人大常委会	修订	2022-10-30	2023-01-01
《促进个体工商户发展条例》	国务院	制定	2022-09-26	2022-11-01 **
《中国人民解放军文职人员条例》	国务院	修订	2022-12-10	2023-01-01
《信访条例》	国务院	废止	2022-03-29	2022-05-01

注：不包括相关法律草案的审议和提请审议情况。立法时间指各法律文件制定、修订、废止、通过或发布的时间。* 1995年《预备役军官法》同时废止。** 2011年《个体工商户条例》同时废止。

资料来源：根据《全国人大常委会公报》（2022年第2号至第6号、2023年第1号）、《国务院公报》（2022年第4号至第35号、2023年第1号至第3号）、中国人大网、中国政府网、中国政府法制信息网发布的文件统计整理。

二 修改《地方组织法》，健全尊重和保障人权的组织制度和工作制度

地方各级人民代表大会（以下简称"地方人大"）和地方各级人民政府（以下简称"地方政府"）作为我国的地方国家权力机关和行政机关，是我国国家政权机关的重要组成部分，其组成、产生和活动对尊重和保障人权具有直接和重要的影响。中华人民共和国成立之后通过的历部《宪法》都明确规定了地方人大和地方政府的地位和职权。① 为扩大人民民主，加强

---

① 参见1954年《宪法》第55、58~60、62、64条；1975年《宪法》第21~23条；1978年《宪法》第35~37条；1982年《宪法》第96、99~101、105、107条。除4部《宪法》与人权相关的一般性职权条款外，1975年《宪法》第58条和1978年《宪法》第36条均明确规定了地方人大在本行政区域内"保障公民权利，保障少数民族的平等权利"的职权，1975年《宪法》第23条则明确规定了地方人大和地方政府在本地区内"保障公民权利"的职权。

和健全社会主义法制，保证和便于人民管理国家大事，进一步发挥地方积极性，五届全国人大二次会议于1979年7月1日通过《中华人民共和国地方各级人民代表大会和地方各级人民政府组织法》（简称《地方组织法》），对地方各级人大、县级以上地方各级人大常委会和县级以上地方各级政府的地位、职权、任期、组成、产生、工作制度和其他相关问题做了专门规定。①《地方组织法》实施以后，曾先后于1982年、1986年、1995年、2004年和2015年经过五次修改。② 为贯彻习近平总书记关于坚持和完善人民代表大会制度的重要思想，落实党中央相关重大决策部署和中央人大工作会议精神，进一步健全地方国家政权机关的组织制度和工作制度，加强和改进新时代人大工作，坚持党对地方国家政权机关的全面领导，保证党领导人民依法有效治理国家，不断发展全过程人民民主，保证人民当家作主，推进全面依法治国、全面建设法治政府以及国家治理体系和治理能力现代化，十三届全国人大五次会议于2022年3月11日决定对《地方组织法》做第六次修改。③

与2015年第五次修改后的《地方组织法》相比，新修改的《地方组织法》明确了该法的立法目的和根据，确立了党对地方国家政权机关的全面领导地位以及地方国家政权机关应当遵循的指导思想和基本原则，进一步完善了地方国家政权机关的组织、职权和工作制度，还修改和调整了该法的一些文字表述和若干条文顺序。④ 从尊重和保障人权的角度来看，新修改的《地方组织法》主要有以下五个方面的进展：其一，明确了"保障和规范（地方国家政权机关）行使职权""保证人民当家作主"的立法目的、"以人民为中心"

---

① 关于该法的目的、背景和重要改革内容，参见彭真《关于七个草案的说明》第一部分第1~3段，《人民日报》1979年7月1日，第1版。
② 第一次修改由全国人大作出决议，第二次至第五次修改均由全国人大常委会作出决定。
③ 关于《地方组织法》第六次修改的意义、指导思想、原则和过程，参见王晨《关于〈中华人民共和国地方各级人民代表大会和地方各级人民政府组织法（修正草案）〉的说明》（第一、二部分），2022年3月5日，《第十三届全国人民代表大会宪法和法律委员会关于〈中华人民共和国地方各级人民代表大会和地方各级人民政府组织法（修正草案）〉审议结果的报告》，2022年3月8日。
④ 参见《全国人民代表大会关于修改〈中华人民共和国地方各级人民代表大会和地方各级人民政府组织法〉的决定》。

的发展思想和"发展全过程人民民主"的重大理念,充实了"始终同人民保持密切联系,倾听人民的意见和建议,为人民服务,对人民负责,受人民监督"的基本原则和具体规定,①为知情权、参与权、表达权、监督权等公民民主权利的实现提供了原则性的法律保障;其二,确定了地方国家政权机关"依照宪法和法律规定行使职权"的法治原则,增加了关于地方国家政权机关依法履职的若干具体规定,②从而强化了对地方国家政权机关行使职权的法律保障和制约;其三,增列了有关地方国家政权机关在城乡建设、社会保障、(生态)环境保护方面的职权,允许地方国家政权机关为履行相关职权设立专门委员会,进一步明确了专门委员会的任期和工作职责,③扩充了地方国家政权机关与人权直接相关的职权范围,加强了地方国家政权机关行使职权和履行职责的机构保障;其四,明确规定建设法治政府、服务型政府、廉洁政府和诚信政府,提高(政府)工作透明度和决策质量,确保行政权力依法正确行使,④为地方各级政府充分有效地履行人权相关职责提出了原则要求;其五,明确要求县级以上地方政府制定涉及个人、组织权利义务的规范性文件应当具有法定职权并遵守法定程序,⑤为关涉人权尊重和保障的地方规范性文件的制定工作设立了法律屏障。

① 参见《全国人民代表大会关于修改〈中华人民共和国地方各级人民代表大会和地方各级人民政府组织法〉的决定》第二项、第五项、第七项、第十九项、第二十九项第2段、第三十二项、第四十一项、第四十六项。
② 参见《全国人民代表大会关于修改〈中华人民共和国地方各级人民代表大会和地方各级人民政府组织法〉的决定》第四项、第十项第1段、第十二项第6段、第二十三项第1段、第三十一项、第三十七项、第四十一项、第四十六项。
③ 关于地方国家政权机关相关职权的扩充,参见《全国人民代表大会关于修改〈中华人民共和国地方各级人民代表大会和地方各级人民政府组织法〉的决定》第十一项第2段、第二十四项第1段和第6段、第三十九项第1段、第四十二项第1段;《地方组织法》(2015年修正)第8条第3项、第44条第4项、第59条第5项、第61条第2项;《地方组织法》(2022年修正)第11条第3项、第50条第4项和第9项、第73条第5项、第76条第2项。关于地方国家政权机关相关专门委员会的设立、任期和工作职责,参见《全国人民代表大会关于修改〈中华人民共和国地方各级人民代表大会和地方各级人民政府组织法〉的决定》第十七项第2、5、6段以及第二十八项和第二十九项。
④ 参见《全国人民代表大会关于修改〈中华人民共和国地方各级人民代表大会和地方各级人民政府组织法〉的决定》第三十一项至第三十七项。
⑤ 参见《全国人民代表大会关于修改〈中华人民共和国地方各级人民代表大会和地方各级人民政府组织法〉的决定》第四十一项。

三 修订《妇女权益保障法》，全面加强妇女人权保障

"妇女权益是基本人权"，① 对妇女权益的保障是人权保障的重要体现。我国妇女在历史上长期处于从属地位和无权状况，直到中华人民共和国成立之后才获得了根本解放，其平等地位和基本权利也才得到了真正保障和广泛实现。② 随着社会的进步、改革的深化和法治的健全，我国妇女权益的立法保障也在不断加强。1992年4月3日，七届全国人大五次会议通过《中华人民共和国妇女权益保障法》（以下简称《妇女权益保障法》），在贯彻新中国历部《宪法》确立的男女权利平等原则的基础上，进一步确立了保护妇女特殊权益和禁止歧视、虐待、残害妇女的原则，规定了妇女享有的与男子平等的各项权益和若干特殊权益，明确了国家机关、社会团体、企业事业单位、城乡基层群众性自治组织保障妇女权益的职责，还规定了侵害妇女合法权益应当承担的法律责任，扩大了相关救济途径。2005年8月28日，十届全国人大常委会十七次会议对《妇女权益保障法》作出首次修改，确认了男女平等基本国策，明确规定消除对妇女一切形式的歧视，禁止对妇女实施性骚扰和家庭暴力，丰富了妇女权益的内容，充实了社会成员尊重、促进和保障妇女权益的义务或职责，加强了关于侵害妇女合法权益的法律责任，扩大了受害妇女的救济途径。③ 为深入贯彻落实男女平等基本国策和党中央关于保障妇女权益的决策部署，完善保障妇女权益的制度、机制和措施，做好《妇女权益保障法》与相关法律、法规和政策的衔接配合，解决妇女权益保障领域长期存在和新近出现的突出问题，促进妇女全面发展，十三届全国

---

① 习近平：《促进妇女全面发展 共建共享美好世界》，中共中央党史和文献研究院编《习近平关于尊重和保障人权论述摘编》，中央文献出版社，2021，第120页。另见《维也纳宣言和行动纲领》第一部分第18段。
② 关于我国妇女的地位和权利状况的历史演进，特别是新中国成立之后的发展过程，参见班文战、夏吟兰主编《人权知识妇女权利读本》，湖南大学出版社，2012，第18~28页。
③ 参见《全国人民代表大会常务委员会关于修改〈中华人民共和国妇女权益保障法〉的决定》，2005年8月28日。《妇女权益保障法》于2018年10月26日的第二次修改仅把第59条中的"广播电影电视"修改为"广播电视、电影"，没有产生实质性的影响。

人大常委会三十七次会议于2022年10月30日对《妇女权益保障法》做了全面修订。① 修订后的《妇女权益保障法》已于2023年1月1日开始施行。

修订后的《妇女权益保障法》主要在以下十个方面加强了对妇女权益的保障。其一，强调坚持党对妇女权益保障工作的领导，建立"政府主导、各方协同、社会参与"的保障妇女权益工作机制，巩固了妇女权益保障工作的政治基础和制度基础；② 其二，把"促进妇女全面发展"和"弘扬社会主义核心价值观"增列为该法的立法目的，深化了保障妇女权益的意义；③ 其三，明确"禁止排斥、限制妇女依法享有和行使各项权益"，细化了"禁止歧视妇女"的原则；④ 其四，确认妇女享有与男子平等的人格权益，把妇女的生命健康权分列为生命权、身体权和健康权，增列了姓名权和个人信息等人格权益，充实和丰富了妇女的健康、教育、劳动、社会保障、财产等权益的内容，补充和细化了禁止侵害女性人身人格、文化教育、劳动和社会保障、财产等合法权益的情形；⑤ 其五，明确规定国家促进男女平等，禁止排斥、限制妇女依法享有和行使各项权益，开展妇女发展状况和权益保障统计调查和分析，开展男女平等基本国策宣传教育，表彰奖励在保障妇女权益方面取得显著成绩的组织和个人，支持女性人才成长，保障妇女的人格权益、健康权益以及孕产期女职工的休息休假权益，创造妇女终身学习条件，发展社会保障事业，保护妇女在城镇集体所有财产关系中的权益，鼓励男女婚前

---

① 关于《妇女权益保障法》修订的背景、指导思想、总体思路和基本经过，参见何毅亭《关于〈中华人民共和国妇女权益保障法（修订草案）〉的说明》（第一、二部分），2021年12月20日；《全国人民代表大会宪法和法律委员会关于〈中华人民共和国妇女权益保障法（修订草案）〉修改情况的汇报》，2022年4月18日；《全国人民代表大会宪法和法律委员会关于〈中华人民共和国妇女权益保障法（修订草案）〉审议结果的报告》，2022年10月27日；《全国人民代表大会宪法和法律委员会关于〈中华人民共和国妇女权益保障法（修订草案三次审议稿）〉修改意见的报告》，2022年10月29日。
② 参见2022年《妇女权益保障法》新增第3条。
③ 参见修订前后的《妇女权益保障法》第1条。
④ 参见修订前后的《妇女权益保障法》第2条。
⑤ 参见2022年《妇女权益保障法》第18条、第20~21条、第23条第1款、第27~29条、第46条、第54~56条、第66~68条，1992年《妇女权益保障法》第25条、第31~33条、第36条、第38条、第40~42条、第47条。

医学检查或健康体检，充实和细化了国家保障妇女权益的职责和措施；① 其六，明确规定国务院负责组织实施中国妇女发展纲要并保障和促进妇女全面发展，县级以上政府负责组织实施本行政区域的妇女发展计划并落实妇女权益保障所需经费，要求有关政府或政府部门为妇女提供保健和常见病防治服务，配备满足妇女需要的公共设施，保障妇女平等享有接受中高等教育的权利和机会，防止和纠正就业性别歧视，加强困难妇女的权益保障，预防和制止家庭暴力，强化了有关政府和政府部门保障妇女权益的职责；② 其七，增列了妇女联合会促进男女平等和妇女全面发展的职责、残疾人联合会等群团组织维护妇女权益的职责、村民委员会和居民委员会解救和帮助被拐卖或绑架妇女的职责以及协助保障适龄女性未成年人接受和完成义务教育的职责，③ 规定了学校预防、制止、处置性侵害、性骚扰和保护女性受害人的责任，④ 规定了用人单位预防、制止、处置性骚扰和保护女性受害人的责任，充实和细化了用人单位保障女职工健康和劳动权益以及防止就业性别歧视的义务，⑤ 规定了医疗机构、住宿经营者、婚姻登记机关、财产登记机构尊重或保障妇女健康、婚姻家庭、财产权益的义务，⑥ 确认了其他组织和个人依法保障妇女权益的责任，⑦ 扩大了社会成员尊重和保障妇女权益的义务或责任；其八，规定建立健全男女平等评估、妇女发展状况统计调查、性侵害和

---

① 参见 2022 年《妇女权益保障法》第 2 条第 2 款、第 9~11 条、第 15 条第 4 款、第 18 条、第 30 条、第 31 条第 2 款、第 33 条第 1 款、第 39 条第 1 款、第 50 条第 1 款、第 51 条第 1~2 款、第 57 条、第 62 条，1992 年《妇女权益保障法》第 2 条第 2、4 款、第 8 条、第 28 条第 1 款、第 29 条第 1 款、第 36 条、第 51 条第 3 款。

② 参见 2022 年《妇女权益保障法》第 5 条、第 31 条第 1 款、第 34 条、第 36 条第 2 款、第 37 条第 3 款、第 42 条、第 49 条、第 52 条、第 65 条第 2 款，1992 年《妇女权益保障法》第 3 条、第 18 条第 2 款、第 46 条第 2~3 款。

③ 参见 2022 年《妇女权益保障法》第 6 条、第 22 条第 2 款、第 34 条、第 36 条第 2 款，1992 年《妇女权益保障法》第 7 条、第 18 条第 2 款、第 39 条第 2 款。

④ 参见 2022 年《妇女权益保障法》第 24 条。

⑤ 参见 2022 年《妇女权益保障法》第 25 条、第 31 条第 3 款、第 43~44 条、第 46 条、第 48 条，1992 年《妇女权益保障法》第 23 条、第 25 条、第 27 条。

⑥ 参见 2022 年《妇女权益保障法》第 21 条第 3 款、第 26 条、第 63 条、第 66 条第 2 款。

⑦ 参见修订前后的《妇女权益保障法》第 4 条第 1 款。

性骚扰的预防与处置、妇女健康服务、妇女全生育周期系统保健、全民终身学习、职工生育休假等制度、机制或体系,[①] 加强了妇女权益的制度保障;其九,扩大了合法权益受到侵害的妇女寻求救济的途径,确认了任何组织和个人针对侵害妇女合法权益行为的劝阻、制止、控告、检举权利,规定了县级以上政府负责妇女儿童工作的机构与妇女联合会的督促处理,县级以上政府的督查,人力资源和社会保障部门、工会和妇女联合会的联合约谈,乡镇人民政府的指导监督,检察机关的检察建议和公益诉讼以及国家机关、社会团体、企业事业单位的支持起诉等救济措施,强化了政府或政府部门、审判机关、检察机关、公安机关、妇女联合会等妇女组织、其他群团组织、企事业单位、学校等为受害妇女提供救济的责任;[②] 其十,强化了各级政府和相关政府部门、基层群众性自治组织、学校、用人单位、住宿经营者和其他有关主体侵犯妇女权益的法律责任。[③]

四 制定或修订其他法律法规,充实特定领域人权保障

2022年,全国人大常委会先后制定或修订了其他5部与人权相关的法律,进一步充实了特定领域的人权保障。

其一,新制定的《反电信网络诈骗法》确立了"保护公民的合法权益"的立法目的和"维护公民的合法权益"的工作原则,明确了国家、国家机关、政府及其部门、电信业务经营者、银行业金融机构、非银行支付机构、互联网服务提供者、村民委员会、居民委员会以及其他单位和个人的反电信网络诈骗职责,规定了电信治理、金融治理、互联网治理以及反电信网络诈

---

① 参见2022年《妇女权益保障法》第8~9条、第24~25条、第30条第1款、第33条第1款、第39条第1款、第51条第2款。
② 参见2022年《妇女权益保障法》第23~25条、第29条第2款、第66条第2款、第68条第2款、第72~77条,1992年《妇女权益保障法》第40条、第52~55条。
③ 参见2022年《妇女权益保障法》第79~81条、第83条,1992年《妇女权益保障法》第58条。

骗活动的制度、机制和措施，还规定了组织、策划、实施、参与、帮助电信网络诈骗活动以及违反治理打击网络诈骗职责的法律责任，在《民法典》《网络安全法》《个人信息保护法》《反洗钱法》等法律规定的基础上充实了对财产权、隐私权和个人信息权的保护。[①]

其二，新制定的《预备役人员法》确立了"维护预备役人员合法权益"的立法目的和国家"保障预备役人员的地位和权益"的职责，专章规定了津贴补贴、医疗待遇、人身意外伤害保险、援助服务、劳动保障、优惠扶持、优待抚恤、荣誉表彰等关于预备役人员保障待遇的制度和措施，特别规定了对女性预备役人员合法权益的法律保护，扩大了因该法施行而被废止的《预备役军官法》保护的人员范围和权益范围。[②]

其三，新修订的《职业教育法》较修订前增列了"提高劳动者技术技能"和"促进就业创业"的立法目的,[③] 明确了职业教育的含义、地位、指导思想和基本原则,[④] 充实了国家和政府发展、鼓励、指导、引导、支持职业教育的职责、制度和措施,[⑤] 强调了企业对其招用的从事涉及公共安全、人身健康、生命财产安全等特定职业（工种）的劳动者的强制培训义务以及企业开展职业教育的社会责任,[⑥] 专章规定了职业学校和职业培训机构的建立和运行、职业教育的教师与受教育者的权利和义务以及有关方面的违法责任;[⑦] 专款规定了职业教育教师的权利保障、职业学校学生合法权益的法律保护、职业学校学生与同层次普通学校学生在升学、就业、职业发展等方

---

① 参见《反电信网络诈骗法》第1~49条，特别是直接规定公民权益保护的第1条、第5条、第29条和第34条。
② 参见《预备役人员法》第1条、第4条、第41~50条，《预备役军官法》第1条、第51~55条。
③ 参见修订前后的《职业教育法》第1条。
④ 参见2022年《职业教育法》第2~4条、第6条，1996年《职业教育法》第2~4条。
⑤ 参见2022年《职业教育法》第7~10条、第12~14条、第17~22条、第26~33条、第37条、第40条、第43~48条、第54~61条，1996年《职业教育法》第6~12条、第17~19条、第21~22条、第26~32条、第35~38条。
⑥ 参见2022年《职业教育法》第24条第2~3款，1996年《职业教育法》第20条。
⑦ 参见2022年《职业教育法》第33~53条、第63~67条，1996年《职业教育法》第24~25条、第39条。

面的平等机会以及实习单位侵害学生权利的法律责任,①扩大了该法的适用范围,②加强了对受教育权、工作权和其他相关权利的保护。

其四,新修订的《农产品质量安全法》较修订前极大地充实了国家、政府和政府相关部门的农产品质量安全监督管理责任,包括(但不限于)建立健全农产品质量安全的监督管理制度、风险监测制度、风险评估制度、农产品产地监测制度、社会共治体系、安全标准体系、信用体系和全程监督管理协作机制,③补充或强化了农产品生产经营者和农药、兽药经营者与农产品质量安全相关的生产经营责任,以及农产品生产企业、农民专业合作社、农业社会化服务组织、网络平台经营者的农产品质量安全管理责任,明确规定了农产品生产经营者对其生产经营活动的社会责任,④强化了有关方面违反义务和职责的法律责任,⑤加强了对健康权的保护。

其五,新修订的《体育法》规定国家依法保障"公民平等参与体育活动的权利"以及"运动员选择注册与交流的权利",特别保障未成年人、妇女、老年人、残疾人等参加体育活动的权利,"扩大公益性和基础性公共体育服务供给,推动基本公共体育服务均等化,逐步健全全民覆盖、普惠共享、城乡一体的基本公共体育服务体系",⑥进一步明确和充实了国家保障平等参与体育活动的权利和其他相关权利的职责。

其六,值得一提的是,国务院制定的《促进个体工商户发展条例》

---

① 参见2022年《职业教育法》第44条第1款、第49条第2款、第53条第1款、第66条第1款。
② 根据2022年《职业教育法》第68条的规定,除法律和行政法规另有规定外,该法还适用于中国境外的组织和个人在中国境内举办职业学校和职业培训机构的活动。
③ 参见2022年《农产品质量安全法》第4~8条、第13~16条、第20~21条、第24~25条、第31~33条、第41条、第45~48条、第50条、第52~61条,2006年《农产品质量安全法》第3~7条、第11条、第15~16条、第20条、第22~23条、第34~35条、第38~41条。
④ 参见2022年《农产品质量安全法》第7条、第23条、第26~29条、第34条、第37条、第39~40条,2006年《农产品质量安全法》第19条、24~26条。
⑤ 参见2022年《农产品质量安全法》第62~77条、第79条,2006年《农产品质量安全法》第43~52条、第54条。
⑥ 参见2022年《体育法》第5~6条和第45条。

确立了"维护个体工商户合法权益,稳定和扩大城乡就业"的立法目的,[1] 明确了个体经济和个体工商户的地位、作用以及促进个体工商户发展、保护个体工商户合法权益的指导思想和基本原则,[2] 规定了国家、政府和相关政府部门促进个体工商户发展的职责,以及登记注册(含变更)服务、信息服务、年度报告服务、金融服务、决策参与、分型分类培育、精准帮扶、经营场所供给、资金和财税支持、职业技能培训、社会保险、创业扶持、一体化经营、纾困帮扶、权益保护和表彰奖励等方面的政策、制度和措施,[3] 专门规定了个体工商户的财产权、经营自主权、结社(自愿加入个体劳动者协会)权、投诉举报权,[4] 要求个体工商户自觉履行劳动用工、安全生产、食品安全、职业卫生、环境保护、公平竞争等方面的法定义务,[5] 强调了有关行政部门对涉及公共安全和人民群众生命健康等重点领域的监管责任,[6] 专条规定了政府及其有关部门的工作人员损害个体工商户合法权益应当承担的法律责任,[7] 在2011年《个体工商户条例》[8] 的基础上加强了对个体工商户以及受其活动影响的劳动者和其他个人的合法权益的保护。除此之外,国务院修订的《中国人民解放军文职人员条例》涉及在军队编制岗位依法履行职责的非服兵役人员(即文职人员)的权益保护,但关于此类人权权益保护的实质内容在修订前后没有明显变化。[9]

最后需要说明的是,中共中央、国务院2022年2月25日联合发布的

---

[1] 参见《促进个体工商户发展条例》第1条。
[2] 参见《促进个体工商户发展条例》第3~6条。
[3] 参见《促进个体工商户发展条例》第7~14条、第16~29条。
[4] 参见《促进个体工商户发展条例》第6条、第15条第2款、第33条第1款。
[5] 参见《促进个体工商户发展条例》第34条第1款。
[6] 参见《促进个体工商户发展条例》第34条第2款。
[7] 参见《促进个体工商户发展条例》第36条。
[8] 《个体工商户条例》于2011年3月30日通过,同年4月16日公布,同年11月1日起施行,后于2014年和2016年经过两次修改,终于2022年11月1日废止。
[9] 参见《中国人民解放军文职人员条例》(2005年公布,2017年修订)第1条、第7条、第11条、第47~52条,《中国人民解放军文职人员条例》(2022年修订)第1条、第6~7条、第12条、第51~60条。

《信访工作条例》直接关涉公民的知情权、参与权、表达权、监督权等民主权利和信访人的其他合法权益,但该条例是 2022 年 1 月 24 日中共中央政治局会议审议批准的党内法规,① 并非国务院制定的行政法规。② 与 2005 年 1 月 5 日国务院通过并于同年 5 月 1 日起施行的《信访条例》相比,《信访工作条例》强调了党对信访工作的全面领导以及信访工作作为党的群众工作重要组成部分的地位,明确了各级党的机关、人大机关、行政机关、政协机关、监察机关、审判机关、检察机关、群团组织、国有企事业单位开展信访工作的指导思想和基本原则,③ 确立了"党委统一领导、政府组织落实、信访工作联席会议协调、信访部门推动、各方齐抓共管的信访工作格局"以及相关工作体制,④ 完善了信访事项的提出、受理、办理以及信访工作的监督和追责等方面的具体工作制度,⑤ 全面体现了党中央关于新时代信访工作的方针政策、决策部署和原则要求。就信访权益保障而言,《信访工作条例》尽管没有像《信访条例》那样确立"保护信访人的合法权益"的立法目的,⑥ 但确立了"(依法)维护群众(合法)权益"的指导思想和基本原则,强化了信访工作的法治化要求,建立健全了诉访分离、疏导教育、矛盾化解、帮扶救助等工作制度。⑦ 鉴于《信访工作条例》的适用范围涵盖了《信访条例》规定的行政机关、人大机关、审判机关、监察机关、社会团体和国有

---

① 根据《中国共产党党内法规制定条例》(2019 年修订)第 28 条的规定,以"条例"命名的党内法规草案一般由中央政治局会议审议批准。在中央组织部主管、中央组织部党员教育中心主办、央视网承办的党员教育平台"共产党员网"上,《信访工作条例》被作为"党的领导法规"列入"党内法规库"。参见 https://www.12371.cn/special/dnfg/ldfg/,访问时间:2023 年 4 月 23 日。
② 《信访工作条例》载于 2022 年第 12 号《国务院公报》,但未被收录于国务院办公厅主办的"中国政府网"上的"行政法规库",也未被收录于司法部主管的"中国政府法制信息网"上的"行政法规库"。
③ 参见《信访工作条例》第 1~6 条。
④ 参见《信访工作条例》第 7~16 条。
⑤ 参见《信访工作条例》第 17~47 条。
⑥ 参见《信访条例》第 1 条和《信访工作条例》第 1 条。
⑦ 参见《信访工作条例》第 4~5 条、第 20 条第 2 款、第 27 条、第 28 条第 2 款、第 31 条、第 33 条、第 37 条,《信访条例》第 14~15 条、第 21 条。

企事业单位开展的信访工作,① 国务院 2022 年 3 月 29 日关于废止《信访条例》的决定对于信访相关权益的保障不会产生实质性的消极影响。而且，随着信访工作体制、机制和措施的健全，《信访工作条例》的发布和施行有望在维护公民民主权利和信访人的其他合法权益方面发挥更为积极的作用。

---

① 《信访条例》主要适用于各级政府和县级以上政府工作部门开展的信访工作，同时比照适用于各级人大、县级以上各级人大常委会、人民法院、人民检察院、社会团体、企事业单位开展的信访工作。《信访工作条例》的适用范围则扩大至各级党的机关、人大机关、行政机关、政协机关、监察机关、审判机关、检察机关以及群团组织、国有企事业单位等开展的信访工作。

B.15
2022年中国的国际人权合作与交流

罗艳华[*]

摘　要： 2022年，中国的国际人权合作与交流在政府和民间两个层面均取得了很大进展。由于继续受到新冠肺炎疫情的影响，政府层面的国际人权合作与交流，除了延续常规的多边与双边合作与交流之外，线上的交流与合作仍然是疫情之下的重要方式。民间层面的国际合作与交流主要表现为中国社会组织对国际人权活动的积极参与。2022年中国社会组织表现非常活跃，主办和参与了丰富多彩的线上线下国际交流活动，其中在联合国人权理事会会议期间举办的边会数量创下历史新高。与此同时，2022年中国面临的国际人权挑战是非常严峻的，对此中国采取了多方面的应对措施，取得了良好的效果。

关键词： 国际人权合作　国际人权交流　人权社会组织

2022年2月25日十九届中央政治局进行了第三十七次集体学习，习近平总书记阐述了中国人权发展的主要特征，其中第六点谈到中国要坚持积极参与全球人权治理，他指出："发展人权是全人类共同的事业。人权保障没有最好，只有更好。各国都有权利自主选择人权发展道路，不同文明、不同国家应该相互尊重、相互包容、相互交流、相互借鉴。我们弘扬全人类共同价值，践行真正多边主义，积极参与包括人权在内的全球治理体系改革和建

---

[*] 罗艳华，法学博士，北京大学国际关系学院教授，中国人权研究会常务理事，主要研究方向为人权与国际关系、国际关系史、非传统安全等。

设，推动构建人类命运共同体。"习近平总书记在谈到要重点抓好的工作方面时指出："我们要弘扬全人类共同价值，坚持平等互信、包容互鉴、合作共赢、共同发展的理念，推动全球人权治理朝着更加公平、公正、合理、包容的方向发展。要积极参与联合国人权事务，广泛同各国特别是发展中国家开展国际人权交流合作，发挥建设性作用。"①

2022年，由于新冠肺炎疫情仍在持续，中国在政府和民间层面的国际人权合作与交流除延续常规的多边和双边合作之外，线上的交流与合作继续成为疫情之下的重要方式。

一 政府层面的国际人权合作与交流

2022年中国进行了内容丰富的政府层面的国际人权合作与交流，成果丰硕。多边人权合作与交流仍然是重头戏。

（一）多边人权合作与交流

2022年中国开展多边人权合作与交流主要基于常规的多边人权合作框架。

1. 中国与联合国人权理事会的交流合作

中国与联合国人权理事会及其下属机构保持着建设性的合作关系。2022年中国处于联合国人权理事会理事国第五任期（2021~2023年）内。作为联合国人权理事会的现任理事国，中国认真履行自己的义务，积极参加人权理事会的历次会议和各项工作。

（1）中国积极参加联合国人权理事会的普遍定期审议工作

2022年中国参与了对多哥、乌干达、摩尔多瓦、东帝汶、匈牙利、塔吉克斯坦、安提瓜和巴布达、巴布亚新几内亚、希腊、泰国、特立尼达和多

---

① 习近平：《坚定不移走中国人权发展道路 更好推动我国人权事业发展》，《求是》2022年第12期。

巴哥、苏里南、萨摩亚、厄瓜多尔、突尼斯、芬兰、英国、印度、波兰、菲律宾、荷兰等国的普遍定期审议和核可工作。①

(2) 中国参与提交的决议草案在联合国人权理事会获得通过

4月1日,联合国人权理事会第49届会议通过了中国和巴基斯坦、埃及、南非、玻利维亚共同提交的"促进和保护经济、社会、文化权利和消除不平等问题决议",有66个国家参加共提。"决议对新冠疫情使全球发展出现倒退、贫困现象增多、国家内部和国家之间不平等加剧表示严重关切;呼吁各国最大限度利用现有资源,促进和保护经济、社会、文化权利,对公共卫生、教育、社会保障、粮食等领域进行投资,避免增加弱势群体的经济负担;呼吁各方加强国际团结,以人民为中心,采取包容性措施应对疫情并推进疫后复苏,确保疫苗、药品公平可及;鼓励国际金融机构不采取可能妨碍经社文权利的紧缩政策,并向经社文权利项目提供优惠贷款、援助和支持;呼吁人权高专办加强在经社文权利方面的工作,向各国提供有效帮助。决议还欢迎有助于落实2030年可持续发展议程的发展倡议。"②

(3) 中国在联合国人权理事会代表其他观点相近国家发言,表达共同立场

3月25日,中国常驻联合国日内瓦办事处和瑞士其他国际组织代表陈旭在联合国人权理事会第49届会议上代表50余国作共同发言,强调发展对享有人权的重要意义,呼吁各国坚持以人民为中心,推动实现包容普惠发展。③

6月27日,陈旭大使代表90余国在联合国人权理事会第50届会议上作共同发言指出:"联合国人权机构应采取必要行动,推动可持续、公平和具有韧性的疫后复苏。国际社会应重视消除不平等和享有经社文权利之间联

---

① 资料来源于中国常驻联合国日内瓦办事处和瑞士其他国际组织代表团网站。
② 《联合国人权理事会通过中国和有关国家共同提交的促进和保护经社文权利决议》,2022年4月2日,中国政府网,http://www.gov.cn/xinwen/2022-04/02/content_5683084.htm。
③ 《中国代表50余国在人权理事会强调发展对享有人权的重要意义》,2022年3月26日,中国青年网百家号,https://baijiahao.baidu.com/s?id=1728320563623291771&wfr=spider&for=pc。

系，更加关注发展中国家需求，更加关注弱势和边缘化群体处境。各方只有坚持多边主义，通过团结合作和集体行动，才能有效应对新冠肺炎疫情。"①

9月21日，陈旭大使代表30余国作共同发言呼吁各方坚持以人民为中心，加大在促进和保护经社文权利、消除不平等方面的投入，反对没有国际法依据的单边制裁。②

（4）积极参加联合国人权理事会的重要会议

3月7日，联合国人权理事会第49届会议根据中国2021年提交的"在人权领域促进合作共赢"决议要求，举行关于在新冠肺炎疫情和复苏努力中加强技术合作、保护弱势群体权利问题专题讨论会。中国外交部人权事务特别代表李笑梅作为嘉宾发言，呼吁各方同等重视和保障各项基本人权，充分考虑和照顾弱势群体特殊处境和需求，不让一个人掉队；坚持以人民为中心，建立充分、全面、可持续的全民社保体系，不断增强人民获得感、幸福感、安全感；积极响应中方提出的全球发展倡议，加快落实2030年可持续发展议程，在发展中促进和保护人权，切实提高对弱势群体发展权和经社文权利的保障水平；奉行真正的多边主义，在全球范围内公平分配疫苗，加强技术援助和能力建设。③

6月28日，中国代表团参加了联合国人权理事会第50届会议气候变化专题讨论会，指出："面对这一全人类共同的挑战，各方要坚持多边主义，维护《联合国气候变化框架公约》和《巴黎协定》的主渠道地位，尊重各国在气候变化问题上同等的发言权，坚持共同但有区别的责任、公平和各自能力原则，消除各种不利于应对气候挑战的障碍，实现合作共赢。发达国家

---

① 《中国代表90余国呼吁各方重视保障经济社会文化权利》，2022年6月28日，中国政府网，http://www.gov.cn/xinwen/2022-06/28/content_5698081.htm。
② 《常驻联合国日内瓦办事处和瑞士其他国际组织代表陈旭大使代表30余国在人权理事会作共同发言反对没有国际法依据的单边制裁》，2022年9月21日，中国外交部网站，http://russiaembassy.fmprc.gov.cn/zwbd_673032/wshd_673034/202209/t20220921_10769289.shtml。
③ 《人权理事会根据中国倡议讨论保护弱势群体权利问题》，2022年3月7日，中国常驻联合国日内瓦办事处和瑞士其他国际组织代表团网站，http://geneva.china-mission.gov.cn/dbdt/202203/t20220308_10649704.htm。

对气候变化负有历史责任，应率先承担大幅减排义务，兑现气候融资承诺。"①

9月28日，中国代表参加了联合国人权理事会土著人权利问题年度讨论会，指出新冠肺炎疫情加剧了土著人长久以来面临的经济社会权利不平等、受歧视和边缘化问题，并进一步对土著社区医疗卫生、粮食安全保障等造成严峻挑战。②

（5）在联合国人权理事会明确表达中国主张

2月28日，国务委员兼外长王毅在北京以视频方式出席联合国人权理事会第49届会议高级别会议，并发表了题为《坚持公平正义 推动全球人权事业健康发展》的致辞。他指出："人人充分享有人权，是人类社会的不懈追求。当前，世界发展日新月异，人权意识深入人心，我们前所未有地具备了促进和保护人权的能力与条件。同时，新冠肺炎疫情仍在全球肆虐，加剧了贫困和不平等，全球人权事业发展又面临严峻挑战。促进和保护人权是各国的共同事业。"中方主张做保护人权的真正践行者，做人民利益的忠实守护者，做共同发展的积极贡献者，做公平正义的坚定维护者。③

9月30日，联合国人权理事会第51届会议就《维也纳宣言和行动纲领》的后续行动和执行情况举行一般性辩论，中国常驻联合国日内瓦办事处和瑞士其他国际组织代表陈旭大使在会上发言指出，《维也纳宣言和行动纲领》（以下简称《行动纲领》）是世界人权事业发展史上的一座里程碑。2023年将迎来《行动纲领》通过30周年，各方要以此为契机，进一步推进落实工作，促进人人得享人权。一要大力促进发展权。国际社会应重温

---

① 《中国代表团在人权理事会第50届会议气候变化专题讨论会上的发言》，2022年6月28日，中国常驻联合国日内瓦办事处和瑞士其他国际组织代表团网站，http://geneva.china-mission.gov.cn/dbdt/202206/t20220629_10711855.htm。

② 《中国代表在土著人权利问题年度讨论会上的发言》，2022年9月28日，中国常驻联合国日内瓦办事处和瑞士其他国际组织代表团网站，http://geneva.china-mission.gov.cn/dbdt/202209/t20220929_10773807.htm。

③ 《坚持公平正义 推动全球人权事业健康发展》，2022年2月28日，中国外交部网站，https://www.mfa.gov.cn/wjbzhd/202202/t20220228_10646313.shtml。

《行动纲领》精神，积极推动全球发展事业，切实保障人民的发展权。中方提出全球发展倡议，旨在为加速落实2030年议程和实现发展权注入新的动力。二要平衡推进两类人权。坚持人权的平等性和不可分割性相统一，是《行动纲领》的重要历史贡献。各方要平衡推进经社文权利和公民政治权利，努力推动民主和民生协调发展，齐头并进。三要积极开展国际人权交流。《行动纲领》是各方沟通交流的产物，也必须靠对话合作来实现。不同人权发展道路要兼收并蓄，交流互鉴，共同提高。①

2. 中国与联合国人权事务高级专员的合作与交流

（1）接待人权事务高级专员巴切莱特女士访华

应中国政府邀请，联合国人权事务高级专员（以下简称"人权高专"）米歇尔·巴切莱特女士于5月23日至28日对中国进行了访问。这是巴切莱特女士就任人权高专以来首次访华，也是时隔17年中国首次接待联合国人权高专访华。习近平主席于5月25日以视频方式会见了巴切莱特，深入阐述了事关中国人权事业发展的重大问题，表明了中国党和政府致力于全方位维护和保障人权的原则立场。习近平主席指出，人权保障没有最好，只有更好。中方愿意在平等和相互尊重基础上，同各方积极开展人权对话和合作，扩大共识、减少分歧、相互借鉴、共同进步，共同推进国际人权事业，造福各国人民。当前，最重要的是做好四件事。一是坚持以人民为中心。二是尊重各国人权发展道路。三是统筹兼顾各类人权。四是加强全球人权治理。促进和保护人权是全人类的事业，需要大家共同努力。②

国务委员兼外长王毅同巴切莱特会见，最高人民法院、最高人民检察院、外交部、国家民族事务委员会、公安部、人力资源和社会保障部、全国妇联等相关部门负责人分别同巴切莱特会见会谈。中方向巴切莱特介绍了中国的

---

① 《中国大使在人权理事会呼吁各国平衡推进经社文权利和公民政治权利》，2022年9月30日，中国常驻联合国日内瓦办事处和瑞士其他国际组织代表团网站，http://geneva.chinamission.gov.cn/dbtxwx/202210/t20221001_ 10776228.htm。
② 《习近平会见联合国人权事务高级专员巴切莱特》，2022年5月25日，中国政府网，http://www.gov.cn/xinwen/2022-05-25/content_ 5692202.htm。

人权发展道路、理念和成就，双方就全球人权治理、多边人权工作、中国同联合国人权事务高级专员办事处合作以及其他共同关心的问题交换了意见。

在广州期间，巴切莱特参访了反映中国基层民主、脱贫攻坚、司法保障、环境保护、民生保障、特定群体权利保护、人权教育的项目。在新疆期间，中方向巴切莱特全面介绍了新疆反恐和去极端化、经济社会发展、民族宗教、劳动权利保障等方面的举措和成就，巴切莱特在喀什、乌鲁木齐进行实地参访，同少数民族群众、专家学者等各界人士进行座谈交流。[①]

巴切莱特在结束对中国正式访问后的声明中感谢了中国政府的邀请。巴切莱特对中国的人权进展给予了很多积极评价，并宣布了和中国政府的合作意向，她指出："联合国人权事务高级专员办事处和中国政府双方同意，建立定期接触，包括通过年度高级战略会议，讨论各自在国家、区域或全球层面的问题。我们还同意成立一个工作组，通过在北京和日内瓦会面，以及透过虚拟会议，促进我办和政府之间的实质性交流和合作。"[②]

（2）与联合国人权事务高级专员办事处多次交流对话并提出建设性意见

2022年，中国与联合国人权事务高级专员办事处（以下简称"人权高专办"）进行了多次互动交流，就人权高专关于被占巴勒斯坦报告、阿富汗报告、尼加拉瓜报告、苏丹报告、埃塞提格雷人权状况报告、委内瑞拉问题报告、白俄罗斯人权状况报告、缅甸人权状况报告、南苏丹人权状况报告、隐私权问题报告、刚果（金）报告、南苏丹技术援助和能力建设报告、菲律宾人权状况报告等问题进行了对话，并对人权高专的工作提出了建设性意见。[③]

3月8日，中国常驻联合国日内瓦办事处和瑞士其他国际组织代表陈旭

---

① 《外交部副部长马朝旭就联合国人权高专巴切莱特访华接受记者采访》，2022年5月28日，新华社客户端百家号，https://baijiahao.baidu.com/s?id=1734085525111076702&wfr=spider&for=pc。

② 《联合国人权事务高级专员米歇尔·巴切莱特结束对中国正式访问后的声明》，2022年5月28日，联合国网站，https://www.ohchr.org/zh/statements/2022/05/statement-un-high-commissioner-human-rights-michelle-bachelet-after-official。

③ 资料来源于中国常驻联合国日内瓦办事处和瑞士其他国际组织代表团网站。

在联合国人权理事会第49届会议上代表40余国作共同发言指出："我们赞赏人权高专女士和高专办积极开展工作，应对新冠肺炎疫情对人权的影响，欢迎高专办将消除不平等作为核心工作。此次疫情暴露出长期以来多边人权机构对经社文权利和发展权投入严重不足。我们呼吁高专办切实加大对经社文权利和发展权的投入，帮助各国特别是发展中国家战胜疫情挑战、实现经济社会可持续发展，并在当事国同意基础上，积极提供人权技术援助。……希望高专办继续公正、客观履职，通过建设性对话与合作促进伙伴关系，尊重各国根据本国国情自主选择的人权发展道路，尊重各国政府提供的权威信息，反对将人权作为政治工具的作法。"[①]

2022年9月13日，联合国人权理事会第51届会议就联合国人权高专报告举行一般性辩论。中国常驻联合国日内瓦办事处和瑞士其他国际组织代表陈旭大使代表30余国作共同发言指出："人权高专办应秉持公正、客观、非选择性和非政治化的原则，尊重各国根据本国国情自主选择的人权发展道路。相互信任和尊重是确保人权高专办与成员国成功合作的关键所在。为此，人权高专办应与成员国密切协商，包括尊重各国政府提供的权威信息。"[②]

3. 中国与联合国人权特别机制的合作与交流

2022年，中国与联合国人权特别机制进行了经常性的对话和交流，先后与厄立特里亚人权状况特别报告员、贩卖儿童及儿童性剥削问题特别报告员、伊朗人权状况特别报告员、住房问题特别报告员、委内瑞拉问题事实调查团、叙利亚国际调查委员会、朝鲜人权状况特别报告员、缅甸人权状况特别报告员、少数群体问题特别报告员、被占巴勒斯坦人权状况特别报告员、和平集会与结社自由特别报告员、消除对妇女歧视问题工作组、健康权问题

[①] 《中国代表40余国呼吁联合国人权高专办开展建设性对话与合作》，2022年3月8日，中国常驻联合国日内瓦办事处和瑞士其他国际组织代表团网站，http://geneva.china-mission.gov.cn/dbtxwx/202203/t20220309_10650010.htm。

[②] 《中国大使代表30余国在人权理事会作共同发言呼吁人权高专办尊重各国自主选择的人权发展道路》，2022年9月13日，中国常驻联合国日内瓦办事处和瑞士其他国际组织代表团网站，http://geneva.china-mission.gov.cn/dbtxwx/202209/t20220913_10765750.htm。

特别报告员、暴力侵害妇女问题特别报告员、法官和律师独立性问题特别报告员、贩卖人口问题特别报告员、法外处决问题特别报告员、人权与跨国公司问题工作组、极端贫困问题特别报告员、布隆迪人权状况特别报告员、当代形式种族主义问题特别报告员、利比亚事实调查团、中非人权状况独立专家、教育权问题特别报告员、气候变化问题特别报告员、移民权利问题特别报告员、人权与国际团结问题独立专家、言论自由问题特别报告员、单边强制措施特别报告员、发展权问题特别报告员、当代形式奴役问题特别报告员、发展权专家机制、真相权特别报告员、任意拘留问题工作组、强迫失踪问题工作组、埃塞俄比亚人权专家委员会、土著人权利专家机制等进行了互动对话，表达了中方的立场。[1]

9月14日，联合国人权理事会第51届会议举行与单边强制措施特别报告员对话会。中国代表发言指出，"单边强制措施严重违反国际法，美国及部分西方国家动辄依据国内法采取单边强制措施，滥施长臂管辖，衍生造成的次级制裁和过度遵守危害广泛，完全是借民主、人权之名行侵犯人权之实。有的国家肆意扩大单边强制措施，甚至借此打压当事国合法政府，将其作为颠覆他国政权的政治工具，严重违反联合国宪章宗旨原则和国际关系基本准则"。"中方一贯反对以政治、经济、军事或其他手段对他国实施非法单边强制措施，敦促有关国家立即取消单边强制措施，消除单边强制措施对人权的负面影响。人权理事会应对滥施单边强制措施的国家进行问责。"[2]

4. 中国与国际人权条约机制的合作与交流

（1）批准三项与保护人权相关的国际条约

2022年2月5日，中方向世界知识产权组织递交了《关于为盲人、视力障碍者或其他印刷品阅读障碍者获得已出版作品提供便利的马拉喀什条

---

[1] 资料来源于中国常驻联合国日内瓦办事处和瑞士其他国际组织代表团网站。
[2] 《中国代表在联合国人权理事会第51届会议上反对美国等西方国家采取非法单边强制措施》，2022年9月14日，中国常驻联合国日内瓦办事处和瑞士其他国际组织代表团网站，http://geneva.china-mission.gov.cn/dbdt/202209/t20220915_10766252.htm。

约）（以下简称《马拉喀什条约》）①的批准书。5月5日，《马拉喀什条约》对中国生效，中国成为该条约的第85个缔约方。

8月12日，中国常驻联合国日内瓦办事处和其他国际组织代表陈旭大使向国际劳工组织总干事莱德递交了《1930年强迫劳动公约》（第29号）和《1957年废除强迫劳动公约》（第105号）的批准书。第29号公约和第105号公约是国际劳工组织10项核心公约中的两项，是消除强迫劳动领域最重要的国际法律文书。②

（2）接受国际人权条约机构的审议

2022年8月17日至19日，中国政府代表团通过线上方式，就中国执行《残疾人权利公约》情况接受联合国残疾人权利委员会的审议。中国代表团团长、国务院残疾人工作委员会副主任张海迪作了介绍性发言。中国代表团就联合国残疾人权利委员会提出的有关问题进行了细致和全面的答复。香港特别行政区和澳门特别行政区的代表作为中国代表团成员参加了本次审议。③

在联合国残疾人权利委员会的结论性意见中，委员会欢迎中国按照委员会报告准则编写的第二次和第三次合并定期报告，并感谢缔约国对委员会拟订的问题清单作出书面答复；委员会赞赏与缔约国代表团进行的建设性对话；赞扬缔约国派出了由政府部委成员和残疾人专家组成的高级别代表团；还感谢缔约国向委员会提供书面补充资料。结论性意见积极肯定了中国为促进残疾人权利而采取的措施，包括通过了《促进残疾人就业三年行动方案（2022—2024年）》；于2022年2月5日批准了《马拉喀什条约》；通过了

---

① 《马拉喀什条约》于2013年6月27日在摩洛哥马拉喀什通过，由联合国专门机构——世界知识产权组织管理。该条约要求各缔约方规定版权限制与例外，以保障阅读障碍者平等欣赏作品和接受教育的权利，该条约是世界上第一部，也是迄今为止唯一一部版权领域的人权条约，将进一步保障阅读障碍者平等获取文化和教育的权利。
② 《我国向国际劳工组织交存强迫劳动两项公约批准书》，2022年8月12日，中国常驻联合国日内瓦办事处和瑞士其他国际组织代表团网站，http://geneva.china-mission.gov.cn/dbtxwx/202208/t20220812_10742541.htm。
③ 《中国就执行〈残疾人权利公约〉情况接受审议》，2022年8月23日，中国政府网，http://www.gov.cn/xinwen/2022-08/23/content_5706562.htm。

《第二期国家手语和盲文规范化行动计划（2021—2025年）》；通过了三项关于残疾人保护和发展的国家五年计划；通过了国务院2017年印发的《"十三五"推进基本公共服务均等化规划（2016—2020年）》，其中专门设置了一章，强调残疾人基本公共服务，提出了"十三五"时期残疾人基本公共服务的重点任务和保障措施。此外结论性意见还明确了委员会关注的主要领域及相关建议。①

7月7日、8日、12日，联合国人权事务委员会第135届会议审议了中国香港特别行政区实施《公民权利和政治权利国际公约》有关规定情况的第四次报告。中国香港特别行政区政制及内地事务局局长曾国卫率团出席。中国香港特别行政区向联合国人权事务委员会介绍了中国香港特别行政区实施公约有关规定的情况，并回答了委员会委员的提问。②

7月13日至15日，联合国人权事务委员会第135届会议审议了中国澳门特别行政区实施《公民权利和政治权利国际公约》有关规定情况的第二次报告。中国澳门特别行政区行政法务司司长张永春率团出席。中国澳门特别行政区向联合国人权事务委员会介绍了中国澳门特别行政区实施公约有关规定的情况，并回答了委员会委员的提问。③

（3）鼓励并推荐国内专家到国际人权条约机构任职

2022年共有4位中国专家在国际人权条约机构任职，具体情况见表1。

---

① 《残疾人权利委员会关于中国第二和第三次合并定期报告的结论性意见》，2022年10月10日，联合国网站，https：//tbinternet.ohchr.org/_layouts/15/treatybodyexternal/Download.aspx?symbolno=CRPD%2FC%2FCHN%2FCO%2F2-3&Lang=zh。
② 《联合国人权事务委员会审议中国香港特别行政区实施〈公民权利和政治权利国际公约〉有关规定情况的第四次报告》，2022年7月13日，中国常驻联合国日内瓦办事处和瑞士其他国际组织代表团网站，http：//geneva.china-mission.gov.cn/dbtxwx/202207/t20220714_10719839.htm。
③ 《联合国人权事务委员会审议中国澳门特别行政区实施〈公民权利和政治权利国际公约〉有关规定情况的第二次报告》，2022年7月15日，中国常驻联合国日内瓦办事处和瑞士其他国际组织代表团网站，http：//geneva.china-mission.gov.cn/dbtxwx/202207/t20220717_10722560.htm。

表1　2022年中国专家在国际人权条约机构的任职情况

姓名	任职的联合国人权条约机构	担任职务	本届任期到期时间	现任职是否为连任
沈永祥	经济、社会和文化权利委员会	委员	2024-12-31	否
李燕端(女)	消除种族歧视委员会	主席	2024-01-19	是
夏杰(女)	消除对妇女歧视委员会	委员	2024-12-31	否
柳华文	禁止酷刑委员会	委员	2025-12-31	是

资料来源：笔者根据联合国相关机构的材料整理而成，参见 Membership of the Committee on Economic, Social and Cultural Rights, http://www.ohchr.org/EN/HRBodies/CESCR/Pages/Membership.aspx; Membership of the Committee on the Elimination of Racial Discrimination, http://www.ohchr.org/EN/HRBodies/CERD/Pages/Membership.aspx; Membership of the Committee on the Elimination of Discrimination against Women, http://www.ohchr.org/EN/HRBodies/CEDAW/Pages/Membership.aspx; Membership of the Committee against Torture, http://www.ohchr.org/EN/HRBodies/CAT/Pages/Membership.aspx。

（二）双边人权对话与磋商

2022年11月14日，习近平主席在巴厘岛同美国总统拜登举行会晤时指出："自由、民主、人权是人类的共同追求，也是中国共产党的一贯追求。美国有美国式民主，中国有中国式民主，都符合各自的国情。中国全过程人民民主基于中国国情和历史文化，体现人民意愿，我们同样感到自豪。任何国家的民主制度都不可能至善至美，都需要不断发展完善。对双方存在的具体分歧，可以进行探讨，前提是平等交流。所谓'民主对抗威权'不是当今世界的特点，更不符合时代发展的潮流。"①

2022年8月15日，国务委员兼外长王毅视频会见来华访问的亚非发展中国家驻日内瓦使节，双方就人权问题交换了意见，王毅就加强全球人权治理、改进多边人权机构工作提出了四个方面的建议：一是坚持相互尊重，反对强加于人；二是坚持系统推进，反对取舍偏废；三是坚持开放包容，反对

---

① 《习近平同美国总统在巴厘岛举行会晤》，2022年11月15日，人民网，http://politics.people.com.cn/n1/2022/1115/c1024-32566897.html。

干涉内政；四是坚持公平正义，反对双重标准。①

2022年12月8日，中国外交部国际司司长申博同南非外交部人权与人道事务司司长马洛伊以视频方式举行中南人权事务磋商。双方就各自国家人权事业新进展、国际人权形势、多边人权工作等交换了意见，达成广泛共识。双方一致认为应加强人权领域沟通合作，共同反对将人权问题政治化，反对以人权为借口干涉发展中国家内部事务，维护国际公平正义和发展中国家共同利益。②

二 中国社会组织对国际人权交流的积极参与

2022年，中国社会组织在国际人权交流方面表现活跃，主办和参与了丰富多彩的国际人权交流活动。

（一）主办"2022·北京人权论坛"

7月26日，由中国人权研究会和中国人权发展基金会共同主办的"2022·北京人权论坛"在北京举行。本届论坛的主题是"公平公正合理包容：携手推动人权事业发展"。此次论坛还设置了主题为"可持续发展与人权保障""民主与人权保障""公共卫生安全与人权保障""多边主义与全球人权治理""开放包容发展与人权保障"的5个分论坛。来自近70个国家以及联合国等国际组织的高级官员、专家学者和驻华使节代表等近200人出席论坛，参加交流。

（二）在联合国人权理事会会议期间积极主办人权边会

2022年，联合国人权理事会召开了第49届、第50届、第51届会议。

---

① 《王毅：加强全球人权治理应做到"四个坚持"》，2022年8月16日，光明网，https：//m.gmw.cn/baijia/2022-08/16/1303093278.html。
② 《中国与南非举行人权事务磋商》，2022年12月9日，外交部网站，https：//www.mfa.gov.cn/web/wjdt_674879/sjxw_674887/202212/t20221209_10988122.shtml。

中国社会组织积极参加这些会议并在会议期间主办了内容丰富的边会活动，边会数量创历史新高（见表2）。

表2 2022年中国社会组织在联合国人权理事会会议期间主办人权边会情况

会议名称	时间、地点	主办方	会议内容
"当代人权：对普世性和全球性的反思"边会	2月27日，联合国人权理事会第49届会议期间，湖南长沙	由中国人权研究会主办，中南大学人权研究中心、中南大学法学院承办	边会以线上线下相结合的方式举行。20余位中外专家学者围绕人权、民主相关议题展开了深入研讨
"残障组织赋能与残障权利发展"云上边会	3月16日，联合国人权理事会第49届会议期间，湖北武汉	由中国人权研究会主办，武汉大学人权研究院、武汉大学国际法治研究院等机构联合承办	边会以线上线下相结合的方式举行。多位专家学者围绕残障组织赋能、残障人权利保障发展等主题展开讨论，120余人参与了本次会议
"新疆的人权进步与各族人民的幸福生活"云上边会	3月16日，联合国人权理事会第49届会议期间，新疆乌鲁木齐	由中国人权研究会主办，新疆大学、国际文化交流学术联盟、西南政法大学联合承办	边会以线上线下相结合的方式举行。中国、俄罗斯、巴基斯坦、古巴、韩国等国的多位专家学者分别结合自己的研究成果，就新疆保障各族民众就业权、劳动报酬权、高校毕业生就业权、职业教育等问题进行了阐述。中国常驻联合国日内瓦代表团公使蒋端在线参会
"消除数字鸿沟促进人权保障"云上边会	3月17日，联合国人权理事会第49届会议期间，北京	由中国人权发展基金会、中国网络社会组织联合会主办	边会以线上线下相结合的方式举行。来自联合国教科文组织、联合国粮农组织、联合国儿童基金会的代表和中国、巴西、古巴等国的专家学者参会。与会人士围绕网络霸权主义令全球数字鸿沟扩大、数字鸿沟对国际人权事业的影响、推动构建网络空间命运共同体等议题深入研讨，并交流在数字减贫和数字乡村建设、推动经济社会数字化转型等领域的经验做法

续表

会议名称	时间、地点	主办方	会议内容
"新疆经济社会发展与人权保障"云上边会	3月18日,联合国人权理事会第49届会议期间,广东广州	由中国人权研究会、中国常驻联合国日内瓦办事处和瑞士其他国际组织代表团主办,暨南大学传播与边疆治理研究院、新闻与传播学院承办	多位专家学者通过线上线下相结合的方式,围绕新疆经济社会发展、人权事业进步等主题展开交流
"数字时代儿童保护面临的挑战与各国经验"云上边会	3月21日,联合国人权理事会第49届会议期间,北京	由北京青少年法律援助与研究中心主办	来自联合国儿童基金会等国际组织和中国、菲律宾、肯尼亚、英国、津巴布韦等国的儿童保护专家、儿童法律专家等参加了会议。专家们针对未成年人网络保护相关议题展开讨论,并分享了不同国家的经验和解决方案
"基于国情的民主模式与中国的实践,尊重各国人民自主选择民主治理模式的权利"视频边会	3月23日,联合国人权理事会第49届会议期间,北京	由中国联合国协会(联协)主办	与会人员认为,民主是一个有历史范畴的概念,与各国政治经济、文化宗教等条件密切相关,且至今仍在探索完善之中。世界上没有放之四海而皆准的民主模板,每个国家都有权自主选择和制定适合自身的政权组织形式、治理运行方式
"新疆妇女权益保障的成就"云上边会	3月24日,联合国人权理事会第49届会议期间,陕西西安	由中国人权研究会主办,西北政法大学人权研究中心承办	会议采取线上线下相结合的形式,来自中央民族大学、新疆大学、西北政法大学等多所高校的专家学者参与讨论
"美式人权观及其对全球人权治理的危害"国际研讨会	3月26日,联合国人权理事会第49届会议期间,江苏南京	由中国人权研究会主办,东南大学人权研究院承办	通过线上线下相结合的方式,来自中、日、韩等亚洲国家的数十位专家学者围绕"美式片面的人权观及其体现""全球人权治理与人权理论发展"等议题展开讨论

续表

会议名称	时间、地点	主办方	会议内容
"西藏文化传承、人权保障和社会发展"云上边会	3月28日,联合国人权理事会第49届会议期间,北京	由中国人权研究会、中国西藏文化保护与发展协会、中国藏学研究中心共同主办	40余位国内外有关专家学者以线上线下相结合的方式参加相关议题研讨。专家学者以自身的调查研究为切入点,介绍了西藏在传承文化、改善民生、发展社会经济各项事业方面取得的巨大成就
"权利保护的实效:西方国家少数族裔政策的现实与反思"边会	6月16日,联合国人权理事会第50届会议期间,陕西西安	由中国人权研究会主办,西北政法大学人权研究中心承办	来自国内外高校和研究机构的多位专家学者通过线上线下相结合的方式参加会议,围绕美英反恐政策对少数族裔的影响、社会分层视角下美国少数族裔受教育权保障的现实困境以及交叉性视角下美国少数族裔妇女歧视的多重形态等问题展开研讨
"美西方结构性种族主义的根源与影响"边会	6月22日,联合国人权理事会第50届会议期间,湖南长沙	由中国人权研究会主办,中南大学人权研究中心、中南大学法学院承办	来自中外高校和研究机构的近30位专家学者通过线上线下相结合的方式参会。与会学者围绕"美西方国家结构性种族主义的根源与影响"这一主题展开讨论,从不同文化视角审视结构性种族主义的根源及其带来的严峻挑战,探索消除一切形式种族主义的可行路径
"环境权的保障与发展"边会	6月23日,联合国人权理事会第50届会议期间,北京	由中国人权研究会主办,中国人民大学人权研究中心、中国人民大学法学院承办	会议在线上举行,来自中外高校和研究机构的专家学者与会。分为"环境权的基础理论探讨""作为宪法权利的环境权""环境权保障的立法与实践""气候变化背景下的环境权保障""环境法典背景下的环境权"5个单元
"新疆各民族劳动权利保障与美好生活"主题边会	6月30日,联合国人权理事会第50届会议期间,新疆乌鲁木齐	由中国人权发展基金会主办,新疆大学承办	会议以线上和线下相结合的方式召开。来自中国、巴西、巴基斯坦、喀麦隆等国的专家学者围绕中国新疆的劳动就业保障和人权发展状况进行研讨交流,驳斥了美西方反华势力涉疆"强迫劳动"的谎言

续表

会议名称	时间、地点	主办方	会议内容
"边缘与主流：特定群体权利的司法保护"国际视频研讨会	6月30日，联合国人权理事会第50届会议期间，湖北武汉	由中国人权研究会主办，武汉大学人权研究院等机构联合承办	共有来自国内外相关领域的90余名专家学者通过线上线下相结合的方式参会，围绕妇女、残障人、老年人、印第安人等群体的平等权利及司法保护展开讨论
"中国民族地区教育发展与权利保障"云上边会	7月2日，联合国人权理事会第50届会议期间，北京	由中国人权研究会和中国社会科学院民族学与人类学研究所共同主办	来自中外高校和研究机构的多名专家学者与会，共同对中国民族地区教育发展与权利保障以及各国对于少数民族群体的教育等问题展开讨论
"加强全球人权治理，弘扬全人类共同价值"视频边会	7月5日，联合国人权理事会第50届会议期间，北京	由中国联合国协会主办	会议以视频方式举行，与会中外嘉宾认为，国际社会应尊重人权发展的多样性，反对套用单一模式和评判标准
"依法治理民族事务，保障少数民族合法权益"主题边会	7月5日，联合国人权理事会第50届会议期间，湖北武汉	由中国少数民族对外交流协会主办，中南民族大学承办	来自中国、吉尔吉斯斯坦、英国、乌兹别克斯坦、老挝、新西兰、卢旺达7个国家的18名专家学者以线上线下相结合的方式围绕主题展开研讨
"积极应对气候变化，推动人类可持续发展"边会	7月6日，联合国人权理事会第50届会议期间，北京	由北京市民间组织国际交流促进会联合中国国际民间组织合作促进会、北京国际和平文化基金会共同主办	来自中外有关机构的专家学者、国际组织代表就相关议题进行了深入交流和研讨
"工商业与人权：国际投资与贸易中的性别平等和儿童权利保护"云上边会	7月6日，联合国人权理事会第50届会议期间，北京	由中国民间组织国际交流促进会、中国五矿化工进出口商会、中国纺织工业联合会共同主办	与会中外嘉宾充分肯定有关各方在工商业领域内为尊重和保障人权所做努力，建议各国政府、企业和行业协会加强交流互鉴，为完善全球人权治理发挥更具建设性的作用
"美国强迫劳动严重侵犯人权"国际视频研讨会	7月8日，联合国人权理事会第50届会议期间，重庆	由中国人权研究会主办，西南政法大学人权研究院承办	海内外近30位专家学者以线上线下相结合的方式就美国存在的强迫劳动严重侵犯人权的状况以及美国社会存在强迫劳动的领域等问题进行了研讨

续表

会议名称	时间、地点	主办方	会议内容
"气候变化对粮食权、水权与发展权的挑战"主题边会	9月14日,联合国人权理事会第51届会议期间,瑞士日内瓦	由中国民间组织国际交流促进会、中国国际民间组织合作促进会和瑞士日内瓦爱梦成真基金会共同举办	多位中外民间组织和智库代表、专家学者等就相关议题进行了深入研讨
"青藏高原生态保护立法与高质量发展"云上边会	9月15日,联合国人权理事会第51届会议期间,北京	由中国人权研究会主办,中华民族团结进步协会和中央民族大学人权研究中心共同承办	40余位中外专家学者和社会组织代表围绕"人权视野中的青藏高原生物多样性"和"青藏高原生态保护立法研究"等议题展开积极研讨
"国际人权政治化的风险与问题"边会	9月19日,联合国人权理事会第51届会议期间,吉林长春	由中国人权研究会主办,吉林大学人权研究中心、吉林大学法学院和理论法学研究中心共同承办	10余位中外专家学者、国际组织代表围绕"国际人权政治化对国际格局的影响""国际人权政治化的弊端与风险"等议题展开深入研讨
"基于人权的气候变化治理方法"云上边会	9月22日,联合国人权理事会第51届会议期间,天津	由中国人权研究会主办,南开大学法学院和南开大学人权研究中心承办	来自中国、荷兰、英国、澳大利亚、意大利等国家和地区的10余位专家学者在线参会并围绕环境权、性别与气候变化、气候变化诉讼、工商业与人权中的气候尽责等议题进行了深入交流
"2022年环境、发展与人权"云上边会	9月25日,联合国人权理事会第51届会议期间,上海	由中国人权研究会主办,复旦大学人权研究中心、环境资源与能源法研究中心联合承办	10余位中外专家学者围绕环境人权理论、气候变化与人权以及消费者权益及保护、公众低碳权益、气候变化诉讼等议题展开了深入研讨
"高质量发展与新疆人权事业成就"中方边会	9月26日,联合国人权理事会第51届会议期间,新疆博乐	由中国人权研究会主办,西北政法大学人权研究中心和博乐市民族团结进步研究中心联合承办,浙江师范大学边疆研究院协办	国内外10余位专家学者、部分新疆基层民众代表及在华留学生代表通过线上线下相结合的方式参会,围绕高质量发展为新疆带来的变化以及新疆人权事业发展成就展开深入探讨

续表

会议名称	时间、地点	主办方	会议内容
"残障人士的权利保护"研讨会	9月28日,联合国人权理事会第51届会议期间,北京和湖北武汉	由中国人权研究会主办,中国政法大学人权研究院、武汉大学人权研究院共同承办	会议以线上线下相结合的方式召开,中外专家学者围绕残障人士就业权的实现、无障碍辅助科技和残障权利的实现、残障权利的司法保护、与残障人士权利保护相关的其他问题等主题展开交流
"保障少数民族发展权 促进各民族共同繁荣发展"主题边会	9月29日,联合国人权理事会第51届会议期间,甘肃兰州	由中国少数民族对外交流协会主办,西北民族大学承办	来自中国、泰国、白俄罗斯、埃及、巴基斯坦、乌兹别克斯坦6个国家的18名专家学者以线上线下相结合的方式参会
"残障人士的权利保护"云上边会	9月29日,联合国人权理事会第51届会议期间,北京和湖北武汉	由中国人权研究会主办,中国政法大学人权研究院和武汉大学人权研究院共同承办	来自国内外高校和研究机构的专家学者围绕包容性发展、残障人士就业权实现、无障碍环境建设、残障人士权利的司法保护等主题展开深入研讨
"人类命运共同体视野下的人权发展"边会	9月30日,联合国人权理事会第51届会议期间,山东济南	由中国人权研究会主办,山东大学人权研究中心、山东大学法学院承办	来自中国、日本、印度、菲律宾等国的40余位专家学者以线上线下相结合的方式参会,就会议主题展开了热烈研讨
"活佛转世的宗教仪轨与历史定制"国际视频学术研讨会	10月3日,联合国人权理事会第51届会议期间,北京	由中国人权研究会、中国西藏文化保护与发展协会、中国藏学研究中心共同主办,中国藏学研究中心承办	国内外有关专家学者30余人以线上线下相结合的方式参会。10位专家学者作主旨发言。参会者从历史和现实、理论和实践等多个维度,系统梳理藏传佛教活佛转世的发展脉络,深入总结活佛转世的历史定制和宗教仪轨,全面展示了新时代积极引导藏传佛教与社会主义社会相适应、推进藏传佛教中国化的生动实践

资料来源:《中外专家学者共话人权民主议题》,《光明日报》2022年3月2日,第3版;《中外专家联合研讨残障组织赋能与残障权利发展》,2022年3月17日,中国人权网,https://www.humanrights.cn/html/2022/6_0317/63513.html;《中外专家学者向世界讲述"新疆的人权进步与各族人民的幸福生活"》,2022年3月17日,中国新闻网百家号,https://baijiahao.baidu.com/s?id=1727534527515033765&wfr=spider&for=pc;《中外专家研讨消除数字鸿沟促进人权保障》,《人民日报》2022年3月20日,第3版;《联合国人权理事会第四十九届会议多场云上边会举行》,《人民日报》2022年3月22日,第3版;《"新疆妇女权益保障的成就"云上边会举行》,2022年3月28日,中国人权网,https://www.humanrights.cn/html/2022/6_0328/63659.html;《联合国人权理事会"云上边会"在南京举行》,2022年3月28日,中国人权网,https://www.humanrights.cn/

2022年中国的国际人权合作与交流

续表

html/2022/6_0328/63657.html；《联合国人权理事会第49届会议视频边会"基于国情的民主模式与中国的实践，尊重各国人民自主选择民主治理模式的权利"成功举行》，2022年3月23日，中国日报网百家号，https：//baijiahao.baidu.com/s？id=1728102886942648901&wfr=spider&for=pc；《联合国人权理事会第49届会议云上边会"西藏文化传承、人权保障和社会发展"举行》，2022年3月29日，中国人权网，https：//www.humanrights.cn/html/2022/6_0329/63686.html；《"权利保护的实效：西方国家少数族裔政策的现实与反思"边会举行》，2022年6月20日，中国人权网，https：//www.humanrights.cn/html/2022/6_0620/65170.html；《"美西方结构性种族主义的根源与影响"中方边会在长沙召开》，2022年6月23日，中国日报网百家号，https：//baijiahao.baidu.com/s？id=1736421401011412011&wfr=spider&for=pc；《联合国人权理事会第五十届会议"环境权的保障与发展"边会举行》，2022年6月23日，中国新闻网百家号，https：//baijiahao.baidu.com/s？id=1736431911320268322&wfr=spider&for=pc；《中外专家学者共话"新疆各民族劳动权利保障与美好生活"》，2022年7月1日，新华社客户端百家号，https：//baijiahao.baidu.com/s？id=1737149401858931988&wfr=spider&for=pc；《中外专家视频研讨特定群体权利的司法保护》，2022年7月1日，中国人权网，https：//www.humanrights.cn/html/2022/6_0701/65534.html；《中外学者"云"讨论中国民族地区教育发展与权利保障》，2022年7月2日，中国新闻网百家号，https：//baijiahao.baidu.com/s？id=1737251026774836425&wfr=spider&for=pc；《联合国人权理事会第50届会议视频边会"加强全球人权治理，弘扬全人类共同价值"成功举行》，2022年7月5日，中国日报网百家号，https：//baijiahao.baidu.com/s？id=1737514857208534052&wfr=spider&for=pc；《中外专家学者研讨依法保障少数民族合法权益》，《光明日报》2022年7月7日，第3版；《中外学者研讨美国强迫劳动对人权的侵犯》，2022年7月8日，中国新闻网百家号，https：//baijiahao.baidu.com/s？id=1737795301921961840&wfr=spider&for=pc；《"积极应对气候变化，推动人类可持续发展"边会在京举办》，2022年7月6日，新华网百家号，https：//baijiahao.baidu.com/s？id=1737605797471751141&wfr=spider&for=pc；《中外人士：推动工商业为完善全球人权治理发挥更大作用》，2022年7月8日，海外网百家号，https：//baijiahao.baidu.com/s？id=1737755628847840761&wfr=spider&for=pc；《气候变化对粮食权、水权与发展权的挑战》主题边会在日内瓦举行》，2022年9月15日，中国政府网，http：//www.gov.cn/xinwen/2022-09/15/content_5709865.htm；《联合国人权理事会第51届会议"青藏高原生态保护立法与高质量发展"边会举行》，2022年9月20日，新华社百家号，https：//baijiahao.baidu.com/s？id=1744502753778647964&wfr=spider&for=pc；《联合国人权理事会第51届会议"国际人权政治化的风险与问题"边会举行》，2022年9月20日，新华网百家号，https：//baijiahao.baidu.com/s？id=1744503089929578306&wfr=spider&for=pc；《联合国人权理事会第51届会议"基于人权的气候变化治理方法"边会举行》，2022年9月23日，新华社百家号，https：//baijiahao.baidu.com/s？id=1744751896534439077&wfr=spider&for=pc；《联合国人权理事会第51届会议"2022年环境、发展与人权"边会举行》，2022年9月26日，中国—带一路网，https：//www.yidaiyilu.gov.cn/xwzx/hwxw/279693.htm；《联合国人权理事会第51届会议"高质量发展与新疆人权事业成就"中方边会举行》，2022年9月28日，中国人权网，https：//www.humanrights.cn/html/2022/6_0928/67551.html；《中外专家学者研讨残障人士权利保护》，2022年9月29日，中国人权网，https：//www.humanrights.cn/html/2022/6_0929/67590.html；《联合国人权理事会"保障少数民族发展权"主题边会举行》，2022年9月30日，光明网，https：//m.gmw.cn/baijia/2022-09/30/36062147.html；《联合国人权理事会第51届会议"残障人士的权利保护"边会举行》，2022年9月30日，环球网百家号，https：//baijiahao.baidu.com/s？id=1745382603697709894&wfr=spider&for=pc；《联合国人权理事会第51届会议"人类命运共同体视野下的人权发展"边会举行》，2022年9月30日，新华社百家号，https：//baijiahao.baidu.com/s？id=1745409302685691208&wfr=spider&for=pc；《联合国人权理事会第51届会议云上边会"活佛转世的宗教仪轨与历史定制"国际视频学术研讨会在京举行》，2022年10月4日，中国人权网，https：//www.humanrights.cn/html/2022/6_1004/67618.html。

（三）主办丰富多彩的国际视频研讨会和论坛

受疫情影响，2022年中国社会组织以线上和线下相结合的方式主办了多次丰富多彩的国际视频研讨会和论坛（见表3）。

表3　2022年中国社会组织主办国际视频研讨会和论坛情况

会议名称	时间、地点	主办方	会议内容
"2022·中欧人权研讨会"	5月10日，中国武汉和奥地利维也纳	中国人权研究会和奥地利奥中友好协会共同举办	来自联合国人权高专办的代表和来自中国、奥地利、英国、德国、匈牙利、意大利、希腊、西班牙等国的100余位人权领域专家学者、高级官员和实务部门代表以线上线下相结合的方式参会。会议主题聚焦科技与人权，中外与会专家围绕科技发展对人权的贡献、科技与发展权、数字技术与人权等议题举行了三场平行会议
"东西问智库·中国人权发展道路专题研讨会"	5月19日，北京	中国新闻社主办	会议采用线上线下相结合的方式进行，7位中外知名专家学者围绕相关话题进行了深入探讨
"促进文明交流互鉴，建设开放包容世界"线上国际研讨会	9月27日，联合国人权理事会第51届会议期间，北京	中国联合国协会主办	联合国人权理事会第51届会议举行期间召开的平行会议。与会人员表示，文明多样性是人类社会的客观现实，是当今世界的基本特征，也是人类进步的重要动力。应尊重人类文明的多样性，反对单一文明优越论
"亚洲人权论坛——环境、气候变化与人权"国际研讨会	11月26日，线上举行	中国人民大学主办	来自亚洲20余个国家及地区的专家学者以线上方式参加了本次论坛。与会嘉宾们总结十年来亚洲各国环境与人权保护的经验和成就，探讨了人权视野下的环境权及其在气候变化背景下的实现问题，并分别以"气候变化与人权保障：中国的努力与贡献""生态文明新理念""环境权与法典""环境保护权的国际与区域合作机制""亚洲国家人权共识建构的现实机遇"等为主题展开了深入交流与探讨
"2022·中德人权发展论坛"	12月2日，线上举行	中国人权发展基金会、德国弗里德里希·艾伯特基金会共同主办	中德两国专家学者围绕"突发事件应对中公共利益与个人权益的平衡"这一主题进行了深入研讨

续表

会议名称	时间、地点	主办方	会议内容
"文明多样性与全球人权治理"国际研讨会	12月13日，北京	中国人权发展基金会和中国国际交流促进会共同主办	本次研讨会以线上线下相结合的方式举行。来自中国、古巴、瑞士、巴基斯坦、英国、俄罗斯、法国等国家的近50位专家学者就相关议题展开了深入的交流
第四届全球女性发展论坛	12月17~18日，线上举行	中华女子学院（全国妇联干部培训学院）主办	论坛的主题是"平等·创新·成就：新时代的性别平等与妇女发展"，来自22个国家的100余位专家学者线上参加了本次论坛。本次论坛由主旨演讲和"乡村振兴与妇女发展""科技强国与妇女发展""新时代妇女发展的实践与创新"三个板块构成

资料来源：《"2022·中欧人权研讨会"聚焦科技与人权》，《光明日报》2022年5月11日，第3版；《"东西问智库·中国人权发展道路专题研讨会"在北京举行》，2022年5月19日，中国新闻网百家号，https：//baijiahao.baidu.com/s？id=1733264791690177316&wfr=spider&for=pc；《"促进文明交流互鉴，建设开放包容世界"国际研讨会成功举行》，2022年9月27日，中国日报网百家号，https：//baijiahao.baidu.com/s？id=1745123209188031277&wfr=spider&for=pc；《专家共研亚洲环境气候保障 聚焦中国公民环境权》，2022年11月26日，中国新闻网百家号，https：//baijiahao.baidu.com/s？id=1750569473621719187&wfr=spider&for=pc；《"2022·中德人权发展论坛"举行》，《人民日报》2022年12月3日，第4版；《中外人士共话"文明多样性与全球人权治理"》，2022年12月14日，人民网百家号，https：//baijiahao.baidu.com/s？id=1752144786520289626&wfr=spider&for=pc；《第四届全球女性发展论坛成功举办 22个国家百余位专家学者线上出席》，2022年12月18日，中国新闻网百家号，https：//baijiahao.baidu.com/s？id=1752546877685637965&wfr=spider&for=pc。

（四）中国社会组织参加的其他国际人权交流活动

1. 通过提交书面发言和视频发言方式在联合国人权理事会表达立场

在联合国人权理事会第49届会议期间，中国多家社会组织以书面发言方式参会，积极讲述中国在促进民族地区繁荣发展、保障妇女儿童权利以及推动世界人权与民主事业进步等方面的成功实践，为完善全球人权治理贡献中国智慧和方案。这些组织包括中国西藏文化保护与发展协会、中国少数民族对外交流协会、中国国际交流协会、北京青爱教育基金会、友成企业家扶贫基金会等。[①] 另有多家中国社会组织以线上方式踊跃发言，结合各自工

---

① 《中国社会组织向联合国人权理事会第49届会议提交书面发言》，2022年3月29日，中国人权网，https：//www.humanrights.cn/html/2022/2_0329/63684.html。

作积极介绍中国妇女儿童权益保障理念与实践。这些组织包括中国人权研究会、北京市民间组织国际交流促进会、中国国际交流协会、中国宋庆龄基金会、中国扶贫基金会、北京春晖博爱公益基金会、北京市光明慈善基金会、北京青少年法律援助与研究中心等。①

在联合国人权理事会第50届会议期间，中国人权研究会的代表在会议上积极发言，就在大流行病和其他卫生紧急情况下国家保护人权的核心作用和性别平等问题表达了自己的观点。②

在联合国人权理事会第51届会议期间，中国人权研究会组织代表通过线上形式参会，在一般性辩论和互动性对话环节围绕相关话题积极发言，阐释中国人权理念和观点主张，介绍中国人权发展成就，为推动世界人权事业发展作出中国贡献、提供中国方案。除口头发言外，中国人权研究会还围绕"美国搞科技霸权严重损害国际人权发展""美国涉疆强迫劳动指控是对国际劳工保护规则的公然违反""新时代西藏发展成就"等主题，向联合国人权理事会提交了书面发言。③

2. 通过举办新闻茶座进行国际人权交流

6月22日，中国记者协会举办第154期新闻茶座，中国藏学研究中心专家围绕"新时代西藏的发展变化"主题与境内外记者进行交流，介绍了西藏经济社会实现全面发展和各族人民的权利保障情况。④

8月29日，中国记者协会在京举办第155期新闻茶座，邀请三位中东问题和人权领域专家学者与境内外记者围绕"美国与中东人权"主题展开交流。三位与会专家学者介绍了美国在中东侵犯人权的情况，并围绕美国在

---

① 《中国社会组织在人权理事会积极介绍妇女儿童权益保障成就》，2022年3月29日，中国人权网，https：//www.humanrights.cn/html/2022/2_0329/63685.html。
② 《中国人权研究会在联合国人权理事会第50次会议发声》，2022年6月24日，中国人权网，https：//www.humanrights.cn/html/special/20220624/。
③ 《为推动世界人权事业发展作出中国贡献——中国人权研究会代表在联合国人权理事会第51届会议讲述中国人权故事》，2022年10月12日，华声在线百家号，https：//baijiahao.baidu.com/s?id=1746477946707739540&wfr=spider&for=pc。
④ 《中国记协举办新闻茶座聚焦新时代西藏的发展变化》，《人民日报》2022年6月23日，第15版。

反恐战争中的"双标"、新冠肺炎疫情肆虐背景下美国内部系统性侵犯人权等话题回答了在场记者的提问。①

三 中国在人权问题上面临的主要挑战与应对措施

2022年,以美国为首的少数西方国家继续借人权议题对中国进行抹黑,联合国人权机构中的一些人员也有涉华错误言论。对此,中国采取了一系列应对措施,有力地澄清了事实,并驳斥了各种不实之词。

(一)中国面临的人权挑战

2022年,中国面临的人权挑战主要包括两个方面,一是美西方国家借所谓人权、涉疆、涉藏议题继续对中国进行攻击抹黑,二是联合国人权机构中的一些人员发表涉华不当言论。

某些西方国家以人权议题为幌子对中国进行抹黑和污蔑,具体内容见表4。

表4 西方国家抹黑中国人权状况的主要方式

主要方式	具体内容
西方国家通过所谓涉华人权决议	2月1日,日本众议院通过所谓涉华人权决议,歪曲事实真相,充斥偏见和谎言,恶意诋毁中国人权状况 6月9日,欧洲议会通过《新疆人权状况》决议,批评新疆人权状况,污蔑中国有关措施构成"反人类罪和种族灭绝的重大风险"
美国发表国别人权报告	4月12日,美国国务院发布《2021年国别人权报告》,其中涉华内容攻击中国的政治制度和人权状况
美国常驻联合国代表发表公开声明	8月30日,美国常驻联合国代表托马斯-格林菲尔德发表公开声明,利用强迫失踪受害者国际日,对中方造谣抹黑、无端指责
美国牵头在联合国会议上提交涉疆草案进行表决	10月6日,在联合国人权理事会第51届会议上,美国牵头提交一项涉疆问题草案进行表决。最终人权理事会第51届会议以19票反对、17票赞成、11票弃权的结果,拒绝美国等西方国家提交的涉疆草案

① 《中国记协举办新闻茶座聚焦美国侵犯中东等地人权》,《人民日报》2022年8月30日,第17版。

续表

主要方式	具体内容
美、英等国举办涉疆、涉藏问题边会	10月4日,美国等与"藏独"势力同流合污,举办所谓涉藏边会,恶意炒作达赖转世问题 10月26日,美国、英国等国举办了所谓中国新疆人权状况边会,抹黑中国新疆的人权状况
美国制裁中方官员	3月22日,美国国务卿布林肯发布声明,以人权理由对中方多名官员实施签证制裁 12月9日,美方借口所谓"西藏人权"问题,对2名中方官员进行非法制裁

资料来源:《日本众议院通过所谓涉华决议 中国驻日本使馆回应》,2022年2月1日,光明网,https://m.gmw.cn/baijia/2022-02/01/1302787177.html;《欧洲议会通过决议妄议新疆人权,我驻欧盟使团发言人驳斥》,2022年6月10日,海外网百家号,https://baijiahao.baidu.com/s?id=1735198971351722165&wfr=spider&for=pc;《外交部:美方应立即停止攻击抹黑他国人权,切实躬身自省改过自新》,2022年4月14日,中国政府网,https://www.gov.cn/xinwen/2022-04/14/content_5685155.htm;《中国常驻联合国代表:美国是强迫失踪问题的重灾区》,2022年8月31日,光明网,https://m.gmw.cn/baijia/2022-08/31/35992892.html;《人权理事会拒绝美国等西方国家涉疆决定草案》,2022年10月6日,中国常驻联合国日内瓦办事处和瑞士其他国际组织代表团网站,http://geneva.china-mission.gov.cn/dbtxwx/202210/t20221007_10777635.htm;《常驻日内瓦代表团发言人刘玉印就美国常驻团恶意炒作涉藏问题发表谈话》,2022年10月4日,中国常驻联合国日内瓦办事处和瑞士其他国际组织代表团网站,http://geneva.china-mission.gov.cn/ryrbt/202210/t20221005_10777246.htm;《中国抨击美英等国举办所谓"中国新疆人权状况边会"》,2022年10月27日,俄罗斯卫星通讯社百家号,https://baijiahao.baidu.com/s?id=1747818069467702392&wfr=spider&for=pc;《美方借口所谓人权问题对中国官员实施签证限制,汪文斌:中方对等反制》,2022年3月31日,人民资讯百家号,https://baijiahao.baidu.com/s?id=1728802552313815356&wfr=spider&for=pc;《美国借口所谓"西藏人权"制裁两名中国官员 中方:坚决反对强烈谴责》,2022年12月12日,中国新闻网百家号,https://baijiahao.baidu.com/s?id=1751995054995792218&wfr=spider&for=pc。

(二)中国为应对攻击抹黑所采取的措施

中国为应对这些攻击抹黑,在国内、国外两个方面同时采取了系列措施。

1. 在国内采取的应对措施

中国在国内采取了多种措施,向国际社会澄清事实,并对西方国家的歪曲和污蔑进行了有理、有力、有节的回击。

(1)中方发言人在国内的新闻发布会上批驳西方不实之词

中方发言人在国内对西方攻击中国的不实之词都进行了有力的批驳。例如，针对日本国会众议院2月1日审议通过所谓"涉华人权决议"，全国人大外事委员会发言人尤文泽发表谈话指出："日方上述做法粗暴干涉中国内政，严重违背国际关系基本准则和中日四个政治文件原则，损害两国政治互信，对中日关系改善发展造成严重干扰破坏。我们坚决反对日方打着人权的幌子搞政治操弄。对于任何企图干涉中国内政、损害中国利益的恶劣行径，中方必将予以坚决有力回击。"[1]

再如，针对美国国务院4月12日发布的《2021年国别人权报告》，4月13日，外交部发言人赵立坚在例行记者会上指出，美方所谓"国别人权报告"涉华内容和布林肯国务卿有关表态罔顾事实、颠倒是非，充斥着政治谎言和意识形态偏见，中方对此强烈不满、坚决反对。[2]

（2）新疆举行视频宣介会向国际社会介绍新疆真实情况

5月10日，新疆维吾尔自治区人民政府召开"新疆宗教信仰自由状况"视频宣介会，多名穆斯林群众和宗教界人士代表通过视频连线向全球60多个国家、国际组织及境内外50多家媒体，分享了他们度过斋月及肉孜节的情况。[3]

（3）通过官方文件向世界揭露美国人权劣迹

2月28日，国务院新闻办公室发表《2021年美国侵犯人权报告》，指出2021年美国的人权状况进一步恶化。报告分为七部分，分别是序言、操弄疫情防控付出惨痛代价、固守暴力思维威胁生命安全、玩弄虚假民主践踏政治权利、放纵种族歧视加剧社会不公、背离人道主义制造移民危机、滥用武力制裁侵犯他国人权。[4]

---

[1]《全国人大外事委员会发言人就日本国会众议院审议通过所谓"涉华人权决议"发表谈话》，2022年2月1日，新华网百家号，https://baijiahao.baidu.com/s?id=1723571592790961622&wfr=spider&for=pc。

[2]《外交部回应美〈2021年国别人权报告〉涉华内容：罔顾事实　颠倒是非》，2022年4月13日，国际在线，https://news.cri.cn/20220413/937b55a0-b12c-3185-4c98-c70d7d7eccb0.html。

[3]《"新疆宗教信仰自由状况"视频宣介会召开》，2022年5月14日，人民网百家号，https://baijiahao.baidu.com/s?id=1732764050819893604&wfr=spider&for=pc。

[4]《2021年美国侵犯人权报告》，2022年2月28日，中国政府网，http://www.gov.cn/xinwen/2022-02/28/content_5676070.htm。

3月2日，外交部网站发布了《美国对印第安人实施种族灭绝的历史事实和现实证据》一文，列举大量事实和数据指出"美国对印第安人的屠杀、强制迁移、文化同化与不公正待遇已构成事实上的种族灭绝，完全符合联合国《防止及惩治灭绝种族罪公约》关于种族灭绝的定义，而且历经数百年至今仍在延续"。①

（4）组织驻华使节及外交官到新疆实地考察

8月1日至4日，阿尔及利亚、几内亚比绍、毛里塔尼亚、沙特等30余国家驻华使节在新疆参访，他们先后去了喀什地区、阿克苏地区、乌鲁木齐市，走进学校、清真寺、工厂、棉田、社区及民众家中，实地了解新疆社会发展和民众生活的真实情况。②

（5）对美国采取反制措施

中国于12月23日发布外交部令，宣布对美国国务卿办公室前中国事务顾问余茂春和美国"国会—行政部门中国委员会"办公室副主任托德·斯坦恩采取反制裁措施，以回应早先美国以所谓"西藏人权"问题对2名中国官员进行的非法制裁。依据《反外国制裁法》第4条、第5条、第6条的规定，中方决定对余茂春、托德·斯坦恩等后附《反制裁清单》列明的个人采取以下反制裁措施：一是冻结在我国境内的动产、不动产和其他各类财产；二是禁止我国境内的组织、个人与其进行有关交易活动；三是对其本人及直系亲属不予签发签证、不准入境。该决定自2022年12月23日起施行。③

（6）中国社会组织发文揭露美国的人权劣迹，介绍中国的人权理念

4月15日，中国人权研究会发布《反亚裔种族歧视甚嚣尘上坐实美国种族主义社会本质》研究报告。报告系统论述了亚裔从历史延续到现在的种族歧视遭遇，深刻揭示了反亚裔种族歧视甚嚣尘上的原因，包括美国政客

---

① 《外交部发布〈美国对印第安人实施种族灭绝的历史事实和现实证据〉》，2022年3月3日，光明网，https://m.gmw.cn/baijia/2022-03/03/1302827888.html。
② 《30余国驻华使节参访新疆："新疆正成为中国最有活力的地区之一"》，2022年8月5日，中国新闻网百家号，https://baijiahao.baidu.com/s?id=1740289741863273253&wfr=spider&for=pc。
③ 《外交部公布对美政客反制裁措施，专家：中方此次做法相当罕见》，2022年12月14日，光明网，https://m.gmw.cn/baijia/2022-12/24/36254986.html。

对新冠肺炎疫情的种族主义操弄、美国白人至上的种族结构与社会氛围、亚裔"模范少数族裔"标签的羁绊、美国种族关系的对立、美国政客破坏中美关系的政治诱因等。①

8月9日,中国人权研究会发布《美国在中东等地犯下严重侵犯人权罪行》研究报告。报告主要内容包括三部分:发动战争,屠杀平民,损害生命权和生存权;强制改造,单边制裁,侵害发展权和健康权;制造"文明冲突",滥用监禁和酷刑,侵犯宗教信仰自由和人格尊严。报告系统论述了美国在中东及其周边地区犯下包括战争罪、危害人类罪、任意拘押、滥用酷刑、虐囚和滥施单边制裁等在内的一系列严重违背国际法的罪行,指出这些罪行构成对人权的系统性侵犯,危害持久而深远。②

12月5日,中国人权发展基金会、新华社国家高端智库联合发布中英文智库报告《为了人民幸福生活——当代中国人权观的实践和理论探索》。围绕中国当代人权观,智库报告分三部分深度解读中国人权道路的理论逻辑、历史逻辑和实践逻辑,报告将中国的人权保障经验概括为坚强领导、立足实际、发展驱动、法治保障、互鉴包容五个方面,主张加强不同文明交流互鉴,解决全球人权"治理赤字",推动形成更加公平、公正、合理、包容的全球人权治理体系,共同构建人类命运共同体。③

2. 在国外采取的应对措施

(1)驻外使领馆主动召开视频宣介会、交流会

2022年,中国驻外使领馆举办了多场视频宣介会和1场现场宣介会(见表5),主要是介绍新疆和香港的真实人权状况,重申中方立场。此外还

---

① 《中国人权研究会发布〈反亚裔种族歧视甚嚣尘上坐实美国种族主义社会本质〉研究报告》,2022年4月15日,参考消息网,https://www.cankaoxiaoxi.com/china/20220415/2476091.shtml。
② 《美国在中东等地犯下严重侵犯人权罪行》,2022年8月9日,新华网,http://www.xinhuanet.com/world/2022-08/09/c_1128900703.htm。
③ 《〈为了人民幸福生活——当代中国人权观的实践和理论探索〉中英文智库报告发布》,2022年12月6日,新华每日电讯,http://www.xinhuanet.com/mrdx/2022-12/06/c_1310681977.htm。

安排新疆维吾尔自治区人大常委会党组书记、主任肖开提·依明在联合国人权理事会第51届会议发言,全面介绍新疆尊重和保障人权的理念、政策和取得的历史性成就。①

表5 2022年中国驻外使领馆举办的涉疆、涉港宣介会情况

宣介会名称	时间	主办方	宣介会情况
"人民至上:新疆的实践"视频宣介会	2月22日	中国常驻日内瓦代表团和新疆维吾尔自治区共同举办	50余国常驻代表和高级外交官、联合国人权高专办官员、媒体记者等近百人参加。宣介会现场气氛热烈。俄罗斯、白俄罗斯、委内瑞拉、巴基斯坦、朝鲜、斯里兰卡、老挝、叙利亚、伊朗、喀麦隆、津巴布韦、阿尔及利亚等国大使和高级外交官盛赞中国共产党和中国政府坚持人民至上,推动新疆经济社会发展,促进社会公平,充分保障人权;重申支持中方在涉疆问题上正义立场,强调新疆事务是中国内政,不容外界干涉
"香港明天更美好"主题视频会议	3月16日,联合国人权理事会第49届会议期间	中国常驻联合国日内瓦代表团主办	40余国常驻代表和高级外交官、联合国人权高专办官员和媒体记者等90余人参加。俄罗斯、伊朗、斯里兰卡、朝鲜、古巴、委内瑞拉、尼加拉瓜、尼日尔、南苏丹、厄立特里亚、老挝、喀麦隆、叙利亚、白俄罗斯等国常驻代表和高级外交官纷纷发言,表示坚定支持一个中国原则,香港是中国不可分离的一部分,支持中国在香港实施"一国两制",支持中国通过立法手段维护国家安全,香港事务纯属中国内政,外界不得干涉
"人民幸福生活是最大的人权"涉疆视频宣介会	6月23日	中国常驻日内瓦代表团和新疆维吾尔自治区共同举办	30余国常驻日内瓦代表和高级外交官、联合国人权高专办官员、记者等60余人参加。宣介会上播放了"新疆是个好地方"和关于少数民族文化传承的视频短片。有关专家介绍了新疆为各族人民创造美好生活的具体政策实践。宣介会现场气氛热烈。俄罗斯、白俄罗斯、委内瑞拉、朝鲜、伊朗、斯里兰卡、老挝、叙利亚、尼日尔等国大使和高级外交官发言,谴责一些西方国家

① 《中国新疆代表在联合国人权理事会全面介绍新疆人权事业历史性成就》,2022年9月26日,中国常驻联合国日内瓦办事处和瑞士其他国际组织代表团网站,http://geneva.china-mission.gov.cn/dbdt/202209/t20220927_10772160.htm。

续表

宣介会名称	时间	主办方	宣介会情况
"人民幸福生活是最大的人权"涉疆视频宣介会	6月23日	中国常驻日内瓦代表团和新疆维吾尔自治区共同举办	基于谎言和虚假信息指责诬蔑中国,实施单边强制措施,企图遏制中国发展;重申坚定支持中国维护主权、独立和领土完整,支持中方在涉疆问题上正义立场,呼吁国际社会共同反对西方国家借涉疆问题干涉中国内政的图谋
"香港明天更美好"视频宣介会	6月28日,联合国人权理事会第50届会议期间	中国常驻日内瓦代表团主办	邀请香港特别行政区政府官员、立法会议员和青年代表担任发言嘉宾,介绍香港特区最新情况。30余国常驻代表和高级外交官、联合国人权高专办官员和记者等60余人参加。俄罗斯、委内瑞拉、叙利亚、斯里兰卡、伊朗、老挝、朝鲜、喀麦隆等国常驻代表和高级外交官赞赏中国政府坚持以人民为中心,在促进和保护人权方面取得显著成就,指出香港在《香港特别行政区维护国家安全法》颁布实施和特区选举制度修改完善后恢复繁荣稳定,香港民众充分享有各项人权和基本自由
"中国新疆尊重和保障人权成就"宣介会	9月22日,联合国人权理事会第51届会议期间	新疆维吾尔自治区和中国常驻联合国日内瓦代表团共同举办	50余国常驻代表和高级外交官、记者、非政府组织代表等100余人参加。会议现场播放了《这里是新疆》宣介片,全面介绍新疆经济社会发展和人权成就。宣介会现场座无虚席、气氛热烈。与会的发展中国家使节们高度赞赏中国新疆在反恐和去极端化、发展、减贫、促进和保护人权等方面取得的成就,支持中国在涉疆问题上的正义立场,反对任何借涉疆问题干涉中国内政的行径

资料来源:《"人民至上:新疆的实践"视频宣介会在日内瓦成功举行》,2022年2月23日,中国常驻联合国日内瓦办事处和瑞士其他国际组织代表团网站,http://geneva.china-mission.gov.cn/dbtxwx/202202/t20220224_10645000.htm;《"香港明天更美好"主题视频会议在日内瓦成功举行》,2022年3月16日,中国常驻联合国日内瓦办事处和瑞士其他国际组织代表团网站,http://geneva.china-mission.gov.cn/dbtxwx/202203/t20220317_10652689.htm;《"人民幸福生活是最大的人权"涉疆宣介会在日内瓦成功举行》,2022年6月24日,中国常驻联合国日内瓦办事处和瑞士其他国际组织代表团网站,http://geneva.china-mission.gov.cn/dbtxwx/202206/t20220624_10709480.htm;《"香港明天更美好"视频宣介会在日内瓦成功举行》,2022年6月28日,中国常驻联合国日内瓦办事处和瑞士其他国际组织代表团网站,http://geneva.china-mission.gov.cn/dbtxwx/202206/t20220629_10711556.htm;《"中国新疆尊重和保障人权成就"宣介会在日内瓦举行》,2022年9月22日,中国常驻联合国日内瓦办事处和瑞士其他国际组织代表团网站,http://geneva.china-mission.gov.cn/dbtxwx/202209/t20220923_10770147.htm。

（2）在联合国反击西方的错误言论

其一，对西方的污蔑和抹黑进行严厉驳斥。

2022年2月28日，国务委员兼外长王毅在北京以视频方式出席联合国人权理事会第49届会议高级别会议时驳斥了一些别有用心的势力不断炒作中国新疆事务，指出所谓"种族灭绝""强迫劳动""宗教压迫"完全是编造出来的谎言。①

10月4日，中国常驻日内瓦代表团发言人刘玉印就美国常驻团举办涉藏边会指出，美国等与"藏独"势力同流合污，举办所谓涉藏边会，恶意炒作达赖转世问题，公然干涉中国内政，严重损害中国主权和领土完整，严重违反联合国宪章宗旨和原则，中方对此坚决反对。②

10月26日，中国常驻联合国代表团发言人发表谈话，对美国、英国等少数国家举办所谓"中国新疆人权状况边会"表示坚决反对，指出这场边会充斥着谎言和虚假信息，赤裸裸地暴露了美国等少数国家"以疆制华"的政治图谋，遭到广大会员国普遍抵制，沦为一场自导自演的政治闹剧。③

其二，在联合国人权会议上揭露西方国家内部存在的人权问题。

2022年9月20日，在联合国人权理事会第51届会议期间，中国代表在与任意拘留问题工作组互动对话会上发言，强烈谴责美国长期存在的任意拘留问题。中国代表指出，2021年美国羁押移民超过170万人，高达80%的移民被关押在私营拘留设施中，其中包括4.5万名儿童。私营拘留设施条件恶劣，被羁押人员身心健康受到极大伤害，侵犯人权现象屡屡发生。仅布里

---

① 《王毅驳斥对中国新疆事务别有用心的炒作》，2022年2月28日，中国外交部网站，https://www.mfa.gov.cn/wjbzhd/202202/t20220228_10646292.shtml。
② 《常驻日内瓦代表团发言人刘玉印就美国常驻团恶意炒作涉藏问题发表谈话》，2022年10月4日，中国常驻联合国日内瓦办事处和瑞士其他国际组织代表团网站，http://geneva.china-mission.gov.cn/ryrbt/202210/t20221005_10777246.htm。
③ 《常驻联合国代表团发言人：美西方涉疆边会是自导自演的政治闹剧》，2022年10月26日，中国常驻联合国代表团网站，http://un.china-mission.gov.cn/hyyfy/202210/t20221027_10792558.htm。

斯堡收容点就关押将近5000名儿童，他们生活在"牲畜围场"般拥挤、糟糕的环境，造成严重身心创伤。中方敦促美方正视自身人权问题，停止任意拘留难移民等侵犯人权行径，向受害者提供救济和补偿。[①]

（3）在联合国争取其他国家的支持

其一，争取其他主持正义的国家的支持，对中国的人权理念和人权实践作出公正评价。

6月14日，在日内瓦举行的联合国人权理事会第50届会议上，古巴代表69个国家作了共同发言。9月26日，巴基斯坦代表69个国家在联合国人权理事会第51届会议上作了共同发言。这些共同发言均指出："新疆、香港、西藏事务是中国内政，我们反对将人权问题政治化和双重标准，反对以人权为借口干涉中国内政。""我们主张各方恪守联合国宪章宗旨和原则，遵循普遍性、公正性、客观性和非选择性等原则，尊重各国人民根据国情自主选择发展道路的权利，同等重视各类人权，特别是对经社文权利和发展权给予足够重视。"[②]

其二，在联合国与其他国家举办人权问题视频会议，揭露西方国家国内存在的人权问题。

3月18日，在联合国人权理事会第49届会议期间，中国和委内瑞拉在日内瓦共同举办了"美国、加拿大、澳大利亚对土著人权利的系统性侵犯"主题视频边会。驻日内瓦外交官、非政府组织代表、专家、媒体记者等150余人在线参会。参会者指出，土著人在美国、加拿大、澳大利亚仍面临广泛、系统性的歧视和不平等。美国、加拿大、澳大利亚应认真反省错误，对

[①] 《中国代表在人权理事会强烈谴责美国长期存在的任意拘留问题》，2022年9月20日，中国常驻联合国日内瓦办事处和瑞士其他国际组织代表团网站，http://geneva.china-mission.gov.cn/dbdt/202209/t20220921_10768732.htm。

[②] 《古巴代表69国在人权理事会第50届会议所做共同发言》，2022年6月16日，中国常驻联合国日内瓦办事处和瑞士其他国际组织代表团网站，http://geneva.china-mission.gov.cn/dbdt/202206/t20220616_10703975.html；《巴基斯坦代表一组国家在人权理事会第51届会议所做共同发言》，2022年9月26日，中国常驻联合国日内瓦办事处和瑞士其他国际组织代表团网站，http://geneva.china-mission.gov.cn/dbdt/202209/t20220927_10772150.htm。

侵犯土著人权利的罪行进行调查和问责。① 会议还播放了美国对印第安人实施种族灭绝的纪录片《灭族之恨》。

6月21日，在联合国人权理事会第50届会议期间，中国常驻日内瓦代表团举办了"殖民主义遗留问题对享有人权的负面影响"主题视频会议。30余国常驻团官员、联合国非殖民化特别委员会、联合国人权高专办代表、人权理事会特别机制有关专家、非政府组织代表、媒体记者共60余人与会。中国常驻联合国日内瓦办事处和瑞士其他国际组织代表陈旭指出："今天殖民主义遗留问题仍广泛存在，对各国特别是发展中国家人民享有人权造成严重影响。各方应共同致力于解决殖民主义遗留问题，消除其对人权负面影响，维护国际公平正义，推动全球人权治理朝着更加公平公正合理包容的方向发展。"②

四 结语

综上所述，2022年中国面对的国际人权形势是严峻复杂的。中国一如既往地秉持积极参与国际人权合作与交流的态度，无论是政府层面还是民间层面的国际人权合作与交流都取得了明显的进展。在政府层面，以中国领导人阐明的中国进行全球人权治理和国际人权合作的立场为指引，中国有条不紊地推进多边和双边人权合作，增强了中国在国际人权领域的影响力。中国社会组织已经成为中国参与国际人权合作与交流的重要角色，为中国在国际人权领域增信释疑发挥了重要作用。2022年，美西方国家愈益借所谓人权等议题对我国进行攻击抹黑，这也致使中国在国际人权领域面临的挑战异常严峻复杂。为积极应对这一复杂局面，有力驳斥这些攻击抹黑，中国在国内层面和国际层面都采取了有效应对措施，取得了显著成效。

---

① 《美国、加拿大、澳大利亚侵犯土著人权利问题边会在人权理事会期间举行》，2022年3月18日，中国常驻联合国日内瓦办事处和瑞士其他国际组织代表团网站，http：//geneva.china-mission.gov.cn/dbdt/202203/t20220319_10653357.htm。

② 《中国在人权理事会期间举办"殖民主义遗留问题对享有人权的负面影响"主题会议》，2022年6月22日，中国常驻联合国日内瓦办事处和瑞士其他国际组织代表团网站，http：//geneva.china-mission.gov.cn/dbtxwx/202206/t20220622_10707801.htm。

调研报告和个案研究

Research Report and Case Study

B.16
在海外投资中促进性别平等：中国纺织服装行业的实践经验

梁晓晖*

摘　要： 性别平等是"走出去"在迥异的法律、经济和文化环境中投资经营的中国纺织服装企业必须面对的最为复杂的挑战之一。为积极应对这一挑战，中国纺织服装行业在中国纺织工业联合会引导下，在长期而充分的准备支撑工作的基础上，体系化落实在海外投资中促进性别平等的在地行动，包括开发本地化工具体系，落实多层次能力提升，以及促进全方位沟通参与等。性别平等既是海外投资议题，也是当地社会发展议题。因此，中资企业须在战略层面正视性别平等。而意识提升和管理机制持续改进，是企业应对性别平等挑战的主要措施。

---

* 梁晓晖，法学博士，中国纺织工业联合会社会责任办公室首席研究员，中国纺织信息中心副总经济师、研究员，主要研究方向为企业社会责任、工商业与人权、可持续发展及国际人权法。

关键词： 海外投资 性别平等 纺织服装 行业实践

一 中国纺织服装行业海外投资面临的性别平等问题

改革开放以来，中国的纺织服装行业获得了长足的发展。当前，纺织工业不但是中国的民生支柱产业，而且已经深度融入国际产业链，成为中国最具国际竞争优势的产业之一。随着"一带一路"倡议的逐步深入和行业建设纺织强国任务的推进，加快实施"走出去"战略、强化全球的资源优化配置和产业布局，成为中国纺织行业拓展规模，构建国际竞争新优势，充分利用国际国内两个市场、两种资源的重要渠道。在此过程中，"走出去"的中国纺织服装企业需要在迥异的法律、经济和文化环境中面对一系列挑战。其中，性别平等是最为凸显也最为复杂的挑战之一。

（一）中国纺织服装行业海外投资概况

从企业的角度看，海外投资目的国普遍具有更低的人力成本、更丰富的原材料等资源或者更优惠的关税或贸易条件，这有助于"走出去"的企业降低生产成本，扩大生产规模，促进产业链的延伸，从而有利于有一定规模的纺织服装企业发展成为跨国集团。从行业整体来看，海外投资布局可促进中国纺织工业突破对低端价值链的依赖，通过构建跨国或跨区域合作的供应链体系，使国内外市场资源得到更优化的配置，从而有助于纺织产业链、供应链的安全性和稳定性。行业开展国际产能合作，以全球视野进行国内外联动布局，越来越成为提升质效和实现行业的高质量发展目标的重要途径。从国际合作角度而言，中国纺织服装企业的海外投资有助于利用包括《区域全面经济伙伴关系协定》（RCEP）在内的经贸合作新机遇，在给投资东道国带来资本、技术、就业、管理人才和理念的同时，也助力推动当地的工业化和更好地融入全球化，为在当地实现可持续发展目标奠定基础和创造条件。

在海外投资中促进性别平等：中国纺织服装行业的实践经验

近年来，中国纺织服装行业对外投资呈现多区域、多行业和多形式加速推进的态势。纺织服装企业通过绿地投资、合作进行"中国+周边国家"（重点是东南亚和非洲地区）的制造基地布局模式，以及通过海外直接投资和并购，带动中国纺织行业整体上朝世界纺织产业价值链的高附加值领域延伸。2021年是纺织行业"十四五"开局之年，面对新冠肺炎疫情和地缘政治冲突等挑战，行业全年对外投资较2020年取得恢复性发展，对外投资结构也出现明显变化。根据商务部的快报统计数据，2021年，行业对外直接投资总额为13.5亿美元，较2020年增长82.4%，与2019年相比，对外投资金额增加5500万美元。2022年全年，行业对外投资受疫情影响较大，对外直接投资总额为7.1亿美元（见图1）。① 值得注意的是，2010年以来，纺织服装行业对外投资占制造业的比重基本稳定在7%~9%区间。

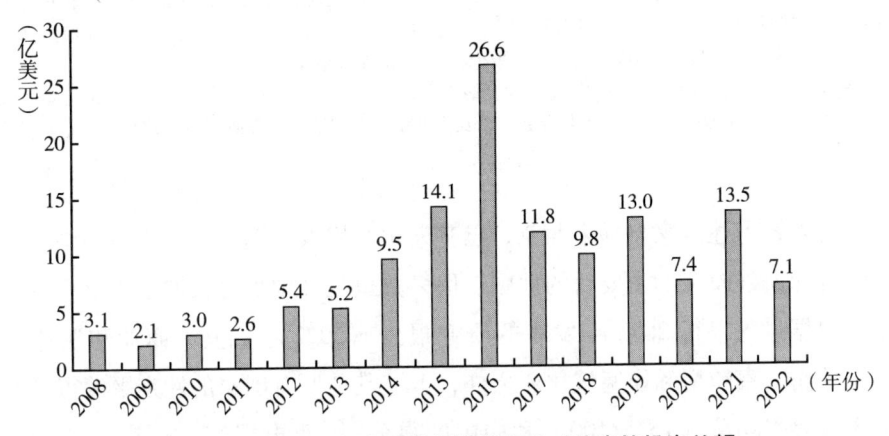

图1 2008~2022年中国纺织服装行业对外直接投资总额

资料来源：笔者根据商务部公开数据和行业数据整理。

（二）中国纺织服装行业海外投资企业中的性别状况

中国纺织服装行业海外投资企业受到的性别影响较为突出，这首先表现在企业用工的性别构成方面。例如，东南亚和南亚地区的缅甸、柬埔寨、越

---

① 数据由笔者根据商务部公开数据和行业数据估算整理。

南、孟加拉国以及非洲的埃塞俄比亚,均为中国纺织服装行业海外主要投资目的地国家,根据笔者的统计,在这五国有将近1700家中国投资的纺织服装企业,共计雇用当地工人超过135万人,其中,女性工人在所有国家都占据多数,尤其在部分国家,如柬埔寨和缅甸,女工占比甚至超过了80%(见表1)。

表1 中国纺织服装行业在海外主要投资目的地国家投资与用工情况

国家	当地纺织服装企业数量(家)	中资(含港台)纺织服装企业数量(家)	中资企业雇员总数(万人)	女性员工比例(%)
缅甸	547	312	31.0	95
柬埔寨	516	395	40.0	84
越南	7012	819	52.6	71
孟加拉国	3551	52	5.6	63
埃塞俄比亚	423	110	6.0	65

注:表内数据截止日期均为2022年12月31日。缅甸当地纺织服装企业数量(547)和相应中资纺织服装企业数量(312)均为实际运营中的企业数,越南当地纺织服装企业数量(7012)和相应中资纺织服装企业数量(819)为雇工人数10人以上的企业数量。

资料来源:数据分别由缅甸中国企业商会纺织服装分会、柬埔寨中国纺织协会、越南纺织服装协会(VITAS)、孟加拉国华侨华人联合会,以及埃塞俄比亚制造业发展研究所(EMIDI)应笔者请求而提供。

另外,上述国家与马来西亚、巴基斯坦和埃及等国一样,既是中国纺织服装行业海外投资的主要目的地国,但多数也是性别平等长期较为落后的国家。根据世界银行2022年发布的研究报告《2022年妇女、商业和法律》,除了越南、柬埔寨和埃塞俄比亚之外,上述其他所有国家的性别平等得分都低于世界平均分(76.5/100)和中国的得分。[1] 而根据有关研究,这些国家在性别平等方面存在诸多可能对企业及其管理层和员工产生不利影响的问题,包括歧视性的法律和规定、在家庭和社会中持续存在父权态度以及关于女性地位和责任的歧视性的偏见、在私营部门对怀孕妇女的歧视、基于性别的工资差距以及基于性别的暴力等。[2] 这意味着投资于这些

---

[1] World Bank, *Women, Business and the Law 2022*, https://openknowledge.worldbank.org/entities/publication/b187725b-29ff-5c61-91e7-5110ab3c4a71.

[2] 陆海娜、梁晓晖:《"一带一路"倡议中的性别平等》,https://www.britishcouncil.cn/programmes/society/BRI。

国家后，企业在性别平等方面将面临更加严峻的挑战——当地中国企业在性别平等方面清醒的意识和坚定的行动将会带来企业层面甚至社会层面的改善，反之则可能使中资企业成为当地落后的性别平等状况的构成部分。

鉴于纺织服装行业在这些国家工业化、就业、税收和消除贫困等方面的重要作用，以及中国投资在这些国家纺织服装行业中的重要作用和女性工人在这些国家纺织服装行业价值创造中的绝对多数地位，性别平等就不仅事关上百万名纺织服装工人，也事关中国海外投资的稳定性和长期盈利能力，以及当地社会和民生的发展。对中国纺织服装行业海外投资的多维度性别影响的综合考量，形成了中国纺织行业组织和企业致力于推进女工权利保护和女性领导力提升的驱动力。

二 海外投资中促进性别平等的支撑准备工作

（一）充分积累国内实践经验

中国纺织服装行业在海外投资中开展促进性别平等工作的组织依托与中坚力量是中国纺织工业联合会社会责任办公室（以下简称"中国纺联社责办"）。中国纺联社责办成立于2005年5月，是中国第一个国家级的社会责任常设机构，秉承"科技、绿色、时尚"的行业定位，通过建立行业社会责任公共平台，提供社会责任专业服务，最终实现"提升企业竞争力，共建和谐社会，引导行业可持续发展"的愿景。[①] 基于"女多男少"的产业工人的性别构成现实，促进性别平等是中国纺织服装行业和中国纺联社责办自2005年正式启动其企业社会责任工作机制以来的关注领域之一。2005年发布的"CSC9000T中国纺织企业社会责任管理体系"是中

---

① 中国纺织工业联合会社会责任办公室简介，http://www.csc9000.org.cn/AboutUs/Introduction/。

国第一套企业社会责任行为准则和管理体系，其中就已经对性别平等提出了前沿的细致要求，①并且在此后各个版本的CSC9000T中不断更新和系统化。

为了更好地支持落实CSC9000T中的相关要求，近20年来，中国纺联社责办推出了一系列探讨性别平等和女性领导力提升的前沿行动。这些行动包括"性骚扰防治专题研讨会"（2007年）、爱慕公司等企业的性骚扰防治内部培训（2007~2008年）、"女性领导力与行业发展"专题论坛（2009年）、强化职场性骚扰防治立法促进项目（2012~2013年）、促进企业社会责任和性别平等与女性领导力项目（第一阶段，2015~2016年；第二阶段，2017~2018年）、性别平等和反家暴项目（2019年）以及"赋权予女性原则"（WEPs）行业推广行动（2019~2020年）等。在这个过程中，中国纺联社责办开发了一系列开创性的实用工具，以支持企业落实性别平等和提升女性领导力，这些工具包括《健全职场性骚扰防治机制企业指导手册》（2014年）、《承担社会责任促进性别平等指导手册》（2018年）、《中国纺织服装企业工作场所反家暴指南》（2019年）以及《纺织服装企业落实WEPs指南》（2021~2022年）等。

这些国内行动获得了行业企业的积极参与和相关方的赞赏。数百家纺织服装企业的上万名管理者和员工代表参加了这些项目的培训和企业实践改进活动，目前，近100家中国纺织服装企业签署了"赋权予妇女原则"（WEPs，参见案例一）。②这些努力和成效也为行业在海外开展类似行动提供了经验支撑和智力支持。

---

① 关于各个版本的CSC9000T，可参见 http://www.csc9000.org.cn/down.php?lm=26。其中，2005年版的CSC9000T就性别平等提出了以下具体要求：女性享有与男性同等的就业权利；企业在聘任员工时，除法律规定不适合女性从事的工种或者岗位外，不得仅以性别为由拒绝招用女性或者提高对女性的聘任标准；任何企业不得仅以结婚、怀孕、生产、哺乳等为由辞退女员工或者单方解除劳动合同；企业应当保证男女员工同工同酬；企业应当避免和制止管理人员要求员工以性好感作为获得有利待遇的交换或者作为保住工作的条件。

② 2020年11月，中国纺联获得了联合国妇女署首次在中国颁发的"WEPs社区和行业参与奖"，参见 http://www.ctic.org.cn/site/content/7895.html。

> **案例一　纺织服装企业签署 WEPs 的 CEO 声明**
>
> "纺织服装行业作为女性占比较大的行业,应将性别视角纳入企业社会责任中,这有利于企业实现以人为本的可持续发展——不仅使企业中的女性发展免受桎梏,也对企业的人才均衡,形象塑造,组织体制创新乃至财务绩效提升起到积极的作用。"
>
> ——山东南山智尚科技股份有限公司董事长兼总经理
>
> "我们认可、赞扬女性员工在公司的经营发展中做出的贡献及展现出的领导力,我们欢迎更多的女性同人进入决策层。"
>
> ——江苏汇鸿国际集团中嘉发展有限公司董事长

资料来源:中国纺织工业联合会社会责任办公室。

(二)搭建当地合作伙伴关系

在海外有效开展社会工作的一个重要支撑是与当地机构建立伙伴关系。在海外投资企业中促进性别平等必然涉及当地的社会和文化因素,当地合作伙伴关系也可以提供必要的知识和专业支持。

2016年,中国纺联就开始着力构建根植于投资目的地国家的合作伙伴关系。在当年的"中国纺织服装行业社会责任年会"上,中国纺联联合孟加拉国、柬埔寨、缅甸、巴基斯坦等国的7个纺织服装行业组织,共同签署了《亚洲纺织服装行业负责任供应链区域合作治理宣言》(以下简称《宣言》)。《宣言》倡导和支持本地区纺织服装行业在价值链各环节的负责任企业行为与可持续发展,包括在投资、生产、流通和消费等环节应对劳工、人权和环境保护挑战,为此,各方同意采取因地制宜而又相互协调的治理策略和联合行动,包括建立互通共享的信息平台和能力建设机制。[①]

[①]《亚洲纺织服装行业负责任供应链区域合作治理宣言》,http://www.ctei.cn/special/2016nzt/1107sznh/201611/t20161107_2319042.html。

以《宣言》为基础，2017年，6个亚洲纺织服装生产国（中国、缅甸、柬埔寨、孟加拉国、越南、巴基斯坦）的9个行业组织联合成立了亚洲地区可持续纺织网络（Sustainable Textiles of the Asian Region，以下简称"STAR网络"），这是第一个亚洲区域的纺织服装生产商组织联盟。① STAR网络的宗旨是成员通过建立网络平台，分享可持续性标准领域的信息，提高纺织服装行业的透明度，并通过创新的举措来解决各国共同面临的可持续性问题，包括促进行业中的性别平等和女性领导力提升。

在推进多边合作的同时，中国纺联还积极深化与重点国家的双边合作。2018年10月，中国纺联分别与缅甸服装制造商协会、柬埔寨制衣协会等签署了合作备忘录，并于2022年9月与埃塞俄比亚制造业发展研究所（EMIDI）签订合作备忘录。② 根据这些合作备忘录的共同条款，双方认可社会责任对于提高中国投资纺织服装企业和当地企业负责任投资和运营的重要意义，同意将针对相关议题如劳资关系、性别平等、跨文化管理等向这些国家的中资企业提供意识提升和能力建设服务。

此外，中国纺联也积极引导和鼓励中资企业成立或加入当地商协会。例如，2019年至2021年成立的缅甸中国企业商会纺织服装分会、柬埔寨中国纺织协会等在筹备过程中得到了中国纺联的大力支持。2022年，在中国纺联的倡议和支持下，"中国（埃塞）纺织轻工企业可持续发展联盟"正式成立。③ 这些本地化的中资企业商协会，不仅有力促进了中资企业之间、中资企业和海外投资国家纺织服装行业的合作与交流，同时也是中国纺联在当地开展与性别平等项目相关的研讨、开发、培训、咨询和沟通对话的重要依托和支持机构。

---

① 关于STAR网络及其活动，参见http：//www.asiatex.org/en/index.html。
② 《多边创新合作赋能埃塞俄比亚纺织服装行业可持续发展》，http：//www.ctic.org.cn/site/content/8040.html。
③ 《中国（埃塞）纺织轻工企业可持续发展联盟正式成立》，http：//news.ctei.cn/bwzq/202207/t20220704_4249630.htm。

（三）开展性别平等基准研究

为了解中国海外投资纺织服装企业在促进性别平等方面面临的挑战和问题，以及已有的良好实践和可能的解决方案，中国纺联社责办对中国纺织服装行业主要的海外投资目的地国家的中资企业开展了性别平等基准研究。研究采用文献法和实证研究相结合的方法，从女工保护和性别平等角度出发，在2017年8月至2018年3月，对越南、柬埔寨、缅甸和孟加拉国的中资纺织企业开展了调研，并于2020年10月至12月，对埃塞俄比亚的中资纺织服装企业进行了调研。5国调研共覆盖了56家中资纺织服装企业，1032名各国员工，463名投资者和管理者，以及5个国家的纺织服装行业协会、中资企业商会以及参加利益相关方闭门座谈会的超过120名当地和国际非政府组织的代表。

通过基准调研，中国纺联社责办在不同国家都有非常重要的发现，[1] 这些发现为后续的在地介入行动提供了准确指引。在此需要特别说明的是，虽然这些调研开展于2018~2020年，但其调研结果在2022年甚至未来一段时间内都是成立的——这一方面是因为受疫情和订单波动等因素的影响，相关投资东道国的纺织服装行业发展压力增大，使包括性别平等在内的劳工保护面临更大挑战；[2] 另一方面，中国在这些国家的纺织服装行业投资存量在2022年继续增加，越来越多的中资企业开始面临相同的问题，这也使以下调研发现不断显示出现实意义。

1. 越南

（1）中资企业主和管理者认为企业正在执行的与性别相关的社会和劳工标准中最重要的是"性别平等用工"，其次则是"男女同工同酬"以及"女工生理期、孕产期、哺乳期的职业安全与健康保障"。

（2）所有企业主都不认为"管理层性别比"是性别平等的重要保障。

---

[1] 关于这些研究，可参看http://www.csc9000.org.cn/down28.php?lm=28。

[2] 参看"'Shecession': What COVID-19 Has Meant for Women and Work", https://www.weforum.org/agenda/2021/03/pandemic-shecession-womens-workplace-gains-gender-gap-covid/。

（3）59.5%的管理者认为"不同工种对性别有不同要求"是可以接受的雇用准则。

（4）若公司违反女工保护规定，绝大多数员工（81.5%）选择向公司内部的人事部门或厂长投诉，此外，13.4%的受访员工不知道应该如何投诉或求助。

（5）虽然67.6%的管理者反馈企业有禁止工作场所性骚扰的政策或规定，33.8%的管理者反馈企业建立了专门处理性骚扰的投诉机制，但是，对于"您在本公司是否接受过与防治职场性骚扰有关的培训"，员工回答"是"的仅占20.3%，61.6%的员工明确回答"否"。

2. 缅甸

（1）53.9%的员工最希望企业在工作场所采取的保护员工的隐私和尊严的措施是"不安排不必要的搜身安检，如有必要安排同性进行"，其次是公司"为不同性别设立单独的更衣室"（40.1%）。

（2）为人父母的员工面临的最大挑战是"没有太多的时间与我的孩子在一起"以及"无法母乳喂养"。

（3）81.8%的员工表示，如果遭遇职场性骚扰，不会向公司投诉或请求帮助。

（4）仅有12.5%的受访企业建立了专门处理性骚扰的投诉机制，仅有3%的员工表示在本公司接受过与防治职场性骚扰有关的培训。

3. 孟加拉国

（1）当问及员工是否经历过工作场所性骚扰，由于当地文化和宗教的敏感性，13.53%的员工未答此题。仅有38.83%的员工表示如果遭遇职场性骚扰会向公司投诉或请求帮助，同时，多达40%的员工未答此题。

（2）在管理者执行社会和劳动标准最看重的因素方面，仅有3%的管理者关注"管理层无性别差异"，有5%的管理者关注"成立女员工组织"。

（3）54.84%的员工表示"女性员工在孕期、哺乳期内仍被要求加班"。

（4）企业普遍建立了家庭儿童看护中心、医务室、哺乳室等，为生育子女的员工提供多项福利，这些福利待遇超出了中国国内服装企业的普遍标准。

4. 柬埔寨

（1）管理层中的女性占比高达 60.5%。

（2）对于遭遇强迫劳动、性骚扰或歧视时是否知道如何处理这一问题，50.8%的员工表示不知道，仅有 22.6%的员工表示知道。

5. 埃塞俄比亚

（1）中资企业管理层中女性占比较低，仅为 35%。

对"所在工厂十分满意"的女性员工占比仅为 14%，相比而言，感到"十分满意"的男性员工占比则为 28%，而选择"不太满意"和"不满意"的女性员工占比达 17%（男性员工则仅为 6%）。

（2）60%的中资企业表示对供应商有社会责任方面的要求，这些要求包括禁止使用童工、保护未成年工、防止性骚扰和性暴力等内容。

（3）性别平等与女性领导力提升是企业对能力提升培训和技术支持的主要诉求之一。

三 海外投资中促进性别平等的在地介入行动

（一）开发本地化工具体系

首先，在海外投资中关注性别影响、促进性别平等是中国纺联倡导的"负责任投资"理念的重要内涵。为了给中资企业在海外落实负责任投资提供实用的、通用性的方法论指导，中国纺联制定了《中国纺织服装企业负责任海外投资指引》（以下简称《指引》）。2018 年 10 月，《指引》分别面向缅甸和柬埔寨的各类利益相关方开展了意见征询，并于 2019 年 4 月在越南胡志明市公开发布。《指引》以投资项目的生命周期为框架，根据纺织服装行业海外投资的特点，通过在投资项目的各个环节融入识别与应对社会责任和可持续发展风险的举措来实现负责任的投资（见案例二）。[①]

---

① 关于《指引》，可参见 http://www.csc9000.org.cn/down.php? lm＝26。

案例二 《中国纺织服装企业负责任海外投资指引》中的"全生命周期负责任投资"理念

2. 适用事项

本指引主要适用于投资者在海外建成境外企业或投资项目之前及之后的海外投资评估、投资实施及投资退出三个环节，主要是在这些环节中制定、实施、保持并改进负责任投资管理体系，控制和降低投资过程中对环境和社会的不利影响，减少或消除与投资有关的社会责任风险。

2.1 投资评估

投资者可以在海外投资项目的前期论证、投资决策阶段按照本指引识别和评估投资项目的负责任投资风险与可持续发展机遇，并将评估结果导入项目投资决策和实施准备。在操作中，投资者可在项目投资规划、可行性研究、项目尽职调查或项目的环境与社会影响评估、项目实施设计和规划，以及合作伙伴选择等环节按照本指引纳入对负责任投资和可持续发展风险与机遇的识别、评估和管理，包括按照本指引建立政策与方针，以及与利益相关方就识别和应对风险与机遇开展沟通和合作。

2.2 投资实施

投资者可以在海外投资项目的实施阶段按照本指引持续识别和评估项目的负责任运营和可持续性风险与机遇，并将评估结果纳入项目实施行动计划和管理过程，更好地在不同国家与地区中一致地管理全球运营，在向利益相关方展示投资者负责任投资实践的同时促进投资链上的利益相关方接受并共同实施负责任投资。

2.3 投资退出

在投资退出环节（包括境外企业和海外投资项目的完成、中止、终止或退出），投资者也可以按照本指引在投资初期就做好退出机制的设计，

> 做好不同退出情况下的社会责任尽责应对预案，以满足退出阶段的社会责任尽责要求。
>
> 投资者还可以按照本指引对海外投资项目预防和应对责任投资风险和机遇的绩效进行评价。通过对投资项目的环境和社会影响评价进行全面的总结分析和评价，吸取项目中成功的经验，总结失败的教训，逐渐改善尽责管理水平，提高项目投资对于可持续发展的回报。

资料来源：《中国纺织服装行业负责任海外投资指引》（2018年版），http://www.csc9000.org.cn/d/file/p/2023/04-03/ace9a07460cedbe2ab9b7b6cc522b716.pdf。

其次，鉴于在性别平等领域内不同国家存在法律和文化等方面的差异，而当地中资企业迫切需要实用性的工具指导其建立具有性别敏感度的企业制度，因此，从2019年初开始直至2022年底（其间受疫情影响行动放缓），中国纺联结合国内、国际专家和技术资源，针对柬埔寨、越南、孟加拉国、缅甸和埃塞俄比亚等国先后开发出了本地化的工具体系。这些工具体系包括面向不同国家的管理者和员工的"信息工具箱"（information kit）和培训模组（training modules）。这些工具不仅在内容上充分顾及每个国家的不同要求，而且在开发方法上也做到了本地化：项目组根据前期调研发现确定开发目标和内容后，即着手在该国当地开展同相关方的沟通，并选取一到两位经验丰富的当地专家与中国专家一起成立项目专家组。当地专家的加入，不但有助于开发出适合当地国家法律和文化背景的项目工具，也有利于整个项目组从更加国际化的视角来实现性别平等。

最后，所有工具体系在应用之前，都经过了有当地和国际利益相关方参与的意见征询会的多次论证。截至2022年底，面向5个国家召开的10场线下线上意见征询会，得到了来自国际组织、当地政府部门、当地社会组织、当地纺织服装企业、当地中国商协会等机构和组织共计240余人的参与，与会者就工具体系展开了讨论和意见反馈，并提出改善和优化意见。

（二）落实多层次能力提升

在完成工具开发的基础上，中国纺联应用这些工具对主要投资目的地国家的中资纺织服装企业开展了系统化、多层次的能力提升活动。能力提升的首要方式是为企业管理层和员工代表提供培训和开展研讨活动。

2018年10月，在当地行业组织、社会组织和中资企业等合作伙伴的支持和参与下，首期主题为"推动企业社会责任、性别平等、促进劳资关系"的培训在缅甸仰光展开。为期两天的培训活动就海外企业社会责任的发展趋势、性别平等、缅甸劳动法等相关领域法律法规的要求，以及企业实践进行了详细说明，特别是，培训向参训企业提供了建设基于缅甸文化的沟通机制，以及通过促进企业劳资关系对话改善性别平等的管理机制的方案。

2019年2月至2021年12月，中国纺联又分别在柬埔寨金边市，越南河内市、胡志明市，以及孟加拉国达卡市（2020~2021年通过线上线下相结合的方式）召开了8场针对企业管理层以及基层管理者和普通员工的培训。与在缅甸的培训相同，这些培训意在提升参与企业代表对当地实际情况、相关法律和企业社会责任对性别平等的要求的认识与理解，指导企业如何建立工作场所性别平等制度，以及提升企业主和管理人员对于性别相关问题和矛盾的预判、应急、管理和化解预防能力。2022年，同一主题的培训面向22家在埃塞俄比亚投资的中资纺织服装企业举办。截至2022年底，5个国家超过150家企业的830余名管理者和员工代表参加了这一系列培训活动。

能力提升的另一个重要途径是通过现场咨询协助海外中资企业建立具有性别敏感度的企业管理系统。当地专家和中国专家通过实地辅导和远程技术支持帮助企业辨别其管理系统中存在的性别不平等和对女性劳动权益保障的不足之处，并对其内部规定进行修改以期满足女性员工的需求，同时，这一过程也收集企业改善的良好实践（见案例三、案例四）并在行业内交流推广。

案例三　浙江米娜埃塞子公司推进性别平等和女性领导力提升的实践

　　浙江米娜纺织有限公司成立于2006年，专注时尚女装面料的研发和生产。米娜纺织在2006年开始进行海外投资，2011年收购当时埃塞俄比亚最大的国有纺织企业，并于2014年投资建设子公司阿拉巴门齐印染厂。截至2022年底，公司全球雇员共计533人，女性员工202人，其中女性生产、业务骨干及部门负责人占比约21%。米娜埃塞子公司员工共514人，其中女工187人，占比36%。

　　性别平等一直是米娜的经营原则之一。自埃塞子公司开始运营起，"性别平等，同工同酬"的基本原则就被写进厂规。但受埃塞宗教、经济等国情的影响，该国女性参与经济活动的机会很少，女性在求学和就业方面均处于起步阶段。因此，在企业中成长为管理者的女性数量极少。此外，如何留住下大力气培养出来的女性技术和管理骨干，也是当地中资企业面临的一个重要挑战。

　　2020年9月，米娜积极响应联合国妇女署和中国纺联的倡议，签署了"赋权于妇女原则"CEO支持声明。管理层承诺在包括埃塞子公司在内的整个企业范围内，进一步推动性别平等的理念。以此为新起点，通过接受一系列培训和当地专家的现场指导，米娜将"WEPs性别差异分析工具"作为指导方针，逐步完善更精细的服务女性员工的制度和政策，不断加强对女性员工的技术和能力培训，提高女性员工和管理人员的占比。

　　首先，公司从招聘阶段开始，便有意扩大女性的比例，在新入职的员工中挑选能力较强的年轻女性，进厂后由厂里的生产技术骨干对她们进行传、帮、带，再通过组织在岗培训和技能比赛从中挑选技术骨干，将她们放在基层领导岗位上锻炼其管理能力。此外，对有继续学习意愿的员工采取"一人一政策"的做法，根据她们的学习需求，灵活调整她们的工作时间，支持她们完成学业深造。其次，除了在技术上给女性员工足够的成长空间外，米娜还在企业制度上采取合乎女性生理、心理特性的配套规章和措施，保护女性员工上进的积极性及实际的生活需求。最后，创造更多的机会，放手让优秀的女性员工"走出去"。例如，组织她们参加埃塞国内及在中国举办的国际纺织展会和技能发展活动，让她们在开阔的专业视野中成长为自信且具有管理意识的新式女性。

这些措施有效地激励了女性员工的工作积极性，除了在生产技能上有很大进步，埃塞子公司的女性员工占比从30%（2019年）提高至36%（2022年），女性中高级管理人员的比例也翻了一番多（2019年底5人，2022年底12人）。

资料来源：中国纺织工业联合会社会责任办公室、浙江米娜纺织有限公司。

案例四　恒田企业在"工商业与人权：国际投资与贸易中的性别平等和儿童权利保护"边会上的经验分享（2022年7月）

恒田企业成立于1995年，从事纬编针织面料的研发、织造染整和成衣设计缝制，从2014年开始，先后在缅甸仰光和埃及投资建设了生产基地。截至2022年年中，恒田全球员工人数近万人，其中，缅甸有近7000人，埃及超1000人。

恒田管理者坚信，性别平等的成效有赖于完善而有效的制度保障。基于此，恒田从两个方面着力确保性别平等和女性领导力提升两个目标同时推进。一方面，恒田对人力资源管理制度、企业生产管理流程等制度进行梳理和审查，以确保其中不存在歧视性的规定与用语，并将这一策略贯穿于职业培训、业绩评价、晋升和薪酬等制度之中，使性别平等成为全公司所有人员的思想方式和行为习惯。另一方面，恒田大力改革人才招聘和保留制度，主动招聘和任命女性担任管理职务，保证女性员工充分参与企业各个层面的管理与决策，从而有效提升了女性管理者的比例和管理能力。

在海外投资中促进性别平等：中国纺织服装行业的实践经验

> 截至2022年年中，恒田缅甸公司的女性管理者占比达到了80%，女职工平均工资达到150美元/月，大幅超过男职工平均工资（135美元/月）和该国国民平均收入（108美元/月）。恒田埃及公司的女性管理者占比也持续提升，达到了25%。

资料来源：中国纺织工业联合会社会责任办公室、无锡恒田企业有限公司。

（三）促进全方位沟通参与

促进性别平等和女性领导力提升既具有强烈的本地化特质，同时其作为联合国可持续发展目标之一，也是全球各方共同为之努力的目标。以此认识为指导，中国纺织服装行业在推进海外企业性别平等的工作中非常重视国家、地区和全球各个层面上各类利益相关方的全方位沟通、参与和合作。除了各国本地的行业组织和中资企业在当地的商协会组织外，中国纺织服装行业在各国推进海外企业性别平等的进程中，与联合国妇女署、亚洲基金会、英国道德贸易组织（ETI）、SMART Myanmar 项目、德国国际合作机构（GIZ）、国外服装品牌和采购商等建立了长期的合作关系。国际机构积极参与项目合作，主动分享资源，利用地域和技术优势，给予项目很多在地支持。

同时，中国纺联非常重视利用国际平台就行业在海外推进性别平等的工作进行沟通和交流。2020~2021年，中国纺联在联合国工商业与人权论坛以及联合国亚太地区负责任企业与人权论坛上分享了中国纺织服装行业推进负责任海外投资，包括促进性别平等的实践。① 2022年7月，在联合国人权理事会第50届会议期间，中国纺联与中国民间组织国际交流促进会等合办了以"工商业与人权：国际投资与贸易中的性别平等和儿童权利保护"为主

---

① 相关论坛可参见 https：//media.un.org/en/asset/k18/k18j7m0y8p；https：//www.rbhrforum.com/past-forums。

题的云上边会。中国纺联代表在会上指出，当前全球经济增速放缓，市场和供应链受到冲击，女性和儿童所受影响更加严重，如何建立包容和可持续的产业格局是各方面临的共同挑战，中资纺织服装企业也受邀在会上分享了其经验和体会。①

四 结论与建议

（一）性别平等既是海外投资议题也是当地社会发展议题

推动性别平等和女性领导力提升不仅是中国海外投资中必须直面的生产力议题，也是事关投资东道国社会发展的重要议题。因此，解决中资纺织服装企业内部的性别不平等问题不仅有助于增强中资纺织服装企业的凝聚力、盈利能力和竞争力，而且也能为这些投资东道国的经济和社会发展做出贡献。这同时还意味着，中资企业可以在客观上成为在更大的社会范围内促进性别平等的驱动力源头，因为女性员工从企业中获得的收入和技能以及领导力的提升必然会在其社会生活中产生溢出效应。

同时，这一议题的双重定位也决定了在海外开展推进性别平等的工作思路。首先，在面对与性别平等相关的具体问题时，既需要看到其对企业和员工的影响，也必须同时关注其可能的超越企业业务范围的影响，从而做到"知其可为而为之，知其不可为而不为"。其次，必须坚持"有原则的实用主义"，即在遵循有关性别平等的人权原则和国际规范的基础上，采取务实的、本地化的工作思路和解决方案，包括开发融合当地法律和文化要素的工具。最后，推进性别平等必须与企业内外的各类利益相关方保持沟通、学习、合作与交流，这意味着解决性别不平等问题既需要企业以外力量的理解和支持，也需要与之充分沟通，寻求跨越业务边界、连接多方的解决方案。

---

① 关于此边会，可参见 http：//paper.people.com.cn/rmrbhwb/html/2022-07/08/content_25927759.htm。

（二）中资企业须在长期战略层面正视性别平等议题

由于接受中国纺织服装行业投资的国家基本上是发展中国家，甚至是最不发达国家，企业中的性别平等问题也受到这些国家发展阶段以及法律标准和法治化水平完善进程的影响，这就意味着在性别平等议题上不可能一蹴而就，必须付出长期努力。例如，很多国家的女工都对中资企业提出了各种各样在当地法律中还没有规定，或需要长期投入且超越当地社会普遍标准，却又与女工的工作、生活密切相关的期望；又比如，一些性别平等问题的必要解决方案——如防治职场性骚扰的雇主责任——在有些国家可能缺乏法律或公众意识的支持，因此也需要一个长期过程。虽然在这种情况下，企业不满足这些期望或不履行相关责任既不违法也看似符合成本考虑，但鉴于这些期望和责任与女工工作状态和生产效率的直接相关性，以及其对性别平等和女工权利的重要意义，中资纺织服装企业有必要且应该以更高标准对待这些期望和责任。

这就要求企业既要深入了解投资所在国的经济、社会和文化传统特性，也需要将其与性别平等的基本原则和女工保护的国际标准进行有机结合，实现企业运营的"本土化"和价值观的"国际化"。在此之外，中资企业还应与社会组织等联手开展立法倡导，推动相关国家在性别平等和女工保护领域社会保障法律制度的不断完善，以便在促进性别平等和女工保护的同时，减轻企业负担。

（三）提升性别平等意识和完善管理机制是应对性别平等问题挑战的主要措施

培训不足导致管理者视野有限和性别平等意识低下，而视野有限和性别平等意识低下则妨碍管理者发现问题和拓宽思路。研究表明，中资企业管理者和员工在性别平等领域的很多问题都源于认识不足。因此，企业应当首先培训管理者，开阔管理者视野，提升其性别平等意识，在此基础上提高管理者建章立制、规范化、系统化管理的能力。同时，通过加强宣传与企业培训，也有助于管理者在性别歧视等特定问题上走出认知误区，消除基于性别刻板印象而做出的歧视性决定。当然，企业也应加大对女工的培训投入，在传授职业知识与技能的同时，提升其性别平等意识、自信心和竞争力。

在意识提升的基础上，企业应以系统性、前瞻性、负责任的管理措施推动中国海外投资纺织企业建立性别平等的工作环境。除了建立促进女工晋升的机制，提高管理层女性占比之外，企业还需注重完善内部沟通和申诉机制，健全劳资对话机制和渠道；建立工会和女工组织，以及帮扶女工工作、生活及其家庭的福利制度；在充分考虑当地文化和宗教传统的前提下，建立或健全防治性骚扰机制，包括在员工培训中纳入与工作场所性骚扰防治相关的内容。

附录一　中国人权大事记·2022

高　明[*]

1月

1日　中国首部家庭教育专门法律《中华人民共和国家庭教育促进法》正式施行。

中国首部关于法律援助的综合性、基础性及加强公共法律服务均等化的重要法律《中华人民共和国法律援助法》正式施行，实现了以国家立法形式对法律援助制度的确认，我国的法律援助制度发展进入新的起点。

6日　国务院办公厅印发《国家残疾预防行动计划（2021—2025年）》，对进一步加强残疾预防、有效减少和控制残疾发生、保障人民群众生命安全和身体健康作出部署。

7日　国家统计局发布《中国妇女发展纲要（2011—2020年）》和《中国儿童发展纲要（2011—2020年）》终期统计监测报告。报告显示中国义务教育阶段的性别差距已基本消除，在包括研究生、普通本专科、成人本专科在内的各类高等教育中均出现性别比例逆转，即女性占比超过男性。

10日　国家发展改革委等部门联合印发《"十四五"公共服务规划》，明确了以标准化推进基本公共服务均等化的路径，首次将覆盖面更广、服务内容更丰富、需求层次更高的非基本公共服务和能够与公共服务密切配合、

---

[*] 高明，南开大学法学院硕士研究生。

有序衔接的高品质多样化生活服务同步纳入规划范围，提出了系统提升公共服务效能的支持政策。

13日 中国残联、中央文明办、教育部、工信部等12部门联合印发《关于进一步推进扶残助残文明实践活动的实施意见》，提出十项重点任务，其中包括：加强习近平总书记关于残疾人事业重要论述的学习宣传；加强社会宣传和大众传播；广泛深入开展"全国助残日"活动；实施党员帮扶残疾人行动；深化志愿助残服务活动；开展扶残助残文明实践行动；实施文化领域助残行动；促进无障碍环境建设行动；开展残疾人高校毕业生就业服务行动；讲好残疾人故事，树立国家尊重和保障残疾人权益的形象。

14日 中国记者协会举办第152期新闻茶座，3位党史和人权领域专家学者与40多家境内外媒体记者和驻华使馆新闻官，围绕"新时代中国的人权理念与实践"这一主题展开交流。活动中，中外记者就"中国人权事业发展对世界的贡献和意义""中国人权理念的经验推广""中国少数民族人权状况"等议题踊跃提问，3位专家学者在热烈的交流气氛中分享了自己的观点看法。

16日 全国信访局长会议召开。会议总结2021年信访工作，分析信访形势，部署2022年主要任务。2021年，国家信访局持续推进"治理重复信访、化解信访积案"专项工作，深入开展"大督查大接访大调研"活动，一大批群众信访多年、反映强烈的矛盾问题得到妥善解决。

全国司法行政工作会议召开。会议要求，奋力推进全面依法治国和司法行政工作高质量发展。

17日 全国检察长（扩大）会议召开。最高人民检察院检察长张军表示，要持续做好公益诉讼检察，在落实公益诉讼"4+5"法定责任之余，要积极稳妥重点办理妇女权益保障等领域案件。

25日 国务院办公厅转发教育部等部门《"十四五"特殊教育发展提升行动计划》，部署各地加快推进特殊教育高质量发展。根据该行动计划，到2025年，高质量的特殊教育体系初步建立；普及程度显著提高，适龄残疾儿童义务教育入学率达到97%；教育质量全面提升，课程教材体系进一步完善；保障机制进一步完善，逐步提高特殊教育经费保障水平。

司法部发布《全国公共法律服务体系建设规划（2021—2025年）》。根据该规划，进城务工人员、残疾人、老年人、青少年、妇女和军人军属、退役军人等被作为公共法律服务的重点服务对象。

2月

1日 针对日本国会众议院审议通过所谓"涉华人权决议"，全国人大外事委员会发言人尤文泽发表谈话指出，中国人权状况怎么样，中国人民最有发言权，不需要他国来评判。日本应该做的是深刻反省自身历史和人权劣迹，而不是追随他国炒作涉华议题、恶意抹黑中国、横加干涉中国内政。将人权问题政治化、工具化不得人心，是注定要失败的。

3日 北京冬奥组委发布《促进性别平等承诺》。北京冬奥组委在平等参赛、提供安全的体育运动环境、促进工作岗位性别平等和保证工作岗位平等权益等四方面做出14项承诺，承诺积极采取各项有效措施，推动通过体育运动促进性别平等，倡导所有利益相关方践行此承诺，采取积极行动，共同推动实现性别平等和包容性社会建设。

5日 中方向世界知识产权组织递交《关于为盲人、视力障碍者或其他印刷品阅读障碍者获得已出版作品提供便利的马拉喀什条约》批准书。按条约规定，条约将于三个月后对中国正式生效。该条约是世界上第一部，也是迄今为止唯一一部版权领域的人权条约，将进一步保障阅读障碍者平等获取文化和教育的权利。

6日 中国常驻联合国代表张军大使向媒体发表谈话，驳斥美国常驻联合国代表托马斯-格林菲尔德的言论。张军表示，美方再次对中国进行指责，就北京冬奥会、涉疆、涉台等问题发表不负责任的错误言论，其说法毫无事实根据，充满政治偏见，严重毒化中美关系。

7日 国家卫生健康委等15部门联合印发《"十四五"健康老龄化规划》。根据该规划，到2025年，要实现老年健康服务资源配置更加合理，综合连续、覆盖城乡的老年健康服务体系基本建立，老年健康保障制度更加健全，老年人健康生活的社会环境更加友善，老年人健康需求得到更好满足，老年人健康水平不断提升，健康预期寿命不断延长。

8日 针对美国国会众议院通过"2022年美国竞争法案"，全国人大外事委员会发表声明。声明表示，美国国会众议院近日通过的"2022年美国竞争法案"涉华内容充斥冷战思维和意识形态偏见，诋毁抹黑中国发展道路和内外政策，鼓吹对华战略竞争，借涉台、涉疆、涉港、涉藏等问题干涉中国内政。

教育部官网发布"教育部2022年工作要点"。根据该工作要点，2022年教育部将全面落实免试就近入学全覆盖，深入推进"双减"，全面推动学校思政课建设，统筹推进乡村教育振兴和教育振兴乡村工作，促进高校毕业生更加充分更高质量就业，加快培养、引进国家急需的高层次紧缺人才，深化新时代教育评价改革，积极稳妥推进考试招生制度改革。

15日 最高人民法院审判委员会第1864次会议讨论通过了《最高人民法院关于修改〈最高人民法院关于审理人身损害赔偿案件适用法律若干问题的解释〉的决定》。

17日 江苏省委、省政府成立调查组，针对"丰县生育八孩女子"事件进行全面深入调查核查。有关调查人员除在江苏省开展工作外，还赴云南、河南等相关省份开展实地调查，共走访群众4600余人次、调阅档案资料1000余份，对社会关注的"丰县生育八孩女子"身份认定、杨某某生育八孩情况、董某某等人涉嫌犯罪情况等问题开展了深入核查，形成了事件调查处理情况通报。相关部门对有关违法犯罪行为依法严惩，对有关责任人员严肃追责。

18日 欧洲议会全会通过2021年度"共同外交与安全政策"和"共同安全与防务政策"执行报告，妄称中国在南海、东海以及台湾海峡展示武力，威胁地区和平稳定，并无端指责中国侵犯少数民族人权，压制香港和澳门民主自由。对此，中国驻欧盟使团发言人予以严正驳斥，表示强烈不满。

20日 中共中央办公厅、国务院办公厅、中央军委办公厅印发《"十四五"退役军人服务和保障规划》，对"十四五"时期做好退役军人工作作出部署安排。

21日 国务院印发《"十四五"国家老龄事业发展和养老服务体系规划》，围绕推动老龄事业和产业协同发展、推动养老服务体系高质量发展，明确了"十四五"时期的总体要求、主要目标和工作任务。

最高人民检察院发布第三十四批指导性案例。这批案例以"网络时代人格权刑事保护"为主题，包括广受社会关注的"杭州女子取快递被诽谤案""'辣笔小球'诋毁戍边英雄案"等。在最高人民检察院举行的"坚持以人民为中心 加强网络时代人格权刑事保护"新闻发布会上，最高人民检察院检察委员会委员、第一检察厅厅长苗生明表示，本批5件指导性案例主要选编了精神性人格权刑事保护的案例，这些案件看似为"小案"，但对当事人来说，是"天大的事情"。

22日 新华社受权发布《中共中央 国务院关于做好2022年全面推进乡村振兴重点工作的意见》，这是21世纪以来第19个指导"三农"工作的中央一号文件。全文共8个部分，包括：全力抓好粮食生产和重要农产品供给、强化现代农业基础支撑、坚决守住不发生规模性返贫底线、聚焦产业促进乡村发展、扎实稳妥推进乡村建设、突出实效改进乡村治理、加大政策保障和体制机制创新力度、坚持和加强党对"三农"工作的全面领导。

中国常驻联合国日内瓦办事处和瑞士其他国际组织代表团和新疆维吾尔自治区共同举办面向日内瓦外交界的"人民至上：新疆是个好地方"视频交流会。50余国常驻代表和高级外交官、联合国人权高专办官员、媒体记者等近百人通过视频方式进行了交流。

25日 十九届中央政治局就中国人权发展道路进行第三十七次集体学习。中共中央总书记习近平在主持学习时强调，尊重和保障人权是中国共产党人的不懈追求，党的百年奋斗史，贯穿着党团结带领人民为争取人权、尊重人权、保障人权、发展人权而进行的不懈努力；要深刻认识做好人权工作的重要性和紧迫性，坚定不移走中国人权发展道路，更加重视尊重和保障人权，更好推动我国人权事业发展。

28日 国务院新闻办公室发表《2021年美国侵犯人权报告》。报告内

343

容包括美国操弄疫情防控付出惨痛代价、固守暴力思维威胁生命安全、玩弄虚假民主践踏政治权利、放纵种族歧视加剧社会不公、背离人道主义制造移民危机、滥用武力制裁侵犯他国人权等部分。

国务委员兼外长王毅在北京以视频方式出席联合国人权理事会第49届会议高级别会议，并发表题为《坚持公平正义 推动全球人权事业健康发展》的致辞。王毅表示，人人充分享有人权，是人类社会的不懈追求。中方主张做保护人权的真正践行者，做人民利益的忠实守护者，做共同发展的积极贡献者，做公平正义的坚定维护者。

3月

1日 社会科学文献出版社、中国残疾人事业新闻宣传促进会、中国人民大学残疾人事业发展研究院在京发布《残疾人事业蓝皮书：中国残疾人事业研究报告（2022）》，全面回顾中国共产党与中国残疾人事业百年历程，总结中国共产党领导下残疾人事业发展所取得的成就。

最高人民法院发布九起未成年人权益司法保护典型案例。这九起案例既有严惩性侵未成年人的刑事案件，也有延伸帮教未成年被告人重回正轨的特色审判案件；既有涉及未成年人的变更抚养权、发出家庭教育令等民事案件，也有未成年人入住宾馆、向未成年人出售烟酒等新型侵权案件；还有涉及未成年人社会保障给付的行政案件。案例体现了人民法院坚持给予未成年人特殊、优先保护和双向保护、综合保护的立场理念。

3日 国务院新闻办公室发布《中国残疾人体育事业发展和权利保障》白皮书。白皮书介绍，中国将残疾人康复健身体育作为实施全民健身、健康中国、体育强国等国家战略的重要组成部分，开展全国性残疾人体育活动，改善体育服务，丰富活动内容，加强科研教育，残疾人群众性康复健身体育活动日益活跃。

国家卫健委等六部门联合印发《关于推进家庭医生签约服务高质量发展的指导意见》。该意见明确了签约服务费内涵，并强调签约服务费由医保基金、基本公共卫生服务经费和签约居民个人付费等分担，且原则上不低于70%的签约服务费用于参与签约服务人员的薪酬分配，以提高家庭医生的积极性。

4日 北京2022年冬残奥会开幕式在国家体育场隆重举行。国家主席习近平出席开幕式并宣布北京2022年冬残奥会开幕。

5日 最高人民法院、全国妇联、教育部、公安部、民政部、司法部、国家卫生健康委共同发布《关于加强人身安全保护令制度贯彻实施的意见》。该意见从贯彻实施人身安全保护令制度应当遵循的原则、各部门具体职责、协助执行义务等各方面作出规定。

7日 联合国人权理事会第49届会议根据中国2021年提交并获得通过的"在人权领域促进合作共赢"决议案要求，举行关于在新冠肺炎疫情和复苏努力中加强技术合作、保护弱势群体权利问题专题讨论会。中国外交部人权事务特别代表李笑梅作为嘉宾发言，表示中国坚持人民至上、生命至上，有力应对新冠肺炎疫情，同时高度重视疫情期间弱势群体权利保障。

8日 中国常驻联合国日内瓦办事处和瑞士其他国际组织代表陈旭大使在联合国人权理事会第49届会议上代表40余国作共同发言，呼吁联合国人权高专办加大对经社文权利和发展权的投入，通过建设性对话与合作促进伙伴关系，反对将人权作为政治工具的做法。

联合国安理会在国际妇女节举行"妇女、和平与安全"公开辩论会，讨论妇女经济参与问题。中国常驻联合国代表张军大使在会上表示，妇女经济赋权既需要政治承诺，更需要具体行动。张军列举了南苏丹、卢旺达和肯尼亚的三位女性在各自国家同中国的具体合作中的收获，并邀请中国常驻联合国代表团的青年女外交官桂丹发言，现场讲述中国女性在各领域的风采。

10日 国家发展改革委印发《2022年新型城镇化和城乡融合发展重点任务》，提出"以县域为基本单元推动城乡融合发展，推进城镇基础设施向乡村延伸、公共服务和社会事业向乡村覆盖"。

15日 人力资源和社会保障部、国家发展改革委、财政部、农业农村部、国家乡村振兴局印发《关于做好2022年脱贫人口稳岗就业工作的通

知》，进一步部署做好脱贫人口稳岗就业工作。该通知提出，要按照稳存量、扩增量、提质量的要求，推动全国脱贫人口（含防止返贫监测对象）务工规模不低于3000万人，将160个国家乡村振兴重点帮扶县和易地搬迁集中安置区作为重点地区，牢牢守住不发生规模性失业返贫的底线。

16日 在联合国人权理事会第49届会议期间，"新疆的人权进步与各族人民的幸福生活"云上边会在乌鲁木齐市举行。会议由中国人权研究会主办，新疆大学、国际文化交流学术联盟、西南政法大学联合承办。来自中国、俄罗斯、巴基斯坦、古巴等国家的多位专家学者通过现场或网络视频方式发言，讲述了新疆社会稳定、经济发展、人权事业不断进步的真实情况，驳斥少数西方国家污蔑抹黑新疆人权状况的不实之词。

18日 在联合国人权理事会第49届会议期间，"新疆经济社会发展与人权保障"云上边会在广州举办。会议由中国人权研究会、中国常驻联合国日内瓦办事处和瑞士其他国际组织代表团主办，暨南大学传播与边疆治理研究院、新闻与传播学院承办。多位专家学者通过线上线下相结合的方式，围绕新疆经济社会发展、人权事业进步等主题展开交流。

21日 最高人民法院发布《关于审理行政赔偿案件若干问题的规定》。规定旨在确保人民法院公正、及时审理行政赔偿案件，实质化解行政赔偿争议。

23日 中国联合国协会主办联合国人权理事会第49届会议视频边会，主题为"基于国情的民主模式与中国的实践，尊重各国人民自主选择民主治理模式的权利"。与会人员表示，全过程人民民主这一中国式民主保证了各界各阶层人民广泛参与社会治理和决策，具有广泛代表性并充满活力。中国在发展、减贫、人权、抗疫等方面取得人类历史上前所未有的巨大成就，在发展民主和促进人权方面是当之无愧的成功者。

中共中央办公厅、国务院办公厅印发了《关于构建更高水平的全民健身公共服务体系的意见》，提出深化体卫融合，制定实施运动促进健康行动计划，鼓励有条件的医疗机构加强以体育运动康复为特色的专科能力建设。

29日 国务院反拐部际联席会议电视电话会议召开。中共中央政治局常委、国务院总理李克强作出重要批示,指出:打击治理拐卖人口事关家庭幸福、社会安宁。各地区各有关部门要坚持以习近平新时代中国特色社会主义思想为指导,认真贯彻落实党中央、国务院决策部署,深入推进正在开展的打击拐卖妇女儿童犯罪专项行动,全面深入排查拐卖情况,及时做好被拐人员解救关怀、安置康复、隐私保护、回归家庭和社会等工作;拐卖人口伤天害理,对涉案犯罪分子要坚决缉拿归案、绳之以法。

31日 由财政部、国务院发展研究中心与世界银行联合开展研究的《中国减贫四十年:驱动力量、借鉴意义和未来政策方向》在北京发布。该研究报告分析了过去40年中国减贫的主要驱动力量,总结了中国减贫经验对其他发展中国家的借鉴意义,并对中国的未来政策方向提出了建议。

4月

1日 联合国人权理事会第49届会议通过中国和巴基斯坦、埃及、南非、玻利维亚等国共同提交的促进和保护经济、社会、文化权利和消除不平等问题决议草案,66国参加共同提交。

2日 国家卫生健康委印发《国家卫生健康委关于贯彻2021—2030年中国妇女儿童发展纲要的实施方案》。根据该方案,到2030年,适龄妇女宫颈癌人群筛查率达到70%以上,艾滋病母婴传播率下降到2%以下,每千名儿童拥有儿科执业(助理)医生达到1.12名、床位增至3.17张。

6日 最高人民检察院与全国妇联联合下发通知,开展"关注困难妇女群体,加强专项司法救助"专项活动。

8日 最高人民法院发布《最高人民法院关于为实施积极应对人口老龄化国家战略提供司法服务和保障的意见》,旨在解决老年人的"急难愁盼"问题,服务和保障实施积极应对人口老龄化国家战略。最高人民法院还配套发布了老年人权益保护第二批典型案例,通过裁判指引切实保障老年人合法权益。

11日 国务院办公厅印发《促进残疾人就业三年行动方案(2022—

2024年)》，对当前和今后一个时期加快推进残疾人就业工作、实现"十四五"时期残疾人较为充分、较高质量的就业目标作出部署。

15日 中国人权研究会发布《反亚裔种族歧视甚嚣尘上坐实美国种族主义社会本质》研究报告，系统揭露了美国社会愈演愈烈的反亚裔种族歧视问题。报告指出，美国在骨子里依然是一个白人盎格鲁-撒克逊新教徒的国家，亚裔同非洲裔、拉美裔、原住民一样，在享有和实现人权的诸多方面受到有形无形的歧视和侵害。

19日 全国人大常委会组成人员对妇女权益保障法修订草案二审稿进行分组审议。与会人员普遍认为，修订草案二审稿积极回应妇女期盼，对于大众普遍关注、反映强烈的热点问题进行更有针对性、有效性、可操作性的规定。围绕拐卖妇女违法犯罪、女性职场壁垒、防范性骚扰等社会关切，与会人员展开热议。

最高人民法院印发通知，部署全国法院打击整治养老诈骗专项行动，要求各级人民法院依法严惩养老诈骗犯罪，重点惩处以养老为名侵害老年人合法权益的各类诈骗犯罪。

21日 国务院新闻办公室发布《新时代的中国青年》白皮书，它是新中国历史上第一部专门关于青年的白皮书，客观呈现了党的十八大以来中国青年发展事业取得的巨大成就，勾勒了新时代中国青年的主流群像。

国务院教育督导委员会印发了《关于公布通过义务教育均衡发展国家督导评估认定县（市、区、旗）名单的决定》，公布广西、西藏、四川、新疆、内蒙古、甘肃6省（区）的94个县正式通过义务教育基本均衡发展国家督导评估认定，标志着31个省（区、市）和新疆生产建设兵团的2895个县级行政单位都实现了县域义务教育基本均衡发展。

国务院办公厅印发了《关于推动个人养老金发展的意见》。个人养老金制度的建立，对我国多层次、多支柱养老保险体系建设具有标志性意义。

24日 中宣部版权管理局局长王志成在国务院新闻办公室举行的2021年中国知识产权发展状况新闻发布会上介绍，保障阅读障碍者平等欣赏作品和接受教育权利的《马拉喀什条约》将于2022年5月5日对我国生效，有望缓解阅读障碍者"书荒之困"。

25日 国家主席习近平向"青蒿素问世50周年暨助力共建人类卫生健康共同体"国际论坛致贺信。习近平指出，青蒿素是中国首先发现并成功提取的特效抗疟药，问世50年来，帮助中国完全消除了疟疾，同时中国通过提供药物、技术援助、援建抗疟中心、人员培训等多种方式，向全球积极推广应用青蒿素，挽救了全球特别是发展中国家数百万人的生命，为全球疟疾防治、佑护人类健康作出了重要贡献。

国家知识产权局正式发布《二〇二一年中国知识产权保护状况》白皮书。白皮书显示，2021年，我国知识产权保护制度建设、审批登记、文化建设、国际合作等方面均取得积极进展。

27日 最高人民法院发布《关于修改〈最高人民法院关于审理人身损害赔偿案件适用法律若干问题的解释〉的决定》，将残疾赔偿金、死亡赔偿金以及被扶养人生活费由原来的城乡区分的赔偿标准修改为统一采用城镇居民标准计算。此次修改是为落实党中央关于"改革人身损害赔偿制度，统一城乡居民赔偿标准"的要求，聚焦赔偿标准城乡统一问题。

人力资源和社会保障部发布数据显示，今年以来，我国就业局势总体保持基本稳定。人力资源和社会保障部就业促进司副司长陈勇嘉介绍，今年以来，人力资源和社会保障部继续实施一系列阶段性、组合式稳就业保民生政策，进一步加大援企稳岗、技能提升、兜底保障力度，积极助力"六稳""六保"。

5月

1日 中共中央、国务院印发的《信访工作条例》正式施行。该条例总结党长期以来领导和开展信访工作经验特别是党的十八大以来信访工作制度改革成果，坚持和加强党对信访工作的全面领导，理顺信访工作体制机制，是新时代信访工作的基本遵循。

新修订的《中华人民共和国职业教育法》正式施行。该法内容更加充实,明确职业教育是与普通教育具有同等重要地位的教育类型,国家鼓励发展多种层次和形式的职业教育,要求着力提升职业教育认可度,建立健全职业教育体系,深化产教融合、校企合作,完善职业教育保障制度和措施。

4日 国家统计局发布农民工监测调查报告显示,2021年全国农民工总量2亿9251万人,比2020年增加691万人,增长2.4%;农民工月均收入4432元,比上年增加360元,增长8.8%。农民工就业总体稳定,收入稳步增长。

5日 《关于为盲人、视力障碍者或其他印刷品阅读障碍者获得已出版作品提供便利的马拉喀什条约》对中国生效,中国成为该条约的第85个缔约方。

7日 中央文明办、文化和旅游部、国家广播电视总局、国家互联网信息办公室发布了《关于规范网络直播打赏 加强未成年人保护的意见》。该意见规定,禁止未成年人参与直播打赏,严控未成年人从事主播,要求优化升级"青少年模式",建立专门服务团队,规范重点功能应用,加强高峰时段管理,加强网络素养教育。

10日 中国人权研究会和奥地利奥中友好协会共同举办"2022·中欧人权研讨会",会议在中国武汉和奥地利维也纳分设主会场。本次会议主题聚焦科技与人权,来自联合国人权高专办的代表和来自中国、奥地利、英国、德国、匈牙利、意大利、希腊、西班牙等国的100余位人权领域专家学者、高级官员和实务部门代表以线上线下相结合的方式进行研讨交流。

11日 国家统计局云南调查总队公布第一季度云南脱贫县农村居民收支情况。第一季度,云南脱贫县农村居民收入平稳增长,消费支出持续恢复。其中,人均可支配收入3651元,较上年增长7.0%。人均生活消费支出3045元,比上年增加250元,增长8.9%。

最高人民法院、最高人民检察院发布《关于办理海洋自然资源与生态环境公益诉讼案件若干问题的规定》,要求充分发挥海洋环境监督管理部门、人民检察院在海洋环境公益诉讼中的不同职能作用,构建较为完善、独立的具有中国特色的海洋环境公益诉讼制度。

13 日　民政部、中国残联联合印发通知，决定自第三十二次全国助残日起，在"跨省通办"基础上，在全国范围内实行困难残疾人生活补贴和重度残疾人护理补贴申请"全程网办"服务。"全程网办"后，残疾人可全程在线提交申请、查询、修改补贴证明材料，从而实现申领补贴"一次都不跑"和"不见面审核"。

16 日　财政部、教育部、人力资源和社会保障部发布通知，下达 2022 年学生资助补助经费预算超 688 亿元，用于落实普通高中、中等职业教育、高等教育国家学生资助政策。此外，财政部下达 2022 年支持学前教育发展资金 230 亿元，比上年增加 30 亿元，增长 15%，居中央对地方各项教育转移支付增幅之首。

19 日　中国新闻社举行"东西问智库·中国人权发展道路专题研讨会"。中国人权研究会秘书长、吉林大学法学院教授鲁广锦从六个方面剖析中国人权发展道路的内在逻辑，并指出，中国人权发展道路凝聚着中国人权智慧，构建起中国人权方案，创造了人类人权文明新样态。

23 日　联合国亚太经社会（ESCAP）第 78 届年会在曼谷举行。年会期间，中国常驻 ESCAP 代表处在曼谷联合国会议中心举办纪念 ESCAP 成立 75 周年中国减贫成就图片展。中国驻泰国大使韩志强表示，在中国共产党领导下，中国 40 多年来实现 7.7 亿人脱贫，占同期全球减贫人口的 70% 以上。中国还通过南南合作向 160 多个发展中国家提供援助，支持其减贫努力。

25 日　国家主席习近平在北京以视频方式会见来华访问的联合国人权事务高级专员巴切莱特。习近平阐述了事关中国人权事业发展的重大问题，表明了中国党和政府致力于全方位维护和保障人权的原则立场。

30 日　国家卫生健康委召开新闻发布会，介绍党的十八大以来妇幼健康工作进展成效有关情况。数据显示，2021 年中国孕产妇、婴儿、5 岁以下儿童死亡率已分别下降至 16.1/10 万、5.0‰、7.1‰，均降至历史最低水平。三项核心指标降幅趋势持续向好，中国被世界卫生组织评定为"全球十个妇幼健康高绩效国家之一"。

最高人民法院、最高人民检察院、公安部、司法部联合发布的《关于未成年人犯罪记录封存的实施办法》正式施行。这对未成年人隐私和信息保护，切实解决实践中未成年人犯罪记录因封存、启封、解封不当导致信息泄露，影响涉轻罪的失足未成年人重新回归社会等问题具有重要的现实意义。

6月

2日 民政部、财政部联合印发《关于切实保障好困难群众基本生活的通知》。该通知强调，各地要扎实做好低保等基本生活救助工作，为低保对象、特困人员增发一次性生活补贴，受疫情影响严重地区可为临时生活困难群众发放一次性临时救助金。

6日 最高人民法院发布人格权司法保护典型民事案例，指导全国法院正确适用民法典人格权法律制度，树立行为规则，明确裁判规则，加强人格权司法保护。

10日 针对欧洲议会通过所谓"新疆人权形势"决议，全国人大外事委员会发言人尤文泽发表谈话，强烈谴责欧洲议会通过的所谓"新疆人权形势"决议，坚决反对欧洲议会打着"人权"的幌子搞政治操弄，粗暴干涉中国内政。

14日 人社部办公厅、国家发改委办公厅、商务部办公厅、国家乡村振兴局综合司、全国妇联办公厅联合印发《关于进一步加强家政劳务品牌建设的通知》，要求充分发挥家政劳务品牌带动作用，引导更多农村劳动力特别是农村妇女到家政服务领域就业，扩大家政服务有效供给，推动家政服务提质扩容。

国家卫生健康委召开新闻发布会，介绍党的十八大以来健康教育工作进展与成效。党的十八大以来，中国不断加强健康教育，推动个人和群体树立健康观念、掌握健康知识、养成健康行为。

16日 《求是》杂志发表中共中央总书记、国家主席、中央军委主席习近平的重要文章《坚定不移走中国人权发展道路，更好推动我国人权事业发展》。

23 日 联合国人权理事会第 50 届会议期间,"环境权的保障与发展"边会在线上举行。会议由中国人权研究会主办,中国人民大学人权研究中心、中国人民大学法学院承办。来自国内外高校和研究机构的多位专家学者围绕环境权议题展开了深入研讨,共有 70 多位与会者参加了本次会议。

十三届全国人大常委会第三十五次会议分组审议国务院关于儿童健康促进工作情况的报告。与会人员普遍认为,报告实事求是地反映了儿童健康促进工作的主要成效和存在的主要问题,下一步工作安排坚持问题导向和目标导向,举措比较实在。

25 日 公安部部署全国公安机关夏季治安打击整治"百日行动",重拳打击突出违法犯罪,大力整治社会治安问题。公安部要求,要用硬的拳头保护妇女、儿童、老年人、残疾人、中小学生等群体,针对侵害他们合法权益的违法犯罪,突出"快、准、狠",坚决依法打击。

27 日 中共中央政治局常委、国务院总理李克强到民政部、人力资源和社会保障部考察,并主持召开座谈会。李克强强调,要以习近平新时代中国特色社会主义思想为指导,落实党中央、国务院部署,全面贯彻新发展理念,高效统筹疫情防控和经济社会发展,保市场主体,稳住就业基本盘,切实保障民生。

28 日 教育部举办"教育这十年"系列发布会第六场,介绍党的十八大以来语言文字事业改革发展成就和经验。十年间,全国普通话普及率从 70% 提高到 80.72%,识字人口使用规范汉字的比例超过 95%,文盲率下降至 2.67%。

29 日 中共中央宣传部举行"中国这十年"系列主题新闻发布会,介绍新时代坚持和完善人民代表大会制度的进展和成就。全国人大常委会副秘书长汪铁民在会上表示,党的十八大以来,以习近平同志为核心的党中央从坚持和完善中国特色社会主义制度、推进国家治理体系和治理能力现代化的战略高度,推进人民代表大会制度理论和实践创新,形成习近平总书记关于坚持和完善人民代表大会制度的重要思想,人民代表大会制度更加成熟、更加定型。

7月

2日 联合国人权理事会第50届会议云上边会"中国民族地区教育发展与权利保障"举行。会议由中国人权研究会和中国社会科学院民族学与人类学研究所共同主办。来自中外高校和研究机构的专家学者与会,共同讨论中国民族地区教育发展与权利保障。

5日 在联合国人权理事会第50届会议期间,由中国联合国协会主办的"加强全球人权治理,弘扬全人类共同价值"边会以视频方式举行。与会中外嘉宾表示,中国人权事业取得巨大发展成就,在全球人权治理过程中扮演重要角色,国际社会应尊重人权发展的多样性,反对套用单一模式和评判标准。

在联合国人权理事会第50届会议期间,由中国少数民族对外交流协会主办、中南民族大学承办的主题边会"依法治理民族事务,保障少数民族合法权益"举行。来自中国、吉尔吉斯斯坦、英国、乌兹别克斯坦、老挝、新西兰、卢旺达等国的18名专家学者以线上线下相结合的方式围绕主题展开研讨。

6日 在联合国人权理事会第50届会议期间,北京市民间组织国际交流促进会联合中国国际民间组织合作促进会、北京国际和平文化基金会共同主办"积极应对气候变化,推动人类可持续发展"边会。

由中国民间组织国际交流促进会、中国五矿化工进出口商会、中国纺织工业联合会共同举办的"工商业与人权:国际投资与贸易中的性别平等和儿童权利保护"云上边会举行。与会中外嘉宾充分肯定有关各方在工商业领域内为尊重和保障人权所做努力,建议各国政府、企业和行业协会加强交流互鉴,为完善全球人权治理发挥更具建设性的作用。

8日 由中国人权研究会主办、西南政法大学人权研究院承办的"美国强迫劳动严重侵犯人权"国际视频研讨会举行。本次会议是联合国人权理事会第50届会议云上边会之一,海内外近30位学者以线上线下相结合的方式进行研讨。

12日 2022年两岸残障人士交流嘉年华活动在厦门举办。来自海峡两岸的100多名残障组织、就业创业与扶残助残代表以及无障碍环境建设、康复领域专家学者齐聚厦门，探讨如何共同创造残疾人美好生活。两岸残障人士交流嘉年华是第十四届海峡论坛的配套活动之一。

13日 以"凝聚女性力量，共创中国中亚美好未来"为主题的纪念中国同中亚五国建交30周年妇女发展论坛以视频连线方式在北京、沈阳、大连举行。全国人大常委会副委员长、全国妇联主席、上海合作组织睦邻友好合作委员会主席沈跃跃出席论坛并致辞。乌兹别克斯坦最高会议参议院主席纳尔巴耶娃视频致辞。辽宁省委书记、省人大常委会主任张国清出席论坛。辽宁省委副书记、省长李乐成致欢迎辞。全国妇联副主席、书记处第一书记，国务院妇女儿童工作委员会副主任黄晓薇主持论坛。

14日 2022年全国医改工作电视电话会议在京召开。中共中央政治局常委、国务院总理李克强作出重要批示。批示指出：医药卫生体制改革是涉及千家万户的大事。近年来，通过持续深化医改，推动从以治病为中心向以人民健康为中心转变，着力解决看病难、看病贵问题，不断提高基本医疗卫生服务的公平性、可及性，建成全世界最大、覆盖全民的基本医疗保障网。特别在抗击新冠肺炎疫情中，医药卫生系统经受住了考验，发挥了不可替代的作用。

15日 最高人民法院发布《关于办理人身安全保护令案件适用法律若干问题的规定》，要求发挥人身安全保护令的预防功能，进一步清除该类案件程序中的各种障碍。该规定着力扫清家庭暴力类案件在受理和作出程序中的各种障碍，突出对家庭暴力受害人权益保护的时效性，明晰裁判规则，最大限度保护家庭暴力受害人的合法权益。

18日 国家卫健委、国家发改委、教育部、民政部、财政部等11部门联合发布《关于进一步推进医养结合发展的指导意见》，这是在全面总结医养结合工作成绩和地方经验做法的基础上，适应新发展阶段面临的新形势新要求，贯彻新发展理念深化改革的重要举措。

19日 中国常驻联合国代表张军大使在安理会儿童与武装冲突问题公开辩论会上发言,指出在冲突中保护儿童的最好办法就是结束冲突。安理会要为停火止战尽力,为政治解决奔走,让深陷冲突的儿童早日看到和平曙光。国际社会对儿童的保护不应留有空白,尚未批准《儿童权利公约》的国家应当立即采取行动。

23日 世界青年发展论坛包容和公平的优质教育主题论坛在北京举办。20余名国际组织代表、教育领域专家学者等在线上线下共同探讨青少年教育话题。论坛作为世界青年发展论坛四个主题分论坛之一,由中华全国青年联合会主办,中国青少年发展基金会承办。论坛向国际社会倡议加强公益组织国际间合作,促进各国青少年享有更包容和公平的优质教育机会。

26日 由中国人权研究会和中国人权发展基金会共同主办的"2022·北京人权论坛"在北京举行。来自近70个国家以及联合国等国际组织的高级官员、专家学者和驻华使节代表等近200人出席论坛。与会嘉宾围绕"公平公正合理包容:携手推动人权事业发展"主题进行了深入的研讨。

8月

1日 国家版权局印发《以无障碍方式向阅读障碍者提供作品暂行规定》,对以无障碍方式向阅读障碍者提供作品的版权秩序加以规范,进一步推动《著作权法》和《马拉喀什条约》有效实施,保障阅读障碍者的文化权益。

4日 中华全国总工会、民政部联合发出《关于进一步加强工会组织与民政部门困难职工家庭数据比对和信息共享、政策衔接、机制协同工作的通知》,要求各级工会与民政部门加强工会帮扶与社会救助有效衔接,推进困难群体帮扶救助工作协同,提升工会与民政组织帮扶救助专业能力,进一步形成兜底保障困难职工基本生活的工作合力。

甘肃省政府印发《甘肃省促进残疾人就业三年行动实施方案(2022—2024年)》,力争到2024年全省实现城乡新增残疾人就业3万人,残疾人就业创业能力持续提升,就业权益得到更好保障。

贵州省政府印发《贵州省"十四五"特殊教育发展提升行动计划实施意见》，提出到2025年，适龄残疾儿童义务教育入学率达到97%，非义务教育阶段特殊教育规模持续扩大。

9日 中国人权研究会发布《美国在中东等地犯下严重侵犯人权罪行》研究报告，引起广泛关注。报告以翔实的数据揭露美国在中东及周边地区犯下的一系列严重违背国际法的罪行，揭批所谓"美式民主"与"美式人权"的虚伪性和欺骗性。

12日 中国常驻联合国日内瓦办事处和瑞士其他国际组织代表向国际劳工组织总干事赖德递交了中国批准《1930年强迫劳动公约》（第29号）和《1957年废除强迫劳动公约》（第105号）的批准书。第29号公约和第105号公约是国际劳工组织10项核心公约中的两项，是消除强迫劳动领域最重要的国际法律文书。

16日 人力资源和社会保障部、最高人民法院发布《关于加强行政司法联动保障新冠肺炎康复者等劳动者平等就业权利的通知》，再次重申严格禁止歧视新冠肺炎康复者等劳动者，并就加强就业歧视案件审理工作作出部署。该通知提出，用人单位对新冠肺炎康复者等劳动者实施就业歧视、擅自非法查询新冠病毒核酸检测结果的，劳动者可以侵害平等就业权、个人信息权益等为由，依法向人民法院提起诉讼。

18日 第三次对口支援西藏工作会议在京召开。中共中央政治局常委、中央西藏工作协调小组组长汪洋出席会议并讲话。他强调，对口支援西藏是先富帮后富、最终实现共同富裕的重大举措，是社会主义制度优越性的集中体现。要全面贯彻新时代党的治藏方略，坚持稳中求进工作总基调，坚持以铸牢中华民族共同体意识为统领，坚持顺应民意、保障民生、凝聚民心，多帮助解决影响西藏长治久安和高质量发展的深层次矛盾和问题，助力建设团结富裕文明和谐美丽的社会主义现代化新西藏。

22日 教育部发布《中国职业教育发展白皮书》，向世界介绍中国职业教育发展经验。进入新时代，中国政府高度重视职业教育，把职业教育摆在经济社会发展和教育改革创新更加突出的位置。经过长期的实践探索，中国形成了独具特色的现代职业教育发展范式。

23日 国务院残疾人工作委员会在北京召开全国残疾预防工作推进会（视频），贯彻落实习近平总书记关于残疾预防和残疾人事业重要指示批示精神以及党中央、国务院决策部署，推进《国家残疾预防行动计划（2021—2025年）》贯彻实施。

24日 最高人民法院发布6件养老诈骗犯罪典型案例，进一步明确六类重点打击犯罪的表现形式，揭露养老诈骗"套路"手段及其危害，帮助老年人提高法治意识和识骗防骗能力。

25日 中国残联、中央网信办等17部门联合印发《关于组织开展第六次残疾预防日宣传教育活动的通知》，为残疾预防日宣传教育活动"普及残疾预防知识，建设健康中国"做好准备。通知要求，各地各部门要利用残疾预防日契机，着力宣传普及残疾预防知识，面向重点人群，加强遗传和发育、疾病、伤害等致残因素防控和残疾康复知识的针对性宣传。

中共中央宣传部举行"中国这十年"系列主题新闻发布会，介绍新时代就业和社会保障工作取得的成就。人力资源和社会保障部副部长李忠说，党的十八大以来，以习近平同志为核心的党中央坚持以人民为中心的发展思想，把让老百姓过上好日子作为一切工作的出发点和落脚点，补齐民生短板，注重加强普惠性、基础性、兜底性民生建设，使人民获得感、幸福感、安全感更加充分、更有保障、更可持续。

26日 在国务院新闻办公室举行的国务院政策例行吹风会上，国家发展改革委副秘书长杨荫凯介绍，从2022年9月到2023年3月，阶段性调整价格补贴联动机制，实行"扩大保障范围、降低启动条件"政策，加大对困难群众物价补贴力度，切实兜住兜牢民生底线。预计扩围后政策覆盖6700万人。

30日 国家发展改革委、民政部、国家卫生健康委等13部门联合印发《养老托育服务业纾困扶持若干政策措施》，出台包括房租减免、税费减免、社会保险支持、金融支持、防疫支持等六方面26条政策措施，切实推动养老托育服务业渡过难关、恢复发展。

9月

5日 司法部发布"重庆市潼南区法律援助中心对谭某等19名农民工劳动争议提供法律援助案""上海市青浦区法律援助中心对未成年人徐某涉嫌故意伤害罪提供法律援助案""广东省广州市法律援助处对农民工张某劳动争议纠纷提供法律援助案""浙江省宁波市江北区法律援助中心对徐某医疗损害责任纠纷提供法律援助案""安徽省六安市霍邱县法律援助中心对农民工王某某矽肺职业病工伤赔偿纠纷提供法律援助案"等5个案例，旨在向社会展示法律援助在全面推进依法治国、保障服务民生、维护人民群众合法权益方面的良好效果，为指导促进全国法律援助工作发展提供可推广、可复制、可借鉴的典型经验。

6日 国务院反拐部际联席会议联络员会议暨全国打拐专项行动推进会召开。会议强调，要深入贯彻落实《中国反对拐卖人口行动计划（2021—2030年）》及其实施细则，依法严厉打击拐卖犯罪，深入推进反拐综合治理，坚决维护妇女儿童合法权益。

7日 中央统战部、国家民委、国家发展改革委、人力资源和社会保障部、公安部、国务院国资委、全国工商联印发《关于实施各族群众互嵌式发展计划的意见》，决定实施各族群众互嵌式发展计划，创新推进各民族交往交流交融，不断铸牢中华民族共同体意识。

江西省政府印发《江西省促进残疾人就业三年行动实施方案（2022—2024年）》，明确提出十大行动共计41项针对性措施，切实帮扶残疾人群体就业。根据该方案，到2024年，全省城乡新增残疾人就业2.5万人和每年公益性岗位安置残疾人就业不少于1万人。

8日 中共中央宣传部举行"中国这十年"系列主题新闻发布会，介绍新时代民政工作有关情况，并回答记者提问。十年来，中国基本建成了中国特色社会救助体系。

14日 中国民间组织国际交流促进会、中国国际民间组织合作促进会和瑞士日内瓦爱梦成真基金会共同举办"气候变化对粮食权、水权与发展权的挑战"主题边会,中外民间组织和智库代表、专家学者等参与研讨。

中国新疆喀什地区疏附县站敏乡艾日克贝西村妇联主席、原职业技能教育培训中心结业学员在努尔·那买提哈热在联合国人权理事会第51届会议发言,介绍在教培中心学习情况,驳斥有关涉疆谎言。新疆少数民族代表麦尔丹在联合国人权理事会第51届会议发言,结合亲身经历反击涉疆"强迫劳动"谎言,敦促美国停止针对中国新疆的单边制裁。

16日 由中宣部(国家版权局)和中国残联主办的《马拉喀什条约》落地实施推进会在京举行。中宣部副部长张建春指出,中国将坚定不移履行条约义务,积极参与国际残疾人领域和知识产权领域治理体系建设,为残疾人更好地接受知识文化服务提供便利,努力促进残疾人全面发展和共同富裕。在推进会上,相关机构签署了推动条约实施的合作协议,宣读了《一起向光而行》倡议书,呼吁全社会关注支持条约实施工作。

19日 在联合国人权理事会第51届会议期间,"国际人权政治化的风险与问题"边会在吉林长春举行。会议由中国人权研究会主办,吉林大学人权研究中心、吉林大学法学院和理论法学研究中心共同承办。10余位中外专家学者、国际组织代表围绕"国际人权政治化对国际格局的影响""国际人权政治化的弊端与风险"等议题展开深入研讨与交流。会议期间,新疆维吾尔自治区和中国常驻联合国日内瓦代表团在联合国日内瓦总部共同举办"中国新疆尊重和保障人权成就"宣介会。

21日 最高人民法院、最高人民检察院、公安部、国安部四部门联合发布最新修订版的《关于取保候审若干问题的规定》,进一步明确了取保候审的适用范围,进一步强化对被取保候审人的执行监督等。

22日 由中国人权研究会主办、南开大学法学院和南开大学人权研究中心承办的"基于人权的气候变化治理方法"云上边会举行。来自中国、荷兰、英国、澳大利亚、意大利等国家和地区的10余位专家学者在线参会并围绕环境权、性别与气候变化、气候变化诉讼、工商业与人权中的气候尽责等议题进行了深入交流。

26 日 新疆维吾尔自治区人大常委会主任肖开提·依明在联合国人权理事会第 51 届会议上发言，全面介绍新疆尊重和保障人权理念、政策和取得的历史性成就。

27 日 中国联合国协会举办线上国际研讨会，主题为"促进文明交流互鉴，建设开放包容世界"。此系联合国人权理事会第 51 届会议举行期间中国联合国协会召开的平行会议。与会专家学者指出，应尊重人类文明的多样性，反对单一文明优越论。

民政部、中央政法委等 10 部门联合印发《关于开展特殊困难老年人探访关爱服务的指导意见》，提出到 2023 年底前，中国将基本建立特殊困难老年人探访关爱服务机制；到 2024 年底，探访关爱服务普遍有效开展；到 2025 年底，确保特殊困难老年人月探访率达到 100%，失能老年人能够得到有效帮扶，探访关爱服务机制更加健全。

29 日 在联合国人权理事会第 51 届会议期间，"保障少数民族发展权 促进各民族共同繁荣发展"主题边会成功举行。会议由中国少数民族对外交流协会主办、西北民族大学承办。来自中国、泰国、白俄罗斯、埃及、巴基斯坦、乌兹别克斯坦等 6 个国家的 18 名专家学者以线上线下相结合的方式参会。中方发言代表包括维吾尔族、藏族、蒙古族等多位少数民族专家学者。

10 月

11 日 最高人民法院发布《人民陪审员制度的中国实践》。截至 2022 年 7 月，全国人民陪审员共计 33.2 万余人，比 2013 年增加了将近 3 倍。人民陪审员的来源更加广泛、结构更加合理、代表性进一步增强，司法民主的覆盖面大大拓宽。

13 日 联合国人权事务高级专员发言人对香港法院在 10 月 8 日就《国家安全法》下有关"串谋煽动他人实施颠覆国家政权"案件的判刑理由发表不当言论，香港特区政府表示强烈不满。特区政府发言人指出，由于涉事案件的法律程序尚未完成，对案件细节作出评论并不恰当。

16 日 中国共产党第二十次全国代表大会在北京召开。中共中央总书记习近平在党的二十大报告中要求"坚持走中国人权发展道路，积极参与全球人权治理，推动人权事业全面发展"。

25 日 国家林业和草原局、农业农村部、自然资源部、国家乡村振兴局印发《"十四五"乡村绿化美化行动方案》，提出到 2025 年，全国平均村庄绿化覆盖率达到 32%，乡村"四旁"植树 15 亿株以上，全面巩固提升国家森林乡村，绿化一批国有林区、国有林场居住点，建设一批具有地方特色的森林乡村、绿美乡村，乡村自然生态得到全面保护，乡村绿化水平明显提高，农村人居环境持续改善。

26 日 针对一些美国政客无端指责、恶意抹黑，公然为反中乱港分子撑腰说项，诋毁特区法治，中国外交部驻香港特别行政区特派员公署发言人表示强烈不满和坚决反对，敦促有关政客尊重法律和事实，立即停止践踏法治的卑劣行径和政治作秀。

中国民政部第四季度新闻发布会召开，提出将多举措保障生活无着的流浪乞讨人员安全温暖过冬。生活无着的流浪乞讨人员是困难群体中最困难、最脆弱、最边缘的群体，在严冬季节保障好他们的基本生活和人身安全，是履行民政部门兜底保障职能的重要举措。民政部已印发相关通知，对寒冬季节如何做好专项救助行动进行了安排部署。

27 日 国家卫生健康委、全国老龄办发布《2021 年度国家老龄事业发展公报》。公报显示，截至 2021 年末，全国基本养老保险参保人数 10 亿 2871 万人，比上年增加 3007 万人；全年共为 2354 万名困难人员代缴城乡居民养老保险费 26.8 亿元，5427 万名困难人员参加基本养老保险，参保率超过 99%。

28 日 最高人民法院、最高人民检察院、公安部、司法部联合发布了新修订的《关于进一步深化刑事案件律师辩护全覆盖试点工作的意见》，要求进一步深化司法体制综合配套改革、促进社会公平正义、加强人权司法保障。

30 日 第十三届全国人民代表大会常务委员会第三十七次会议审议通

过了新修订的《中华人民共和国妇女权益保障法》。该法增设公益诉讼条款，明确规定侵害妇女合法权益，导致社会公共利益受损的，检察机关可以依法提起公益诉讼。

最高人民检察院联合全国妇联发布典型案例，注重对妇女权益的全方位保护。

31日 生态环境部发布《中国应对气候变化的政策与行动2022年度报告》。报告包括中国应对气候变化新部署、积极减缓气候变化、主动适应气候变化、完善政策体系和支撑保障、积极参与应对气候变化全球治理等五个方面，全面总结了2021年以来我国各领域应对气候变化新的部署和政策行动，展示了我国应对气候变化工作的新进展和新成效，以及为推动应对气候变化全球治理所作出的贡献。

11月

1日 《促进个体工商户发展条例》正式施行。该条例是一部专门促进个体工商户发展的行政法规，有助于在制度层面稳定市场预期，为个体工商户发展提供良好法治环境。

教育部印发《特殊教育办学质量评价指南》。该指南根据特殊教育办学特点，明确了政府履行职责、课程教学实施、教师队伍建设、学校组织管理、学生适宜发展等五方面评价内容。

6日 《湿地公约》第十四届缔约方大会部级高级别会议正式通过"武汉宣言"，呼吁各方以强烈意愿和实际行动，促进各类湿地的保护、修复、管理以及合理和可持续利用。

7日 教育部等七部门印发了《农村义务教育学生营养改善计划实施办法》，要求明确实施范围、完善管理体制、强化供餐管理、严格资金使用管理等。

9日 人力资源和社会保障部、国家发展改革委、财政部、农业农村部、国家乡村振兴局发布《关于进一步支持农民工就业创业的实施意见》，对支持农民工就业创业作出进一步部署。

10日 国家卫生健康委、国家中医药局、国家疾控局印发《"十四五"全民健康信息化规划》。根据该规划,到2025年,中国将初步建设形成统一权威、互联互通的全民健康信息平台支撑保障体系,基本实现公立医疗卫生机构与全民健康信息平台联通全覆盖。

11日 最高人民法院会同最高人民检察院、教育部发布《关于落实从业禁止制度的意见》。该意见按照最有利于未成年人的原则,就依法严格执行犯罪人员从业禁止制度,进一步加强司法保护与学校保护、社会保护的衔接作出了规定,旨在为净化校园环境、加强师德师风建设,切实保护未成年人提供强有力的司法保障。

18日 中国儿童福利和收养中心发布《中国未成年人保护发展报告蓝皮书(2022)》。该蓝皮书发布会通过线上线下相结合的方式召开,有关专家学者就未成年人保护领域的研究成果进行了交流分享。

25日 最高人民检察院会同中华全国妇女联合会联合发布妇女权益保障检察公益诉讼典型案例。这批案例紧紧围绕妇女权益保障法列举的公益诉讼条款内容,聚焦妇女劳动和社会保障、人身和人格、财产等方面的权益保障,更加注重对妇女权益的全方位保护、对侵害妇女权益问题的全链条治理。

全国妇联和法国驻华大使馆联合主办的第八届中法反家暴研讨会以视频方式召开。本届研讨会的主题是"妇女权益保障立法与实践的新发展"。中法两国专家就妇女权益保障和反对家庭暴力的法律制度、司法措施和地方实践进行了深入研讨。

29日 国务院联防联控机制综合组印发《加强老年人新冠病毒疫苗接种工作方案》,从协调联动、人群摸底、优化预防接种服务等方面部署加快推进老年人新冠病毒疫苗接种工作。

12月

1日 "2022·中德人权发展论坛"以线上方式举行。中德两国专家学者围绕"突发事件应对中公共利益与个人权益的平衡"主题展开研讨。中德人权发展论坛是两国交流合作的组成部分，发挥好这一平台在促进中德友好中的建设性作用，具有现实意义。

4日 国家发改委、住建部、国务院妇女儿童工作委员会办公室联合印发了《城市儿童友好空间建设导则（试行）》。导则提出，要以公益普惠为原则，坚持"1米高度"视角、寓教于乐内涵、安全环保标准，推进儿童友好空间建设，让广大儿童享有安全、便捷、舒适、包容的城市公共空间、设施、环境和服务。

5日 中国人权发展基金会、新华社国家高端智库联合发布中英文智库报告《为了人民幸福生活——当代中国人权观的实践和理论探索》。智库报告分三个部分深度解读中国人权道路的理论逻辑、历史逻辑和实践逻辑，阐释中国保障和发展人权实践对推进全球人权治理、推动人权事业全面发展所具有的重大意义。

最高人民法院发布《中国生物多样性司法保护》。人民法院坚持公正司法、守正创新，用最严格制度最严密法治保护生物多样性，探索出一条具有中国特色的生物多样性司法保护道路，形成生物多样性保护的生动司法实践。

7日 最高人民检察院发布5个依法惩治侵犯公民个人信息犯罪典型案例。该批典型案例涵盖了对公民征信信息、生物识别信息、行踪轨迹信息、健康生理信息等不同类型个人信息的全面保护，体现了检察机关依法从严惩治侵犯公民个人信息犯罪的政策导向。

9日 首届上海合作组织国际和平妇幼健康发展论坛在上海举行。论坛由国家卫生健康委员会和上海市人民政府指导，上海合作组织睦邻友好合作委员会和中国福利会共同主办，以"交流、互鉴、合作、发展"为主题，围绕"儿童优先、母亲安全"的国际共识，推进上合组织各方在妇幼健康与儿童早期发展领域深化合作。

13日 "文明多样性与全球人权治理"国际研讨会举行。本次研讨会由中国人权发展基金会和中国民间组织国际交流促进会共同主办。研讨会上，结合党的二十大擘画的中国人权事业美好前景，来自中国、古巴、瑞士、巴基斯坦、英国、俄罗斯、法国等国家的近50位专家学者展开了热烈、富有洞察力的交流。

15日 国家主席习近平以视频方式向在加拿大蒙特利尔举行的《生物多样性公约》第十五次缔约方大会（COP15）第二阶段高级别会议开幕式致辞。

19日 国家发展改革委等11部门公布《关于推动家政进社区的指导意见》，明确五方面推动家政进社区的重点任务，提出到2025年，全国基本实现社区家政服务能力全覆盖，推动家政行业从业人员进一步增加，消费规模进一步扩大，服务品质进一步提升。

人力资源和社会保障部、公安部、民政部等12部门联合印发《关于开展2023年春节期间"春暖农民工"服务行动的通知》，部署了一系列保障农民工出行、就业、收入等方面的暖心举措。

25日 东北师范大学中国农村教育发展研究院发布了《中国农村教育发展报告2020—2022》。调研结果显示，2021年全国有义务教育阶段农村留守儿童1199.20万人，与2012年相比减少1071.87万人，减幅达47.20%。

26日 在爱国卫生运动开展70周年之际，中共中央总书记、国家主席、中央军委主席习近平作出重要指示指出，70年来，在党的领导下，爱国卫生运动坚持以人民健康为中心，坚持预防为主，对改变城乡环境卫生面貌、有效应对重大传染病疫情、提升社会健康治理水平发挥了重要作用。希望全国爱国卫生战线的同志们始终坚守初心使命，传承发扬优良传统，丰富工作内涵，创新工作方式方法，为加快推进健康中国建设作出新的贡献。

28日 2022中国儿童发展论坛以线上方式举行。全国人大常委会副委员长、全国妇联主席沈跃跃出席开幕式并作主旨讲话，强调要全面学习贯彻落实党的二十大精神，学深悟透习近平总书记重要论述重要指示精神，坚定拥护"两个确立"，坚决做到"两个维护"，为党育人、为国育才，奋力谱写新时代儿童事业发展新篇章。

附录二 2022年制定、修订、修正或废止的与人权直接相关的法律和行政法规（数据库）

中国政法大学人权研究院　班文战　编辑

Abstract

This is the thirteenth blue book on the development of China's human rights, focusing on analyzing the latest progress of China's human rights in 2022.

The General Report focuses on the high-quality development of China's human rights in the context of Chinese path to modernization, and analyzes its pursuit goals and practical paths.

In the "Right to Subsistense and Development" column, two reports respectively discuss the human rights significance of consolidating and expanding the achievements of poverty alleviation, and practicing new development philosophy in the construction of park city demonstration areas.

In the "Economic, Social and Cultural Rights" column, two reports respectively address China's food and important agricultural product security from the perspective of the right to food, and the new progress in environmental rights protection in addressing climate change under the "dual carbon" goal.

In the "Civil and Political Rights" column, three reports respectively cover the grassroots practice of the entire process of people's democratic construction, the construction of a safe China and the protection of personal security and property security, and the judicial protection of human rights in public interest litigation by procuratorial organs.

In the "Rights of Specific Groups" column, three reports respectively cover new developments in the protection of the personal rights of Chinese women, the protection of child friendly cities and children's rights, and the protection of social elderly care services.

In the "Digitalization and Human Rights Protection" column, two reports respectively cover the construction of digital government and the protection of democratic rights, as well as the new development of farmers' cultural rights in the digital era.

In the "Human Rights Legislation and International Cooperation" column, two reports analyze the national human rights legislation situation in China in 2022 and the international human rights cooperation and exchange of China.

In the "Research Report and Case Study" section, a research report on promoting gender equality in overseas investment specifically investigates and analyzes the practice and experience of China's textile and clothing industry.

The appendix includes the 2022 China Human Rights Chronicles and the laws and administrative regulations directly related to human rights formulated, revised, amended and abolished in 2022 (database).

Keywords: Human Rights; Human Rights Safeguanding; Development of Human Rights in China

Contents

I General Report

B.1 High-Quality Development of China's Human Rights in the Context of Chinese Path to Modernization

Li Junru, Chang Jian / 001

Abstract: The report of the 20th National Congress of the Communist Party of China and the important speech delivered by the Xi Jinping during the 37th Collective Study of the Political Bureau of the Central Committee of CPC on the development of China's human rights have pointed the way forward for the future development of China's human rights cause. It requires that in the overall context of promoting Chinese path to modernization, China's human rights should be promoted in a high-quality and comprehensive way by strengthening the leadership of the CPC on human rights, taking the path of human rights development that is suitable for China's national conditions, innovating human rights theories under the guidance of Marxism, continuing to reform the systems and mechanisms that are not conducive to the realization of human rights, comprehensively promoting the rule of law for human rights, and actively carrying out international human rights struggles.

Keywords: The 20th CPC National Congress; Chinese Path to Modernization; High-Quality Development; China's Human Rights

Ⅱ Special Reports

B.2 Consolidate and Expand the Achievements of Eradicated Absolute Poverty and Improve the Level of Human Rights Protection *Li Yunlong* / 030

Abstract: After winning the fight against poverty and comprehensively eliminating absolute poverty, how to maintain the achievements of eradicated absolute poverty and prevent large-scale poverty return and new poverty phenomena has become a new topic in China's human rights development. The Chinese government is committed to establishing and improving monitoring and assistance mechanisms for preventing poverty return, promoting industrial development in poverty-stricken areas and assisting the employment of poverty-stricken populations, vigorously assisting key poverty-stricken counties and relocation and resettlement areas, promoting the increase of income and improvement of living conditions for the poverty-stricken population, maintaining the bottom line of preventing large-scale poverty return, effectively consolidating and expanding the achievements of eradicated absolute poverty, and improving the level of human rights protection.

Keywords: Eradicated Absolute Poverty; Human Rights Protection; Monitoring for Preventing Poverty Return

B.3 The Human Rights Significance of the Construction of Park City Demonstration Zone Practicing the New Development Philosophy
—A Case Study of Chengdu, Sichuan   *Zhang Lizhe, Bao Yu* / 049

Abstract: The construction of the Chengdu Park City Demonstration Zone is guided by the new development philosophy of innovation, coordination, green, openness, and sharing. It explores the way to realize harmony between the city and nature, the high-quality lifestyle of urban people, the high-quality development model of urban economy, and the transformation and development path of super large cities. By combining local realities, the concept of human rights is integrated into the green, livable, and shared policies, legal norms, and development plans of the demonstration zone, which have improved the level of protection for economic, cultural, environmental, and social rights.

Keywords: New Development Philosophy; Park City Demonstration Zone; Human Rights

B.4 The Security of China's Grain and Important Agricultural Products from the Perspective of the Right to Food

Jiang Pan / 068

Abstract: Food security governance is an important part of the Chinese government's leadership by the Communist Party of China to ensure national food security and safeguard citizens' right to food, with the aim of providing healthy, nutritious and adequate food for the public. In the face of the food security risks transmitted by multiple factors such as the century-old changes superimposed by the epidemic, geopolitical conflicts, and climate change, China has achieved practical results in food security governance, such as expanding cultivated land, increasing grain production and income, and making grain distribution fairer, through in-depth implementation of the national food security strategy, formulation of a number of food security policies, and strengthening the rule of law, and effectively safeguarded citizens' right to food. However, while the results have been achieved, food security still faces many risks and challenges. The continuous advancement of China's food security strategy requires strengthening the protection of cultivated land resources, increasing the enthusiasm of grain growers, cultivating the public's main awareness of ensuring food security, and actively participating in the governance of world food security.

Keywords: Food Security; Right to Food; Grain Production; Guaranteed by the Rule of Law

B.5 New Progress of Environmental Right Protection Under the "Dual Carbon" Goals　　　*Tang Yingxia* / 088

Abstract: The report of the 20th Party Congress proposed that "Working actively and prudently toward the goals of reaching peak carbon emissions and carbon neutrality." "Based on China's energy and resource endowment, we will advance initiatives to reach peak carbon emissions in a well-planned and phased way in line with the principle of building the new before discarding the old." In order to implement the "dual carbon" goals, the Chinese government has taken a series of active initiatives in emission reduction, adaptation, market and finance to address climate change in 2022. Local governments have been formulating local policies to implement the "dual carbon" goals, and vigorously promoting new progress in environmental right protection. At the same time, it is also noted that in the concrete implementation of the "dual carbon" goals, there are still obstacles of insufficient central legislation, lack of judicial protection, and stereotyped administrative measures, and thus it is recommended that a human rights perspective be fully integrated into the implementation of the "dual carbon" goals for addressing climate change.

Keywords: "Dual Carbon" Goals; Climate Change; Environmental Right

B.6 Grassroots Practice of the Whole-Process People's Democracy Construction

—*A Case Study of Community Governance in Shanghai*

Wang Longfei, Xue Zelin / 112

Abstract: The Whole-Process People's Democracy goes beyond the Western framework of electoral democracy, accurately responds to the new proposition of national governance modernization in the new era, and opens up broad space for China's democratic development. As the first place in the Whole Process People's Democracy, Shanghai has designed institutions at various levels, such as community governance, street and town deliberations, government decision-making, and People's Congress legislation. Through the establishment of systematic participation mechanisms and technological empowerment measures, it has realized the full range, full coverage and whole process of democracy in grassroots governance, and enhanced the people's perception of democracy and governance effectiveness through direct democracy.

Keywords: The Whole-Process People's Democracy; New Age; Community Gover-nance; Grassroots Democracy

B.7 Peaceful China Initiative and Protection of Personal and Property Rights Security in 2022 *Hua Guoyu, Bao Jiahan / 129*

Abstract: In 2022, Peaceful China Initiative fulfilled aspirations and expectations of the people for a better life in a visible, touchable and sensible manner in terms of improving the legal system, preventing and resolving major public security risks, maintaining public order and combating crimes, and strengthening the protection of the personal and property rights of disadvantaged groups. However, the Peaceful China Initiative is facing new risks and challenges in the field of safeguarding people's security rights. It is necessary to continue to make efforts in creating a coordinated, multi-dimensional, and highly effective system for protecting national security across all domains. China needs to strengthen the system and mechanism for safeguarding overseas security rights and interests, and to empower the construction of a higher level of Peaceful China Initiative with science and technology so as to guarantee a new development pattern with a new security pattern and improve the level of safeguarding people's security rights.

Keywords: Peaceful China Initiative; People's Security Right; Personal and Property Safety

B.8 New Progress in Judicial Protection of Human Rights in Public Interest Litigation by Procuratorial Organs

Zhou Wei, Yang Ruolan / 149

Abstract: In 2022, the law expanded the scope of prosecutorial public interest litigation. By improving the norms related to public interest litigation, innovating the mode of handling public interest litigation cases, and strengthening the guidelines for public interest litigation cases, the procuratorial organs have improved their legal expertise in procuratorial public interest litigation in areas such as environmental rights, right to health, personal information rights and interests, and the rights and interests of specific groups. Public interest litigation by procuratorial organs to promote judicial protection of human rights should optimize the professional legal capacity of public interest litigation institutions and teams, innovate the concept of judicial protection of human rights in public interest litigation, balance the development of public interest litigation by procuratorial organs in various provinces, autonomous regions and municipalities, and take procuratorial public interest litigation as an important measure of comprehensive progress in human rights in Chinese modernization.

Keywords: Procuratorial Organs; Public Interest Litigation; Judicial Protection of Human Rights

B.9 The New Development of The Protection of Women's

Personal Rights in China　　　　　*Zhang Xiaoling* / 167

Abstract: Women's personal rights include inviolability of personal freedom, inviolability of life and health, and legal protection of portrait rights, reputation rights and human dignity. The central and local governments have responded to the reality of the protection of women's personal rights in a timely manner, revised laws and formulated action plans. The legal scope, legal system and policy objectives of the protection of women's personal rights in China have become clearer and clearer, which has laid the institutional foundation for the effective protection of women's personal rights. However, trafficking, violence, abuse, harassment and other violations of women's personal rights are still difficult to stop, especially for rural women, disabled women and women in marriage and family. The protection of women's personal rights is affected by gender culture, legal awareness, grass-roots governance, and women's economic status. Therefore, eliminating gender violence and strengthening protection of women's personal rights in China still need to further improve legislation, Justice justice, cultivate a culture of human rights and reinforce social governance environment.

Keywords: Women; Personal Rights; Gender-based Violence

B.10 New Progress in the Construction of Child Friendly

Cities in China from the Perspective of Children's

Rights Protection　　　　*Zhao Shukun, Ru Beining* / 190

Abstract: The construction of Child Friendly Cities (CFC) is related to the protection of children's rights and the sustainable development of the city. China has actively responded to the Child Friendly Cities Initiative (CFCI) put forward by the UNICEF, and has made certain achievements in social policy, public services, rights protection, growth space and development environment. In the future, China should continue to maintain the momentum of sound development, build the standards for the construction of CFC with Chinese characteristics, improve the long-term mechanism for children's participation, establish the incentive mechanism for the construction of CFC, pay attention to regular monitoring and evaluation, and strengthen the training and cooperation of relevant research talents.

Keywords: Child Friendly Cities; Construction of Friendly Cities; Protection of Children's Rights

B.11 New Progress and Challenges in Social Pension Security in China　　　　　　　　　　　　　　*Deng Jin, Yuan Lin* / 214

Abstract: Every elderly person has the right to enjoy basic pension services provided by the government. In 2022, China's social pension service security affairs developed rapidly, and the supported policies were introduced intensively; the official implementation the personal pension system opened a multi-level pension security system with three pillars in parallel; the pilot long-term care insurance system achieved phased results; The elderly care model continued to innovate, and home, community, and institutional elderly care services were integrated and developed; the elderly care service standardization system is continuously improved, and the establishment of the elderly capacity assessment system and the basic elderly care service list system had effectively improved the elderly care service supply capacity. At the same time, China's social pension service security is also facing challenges such as the lack of specialized legislation, the underdevelopment of the market, and the shortage of professional service personnel. It is necessary to introduce legislation in the field of social elderly care services as soon as possible to make up for shortcomings and promote the protection of the rights and interests of the elderly in China to a new level.

Keywords: Social Pension Services; Aging; the Elderly; Social Security

B.12 Digital Government Construction and Protection of

Democratic Participation Rights *Liu Ming* / 242

Abstract: In June 2022, the State Council issued the Guiding Opinions on Strengthening the Construction of Digital Government, marking that the construction of digital government has entered a comprehensive and systematic stage. Digital government is proposed by the Party and the country to meet the needs of the digital era, and is an important measure to improve administrative efficiency and government efficiency. The construction of digital government is also one of the important ways to guarantee citizens' democratic rights and practice the Whole-Process People's Democracy. Because the digital government emphasizes "open and sharing of public data" and "co-construction and sharing of government information", and further unblocks the way for the public to express their opinions, the construction of digital government can effectively promote the protection of citizens' democratic rights such as the right to know, participation, supervision and expression, and effectively link up with all aspects of people's democracy in the whole process of democratic consultation and democratic supervision.

Keywords: Digital Government; Democratic Participation Rights; Whole-Process People's Democracy

B.13 New Development of Farmers' Cultural Rights in the

Digital Age *Zhao Mingxia* / 255

Abstract: Digital empowerment of socialist cultural construction has greatly promoted the realization of cultural rights for farmers in China. To promote the construction of digital China, the Party and government have made specific institutional arrangements in the construction of rural digital culture. Relying on digital technology, rural residents in China enjoy higher quality public cultural services, and have extensively participated in cultural life, improved cultural innovation, and made significant progress in the inheritance and protection of traditional culture. However, issues such as the weakening of the cultural subject status of farmers, insufficient digital literacy, lack of cultural life resources, and weak cultural rule of law still need to be addressed. Therefore, integrating digitization into the process of promoting the prosperity and development of rural culture, promoting the sharing of cultural resources, promoting cultural inheritance and innovation, standardizing cultural undertakings and industrial development, effectively meeting the cultural needs of farmers, and enhancing their sense of gain, satisfaction, and security in cultural development.

Keywords: Digital Age; Farmers; Cultural Rights

B.14 Analysis Report on China's Human Rights Legislation in 2022　　　　　　　　　　　　　　　　*Ban Wenzhan* / 271

Abstract: In 2022, the NPC amended Organic Law of Local People's Congresses and Local People's Governments, strengthened the guiding principles, working mechanisms, mandates, institutions and personnel of the state organs of power and administration at local levels, and improved the organizational and working systems of the local power organs for performing their mandates to respect and protect human rights. In the same year, the Standing Committee of the NPC amended Law on the Protection of Rights and Interests of Women, enriched the basic principles, working mechanisms, obligations and duties, remedy measures and legal responsibilities concerning women's rights and interests, and enhanced the legislative protection on women's human rights. With the adoption or amendment of Law on Anti-telecom and Online Fraud, Reservists Law, Vocational Education Law, Sports Law, Law on Quality and Safety of Agricultural Products and some regulations, the legislative protection of some particular rights and the relevant rights of some particular persons was also improved to some extent.

Keywords: Human Rights Legislation; Local Organization Law Congresses and Local People's Governments; Law on the Protection of Women's Rights and Interests

B.15 China's International Cooperation and Exchange Concerning Human Rights in 2022 *Luo Yanhua / 286*

Abstract: China's international cooperation and exchanges at governmental and non-governmental levels in 2022 made great progress in both levels. At the governmental level, as we continue to be affected by the COVID-19 pandemic, with the continuation of regular multilateral and bilateral cooperation, online exchange and cooperation are still an important way to deal with the epidemic. At the non-governmental level, international cooperation and exchanges are mainly reflected in the active participation of Chinese human rights organizations in international human rights activities. During 2022, Chinese human rights organizations have been actively conducted and participated in plentiful and colorful international human rights activities in online and offline forms. Among them, those side events held during the UN Human Rights Council conferences have reached a record level. Meanwhile, the international human rights challenge facing China in 2022 is still very severe, to which China has adopted a multi-faceted response and achieved good results.

Keywords: International Human Rights Cooperation; International Human Rights Exchange; Human Rights Social Organizations

Ⅲ Research Report and Case Study

B.16 Promoting Gender Equality in Overseas Investment:
Practical Experience of China's Textile and Apparel Industry

Liang Xiaohui / 319

Abstract: Gender equality is one of the most complex challenges that Chinese textile and apparel enterprises must face when they "go global" and invest and operate in different legal, economic and cultural contexts. In order to actively respond to this challenge, China's textile and garment industry, under the guidance of the China National Textile And Apparel Council and on the basis of long-term and full-fledged preparation and support work, has systematically implemented actions to promote gender equality in overseas investment, including the development of localized tool systems, the implementation of multi-level capacity improvement, and the promotion of all-round communication and participation. This paper argues that gender equality is both an issue for overseas investment and a local social development issue, so Chinese enterprises must treat gender equality at a long-term strategic level, and awareness raising and continuous improvement of management mechanisms are the main measures for companies to tackle the gender equality challenge.

Keywords: Overseas Investment; Gender Equality; Textile and Garments; Industry Practices

社会科学文献出版社

皮 书

智库成果出版与传播平台

❖ 皮书定义 ❖

皮书是对中国与世界发展状况和热点问题进行年度监测，以专业的角度、专家的视野和实证研究方法，针对某一领域或区域现状与发展态势展开分析和预测，具备前沿性、原创性、实证性、连续性、时效性等特点的公开出版物，由一系列权威研究报告组成。

❖ 皮书作者 ❖

皮书系列报告作者以国内外一流研究机构、知名高校等重点智库的研究人员为主，多为相关领域一流专家学者，他们的观点代表了当下学界对中国与世界的现实和未来最高水平的解读与分析。截至2022年底，皮书研创机构逾千家，报告作者累计超过10万人。

❖ 皮书荣誉 ❖

皮书作为中国社会科学院基础理论研究与应用对策研究融合发展的代表性成果，不仅是哲学社会科学工作者服务中国特色社会主义现代化建设的重要成果，更是助力中国特色新型智库建设、构建中国特色哲学社会科学"三大体系"的重要平台。皮书系列先后被列入"十二五""十三五""十四五"时期国家重点出版物出版专项规划项目；2013~2023年，重点皮书列入中国社会科学院国家哲学社会科学创新工程项目。

皮书网

（网址：www.pishu.cn）

发布皮书研创资讯，传播皮书精彩内容
引领皮书出版潮流，打造皮书服务平台

栏目设置

◆ **关于皮书**
何谓皮书、皮书分类、皮书大事记、
皮书荣誉、皮书出版第一人、皮书编辑部

◆ **最新资讯**
通知公告、新闻动态、媒体聚焦、
网站专题、视频直播、下载专区

◆ **皮书研创**
皮书规范、皮书选题、皮书出版、
皮书研究、研创团队

◆ **皮书评奖评价**
指标体系、皮书评价、皮书评奖

◆ **皮书研究院理事会**
理事会章程、理事单位、个人理事、高级
研究员、理事会秘书处、入会指南

所获荣誉

◆ 2008年、2011年、2014年，皮书网均在全国新闻出版业网站荣誉评选中获得"最具商业价值网站"称号；

◆ 2012年，获得"出版业网站百强"称号。

网库合一

2014年，皮书网与皮书数据库端口合一，实现资源共享，搭建智库成果融合创新平台。

皮书网　　"皮书说"微信公众号　　皮书微博

权威报告·连续出版·独家资源

皮书数据库
ANNUAL REPORT(YEARBOOK) DATABASE

分析解读当下中国发展变迁的高端智库平台

所获荣誉

- 2020年，入选全国新闻出版深度融合发展创新案例
- 2019年，入选国家新闻出版署数字出版精品遴选推荐计划
- 2016年，入选"十三五"国家重点电子出版物出版规划骨干工程
- 2013年，荣获"中国出版政府奖·网络出版物奖"提名奖
- 连续多年荣获中国数字出版博览会"数字出版·优秀品牌"奖

皮书数据库　"社科数托邦"微信公众号

成为用户

登录网址www.pishu.com.cn访问皮书数据库网站或下载皮书数据库APP，通过手机号码验证或邮箱验证即可成为皮书数据库用户。

用户福利

- 已注册用户购书后可免费获赠100元皮书数据库充值卡。刮开充值卡涂层获取充值密码，登录并进入"会员中心"—"在线充值"—"充值卡充值"，充值成功即可购买和查看数据库内容。
- 用户福利最终解释权归社会科学文献出版社所有。

卡号：322224118237
密码：

数据库服务热线：400-008-6695
数据库服务QQ：2475522410
数据库服务邮箱：database@ssap.cn
图书销售热线：010-59367070/7028
图书服务QQ：1265056568
图书服务邮箱：duzhe@ssap.cn

S 基本子库
SUB DATABASE

中国社会发展数据库（下设 12 个专题子库）

紧扣人口、政治、外交、法律、教育、医疗卫生、资源环境等 12 个社会发展领域的前沿和热点，全面整合专业著作、智库报告、学术资讯、调研数据等类型资源，帮助用户追踪中国社会发展动态、研究社会发展战略与政策、了解社会热点问题、分析社会发展趋势。

中国经济发展数据库（下设 12 专题子库）

内容涵盖宏观经济、产业经济、工业经济、农业经济、财政金融、房地产经济、城市经济、商业贸易等 12 个重点经济领域，为把握经济运行态势、洞察经济发展规律、研判经济发展趋势、进行经济调控决策提供参考和依据。

中国行业发展数据库（下设 17 个专题子库）

以中国国民经济行业分类为依据，覆盖金融业、旅游业、交通运输业、能源矿产业、制造业等 100 多个行业，跟踪分析国民经济相关行业市场运行状况和政策导向，汇集行业发展前沿资讯，为投资、从业及各种经济决策提供理论支撑和实践指导。

中国区域发展数据库（下设 4 个专题子库）

对中国特定区域内的经济、社会、文化等领域现状与发展情况进行深度分析和预测，涉及省级行政区、城市群、城市、农村等不同维度，研究层级至县及县以下行政区，为学者研究地方经济社会宏观态势、经验模式、发展案例提供支撑，为地方政府决策提供参考。

中国文化传媒数据库（下设 18 个专题子库）

内容覆盖文化产业、新闻传播、电影娱乐、文学艺术、群众文化、图书情报等 18 个重点研究领域，聚焦文化传媒领域发展前沿、热点话题、行业实践，服务用户的教学科研、文化投资、企业规划等需要。

世界经济与国际关系数据库（下设 6 个专题子库）

整合世界经济、国际政治、世界文化与科技、全球性问题、国际组织与国际法、区域研究 6 大领域研究成果，对世界经济形势、国际形势进行连续性深度分析，对年度热点问题进行专题解读，为研判全球发展趋势提供事实和数据支持。

法律声明

"皮书系列"（含蓝皮书、绿皮书、黄皮书）之品牌由社会科学文献出版社最早使用并持续至今，现已被中国图书行业所熟知。"皮书系列"的相关商标已在国家商标管理部门商标局注册，包括但不限于LOGO（ ）、皮书、Pishu、经济蓝皮书、社会蓝皮书等。"皮书系列"图书的注册商标专用权及封面设计、版式设计的著作权均为社会科学文献出版社所有。未经社会科学文献出版社书面授权许可，任何使用与"皮书系列"图书注册商标、封面设计、版式设计相同或者近似的文字、图形或其组合的行为均系侵权行为。

经作者授权，本书的专有出版权及信息网络传播权等为社会科学文献出版社享有。未经社会科学文献出版社书面授权许可，任何就本书内容的复制、发行或以数字形式进行网络传播的行为均系侵权行为。

社会科学文献出版社将通过法律途径追究上述侵权行为的法律责任，维护自身合法权益。

欢迎社会各界人士对侵犯社会科学文献出版社上述权利的侵权行为进行举报。电话：010-59367121，电子邮箱：fawubu@ssap.cn。

社会科学文献出版社